Gnosis,
Das Buch der verborgenen Evangelien

Gnosis

Das Buch der verborgenen Evangelien

Herausgegeben und übersetzt von
Werner Hörmann

Pattloch Verlag

Pattloch Verlag 1995

Satz: Fotosatz Völkl, Germering
Gesamtherstellung: Wiener Verlag, Himberg
Printed in Austria
ISBN 3-629-00643-4

Inhalt

GNOSIS

ZWEI GNOSTISCHE LEBENSBILDER

GNOSTISCHE TEXTE

In jener Stunde fiel er mit heiligem Geiste in Verzückung:
„Ich rühme dich dafür, Vater,
Herr des Himmels und der Erde,
daß du es verborgen hast vor Weisen und Klugen,
Unmündigen es aber entborgen.
Ja Vater, denn so war es gut in deinen Augen:
Alles ist mir von meinem Vater übergeben.
Und niemand weiß, wer der Sohn ist. Nur der Vater.
Und niemand weiß, wer der Vater ist. Nur der Sohn –
und wem der Sohn es entbergen will.“

Lukas 10,21–22

Gnosis

Was ist Gnosis

„Gib es auf, dir über Gott und Welt et cetera das Gehirn zu zermartern. Sortiere dich selbst heraus aus dir. Lerne festzuschreiben, wer derjenige ist, der alles in dir rundweg für sich reklamiert; der bestimmt: Mein Gott, mein Verständnis, mein Denken, meine Psyche, mein Körper! Lerne aufzudröseln: Woher kommen Depression und Gelöstheit, Liebe und Haß? Woher stammt die Schlaflosigkeit und das Schlafenmüssen, ohne beides zu wollen? Woher Wuthaben und Gernhaben, ohne je eines zu wollen? Wenn du dies präzis überschlagen hast, dann erst wirst du dich selber finden. In dir. Das ist das Eine, das ist das Viele. Das ist das Jota! Nur so wirst du den Ausweg aus dir selber finden."
Dieses bei Hippolyt aufbewahrte Brieffragment des Arabers Monoimos ist reine Gnosis. Denn Gnosis bedeutet zwar ‚Erkenntnis', ist aber unmittelbare Einsicht, unverlierbare Evidenz. Gnosis ist zuerst und zuletzt die An-sicht des eigenen Selbst.
Ist Gnosis also jenes berühmte ‚Erkenne dich selbst', das so viele Jahrhunderte über der Türschwelle des Gottes von Delphi mahnte? Nein. Gnosis ist nicht Kult. Der Herr von Delphi drohte Vergeltung und Vernichtung dem an, der die Grenze zwischen Göttern und Menschen achtlos übertrat. Gnosis findet nicht einen Gott und nicht einen Menschen und übertritt keine verbotenen Schwellen. Der Gnostiker

findet sich jedesmal selbst. Also wäre Gnosis Bewußtseinsphilosophie? Nein. Denn Gnosis ist unüberprüfbar sie selbst. Die gewährte Einsicht, das Geschenk des Wissens. Gnade. Das ‚Jota' der Gnosis ist bestandene Qual. Gefundenes Selbst. Gnosis ist eingesehener Friede.
Solange Gnosis noch nicht heidnisch, noch nicht jüdisch, noch nicht christlich geworden ist, ist sie rein. Wo sie dies dann alles geworden ist – und so war ihre Geschichte –, blieb sie dennoch ganz sie selbst. Geschenkte Selbstsicht um nichts. Wissen, wer du bist. Antwort. Gnosis weiß nach einer bei Klemens von Alexandrien überlieferten Verheißung, „wer wir waren und was wir geworden sind. Woher wir stammen und wohin wir geraten sind. Wohin wir gehen und wovon wir befreit sind. Was es mit unserer Geburt und was es mit unserer Wiedergeburt auf sich hat."
Gnosis ist eben nicht Wissen, das einer auch haben kann, sondern Wissen selbst. Und nicht wie die Bittsteller in Eleusis oder auf Samothrake ‚eingeweiht' wurden in das Mysterion, geschieht es dem Gnostiker. Er erkennt nur, was bereits ist, was schon war und was noch sein wird. Die Wirklichkeit ist der Gnosis voraus. Der Gnostiker sieht sich als Teil dieser Wirklichkeit ein und ist Wirklichkeit. Der Rest ist gültiger Weg: „Wir alle haben den Zwang des ‚Entstehen müssens' begriffen und sind über die Wege, auf denen der Mensch in die Welt gekommen ist, präzise unterrichtet. Und wir allein können den Untergang überschreiten und hinübergelangen." Die peratischen Gnostiker können laut Hippolyt so sagen, weil sie sind, was sie sagen. Weil sie schon hinüber, und herübergelangt sind. Gnosis ist schon geschehen, jetzt wird sie gewußt. Der Zwang ist entmachtet, „müssen" Makulatur. Was der Gnostiker ist, war er seit jeher. Die vorgnostische Ausweglosigkeit beruhte auf einem Informationsdefizit. Gnosis aber garantiert nun Unsterblichkeit, weil der Mensch unsterblich ist. Der Gnostiker hat Einsicht in die Natur des Menschen, d. h., er ist diese. Er weiß den Weg. Er ist der Weg.

„Ich kenne mich selbst und weiß, woher ich komme, und ich rufe die unzerbrochene Weisheit", darf der so Wissende allem bloß Wisserischen entgegensagen. Irenäus von Lyon, der diese stolze Weisheit bewahrt hat, kann sie deswegen nicht verstehen, weil er sie nicht ist. „Andere mögen von ihren Voraussetzungen her zur Kenntnis nehmen, daß es sich für mich, der ich in der Ruhe war, nicht ziemt, über etwas anderes zu sprechen, da ich in dieser Ruhe ja auch sein werde." So lautet denn auch die sanfte Kritik des Valentinos an die Adresse all derer, die nicht eingesehen haben. Denn die Gnosis wissen die allein, die sie selber sind.

Wie aber werden die so Wissenden einsichtig? Im Nu und ganz einfach.

Der eine, wir nannten ihn schon, es war Monoimos der Araber, ‚sieht' den kleinsten Buchstaben des griechischen Alphabets, das Jota, und weiß alles, was zu wissen ist. Der andere, es wird Poimandres sein, ‚hört' ein Rufen und weiß die Freiheit. Einer wird seinen Homer aufschlagen und beim Rezitieren des 5. Gesangs der Odyssee auf den ‚weinenden Odysseus' stoßen. Da weiß er den Weg jenseits von Ithaka. Der murmelt den 27. Vers der Bibel vor sich hin, ‚und er schuf sie männlich und weiblich', da gibt es für ihn nur mehr einen Menschen, den ‚Menschen'. Valentinos ‚geht' an einem neugeborenen Kinde ‚vorüber', und ist die überzeugendste Stimme der „einsichtig Wissenden".

Ob so oder so oder ganz anders, wer zur Einsicht ‚kam', ist makarismos, ist selig. Denn Gnosis ist Evangelium.

Quellen der Gnosis

Die mandäischen Quellen

Am Zusammenfluß von Euphrat und Tigris, dem Schatt el Arab, und in der irakischen Hauptstadt Bagdad leben heute noch einige kleine Gemeinden der gnostischen Sekte der Mandäer. Mandäer kommt vom persischen manda und ist mit dem griechischen Wort gnosis bedeutungsgleich. Von ihren arabischen Mitbürgern Shubbi (Täufer, Baptisten) gerufen, zählte diese einzige noch lebende Gnostikergemeinde zuletzt ca. 15 000 Menschen. Wie weit sie der jüngste Golfkrieg beeinträchtigt oder gar dezimiert hat, wird sich zeigen, sobald die wissenschaftliche Forschung Gelegenheit findet, die unterbrochenen Forschungen wieder aufzunehmen. Den Religionshistorikern sind diese ‚Mandäer' seit dem 19. Jahrhundert bekannt. Ihre Sprache und Literatur hat vor allem M. Lidsbarski für die sogenannte religionsgeschichtliche Schule verwertbar gemacht. Lady E. S. Drower hat in Jahrzehnten neues Quellenmaterial zugänglich gemacht. Die Forschungen sind bis heute bei weitem nicht abgeschlossen.

Für unseren Zweck werden einige wenige Textproben genügen müssen, da die schriftliche Tradition dieser kleinen Gemeinde nicht selten an die Grenzen des Verstehens überhaupt geht. Zwar liegen überzeugend schöne Hymnen, Liturgien und Gebete der Gemeinde vor, eine angemessene Übersetzung scheitert aber meist am Charakter der modernen europäischen Sprachen. An theologischen Traktaten scheiterte die Gemeinde mangels eindeutiger Begrifflichkeit bereits selbst. Eine gewisse Verlegenheit sei nicht geleugnet. Wichtiger ist ohnehin das Alter der mandäischen Gnostiker und damit die Herkunft der Gnosis überhaupt. Das gnostische Zeugnis der Gemeinde reicht nämlich in die vorchristliche Zeit zurück. Ist nach einigen sogar mit dem Ursprung der Gnosis selbst verbunden. Der bekannte Neutestamentler Rudolf Bultmann ging für die Auslegung des Johannesevangelium jedenfalls von dieser Voraussetzung aus. Die Folgen sind nicht nur für die Fachtheologie wichtig und bedeutsam geworden. Zumal eine frühe Selbstbezeichnung der Mandäer, ‚Nasiräer', d. i. Observanten, auch als ‚Nazarener' verstanden werden kann. Dies wiederum ist eine der alten Selbstbezeichnungen der Christen. Noch weitreichender wären die Folgen, wenn die Urmandäer Nachkommen der Juden des großen Exils (6. Jahrhundert v. Chr.) zu sein hätten, oder doch wenigstens eine der zahlreichen jüdischen Täufergruppen. Noch heute fallen ja diese Shubbi durch ihr häufiges rituelles Wiedertaufen ihrer Umgebung besonders auf. Sind die Mandäer gar die Überreste der Johannesschüler? Offene Fragen. Immerhin nennen diese Shubbi jedes fließende, also tauffähige Gewässer ‚Jôrdan'.

Die hermetischen Quellen oder hier der Poimandres

In einem halben Dutzend Sprachen ist uns eine Gruppe von nichtchristlichen Schriften aus dem 2. und 3. Jahrhundert überkommen, die man zusammenfassend meist als ‚Hermetica' betitelt. Ein ‚dreimalgroßer Hermes' wird neben dem ägyptischen Gott Toth und der ägyptischen Göttin Isis als Offenbarer vorgestellt. Nach dem ersten Traktat dieser antiken Schriftensammlung wird das Gesamtwerk auch ‚Poimandres' genannt. Denn der anrufende Offenbarer ist jetzt Poimandres. Die Hermetica insgesamt scheinen von Anfang an ein reines ‚Lesebuch' gewesen zu sein. Eine dahinterstehende Gemeinde oder gar ein Kult wird jedenfalls nirgends sichtbar. Platon ist dem oder den Verfassern gut bekannt und wird auf dem Umwege über Neupythagoreisches, Orphisches, aber auch Jüdisches in Gebrauchsreligion umgesetzt. Für unseren Zweck ist ausschließlich der ‚Poimandres' von Belang. Denn in ihm liegt das bedeutendste Beispiel der ‚heidnischen' Gnosis vor. Diese Bezeichnung nur, weil diese Gnosis weder christlich noch jüdisch angewandt ist.

Die Texte aus Nag Hammadi

Neben den Schriftrollenfunden am Toten Meer, den sogenannten Qumrantexten (1947/48) hatte unser Jahrhundert ein zweites Mal das seltene Glück, verschollene oder gar nicht erst bekannte Originalliteratur aus dem Altertum wiederzufinden. Der Vergleich mit jener berühmten ‚Zeitmaschine' mag hier nicht allzu schief sein. Denn wenige Jahre zuvor fanden ägyptische Bauern bei dem mittelägyptischen Lehmdorf Nag Hammadi in einem großen Tonkrug 13 originale Papyrusbücher, elf von ihnen noch gänzlich unversehrt in ihren damals üblichen Ledersäckchen. Man schrieb den Winter 1945 auf '46. Da jene Fellachen begreiflicherweise von der nicht nur wissenschaftlichen Bedeutung ihres Fundes wenig ahnten, kamen die Schätze aus der Wüste erst 1952 in sachkundige Hände. Etwa je zur Hälfte ins Koptische Museum nach Kairo und in das C G.-Jung-Institut nach Zürich. Freilich jetzt arg lädiert. Nach der Konservierung und ersten Bearbeitungen erfuhr auch die interessierte Öffentlichkeit über Rundfunkmeldungen die volle Überraschung: 53 Originalwerke des Altertums gefunden. Nur fünf dieser Schriften waren bisher bekannt.
Die Religionshistoriker und die interessierten Theologen – der Verfasser gehörte zu ihnen – horchten noch mehr auf, als bekannt wurde, 42 der Werke seien gnostischen Inhalts. Die Sensation war perfekt. Man kannte ja die Bestreiter der ‚Gnosis', die frühen Kirchenväter (s. unten), und mißtraute längst ihrer polemischen Wiedergabe der Texte. Sah aber zugleich, daß die ‚Gnostiker' – sieht man einmal von neutestamentlichen Entwürfen ab – die erste christliche Theo-

logie überhaupt vorgelegt hatten. Und jetzt dies. Zur Überraschung gesellte sich Freude, zur Freude kam Arbeit, denn man lernte jetzt Koptisch. Und die Texte haben nicht enttäuscht.
Die elf mutmaßlich wichtigsten dieser neuen Texte sind in diesem Band neu übersetzt abgedruckt. Hinführungen und Kommentare findet man je zur Stelle.
Die hier interessierenden Nag-Hammadi-Texte stammen aus dem 4. Jahrhundert, sind also auch ein Zeugnis dafür, daß es noch in der Zeit der ‚Reichskirche' gnostische Gemeinden gab, die sich selbst als dem Christentum zugehörig verstanden. Die Sprache dieser Literatur ist ein frühes Koptisch, d. h. ein spätägyptisches Sprachidiom. In abgewandelter Form wird dieses heute noch unter den gebildeten christlichen Kopten gesprochen. Die Texte zeigen aber mit unbestrittener Deutlichkeit ein noch weit höheres Alter an: Sie weisen hinauf ins späte 2. Jahrhundert und lassen ihre eigentliche Ursprache als Griechisch erkennen. Diese Information ist sehr bedeutsam. Denn die angegebene Zeit entspricht der gnostischen Klassik. Alle großen gnostischen Schulen haben dort ihren Ursprung und ihre meist schon endgültige Ausformung erfahren.
Eine weitere Überraschung ist diese: Mehrere Werke aus den Textfunden sind der nach Valentinos benannten Valentinianischen Schule zuzuordnen. Sie führen daher ins Zentrum der Gnosis. Texte und Auslegung werden dies vermitteln.

Die Kirchenväter als gnostische Quellen

Die Kirchenväter und noch vor ihnen die apostolischen Väter sind nichts anderes als je nach ihren Lebensphasen von der kirchlichen Allgemeinheit als authentisch anerkannte frühe und früheste Schriftsteller. Sie beschäftigen sich mit der Interpretation und Auslegung der kirchlichen Lehre und sind gleichzeitig deren Werden.

Etwa um die Mitte des 2. Jahrhunderts tauchen in dieser umfangreichen und fleißigen Literatur zum ersten Male unsere Gnostiker auf. Von Anfang an kritisch beurteilt, werden sie in einer Spätphase (4. Jahrhundert) entschieden abgelehnt. Es ist daher unmöglich die wichtigsten unter ihnen hier vorzustellen. Ihre Motive sind unterschiedlich, ihre Ablehnung der Gnosis nahezu allgemein. Als Textzeugen für gnostische Quellen sind sie deswegen ständig im kritischen Gegenüber zu den Nag-Hammadi-Funden zu beurteilen und zu werten.

Justinos

Justinos, genannt der Philosoph und Märtyrer, nennt als erster die Gnosis beim Namen. Der Sachverhalt ist folgender. Justinos hatte als erster der Christen beim amtierenden römischen Kaiser eine Schutzschrift zugunsten seiner Glaubensgenossen eingereicht. Wieso dies nötig und möglich war, steht hier nicht als Frage an. Jedenfalls heißt es dort unter der Ziffer 26: „Alle, welche ihrer Richtung (d. h. der Gnostiker) angehören, heißen ... *Christen.* Genauso wie auch unter den Philosophen jene, die nicht die gleichen Lehren teilen, doch den ihnen beigelegten Namen der Philosophie gemeinsam haben." Und diese Christen, so das Argument Justins an Kaiser Antoninus Pius (138–61), werden von Staats wegen weder wegen ihrer praktischen Moral (wie wir anderen Christen) noch wegen ihrer „Lehre verfolgt noch hingerichtet, das wissen wir". Sind die Gnostiker also die ‚Philosophen' unter den Christen, die man ungeschoren läßt? So viel ist sicher: Die Gnosis, die als erste in den christlichen Gemeinden auftrat und bekannt wurde, tat dies nicht gruppenanonym, sondern in einzelnen hervorragenden Persönlichkeiten von Rang. Daß um derlei Einzelheiten die römischen Behörden vor Ort und schon gar nicht die Zentrale in der Hauptstadt selbst wissen konnten, versteht sich von selbst. Die Gnostiker aber, so erfahren wir, gehören nicht zu einer christenspezifischen sozialen Schicht. Ihre „Lehren", wenn überhaupt bekannt, gelten nicht als anstößig. Aber ausgerechnet an diesen gnostischen Lehren nimmt nun Justinos Anstoß. Die Gnostiker würden nämlich nichts weniger lehren als einen „anderen Gott" und einen „anderen Sohn". Was es damit auf sich hat, muß zurückgestellt werden. Justinos entscheidet nicht, denn auch diese „heißen ja Christen". Zu behaupten, sie sind es aber nicht, wäre dem sachlich argumentierenden Autor gegenüber eine arge Unterstellung. Wie noch zu zeigen sein wird, scheint Justin in seinem Urteil auch deswegen zurückhaltend zu sein, weil er einige der gnostischen Lehrer persönlich kannte. Und vielleicht sogar schätzte.

Hermas

Um die gleiche Zeit greift denkbar ungelenk ein ganz anderer Mann namens Hermas zur Feder. Er ist ein leiblicher Bruder des damaligen christlichen Bischofs Pius (140–55) der römischen Stadtgemeinde. Seine Probleme haben mit denen des christlichen Philosophen Justin nicht das geringste zu tun. Und doch geraten auch in sein Blickfeld die Gnostiker. Er schreibt in seinem Buch unter der 9. Kolumne, Ziffer 22: „Sie (die Gnostiker) haben zwar den Glauben, jedoch kaum verstehbare Lehren. Sie sind arrogant und eingebildet. Sie wollen alles verstehen und verstehen dabei gar nichts." Wieder geht es um die gnostischen „Lehren". Diesmal sind sie zwar nicht falsch, sondern eben nicht verstehbar. Wer den ‚Hirt des Hermas' – so heißt das Buch unseres Autors – gelesen hat, wird den rührigen Hermas gut verstehen. Wo unser Hermas nicht versteht, sind die Gnostiker arrogant und eingebildet. Ein Odium, das die Gnostiker ab dato nicht mehr verlassen wird. Aber! „Auch für diese gibt es eine Buße. Sie hatten's ja nicht bös gemeint, sondern waren lediglich dumm und ohne Verstand." Hier ist Hermas deswegen wichtig, weil er mit Sicherheit eine Durchschnittsmeinung wiedergibt. „Wegen ihrer Arroganz" bedürfen die Gnostiker der „Buße", d. h. sind sie in der römischen Christengemeinde auffällig geworden. Wen konkret Hermas meint, wird noch mitzuteilen sein. Ihn und seinesgleichen ehrt jedoch für immer, den Gnostikern nicht unterstellt zu haben, sie seien um ihrer lockeren Moral willen im Konflikt mit der übrigen Gemeinde. Auch an diesem im Grunde harmlosen Mann scheint der persönliche Eindruck jener gnostischen Wanderlehrer nicht ohne Wirkung geblieben zu sein.

Irenäus

Im Jahre 177 fand innerhalb der römischen Christengemeinde eine Konferenz statt. Mehrere ausländische Gemeindeleiter waren geladen. Einziger Tagesordnungspunkt: eine Kalenderfrage. Einer der Gäste war Irenäus, Bischof der christlichen Gemeinde von Lyon in Gallien. Dieser Irenäus – sein Name bedeutet: der Friedfertige – sollte im wahrsten Sinne des Wortes Kirchengeschichte machen. Ohne ihn wüßte die Nachwelt erst seit den Textfunden von Nag Hammadi Ausführlicheres über Gnosis und Gnostiker. Denn Irenäus hat neben einer verwirrenden Vielfalt von Einzelinformationen über den und jenen Gnostiker, über die und jene gnostische Schulgruppe das bedeutendste sogenannte gnostische System mitgeteilt. Das gilt auch und gerade im Angesicht der neuen Funde. Um es gleich vorwegzunehmen, es ging diesem Kompilator und Autor, Interpreten und Bestreiter durchaus um die bessere Wahrheit. Aber hat er die von ihm so flagrant bekämpften wirklichen oder vermeintlichen Gegner auch verstanden? Nein und ja.

Nachdem Irenäus in den ersten acht Kapiteln seines Werkes jenes ‚System' offensichtlich nach einer schriftlichen Vorlage genau zitierend zu Papier gebracht hat, bricht es aus ihm heraus: „Dies, mein Lieber, ist ihre (der Gnostiker) Methode, mit der sie sich selber in die Tasche lügen. Sie mißhandeln die Schriften (gemeint ist die Bibel), um sie ihren Hirngespinsten anpassen zu können. Deswegen habe ich dir ihr Geschwafle hergesetzt, damit du die Hinterlist ihrer Lüge und die Bösartigkeit ihres Irrtums erkennst." Was war geschehen?
Die großen gnostischen Initiatoren und Chefsprecher waren zwar allesamt gestorben, aber ihre Ideen waren in Wirkung! In den großen Städten des Imperiums Romanum schien es je zwei Christentümer zu geben, ein kirchliches und ein gnostisches. Der sorgenvolle Bischof mußte im eigenen Sprengel mit einem gnostischen Bischof konkurrieren. Kurz, die volle Fremdheit der Gnosis selbst war durchgebrochen. Und doch in manchem, ja vielem, der vermeintlich so sicheren Wahrheit auch wieder so ähnlich!
Für den Historiker ist nicht wichtig, ob die fällige Antwort so und nicht anders ausfallen mußte. Es war jedenfalls diese: Auch die Gnostiker hatten sich in vollem Umfang die Bibel nutzbar gemacht. Große Kommentare geschrieben. Einer gar ihren Text ‚verbessert'. Ein anderer hatte der ‚alten' Bibel, und zwar er als erster, die ‚neue' Bibel – bestehend aus dem Lukasevangelium und sieben Paulusbriefen – hinzugefügt. Und die Ergebnisse? Sie waren anders. Die gnostische Auslegung der Bibel war also falsch. Nach alter Gewohnheit legte man die ‚Schrift' zwar allegorisch aus und je nach praktischem Bedarf. Aber konnte es zwei Wahrheiten geben? Zwar berief man sich beidseitig auf „Älteste" und frühe Gewährsmänner der allerersten christlichen Autoritäten. Aber eben auf verschiedene und in verschiedenem Sinne.
Besonders fiel ins Gewicht, wie die Gnostiker mit Frauen umgingen. Der Unterschied zwischen Mann und Frau war

entgegen der geltenden Gesellschaftsordnung von diesen nivelliert worden – Frauen waren als Sprecherinnen wie Männer aufgetreten, und zwar öffentlich in der Gemeinde. Jetzt aber wurden sie, besonders von den Valentinianern, geradezu aufgefordert, sakramentale Handlungen vorzunehmen. Irenäus konnte dies in seinem eigenen Kirchenbereich beobachten. Hinzu kamen Gerüchte vom ‚Umstürzen des Leuchters'! Frauen und Männer sollen wild durcheinander Sex praktiziert haben. Bezeugen kann Irenäus persönlich dies: „So nahm ihn (gemeint ist der Gnostiker Markos) einer unserer Diakone in der Asia in sein Haus auf und kam dadurch in große Verlegenheit. Denn seine Frau, die außerordentlich schön war, wurde von diesem Magier an Leib und Seele verführt und lief ihm lange Zeit nach. Schließlich wurde sie nicht ohne erhebliche Mühe von den Brüdern zur Umkehr gebracht. Und tat Buße und trauerte und weinte in einem fort über die Schande, die ihr der Magier angetan hatte."
Die Gnostiker waren also nach Ansicht des Justinos allesamt Libertinisten. Hatte nicht Hermas die Konflikte mit den Gnostikern auf deren „Arroganz" zurückgeführt? Und hatte nicht Justinos eigens betont, er wisse nicht, ob die Geschichten mit dem ‚Umstürzen des Leuchters' auf die Gnostiker zuträfen, müsse sich hier aber eigens vor dem Kaiser beschweren, daß derlei den Christen insgesamt angedichtet würde? Eine Versöhnung schien bei einer derartigen Konstellation nicht mehr möglich.

Klemens

Der vielbelesene Kirchenschriftsteller Hieronymus hat wie beiläufig notiert, daß Klemens von Alexandrien – er wird so benannt, um ihn von einem Klemens von Rom zu unterscheiden – im Jahre 204 „sehr vieles und Verschiedenes" geschrieben habe. Damit wird das Hauptwerk des

Klemens treffend umschrieben. Es heißt ‚Stromata', eben ‚Verschiedenes'. Bei diesem Autor begegnet uns fast durchweg eine offene Freiheit der Behandlung und Darstellung. Dies ist nicht zu verstehen ohne die Weltläufigkeit der ägyptischen Metropole Alexandreia. Um anzuschließen: Auch Klemens nimmt in einem Falle den Finger der Moral zur Schuldzuweisung hoch. Aber wie anders und in welch ernstem Zusammenhang: „Die Anhänger des (Gnostikers) Karpokrates und des (Gnostikers) Epiphanes fordern, daß die Frauen allen gemeinsam seien. Sie tragen daher die Schuld an der schlimmsten Verunglimpfung, die dem Christennamen angetan ist." Näheres beim Abdruck des nun folgenden Originaltextes. Sonst ist Klemens ganz vergleichender Theologe und Wissenschaftler. Er selber kennt keine Systematik oder gar ein System. Stellt sich allen, meist praktischen, Fragen offen gegenüber und diskutiert sie eingehend. Eine große christliche Lesergemeinde wartet offensichtlich begierig auf seine Ergebnisse. Seine Methode ist ausgesprochen eklektisch. Da er außer der Bibel keine anderen theologischen Texte zur Hand hat als eben die seiner gnostischen Kollegen, zitiert er diese wieder und wieder. Dort stimmt er zu, dort lehnt er ab. Ein allerletzter Kampf um Lehre und Ethik ist ihm fremd. Die gemeinsame Basis ist die Bibel. Das andere ist die werdende Theologie. Eines seiner langen Bücher handelt gar über den ‚wahren Gnostiker'; sein eigenes Ziel. Auch hier ist er noch dem Früheren verbunden und dem Neuen geöffnet. Seine Exzerpte aus dem Buch eines sonst unbekannten Gnostikers, Theodotos, der vielleicht selbst schon aus einer größeren Fülle exzerpierte, müssen ihm dabei sehr zustatten gekommen sein.
Aber auch bei Klemens taucht der dunkle Schatten des prinzipiellen Konflikts mit einigen Gnostikern auf: „In seiner Erklärung zur Stelle sagt Herakleon, der angesehenste Vertreter der Schule des Valentinos, wörtlich, es gebe ein Bekenntnis des Glaubens und des Lebensvollzuges und

eines mit der Stimme. ‚Das Bekenntnis mit der Stimme hat auch, wo nötig, vor der staatlichen Obrigkeit zu geschehen. Und dies allein hält die Menge', sagt er, ‚für ein wirkliches Bekenntnis'. Das ist aber nicht richtig, denn ein solches Bekenntnis kann auch ein Heuchler ablegen." Der Konflikt, auf einen Nenner gebracht: Darf der Christ dem Martyrium ausweichen oder darf er es nicht? Die allgemein christliche Lösung ist bekannt. Die der Gnostiker scheint um vieles differenzierter gewesen zu sein. Eine menschlich weise Zurückhaltung des Klemens.

Hippolytos

Obwohl Hippolyt einer der fruchtbarsten römischen Schriftsteller zu Anfang des 3. Jahrhunderts war, genügt hier weniges: Hippolyt versteht die Gnosis und ihre Anliegen auch dort nicht, wo sie ihn und seinesgleichen gefährdet. Und dies, obwohl er immens gescheit ist und zudem in Irenäus seinen Lehrer sah. Er ist auch insofern (neben seiner schismatischen Stellung in Rom) ein Rätsel.
Als Überlieferer gnostischer Texte und Nachrichten muß er indes hier eingerückt werden.

Origenes

Der große christliche Lehrer Origenes (185–254) ist hier nicht um seiner selbst willen zu streifen, sondern um eines Mannes willen, der ohne ihn namenlos geblieben wäre. Die Rede ist von Kelsos. Was hat es damit auf sich? Dieser neuplatonische Philosoph Kelsos hatte im Jahre 178 ein Buch mit dem Titel ‚Das wahre Wort' herausgebracht, das den christlichen Zeitgenossen so gefährlich schien, daß sich kein Geringerer als eben Origenes genötigt sah, dieses Buch Satz für Satz zu widerlegen. Dieses Werk selber ist deshalb ganz erhalten geblieben. Hier interessiert nicht die Qualität der Einwände jenes Kelsos und auch nicht die der im Ganzen glänzenden Gegeneinwände des Origenes, wiewohl sich eine bessere Apologie des Christentums selten gefunden hat. In Frage stehen des Kelsos und des Origenes Meinung über die Gnosis. Bei Origenes 5,54 schreibt Kelsos: „Er (Christus) ist so wenig der einzige, von dem man erzählt, daß er zu den Menschen gekommen sei, daß sogar diejenigen (die Gnostiker), die wegen der Lehre vom Namen Jesu den Schöpfer als einen geringeren Gott verlassen und den Vater dessen, der gekommen ist, als einen höheren Gott angenommen haben, behaupten, auch vor diesem seien einige zu den Menschen gekommen, von dem Schöpfer gesandt."

Man lese diesen Kelsos-Satz bitte mehrmals! Hier spricht ein völlig Außenstehender während der klassischen Zeit der Gnosis – und erkennt ihre wesentliche Basis innerhalb des Christentums!

Zunächst sind ihm die Gnostiker wie selbstverständlich Christen. Von Justinos, für den dies eben noch galt, trennen ihn zwei Menschenalter. Und Origenes wird ihm dies mit wenigen Ausnahmen zugestehen. Für Kelsos mögen die innerchristlichen Verhältnisse nicht durchschaubar sein. Aber doch sicher für Origenes.

Und dann das Entscheidende, die Gnostiker-Christen haben „den Schöpfergott als einen geringeren verlassen und den Vater dessen, der gekommen ist (also den Vater Jesu!), als einen höheren Gott angenommen". Und dies haben die Gnostiker getan, „wegen der Lehre vom Namen Jesu". Kein christlicher Gnostiker hat es je präziser auf den Punkt gebracht! Ein ‚heidnischer' Philosoph kann also begreifen, daß ‚die Lehre vom Namen Jesu' zu der schwindelerregendsten gnostischen Konsequenz führen kann, der ‚Gott Abrahams, Isaaks und Jakobs' sei wohl der Schöpfer dieser Welt, aber nicht der Vater Jesu Christi. Der sei noch ein ganz anderer Gott.

Origenes hat dieses Argument so wenig wie ein anderer widerlegen können, denn die „Lehre vom Namen Jesu" bedeutet nichts anderes als die Rückkehr zum Bewußtsein Jesu selbst. Und dann steht Erfahrung gegen Erfahrung, oder gnostisch gesagt: Einsicht gegen Glaube.

Epiphanius

Mit Epiphanius von Salamis (gemeint ist eine Stadt auf der Insel Zypern) erreichen wir den letzten großen Tradenten der Gnosis, ihrer Personen und Formen. Epiphanius hat in seinem Werk ‚Panarion', d. h. der Arzneikasten, an die 80 christliche Ketzereien ausführlich beschrieben. Drei Jahre (374–77) nahm sich dieser ‚Vater der östlichen Orthodoxie' Zeit zu diesem gewaltigen Unternehmen. Selbständig ist er nirgends. Er hat lediglich die bisher genannten Quellen gelesen und auf seine nun wirklich nicht nachahmbare Weise in Form gebracht.
Gegen Ende all seiner gehässigen Verdammungen kommt er auf Gnostiker seiner Gegenwart zu sprechen und weiß sich vor Ekel über deren sittliche Verworfenheit kaum zu halten. Nach einer persönlichen Inquisition derartiger Irrlehrer denunzierte Epiphanius diese bei seinem Bischof. Und der trieb sie, etwa 80 Seelen, zur Stadt hinaus.

Zur Geschichte der Gnosis

„In der Stadt war aber ein gewisser Simon. Er trieb Magie und machte damit großen Eindruck auf die Leute von Samaria. Er behauptete, er sei ein ‚Großer'. Und jung und alt lief hinter ihm her und skandierte: ‚Dieser ist die Kraft Gottes, genannt die große!' Sie folgten ihm aber, weil er geraume Zeit mit seinen Zaubereien großen Eindruck auf sie gemacht hatte."

Nach Auffassung der Kirchenväter wäre dieser Simon – abschätzig der ‚Magier' genannt –, den die neutestamentliche Apostelgeschichte kurz notiert hatte (8, 9–11), nichts weniger als der Ursprung aller Gnosis. Doch wo wäre Geschichte so eindeutig?

Daß es Menschen wie Simon von Gittai (einem Flecken auf der heutigen Westbank von Palästina) tatsächlich gegeben hat, muß historisch akzeptiert werden. Ein unverdächtiger Zeuge dafür ist Kelsos. Er selbst hatte in Syrien-Palästina genug ‚Bettelpropheten' auf Märkten, in Heiligtümern und in Heeresstandorten erlebt, die behaupteten: „Ich bin der Gott, der Sohn Gottes, der Geist Gottes! Ich bin der Gekommene!" (Origenes 7,9). Warum also den Anfang der Gnosis ausgerechnet bei dem Samarier Simon suchen? Simon hatte jedenfalls Erfolge aufzuweisen. Durch Origenes wissen wir, daß er und sein Parteigänger Dositheus wie sein Schüler Menander Anhänger hatten bis weit herein in 3. Jahrhundert. Schon Justinos hatte notiert: „Der Samarier Simon aus dem Dorfe Gittai, der unter dem Kaiser Claudius (= 41–54) durch den Trug der in ihm wirkenden Abergeister magische Kraftmeiereien vollführte, wurde in eurer Cäsarenstadt Rom für einen Gott gehalten und mit einer Bildsäule wie ein Gott bei euch geehrt; diese Stele ist am Tiber zwischen den beiden Brücken errichtet und trägt folgende Inschrift in lateinischer Sprache: ‚Dem Simon, dem heiligen Gotte'. Fast alle Samarier und etliche auch unter den anderen Nationen bekennen diesen als den ersten Gott und beten ihn an." (Apol. 26). Dem Verstehen hilft eine andere Nachricht weiter: Simon habe in einem Bordell der phönikischen Stadt Tyros eine Prostituierte namens Helena freigekauft und diese „mit sich herumgeführt" und behauptet, sie sei sein „erster Gedanke", der/die durch eine Art kosmischen Unfall in diese Wirklichkeit gestürzt worden sei. Sie sei nichts anderes als die ewige Helena, die immer Verlorene. Und deswegen sei er gekommen, um diese zu retten. Irenäus hält all dies zwar für abgeschmackt, doch sein Koreferent Klemens weiß zu sagen: „Die Anhänger des Simon wollen dem ‚Stehenden', den sie verehren, in der Lebensführung gleich werden." Simon: der ‚Stehende', seine Anhänger: die ‚Stehenden'. Gnosis wird sichtbar. ‚Helena', die Gestürzte, die Herumgeführte, die Erhobene, ist dann aber nur eine Parabel. Wessen? Der Psyche, des Menschen.

Der vermeintliche Magier entpuppt sich als Gnostiker, die ‚große Kraft Gottes' als der, der schon ‚steht'. Der ‚Helena' wird aufgeholfen, sie wird zum ‚Stehen' zurückgebracht. Alle Noch-nicht-Stehenden sind ‚Helena'. Helena wird den ersten Gatten wiedersehen.

*

„Einst wollte Johannes, der Schüler des Herrn, zu Ephesos ein Bad nehmen. Da er aber im Badehaus den Kerinthos erblickte, sprang er ungewaschen aus der Wanne auf und schrie: er fürchte, daß das Bad einstürze, solange Kerinthos, der Feind der Wahrheit, drinnen sei." Diese gut erfundene Legende – ihr Erfinder ist wohl Irenäus selbst (s. dort 3,3) – führt uns zum ersten christlichen Gnostiker: Kerinth. Was hat es mit diesem Wahrheitsfeind auf sich? Woher die Heftigkeit, um welche ‚Wahrheit'?

„Ein gewisser Kerinth aus der Provinz Asia lehrte, das Universum sei nicht von dem ersten Gott erschaffen worden, sondern von einer anderen Kraft, die durch weiten Abstand von der obersten Macht – sie ist über dem Universum – getrennt und entfernt ist. Ja sie kenne den Gott, der über allem ist, nicht einmal. Jesus aber sei nicht aus der Jungfrau geboren, denn das schien ihm unmöglich. Er sei vielmehr Sohn des Joseph und der Maria gewesen, genauso wie wir übrigen Menschen auch. Jesus habe aber mehr als alle andern durch Gerechtigkeit, Weisheit und Einsicht vermocht. Nach der Taufe (am Jordan) sei auf ihn, von der obersten Macht herkommend – derjenigen, die über allem ist –, der Christus gestalthaft als Taube herabgestiegen. Und darauf habe er den unbekannten Vater offenbart und Machttaten gewirkt. Am Ende aber habe sich der Christus wieder von Jesus getrennt, und Jesus sei gekreuzigt worden und auferstanden. Der Christus aber sei leidensunfähig geblieben, da er ja vom Geiste sei." (Irenäus, 1,26) Das nun wirklich Bestürzende an diesem Text ist nicht nur dies und das, sondern daß er in dem geschichtlichen Jesus den ersten Gnostiker sieht! Kerinth und seine Anhänger, die das ebenfalls als erste eingesehen haben, sind dann aber nicht nur auch Gnostiker, sondern gleichzeitig die wahren Nachfolger Jesu. So jedenfalls die Logik des Textes. Denn natürlich sind die besondere ‚Gerechtigkeit, Weisheit und Einsicht' die Voraussetzungen für seine Christus-Begabung. Der Christus ist aber nicht prinzipiell ein anderer als der Jesus, sondern sein ihm gnädig zukommendes Selbst. Die überlieferte Jesusvita kann – und aus missionarischen Gründen muß sie es wohl auch – durchaus beibehalten werden. Sie gewinnt aber jetzt den vollen gnostischen Sinn, wonach der noch nicht Stehende erhoben werden muß. Jesus und Kerinth sind grundsätzlich auf einer Stufe: Beide sind Gnostiker.

Der Gnostiker Jesus aber hat den „unbekannten Vater" bekannt gemacht. Wäre es uns nicht eigens überliefert, daß die christlichen Gnostiker in dem Jesuslogion (Lk 10,21–22), das diesem Buch als Motto vorangestellt ist, den Kronbeweis dafür sahen, daß sie richtig lägen, so wäre es doch mit Händen zu greifen: Niemand kennt den Vater als der Sohn, und wem der Sohn es entbergen will.

Wer so redet – und das hat Irenäus durchaus verstanden –, braucht keine Tradition, denn er ist die Tradition. Und er steht freilich auch mit den ‚Aposteln' auf gleichem Fuß.

*

Woher stammt also die Gnosis? Von Simon von Gittai oder von Kerinthos von Ephesos? Oder gar von Jesus von Nazareth?
Der religionsgeschichtliche Wissensdrang ist eine Sache, die Erfahrbarkeit der Gnosis eine andere.

Die gnostischen Systeme

Was fast alle Bestreiter der Gnosis am empfindlichsten irritiert hat, bringt Irenäus auf die geschliffene Formel: „Kommen wir nun zur Unausgeglichenheit ihrer Lehre! Nicht zwei oder drei wirst du auftreiben, die über dieselbe Sache auch dasselbe zu sagen haben; sie liegen nämlich in Namen und Sachen völlig verquer zueinander." (1,11)
Zum Beleg für diese Behauptung holt der Leiter der Lyoner Christengemeinde weit aus. Sein Kenntnisstand ist imponierend, für alle späteren Interessierten grundlegend.
Da die Gegenwart des Autors selbst von den valentinianischen Lehren und Praktiken bedrängt wird, stellt er nicht ungeschickt zunächst deren Lehren und Lehrer vor. Und obwohl er persönlich mit dem gnostischen ‚Bischof' Markos in Fehde liegt, hat er doch genügend historische Sensibilität, mit dem Namensgeber dieser Gnosis zu beginnen, mit Valentinos selbst. Nennt ihn den „Vater der sogenannten gnostischen Häresie", stellt in kurzen, gedrängten Sätzen zutreffend dessen Lehre vor, erkennt nicht im geringsten, daß er vor einer theologischen Ausnahmegestalt von Rang steht, polemisiert aber auch nicht und kommt zu dessen Schüler Secundus. Nachdem er von diesem leider nur einen einzigen Satz mitteilt, springt er über auf „einen anderen berühmten Lehrer". Die Forschung kennt ihn. Es ist Kolobarses, „der Angesehenste der Schule des Valentinos" (s. Klemens 9,71). Von diesem weiß er ein halbes Dutzend

Sätze zu sagen und fällt dann in eine ausführliche und geharnischte Gegenrede. Nach demselben Muster verfährt er über den nächsten Valentinianer, Ptolemaios. Dann handelt Irenäus auf 20 modernen Druckseiten über Markos, seinen gnostischen Gegenbischof, und hält inne.
Was erregt den Autor, was quält ihn? Denn wie er selbst, wenn auch wider Willen, bezeugt, entsprechen „Namen und Sachen" von Valentinos über Secundus und Herakleon bis auf Ptolemaios durchaus den Anforderungen einer Lehre. Sie ist wohl nicht in dem Sinne „ausgeglichen", daß einer den anderen einfach weitergäbe. Sie ist entwickelt. Was Irenäus wirklich stören kann, ist nur die grundsätzliche Fremdheit des Systems, das Systematische an diesem System überhaupt. Wenn er gewußt hätte, daß die von ihm selbst ausführlich zitierte reifste Form des systematischen Valentinianismus (Iren. I, 1,1–8,6) die des von ihm so kurz abgetanen Ptolemaios ist – der Forschung ist das geläufig –, wäre wohl nur die Verfremdung als solche anstößig geblieben. In der Sache beschäftigt sich Irenäus ausschließlich mit seinem Widerpart Markos. Seine Vorwürfe sind: Zauberei, Hurerei, Buchstaben- und Zahlenspielerei. Markos wird zuerst in die Schranken gewiesen. Daran wird so viel wahr sein, daß die Valentinianer auch Frauen den Vorsitz beim Abendmahl einräumten. Hinter dem sogenannten ‚Umstürzen des Leuchter' steht das nur bei den Valentinianern praktizierte Sakrament des ‚Brautgemachs' – davon wird noch die Rede sein.* Bleibt die ‚Buchstaben- und Zahlenspielerei'. Da Markos in der Tat die Zahl, wie einst Pythagoras, für eine Quelle der Erkenntnis genommen hat (der ‚Buchstabe' ist nur deren Variante, da die Griechen keine Zahlzeichen kannten), gleichzeitig aber das eigene Schulsystem deutlich voraussetzt und variiert, mag dies auf sich beruhen. Weiteres bietet hierzu der Text des Arabers Monoimos.

* Siehe die Hinführung zum „Evangelium nach Philippos".

In zwei weiteren Kolumnen bestreitet Irenäus sodann den Valentinianern die Richtigkeit ihrer Bibelexegese. Schade ist, daß er die zu seiner Zeit bereits vorliegenden Kommentare des Herakleon zum Johannesevangelium nicht zur Hand hatte; und schon gar nicht die Erwiderungen des Origenes auf jene 24 Bücher, von denen uns immerhin an die 50 Fragmente erhalten sind.

Irgendwie aber muß Irenäus gespürt haben, daß er seinen Lesern noch etwas schuldig geblieben ist. Denn er holt ein zweites Mal aus und bringt wertvollste Informationen über die Geschichte der Gnosis vor seiner Zeit.

Beginnend mit dem schon bekannten Simon und seinem Schüler Menander, fügt er Saturnil an. Dieser habe gelehrt, „daß der eine unbekannte Vater die Engel, die Überengel, die Kräfte und Mächte geschaffen habe. Das Universum aber und alles, was in ihm ist, sei von sieben gewissen Engeln geschaffen worden. Der Mensch sei ebenfalls ihr Gebilde. Als sie das von oben her erscheinende leuchtende Bild der höchsten Macht nicht festhalten konnten, da es sogleich wieder emporstieg, riefen sie einander zu: Laßt uns den Menschen schaffen nach diesem Bild und Gleichnis! Aber wegen dem Unvermögen der Engel konnte sich dieses Gebilde nach seiner Erschaffung nicht aufrichten. Es kroch wie ein Wurm einher. Da erbarmte sich seiner die obere Kraft und sandte einen Funken des Lebens. Dieser richtete den Menschen auf und gab ihm Glieder und das Leben. Nach dem Sterben aber kehrt dieser Funke des Lebens zurück zu seiner Art. Das übrige zerfällt." Nach weiteren Zeilen, die Saturnil in die Nähe Kerinths rücken, will es Irenäus zwar selber nicht ganz glauben, berichtet aber dann doch, daß die Anhänger des Saturnil die Ehe und den Fleischgenuß verwerfen.

Als nächsten hat der Kirchenvater den großen Basilides ausgemacht, seine vermeintliche Lehrmeinung aber mit einem der valentinianischen Texte verwechselt. Die tatsächliche Lehre des vielleicht bedeutendsten Gnostikers neben Valentinos wird im Textteil zu lesen sein. Hätte Irenäus diese gekannt, wäre sein Argument von der gnostischen Unausgeglichenheit spätestens hier tragfähig geworden.

Bei der nun folgenden Recherche des Irenäus ist lediglich seine wenig schmeichelhafte Würdigung durch Auslassungszeichen gekürzt.

„Karpokrates und seine Schüler sagen, daß das Universum und alles in ihm von Engeln herstamme. Sie sind weit unter dem ungeschaffenen Vater. Jesus sei von Joseph gezeugt und allen anderen Menschen gleich gewesen. Da seine Seele aber stark und rein gewesen sei, habe er sich von allen anderen unterschieden. Seine Seele habe nämlich in Erinnerung behalten, was sie beim ungeschaffenen Vater gesehen habe. Deswegen sei ihr von jenem auch eine Kraft herabgesandt worden. Und so habe sie den Weltschöpfern entfliehen können. Sie sei durch alles hindurchgegangen und in allem frei geworden und so zu ihm hinaufgestiegen. Ebenso geschieht der Seele, die dasselbe kühn unternimmt.

Sie sagen, die Seele Jesu sei gesetzestreu in den jüdischen Traditionen erzogen worden, habe sie aber dennoch verachten gelernt und sei gerade deshalb zur Kraft gekommen. So habe sie die Leidenschaften, die dem Menschen zur Züchtigung anhaften, überwunden. Die Seele, die nun ebenso wie die Seele Jesu die weltschöpferischen Mächte verachten kann, erhält dieselbe Kraft, Gleiches zu vollbringen. Daher sind sie derart arrogant geworden, daß einige Jesus gleich zu sein, andere gar, bis jetzt, wie auch immer, stärker als er zu sein behaupten. Noch andere behaupten, sie seien stärker als dessen Schüler Petrus und Paulus und die übrigen Apostel. Kurz, sie stünden in gar nichts hinter Jesus zurück. Denn ihre Seelen stammten aus derselben Umgebung. Auch sie verachteten deswegen die Weltschöpfer und hätten dieselbe Kraft und kämen auch wieder an denselben Ursprung zurück. Wenn aber einer mehr als

Jesus das Hiesige verachte, so könne er folgerichtig größer sein als der.
Zaubereien und Beschwörungen, Liebesstimulanzien und Liebesfeiern treiben sie. Geister zitieren sie herbei. Geister, die Träume senden und das übrige schlimme Zeug. Sie hätten ja schon Macht über die Mächte und wären Herren über die Schöpfer dieser Welt. Und nicht nur das, sondern auch über alles, was in ihr geschaffen ist. (...)
Sie sind so maßlos enthemmt, daß sie alles mögliche – und sei es gottlos und ohne Scheu – im Griff zu haben und auszuüben können behaupten. Sie sagen: Die böse wie die gute Tat gäbe es lediglich nach menschlicher Ansicht. Und nach einer Wiedereinkörperung müßten die Seelen in jedem Leben und in jedem Zustand gewesen sein. Wenn einer nicht in einem Leben alles und auf einmal gleichmäßig tut (...)
Nach ihren Schriften sind ihre Seelen in jeder Lebensweise gewesen. So haben sie beim Sterben in nichts mehr Mangel. Gerade darauf sei hinzuarbeiten, daß sie nicht etwa gezwungen würden, wiederverkörpert zu werden, sofern ihnen auch nur irgendeine Freiheit fehle.
Deswegen soll Jesus diese Parabel erzählt haben. ‚Wenn du mit deinem Rechtsgegner unterwegs bist, so beeile dich, daß du dich von ihm freikaufest, auf daß er dich nicht vor den Richter schleppe und der dich dem Pedell übergibt, welcher dich ins Gefängnis wirft. Amen. Ich sage dir, Du wirst nicht mehr herauskommen, es sei denn, du hättest den letzten Heller bezahlt.‘ ‚Rechtsgegner‘ nennen sie einen von den Engeln, die in der Welt seien. Sie rufen ihn Satan und sagen, er sei dazu geschaffen, die gestorbenen Seelen (möglichst) dem Fürsten der Welt zuzuführen. Der sei der erste der Weltschöpfer. Er übergäbe solche Seelen einem anderen Engel, der ihm dient, daß der sie wiederum in einen Körper einschlösse. Sie sagen ja, der Körper sei ein Gefängnis. Und das ‚du wirst nicht mehr herauskommen, es sei denn, du hättest den letzten Heller bezahlt‘ deuten

sie so, daß keiner aus der Macht der Engel, die die Welt schufen, herauskomme.
So lange müsse der Mensch jedesmal wieder eingekörpert werden, bis er bei allem Tun der Welt mit dabei gewesen sei. Erst wenn nichts mehr fehle, dann gehe seine Seele, nun frei, zu jenem Gott, der über den Weltschöpferengeln ist. So werde sie gerettet. Alle Seelen würden befreit und in keinen Körper mehr eingeschlossen; sei es, daß sie in einem einzigen Kommen sich auf alles Tun eingelassen haben, sei es, daß sie von Körper zu Körper weiterwandern und so, hineinversetzt in jede Art zu leben, die Schuld erfüllen und erstatten.
Ob freilich diese Dinge bei ihnen wirklich geschehen, die gottlos, ungerecht und verboten sind, möchte ich nicht unbedingt glauben. In ihren Schriften aber steht es so geschrieben. Und so legen sie es selber aus.
Jesus, so sagen sie, habe im geheimen zu seinen Jüngern und Aposteln besonders geredet. Und er habe sie angewiesen, es denen, die es wert sind, und denen, die zustimmen, besonders zu übergeben. Durch solchen Glauben und durch solche Liebe würden sie gerettet. Alles übrige sei gleichgültig, sei lediglich nach Menschenmeinung so gut, so böse. Von Natur aus aber sei nichts böse." (25,1–5)
Danach notiert Irenäus das über Kerinthos schon Gesagte. Und nennt dann den Gnostiker mit einem einzigen, allerdings ungeheuerlichen Satz: „Er lehrte: Der von Moses und den Propheten verkündete Gott sei nicht der Vater unseres Herrn Jesus Christus; dieser sei nämlich erkennbar, jener nicht; dieser sei bloß gerecht, jener aber gut."
Jetzt schließt an das berühmte Kapitel über Markion.*
Irenäus beendet dieses Kapitel und faßt gleichzeitig zusammen: „Diesen Markion, der als einziger es gewagt hat, die Schriften zu beschneiden und den höchsten Gott ohne irgendeinen Respekt zu verkleinern, will ich in einer be-

* Siehe das Lebensbild in diesem Band.

sonderen Abhandlung widerlegen. Ihn anklagen aus seinen eigenen Schriften; ihn aber auch anklagen aus den Reden des Herrn und des Apostels (Paulus), die er selber im Munde führt – so Gott es will!* Bei dieser Gelegenheit mußte ich aber gerade ihn erwähnen, um dir zu zeigen, daß alle, die wie auch immer an der Wahrheit herumfälschen und gegen die Predigt der Kirche vorgehen, Schüler und Nachfolger des Magiers Simon aus Samaria sind. Zwar verschweigen sie seinen Namen, den Namen ihres Lehrers, um die Menge zu täuschen. Aber dennoch, was sie sagen, ist seine Lehre." (27,4) Nach den bisher mitgeteilten gnostischen Vorstellungen wird unschwer zu erkennen sein, daß Irenäus – tragischerweise? – an ihnen vorbeiargumentiert. Denn wie sollten wohl Saturnil und Karpokrates oder gar Kerdon und Markion auf Simon von Gittai rückführbar sein? Oder gar alle, die an der Wahrheit herumfälschen? Kerinths Jesuslehre ist so unerfindlich einmalig wie die Gotteslehre des Saturnil. Von der gewagten ethischen Freiheitsthese des Karpokrates gar nicht zu reden. Was quält also Irenäus wirklich? Denn das Geheimnis aller Gnosis, ob es nun der ‚Funke des Lichts', die ‚Seele', das ‚Selbst' oder einfach das ‚Ich' heißt, sieht er ja nicht. Fast überall, wo es Kirche gibt, sind gleichzeitig Gemeinden der Valentinianer und Gemeinden der Markioniten entstanden. Und gewiß liegen die Gemeinden des Neuen Testamentes mehr als ein Jahrhundert zurück, sind also älter als die beiden gnostischen Großgruppen – die unüberschaubar vielen kleineren gar nicht zu zählen –, aber die Kirchenchristen sind auch von jetzt. Und auch sie haben eine Entwicklung hinter sich, wenn auch ruhiger und ohne allzu große theologische Revolutionen.

*

* Das angekündigte Werk hat Irenäus nicht geschrieben.

Doch zu den ‚Namen und Sachen' der Gnostiker selbst. Für die Gnostiker ist es offensichtlich kein Widerspruch gewesen, immer neue Systeme zusammenzustellen. Denn ihr Evangelium hat auf der Breite eines Fingernagels Platz. Folgerichtig gibt es auch Gnostikergruppen, die keine Systeme entwickelt haben. Es muß eben für den Gnostiker gar nichts sein, außer der einen alles entscheidenden Einsicht. Und doch! Man will ja weitergeben, muß missionieren, braucht dann aber Verstehenskörper. Weisen des Sagens. Alles Vorfindbare ist recht, das sich in Dienst nehmen läßt. Und doch hat sich eine typisch gnostische Begrifflichkeit entwickelt, die überall begegnen kann. Zur Hinführung diene dieses:

Syzigie: Alles Göttliche kann ausschließlich, wenn überhaupt, und nur weiblich und männlich zugleich gedacht werden. Das Göttliche auch in seiner höchsten Gottheit, ‚Gottheit Gottes', ist mannweiblich zu denken oder nicht einmal das. Syzigie kommt von syzygos und heißt wörtlich der Ehepartner als Mann und als Frau. Syzigie heißt danach wörtlich: das Paar, die mannweibliche Partnerschaft, die Paargenossenschaft, die Zeugungszwillinge. Alles Göttliche stellt sich so und nicht anders dar.

Psyche: Alles Menschliche ist ausschließlich weiblich vorhanden. „Die Seele ist von Natur aus weiblich." Darum ist sie auch nicht göttlich. Mann und Frau sind oder haben weibliche Seelen. Deswegen sind beide sterblich. Sie ermangeln ihrer zweiten Natur, des Männlichen.

Gnosis: Heißt wörtlich Erkenntnis, ist aber zunächst die Einsicht in diesen Zustand (vgl.: Psyche). So entsteht das Leid, die ausweglose Qual. Kein Mensch ist für diesen Zustand verantwortlich. Er findet sich so vor. Keine ‚Erbsünde' oder Ähnliches.

Kenoma: Wörtlich die ‚Leere', in der der Mensch jetzt existiert. Er kann prinzipiell um keinen anderen Zustand wissen. Er ist „betrunken", er „schläft".

Der Ruf: An den ‚Rand' dieser Leere tritt ein ‚Helfer' (Paraklet), weckt den Schlafenden und macht ihn nüchtern. Jetzt weiß dieser Mensch alles. Er hat eingesehen, ist Gnostiker.

Pleroma: Wörtlich die ‚Fülle'. Der Inhalt der Gnosis ist das Wissen um die Existenz dieser Fülle.

Der Aion, die Aionen: Die Pleroma-Fülle stellt sich dem Gnostiker dar als eine Vierheit, eine Achtheit, eine Zwölfheit oder gar Dreißigheit (Valentinianer). Variabel. Doch immer besteht das Pleroma aus einer Vielzahl von Aionen. Jeder Aion ist eine ‚Welt'. Alle Aionen aber sind syzigisch.

Die Sophia, die Achamoth: Wörtlich ‚Weisheit' (einmal griechisch, einmal hebräisch). Der Gnostiker sieht gleichzeitig ein, daß es innerhalb des Pleromas ‚einmal' einen kosmischen oder metaphysischen Unfall gab. Ursache war die Sophia. Sie „fiel" ins Leere, trennte sich von ihrem Syzjgos.

Der Demiurg und die Archonten: In der Leere bildete die Sophia einen ‚Schöpfer', den Demiurgen. Dieser schuf die ‚Mächte', die Archonten. Diese machten diese Welt.

Vorvater, Selbstvater, Vater: Aus Erbarmen und weil er gut ist, ließ der höchste der Aionen die gefallene Sophia zu ihrem Paargenossen ins Pleroma zurückbringen. Daher sein ‚Name'. Es blieb aber ‚etwas' von der Weisheit zurück. Verborgen im mittlerweile vom Demiurgen geschaffenen Menschen. Er aber wußte es nicht, und die Menschen wußten es nicht.

Abstieg und Aufstieg: Das Schicksal der Sophia ist das Schicksal der menschlichen Psyche (siehe oben), und der Gnostiker hat dies eingesehen. Diese Einsicht ist durch ihr bloßes Vorhandensein Wirklichkeit.

Gnosis: Einsicht geschieht, wenn sie geschieht, im Nu.

Gnosis und Bibel

„Als Kapital- und Kronbeweis für ihre Lehre führen die Gnostiker folgende (biblische) Stelle an: ‚Ich rühme dich dafür, Vater, Herr des Himmels und der Erde, daß du es verborgen hast vor Weisen und Klugen, Unmündigen es aber entborgen. Ja Vater, denn so war es gut in deinen Augen: Alles ist mir von meinem Vater übergeben. Und niemand weiß, wer der Sohn ist. Nur der Vater. Und niemand weiß, wer der Vater ist, nur der Sohn – und wem der Sohn es entbergen will.' Mit diesem Ruf habe er (Jesus) expressis verbis gelehrt, daß der von ihnen gefundene ‚Vater der Wahrheit' vor Jesu Ankunft von niemandem jemals erkannt wurde. Hingegen sei der ‚Schöpfer' und ‚Macher' der Welt schon immer und von jedermann erkannt worden. Dieses Wort habe der Herr (Jesus) nur sagen können von dem allen prinzipiell unbekannten Vater."
Irenäus, der uns diese für das Verständnis der christlichen Gnosis ungemein wichtige Nachricht aufbewahrt hat, fügt noch etwas bärbeißig hinzu, „so lautet ihre geschwollene Erklärung" (Iren. 1,20,2). Wo hätte man aber jenen ‚in die Synopse abgestürzten johanneischen Meteoriten', jenes Juwel des Lukasevangeliums (s. dort 10, 21–24) je treffender zu deuten vermocht, als eben hier bei den (valentinianischen) Gnostikern? Und freilich impliziert diese gnostische Exegese die seit Kerdon bekannte Ungeheuerlichkeit,

wonach Jahwe, der Gott Israels, nicht der Vater Jesu Christi sei. An dieser Verwerfung der Geschichte ist die gnostische Mission innerhalb des Kirchenchristentums gescheitert. Und dies mußte so sein. Aber man sehe die Vorteile: die Einmaligkeit der Gottesrede des geschichtlichen Menschen Jesus, wie gleicherweise die Singularität des Offenbarers Christus!

Bei der Vorlage und Wegweisung des ‚Evangeliums der Wahrheit' werden wir sehen, daß der Begründer und Urheber dieser Vater-Sohn-Offenbarungslehre kein anderer war als Valentinos selbst. Und zwar gerade, weil er an diesem Jesuslogion nicht vorüberging, sondern es aufnahm und verinnerlichte.

Von der reichen und schöpferischen Bibelexegese der Gnostiker ist uns noch genug bekannt, um in ihren regen Schulbetrieb hineinsehen zu können. Herakleon hatte in 24 Büchern das Johannesevangelium ausgelegt – Origenes hat uns davon Hinreichendes erhalten. Theodotos hatte die gnosisrelevanten Texte Alten wie Neuen ‚Testamentes' zusammengestellt und kommentiert – Klemens hat uns in seinen ‚Auszügen aus Theodotos' ebenfalls genug hinterlassen. Daß die Gnostiker in ihrem Sinne eine Auswahl der Texte trafen, ist nichts Besonderes. Das haben andere auch getan – und tun es noch.

Von größtem Interesse mußte dabei das Johannesevangelium im ganzen und dessen Prolog (1, 1–18) im besonderen sein.

„‚Im Anfang war das Wort, und das Wort war bei Gott, und Gott war das Wort' legen die Valentinianer folgendermaßen aus: ‚Anfang' nennen sie den ‚Eingeborenen', den sie auch Gott nennen, wie der Evangelist in der Folge ihn ja selbst unumwunden Gott nennt: ‚Niemand hat Gott je gesehen, ausgenommen der eingeborene Gott, der im Schoße des Vaters ruhte, der hat davon erzählt.'" (Klemens, Auszüge aus Theodotos 6,1f.) Das heißt: Der ‚Vater' ist vor diesem Anfang. Dieser ‚Anfang' – im griechischen weiblich! –

ist seine Paargenossin. Und „im Schoße" dieses Vorvaters „ruhte" der Sohn. Und er hat *davon* „erzählt"! Die Rede ist von dem „fremden Vater", den niemand kennt als der Sohn – und wem der Sohn es ‚erzählt' hat. Und wenn von jenem Licht gesagt ist, daß es „‚jeden Menschen erleuchtet, der in diese Welt kommt', ... so heißt das: er brachte sich selbst in Ordnung, indem er die Leidenschaften, die mit ihm vermischt waren, von sich warf und sich von ihnen trennte" (Klemens, 41,4). Schöner läßt sich der Vorgang, wie der Gnostiker zum Gnostiker wird, kaum nacherzählen.

Doch zum besseren Verständnis jetzt ohne diese schwierigen Doppelzitierungen: Wenn es in jenem uralten, von Paulus selbst schon zitierten ‚Christuslied' im 2. Kapitel des Philipperbriefes heißt, daß „derjenige, der in Gottes Gestalt war sich selbst leer machte", dann liest man auf gnostisch: Christus kam von jener ‚Fülle', dem Pleroma, in diese ‚Leere', das Kenoma. Und er brachte als Geschenk für den Menschen dessen ‚männlichen' Seelenteil mit, des Menschen Paargenossen. Und das ist das Evangelium.

Wenn gar im neutestamentlichen Epheserbrief geschrieben steht: „Denn er (Gott) eröffnete uns den Sinn seines Willens ... zur Verwirklichung des Pleromas der Zeiten, nämlich das Universum in Christus wieder unter ein Haupt zu fassen ..." (1,10), so sieht sich der Gnostiker unmittelbar angesprochen. Da steht es ja! Diese ‚Leere', ich, ist angerufen zur Rückkehr ins Pleroma. Das ist der ‚Sinn' seines Willens. Und dieser Sinn *bin* ich jetzt, weil ich mich anrufen ließ.

„In ihm (Christus) wohnt das gesamte Pleroma der Gottheit leibhaftig, und ihr seid in ihm (Christus) erfüllt." Ausgerechnet dieses gewiß ‚erfüllende' Wort des neutestamentlichen Kolosserbriefes (s. dort 2,9) hat die Gnosis schwer erschüttert oder sie doch eine vor ihr liegende Erschütterung wahrnehmen lassen. Denn dieser Christus *war* ja Jesus, und dieser ‚litt' (den Tod am Kreuze). Denn wenn in diesem Menschen Jesus das gesamte Pleroma Gottes „leibhaftig" gegenwärtig war, dann hat es mitgelitten. Für die Zeitgenossen, nicht nur christlicher Couleur, schwer anstößig! Aber ist nicht in unserer Gegenwart wieder die Rede vom ‚Schmerze Gottes'? Die Gnosis hat dies zuvor gewußt, wenn es denn gesagt werden darf und vielleicht sogar muß.

Damit sind wir bei der Krisis aller Gnosis: ‚gekreuzigt unter Pontius Pilatus'.

Wie wir, hat die Gnosis im 1. Korintherbrief folgende Verse gelesen: „Wir sagen durchaus Weisheit, aber nur vor den Endgültigen. Es ist dies aber eine Weisheit nicht dieser Weltzeit und nicht der Archonten dieser Weltzeit. Sie gehen ohnehin zugrunde. Sondern wir sagen Gottes Weisheit im Rätsel. Sie war verborgen. Und hat sie zurückgehalten vor den Weltzeiten uns zum Ruhme. Keiner der Archonten dieser Weltzeit hat sie je erkannt. Denn wenn sie sie erkannt hätten, dann würden sie doch gewiß nicht den ‚Herrn des Glanzes' gekreuzigt haben! ..."

Daß diesen Text ein Gnostiker geschrieben haben könnte, wurde oft bemerkt und notiert. Der hinreichend Informierte weiß auch, daß es in der Christengemeinde von Korinth eine ‚Weisheitsgnosis' gegeben haben könnte, gegen die sich Paulus mit ihren eigenen Verstehensmitteln zur Wehr setzte. Aber das alles zählt hier nicht. Die Gnostiker haben diesen Text jedenfalls gelesen – und ihn zu dem ihrigen gemacht? Sie sind die ‚Endgültigen', sie haben die ‚Weisheit', sie wissen um das Wesen der ‚Archonten'. Eines aber kann kein Gnostiker akzeptieren, daß nämlich die Archonten den ‚Herrn des Glanzes' – mit Todesfolge – gekreuzigt haben.

Wer immer die berühmten ‚Gegner' des Paulus in Korinth gewesen sein mögen, er ist ihnen offensichtlich weit entgegengekommen, begrifflich und sachlich. In einem aber nicht. Auch wenn es die ‚Archonten' waren und nicht – simpel gesagt – einfach die Römer, die den ‚Herrn des Glanzes' gekreuzigt haben, so war doch dieser Jesus bis in die

Tiefe des Todes hinein der ‚Herr des Glanzes'. So die Logik des Paulus.
Der Gnostiker Saturnil hatte gelehrt, der aus dem Pleroma in der Taufe auf Jesus herabgestiegene Christus habe diesen vor seiner Kreuzigung wieder verlassen. Karpokrates hatte sich nicht einmal gescheut, aus dieser grundstürzenden Frage eine Art historischen Treppenwitzes zu machen: Simon von Kyrene (vgl. Mk 15) sei an Jesu Stelle gekreuzigt worden. Und Jesus selber sei geflohen.
Eine Brücke bietet allenfalls der Meister und Chefsprecher unter den Gnostikern, Valentinos. Im ‚Evangelium der Wahrheit' sagt er: „Er geriet durch sie (die Plane = eine der Archonten) in Bedrängnis. Er wurde zugrunde gerichtet. Man nagelte ihn an ein Kreuz. Er wurde eine Frucht der Einsicht des Vaters." Aber ist das eine Brücke? Allenfalls ein Steg. Ein Hang zur Jesusvergessenheit ist aber nicht nur der Gnosis eigentümlich.

Zwei gnostische Lebensbilder

„Kein Mensch kann eine Häresie konstruieren, es sei denn, er wäre überragend genial und hätte eine entsprechend natürliche Begabung, die von Gott eigens kunstvoll gebildet ist. Derartige Menschen waren Valentinos und Markion. Ich jedenfalls halte beide für hochgebildet und blitzgescheit."

Hieronymus, Commentarius in Osee, II, 10.

Valentinos

Valentinos, der mit Sicherheit bedeutendste Häresiarch (Schulhaupt) unter den gnostischen Häresien, hatte seine Herkunftsfamilie an der Seeküste Ägyptens. Seine Geburtsstadt ist wahrscheinlich die Gaustadt Boutos an der sogenannten sebennitischen Nilmündung gewesen. Das entspricht dem altägyptischen Gau Phteuotes. Die gemeinsame Familie kann nicht eben arm gewesen sein, da der junge Mann die ausnehmend günstige Gelegenheit erhielt, in Alexandria hellenistisch gebildet zu werden. Hier in dieser weltläufigen Stadt und ihrer berühmten Akademie muß es auch gewesen sein, wo Valentin das kaum drei, vier Generationen alte Christentum kennenlernte, und zwar in einer seiner gnostischen Formen. Denn wie Justinos zeitgleich überliefert hat, „heißen alle ihrer Richtung Christen". Jedenfalls stammen die ersten Lehreindrücke des jungen Neuchristen von keinem Geringeren als dem syrischen Gnostiker Basilides. Dieser gnostisch-christliche Wanderlehrer war in der Zeit des Kaisers Hadrian (117–138) von Antiochia in Syrien nach Alexandria in Ägypten übersiedelt und leitete dort vielleicht die christliche Katechumenenschule oder war sonst entsprechend maßgebend tätig. Der weitgereiste Kaiser selbst konnte sich vor Ort von der Sensibilität des alexandrinischen Schulbetriebes für diese Religio nova überzeugen. Sein Handschreiben an den Konsul Servianus beweist es. Es heißt dort: „Wer dort dem Serapis* die Ehre gibt, ist Christ. Umgekehrt ehren den Serapis, die sich Christi Bischöfe nennen. Es gibt dort keinen Synagogenvorsteher der Juden, keinen der Samarier, keinen Ältesten der Christen, der nicht gleichzeitig kundig wäre als Mathematiker, als Zeichendeuter (haruspex) und als Mumifizierer (aliptes). Ja, als ich selbst nach Ägypten kam, wurde ich von den einen wie Serapis verehrt, von den anderen wie Christus geschätzt. Bloß ein Gott ist für die Alexandriner nämlich keiner. Hier Christen, hier Juden, hier welches Volk auch immer – sie alle haben Religion." Und ausgerechnet Klemens von Alexandrien, der sachliche und sachkundige Bestreiter gnostischer Systeme, notierte wenig später: „Zu den Zeiten des Kaisers Hadrian sind die Stifter der Häresien aufgetreten." Daß es zu dieser damaligen Welthauptstadt alter und neuer Ideen auch einen Basilides hingezogen hat, wird ohne weiteres verständlich. Vor seinem Lehrstuhl aber saß eines Tages Valentinos. Ein wie selbständiger Kopf dieser indes inmitten dieses brodelnden Kessels der neuen Anfänge gewesen sein muß, läßt sich gerade aus seiner Bekanntschaft mit dem theologischen System des

* In Alexandria lag das berühmte Serapeion des Gottes Serapis.

Basilides schließen. Denn es sollte sich zeigen, daß der reife Ägypter diametral anders denken wird als der syrische Vermittler. Ob und wo Valentinos auch Hörer des sonst unbekannten Paulusschülers Theodas gewesen wäre, ist nicht mehr auffindbar. Christliche Lehrer des 2. Jahrhunderts behaupteten nicht selten, in unmittelbarem Traditionszusammenhang zur christlichen Herkunftszeit zu stehen. Für Basilides gilt Ähnliches, er soll sich auf den Apostel Mathias berufen haben. Zeitlich sind diese Abhängigkeiten durchaus möglich. Die große Zeit der ersten christlichen Weltmission lag immerhin erst 50–70 Jahre zurück. Außerdem muß es sich bei einem ‚Schüler' dieses oder jenes urchristlichen Berufsmissionars keineswegs um einen diesem persönlich Bekannten gehandelt haben. Die gruppenbildende Eigenart der neuen Religion war von vornherein altchristliche Mitgift. Chance und Gefährdung zugleich.

Wie das auch gewesen sei, der jetzt wohl knapp 20jährige Valentinos wirkte nach seiner alexandrinischen Ausbildung etwa zwei Jahrzehnte in wenigstens fünfen der ägyptischen Gaue unangefochten als freier christlicher Lehrer. Er galt nicht als Ketzer. Sein erbittertster späterer Gegner, Epiphanius von Salamis, gesteht ihm die längst offiziell gewordene christliche Sprachregel zu: „Er richtete das Kerygma (den Ruf von Jesus Christus) aus." Auch die sichtlich ungern mitgeteilte Notiz bei Tertullian, wonach Valentinos die „Schriften verbessert" – also offensichtlich einen einwandfreien Text hergestellt – habe, mag hierher gehören. Lehrer brauchen exakte Texte. Und es gab viele Handschriften. Alexandria war der Ort, wo sich vergleichen und berichtigen ließ. Freilich, um welche der 27 Urkunden des späteren Neuen Testamentes es sich dabei gehandelt haben wird, wissen wir nicht. Die Folgen dieser valentinischen Beschäftigung mit dem sogenannten Textus rectus einer christlichen Bibel haben Fernwirkungen bis in die Bibelinstitute der Gegenwart hinein.

Auf seinen Lehrwanderungen durch Ägypten – er kam mit Nilschiffen bis nach Theben – stiftete und errichtete Valentinos zahlreiche Gemeinden und verschaffte sich so, weit über den eigenen Lebenskreis hinaus, bleibende Anhängerschaft. Eine dieser Gemeinden wird Nag Hammadi gewesen sein! Es liegt etwa auf halber Strecke zwischen Alexandria und Theben. Die valentinianisch-christliche Gemeindetradition in Ägypten ist erkennbar erst im 4. Jahrhundert abgebrochen. Wie es scheint, gewaltsam. Und vielleicht sind deswegen die ‚Nag-Hammadi-Texte' in einem noch verschlossenen und versiegelten Krug (1945) aufgefunden worden. Die Gemeinde hat ihr Wertvollstes versteckt!
„Jener andere berühmte Lehrer", von dem Irenäus Zeugnis gibt, Kolarbasos, wird irgendwo unterwegs, jedenfalls damals, des Valentinos erster Schüler geworden sein. Sein Name ist ägyptisch. Dieser Kolarbasos sollte der einzige Gnostiker sein, von dem überliefert ist, daß er eine Streitschrift gegen einen andersdenkenden Gnostiker gerichtet hat, und zwar immerhin gegen keinen anderen als Markion. Sonst lebten die verschiedenen gnostischen Schulen und Gemeinden durchaus in Frieden und oft nebeneinander her. Sie waren ja nicht durch ‚Systeme' untereinander geschieden, sondern eben durch Gnosis von allen anderen Menschen.
Sehr früh, vielleicht noch während seiner Studienzeit in Alexandria, muß Valentinos auch jenes sonderbare Erlebnis gehabt haben, das ihn zu sich selbst brachte, zum unverwechselbaren Gnostiker Valentin machte. Denn niemand wird Gnostiker durch Belehrung, auch nicht zu Füßen eines Mannes vom Range des Basilides. „Denn Valentinos sagt, einst habe er ein ganz kleines Kind gesehen, gerade geboren. Und er habe es gefragt, wer es sei. Da habe es geantwortet: der Logos. Dann fügte er einen großartigen Mythos* hinzu und will aus diesem die von ihm begründete Häresie bestehen lassen." (Hippolyt, 6, 41,2)

* Mythos hier von Hippolyt abwertend gemeint.

„Unter Bischof Hyginos (136–140) kam Valentinos nach Rom. Er blühte unter Bischof Pius (140–155) und blieb bis auf Bischof Aniketos (155–166)." Was wollte der so erfolgreiche ägyptische Wanderlehrer in Rom? Nun, Rom war die Kapitale des Imperium Romanum. Aber die alexandrinische Akademie war für einen Lehrer vom Range Valentins sicherlich anziehender und sollte es noch lange bleiben. Nach Rom ging man, weil man Christ war. Seit etwa 80 Jahren bestand dort eine rege Christengemeinde. Paulus hatte seinen ‚Römerbrief' an die bereits bestehende Gemeinde etwa im Jahre 56 abgeschickt. Ja, diese Gemeinde führte sich auf keine Geringeren zurück als auf die Apostel ‚Petrus und Paulus'. Dieses Rom in Rom war der Anziehungspunkt. Und sie kamen von überall her, um kennenzulernen, um zu lernen, aber auch um zu lehren. Rom war die Drehscheibe der christlichen Sache geworden, das heißt, sie wurde es eigentlich erst jetzt. Jetzt unter ihrem Gemeindeleiter Hyginos. Der erste Philosoph, der Christ geworden war, Justinos, war soeben von Ephesos herübergesegelt. Und es war Kerdon, der Gnostiker, aus Antiochia in Syrien angekommen. Der eine „stritt", der andere „lehrte". Und nun war auch Valentinos von Alexandria heraufgesegelt. Und auch „er lehrte in Rom", sagt Epiphanius. Kolarbasos wird in Ägypten zurückgeblieben sein. Die anatolische (östliche) Schule der Valentinianer, wie sie später genannt wurde, bedurfte eines Leiters. Eine italiotische Schule – auch dies die spätere Bezeichnung – wollte der Meister wohl selbst in Rom und von Rom aus gründen. Aber was heißt hier eigentlich ‚Schule'? Von Kerdon sagt Irenäus, den Vorgang sicher arg simplifizierend, „bald lehrte er im geheimen, bald trat er als Bekenner auf. Und schließlich wurde er von einigen der Unrichtigkeit seiner Lehre überführt und aus der Gesamtgemeinde förmlich ausgeschlossen." Es gab also die gemeinsamen Zusammenkünfte aller Christen zu den bekannten Gemeinschaftsmählern. Und es gab Häuser, in die man ging, um zu lehren und um zu disputieren, und zwar gerade nicht im geheimen. Es war dies der ordentliche christliche Schulbetrieb. Solche ‚Schulen' eröffneten nun Männer wie Kerdon und Justinos. Es ging um die bessere Wahrheit. Was es mit der ‚Entfernung aus der Gemeinde', etwa des Kerdon, auf sich hat, sei noch zurückgestellt.

So tat es auch Valentinos. Er lehrte seinen „großartigen Mythos". Daß ausgerechnet der Gnosisverächter Epiphanius (200 Jahre später) wissen will, dieser habe das ohne jeglichen Anstoß getan, klingt wunderlich. Aber, so Epiphanius, „*auch* in Rom richtete er das Kerygma aus". Die Wahrheit wird eine ganz andere sein. Jetzt, unter dem Leiter der Gesamtgemeinde, Hyginos, ist es möglich, auf der Suche nach der je besseren christlichen Wahrheit nicht nur auf einem Wege zu gehen, sondern im Disput der Schulen um die Wette zu streiten. Es sagt nämlich der Afrikaner Tertullian, einer der besten Kenner der damaligen römischen Verhältnisse, während er, Valentinos, „bei der Kirche der Römer" war, gehörte er in den Rahmen der „allgemeinen Lehre".

Zur Krise kam es, nachdem um 140 der Bischofstuhl Hyginos' erledigt war. Tertullian will recherchiert haben: „Es machte sich aber Valentinos Hoffnungen auf die Bischofsstelle. Wegen seines imponierenden Geistes wie wegen seiner hinreißenden Redegabe konnte er das auch. Als jedoch ein anderer, der das Vorrecht der Märtyrer hatte, die Stelle erhielt, war er indigniert und riß sich von der Kirche der authentischen Regel los." Dieser andere war ein gewisser Pius. Was bergen aber diese doch recht überraschenden Sätze in der Sache? Gedankenschärfe und Redefluß des Valentinos waren und sind zwar unbestreitbar. Die Texte werden beides ausweisen. Ja man möchte noch hinzufügen: und seinen ungemeinen persönlichen Charme. Aber ist glaubhaft, daß sich ausgerechnet dieser tief verinnerlichte Mensch auf ein öffentliches Gemeindeamt Hoffnung machte? Eher wird es gewesen sein, daß bei den fälligen

Wahlgesprächen Dritte, die ihn schätzen gelernt hatten, seinen Namen in die Debatte einbrachten. Warum war er aber dann doch „indigniert", als er am Ende nicht gewählt wurde? Die Sache dürfte in den Gründen liegen, deretwegen ihm jener Pius vorgezogen wurde. Mit „Märtyrer" ist natürlich hier Bekenner gemeint, denn Pius blieb trotz tödlicher Bedrohung am Leben. Eine entsprechende Situation ist zwar für die dreißiger Jahre nicht bekannt. Aber für das Ende der vierziger Jahre bezeugt der in Rom anwesende Justin ausdrücklich die Hinrichtung dreier Männer um des bloßen Christennamens willen. Er hat deswegen erneut an den amtierenden Kaiser Antoninus Pius schriftlich appelliert (siehe seine 2. Apologie). Daß Pius eben noch mit dem Leben davongekommen war, ist glaubhaft. Daß in der Gefahr standhaft gebliebene Menschen Platzvorteile haben, ist nur in Ordnung. Warum konnte man es dabei nicht bewenden lassen?

Es ist zwar nicht eigens bekannt, ob bereits Valentinos selbst, die oder jene Meinung betreffend, die öffentliche Confessio vorgetragen hat: also sich vor einen Staat hinstellte und sagte: ‚Ja, ich trage den Namen Christ', worauf der römische Staat aus rein formalrechtlichen Gründen mit der Hinrichtung antwortete. Aber Herakleon, der angesehenste Schüler des Valentinos, hatte deutlich unterschieden zwischen einem Bekenntnis des Glaubens mit dem Lebensvollzug und einem Bekenntnis „mit der Stimme". Und freilich war der Schüler in dieser wohl wichtigen ‚Lehrmeinung' vom Lehrer gedeckt! So war er indigniert, da ihm, in seinem Sinne, ein Narr vorgezogen wurde.

Valentinos habe sich daraufhin losgesagt, „abgerissen von der Gemeinde der gültigen Regel". Hier irrt Tertullian, mindestens was den Zeitpunkt betrifft. Denn Valentinos blieb in Rom noch mindestens 15 Jahre. Er „blühte" unter Bischof Pius. Tertull wird aber vielleicht nur haben sagen wollen, daß Valentinos in der für ihn eigentlich schöpferischen Zeit nun wirklich deutlich von der römischen Regel abweicht. Diese ‚Regel' kam aber durch ihn und seinesgleichen erst in Geltung. Zwei Generationen später sieht das freilich von der Warte des Karthagers Tertullian ganz anders aus!

Valentinos lehrte also und ‚machte' Schüler. Herakleon, den eben genannten. Ptolemaios, den Vollender des Schulsystems. Und den Römer Secundus. Wer fähig ist, solche Männer für seine Sache zu gewinnen, ist auch fähig, die Herzen vieler Menschen zu bezaubern. Die Brieffragmente und die Überreste seiner Homilien können dies heute noch. Jetzt in diesen Jahren mag es auch gewesen sein, daß Valentinos das ‚Evangelium der Wahrheit' schrieb und sprach.

15 Jahre später war ein neuer Bischofswechsel fällig (155). Aniketos wurde gewählt. Und noch im gleichen Jahre kam Polykarpos, der greise, fast 85jährige Bischof von Smyrna in Kleinasien, nach Rom. Irenäus, der vielleicht mit unter der Reisegesellschaft war – war er doch dessen Landsmann –, berichtet: „Unter Aniketos führte Polykarpos während seines Romaufenthaltes viele von den genannten Häretikern in die Gemeinde zurück, indem er predigte, daß er einzig und allein die Wahrheit von den Aposteln erhalten habe. Dieselbe Wahrheit sei auch von der (römischen) Gemeinde überliefert worden." (3,3,4) Mit den „Häretikern" zielt Irenäus auf die Valentinianer und auf die Markioniten, wie er selber sagt. Wieweit eine Predigt, die „einzig und allein" für sich die Wahrheit reklamierte, Erfolg haben konnte, ist unsicher. Jedenfalls hat bald danach Valentinos eine Schiffspassage nach Zypern gebucht. Er sollte nicht wiederkehren.

„Als er aber nach Zypern kam, war er ein Schiffbrüchiger im natürlichen Sinn des Wortes. Da fiel er aus dem Glauben, und sein Verstand ward verwirrt. Denn man hielt dafür, daß er vordem etwas Religion besaß, jetzt aber, auf Zypern, kam es schließlich zum letzten: Er überließ sich

der Religionslosigkeit und vertiefte sich in die schon (früher) über ihn mitgeteilte Schlechtigkeit." So der Nachruf des Epiphanius.
Milder verfährt Hippolyt: „Von nicht geringem Irrtum befallen, begann er auf Zypern zu lehren ..." – seinen großartigen Mythos.
Um 160 wird Valentinos dort gestorben sein.

Markion

Markion, bekannt geworden als der ‚Erzketzer', ist am Südrand des Schwarzen Meeres geboren und aufgewachsen. Genau dort, wo der Riegel des Pontosgebirges sich am weitesten nach Norden ins Meer vordrängt, lag und liegt Sinope (heute Sinob), Markions Vaterstadt. Später wird er deshalb auch der ‚Pontier' heißen. Und da der Knabe in eine Kauffahrerfamilie hineingeboren wurde, wird man von ihm ebensooft als dem ‚Reeder' sprechen. Denn er sollte berühmt und berüchtigt werden.
Markions Vater sei, neben seinen Handelsgeschäften, „Bischof" der jungen Christengemeinde in Sinope gewesen. Möglich wäre dies schon, wenn die Nachricht nicht ausgerechnet von Epiphanius von Salamis stammte. Denn obwohl in den folgenden zwei Jahrhunderten mindestens sieben Männer zur Feder griffen, um ‚contra Markion' zu schreiben, so blieb es doch ganz allein diesem Epiphanius vorbehalten, die persönliche Integrität auch des Markion durch persönliche Unterstellungen anzuzweifeln.*
Markion habe nämlich eine junge Frau „vergewaltigt" und

* Epiphanius ist von seinen Zeitgenossen – so etwa von Chrysostomus – mehrmals ermahnt worden, doch wenigstens „etwas" umgänglicher zu sein.

sei deswegen von seinem eigenen Vater aus der Gemeinde förmlich ausgeschlossen worden. Und die Klatschbase von Salamis begründet die Schandtat des Markion wörtlich so: „Denn er war ein Single", und fährt dann fort: „Und da er den Spott der Leute nicht ertrug, verließ er seine Heimatstadt." Wahr wird sein, daß Markion, und zwar zeitlebens, Junggeselle war und natürlich – mit oder ohne bischöflichen Vater – in das Familiengeschäft einstieg: Markion der Reeder und Kauffahrer.

Jahrzehntelang muß Markion mit seinen Schiffen den Hellespont und die Ägäis befahren haben, und dies mit großem wirtschaftlichem Erfolg. Denn wir lernen ihn bald als einen steinreichen Mann kennen. Und Tertullian weiß, daß Markion „nicht auf rhodisches, sondern auf pontisches" Seerecht hin Geschäfte machte. Daß außer der Kauffahrtei ‚Markion' jemand dieses ‚pontische Seerecht' besaß, ist nicht bekannt. Freie Fahrt also dem Reeder Markion!

Aber so einfach sollten die Lebenslinien Markions nicht verlaufen. Auf einer seiner Kauffahrten kam er – zum wievielten Male? – nach Smyrna (heute Izmir) und dort lernte er, nun ganz sicher, einen wirklichen christlichen Bischof kennen: Polykarp. Wieweit dieser ihm imponierte oder ihn gar für die christliche Sache gewann, wissen wir nicht. Jedenfalls schied er in Freundschaft und segelte nach *Rom.* Dort galt rhodisches, nicht sein pontisches Seerecht. Was wollte er also dort?

„Er kam nach dem Tode (140) des Bischofs Hyginos nach Rom", und zwar nicht, wie Epiphanius noch einmal will, um auch hier als vom eigenen Vater Verworfener vor den Kopf gestoßen zu werden. Ganz im Gegenteil, er wurde mit offenen Armen aufgenommen. Denn er „kam in der ersten Bewegtheit des Neugläubigen, und zwar samt seinem Gelde." (Tertullian)

Markion, „schon ein älterer Mann" um die 60, erfahren wir von Klemens, war Überzeugungschrist geworden. Wie,

ist sein Geheimnis geblieben. Doch er war es ganz geworden. Er hatte für den stolzen Erlös von 200.000 Sesterzen – nach heutiger Kaufkraft ein Millionenbetrag – seine Reederei verkauft. Und er gab sie den ‚Armen', das heißt, er brachte sie in die römische Christengemeinde ein.
Der eine seiner großen Charakterzüge liegt offen zutage: Was ein Markion macht, macht er ganz.
Sein großes Vorbild wird sichtbar: Paulus. Hatte der nicht – und mit wieviel Mühe – bei all seinen griechischen Gemeinden jahrelang eine Geldkollekte eingebettelt, um sie, so war es abgemacht*, den ‚Armen von Jerusalem' zu spendieren? Nun, es gab ja auch die ‚Armen von Rom'. Von jenem Hermas, er war der leibliche Bruder des eben gewählten Gemeindebischofs Pius, erfährt man, wie knapp und karg es die meisten Männer und Frauen mit dem Allernotwendigsten hatten. Da kommt so ein antiker ‚Onassis' und wendet alles zum Besseren! Und hieß es nicht im Lukasevangelium (vgl. 8,1–3), eine Frauengruppe habe Jesus selbst „mit ihrem Vermögen gedient"? Nun, Markion wollte dasselbe für die römische Christengemeinde tun. Man war beeindruckt. Und nicht nur das. Man war auf seiner Seite.
„Wegen ihrer ständigen unruhigen Neugierde" (Tertullian) kam es zu förmlichen Disputationen vor und mit den ‚Ältesten der Gemeinde'. „Neugierig", muß heißen: aufgeschlossen für das Neue, war natürlich zunächst kein anderer als Markion selbst. War er doch ein Mann von Welt und jetzt Neuchrist dazu. Das Thema einer dieser Debatten hat uns Epiphanius aufbewahrt. Freilich soll nach ihm Markion wegen diesem Disput erst gar nicht zur Gemeinde Zutritt erlangt haben! Es ging um drei Verse des Lukasevangeliums: „Er sagte ihnen aber eine Parabel: Niemand flickt einen Lappen, von einem neuen Kleide herausgeschnitten,

* Vgl. Neues Testament Gal 2,10. Zur Sammlung 1 Kor 16,1 und 2 Kor 8,12. Zur Übergabe Röm 15,25–28.

auf ein altes Kleid; sonst zerreißt er auch das neue, und der Flicken von dem neuen paßt ohnehin nicht zu dem alten. Auch gießt niemand alten Wein in neue Schläuche; sonst wird der neue Wein die alten Schläuche zersetzen, und er selbst wird verschüttet, und auch die Schläuche sind kaputt. Sondern neuen Wein muß man in neue Schläuche gießen. So wird beides erhalten."

Selbstverständlich wandte der praktische Kaufmann Markion diese Doppelparabel real an. Hatte er doch lange genug mit Stoffen und Wein gehandelt. Auch kannte er mittlerweile die Verhältnisse in der Gemeinde: Goß man denn nicht wirklich Heurigen ins Gestrige? Und wo war denn der aber nun wirklich ganz neue Impetus des Evangeliums geblieben? So oder ähnlich mag Markion argumentiert haben. Es wurde ihm widersprochen. Man verteidigte sich. Doch er gab nicht nach, „ließ sich von den Presbytern nicht belehren", wie Epiphanius wissen will. Dies ist der andere große Charakterzug des Markion. Er gab nicht nach, jedenfalls dann nicht, wenn er sich im Recht wähnte.

In der römischen Christengemeinde aber waren zur selben Zeit noch ganz andere Männer: Valentinos und Kerdon. Zwar schweigen sich die Quellen beharrlich darüber aus, ob Markion mit Valentin zu tun hatte. Doch dem Kerdon, sagt Irenäus, dem „folgte Markion der Pontier nun nach. Und er erweiterte dessen Lehre." Bis zu diesem Zeitpunkt scheint Markion von gnostischer Theologie entweder nichts gehört oder doch zumindest nichts verstanden zu haben. Jetzt hörte er und er verstand. Er verstand den Unterschied zwischen dem ‚alten' und dem ‚neuen' Wein: „Der von Moses und den Propheten verkündete Gott ist nicht der Vater unseres Herrn Jesus Christus. Dieser ist (bloß) gerecht, jener aber gut."

Hatte Markion bisher lediglich die ethische Seite der neuen Religion verstanden und auch in die Tat umgesetzt, jetzt – so meinte er jedenfalls –, sei ihm die allerletzte Konsequenz deutlich. Es gibt neben dem Schöpfer einen „anderen Gott", und Jesus ist dessen „anderer Sohn". So hat ihn, der ebenfalls in Rom anwesende Justinos verstanden. Für Markion ist dies der Befreiungsschlag seines Lebens: das Evangelium.

Es kommt zu neuen Disputationen. Und Markion gibt nicht nur nicht nach, sondern erweitert die Lehre Kerdons. Markion übertreibt ins Dualistische. So soll er behauptet haben, nicht die ‚Abels', sondern die ‚Kains' sind gerettet, denn der Gott des Moses hat diese genug gequält, er, der Verursacher auch der Kriege. „Die Brüder wurden schwer verletzt." (Tertullian)

Was eigentlich überrascht, ist, daß sich die Auseinandersetzungen über Jahre hinziehen konnten, ohne daß es zu endgültigen gegenseitigen Verwerfungen kam. Erst im Herbst 144* bricht die Krise vollständig aus, es kommt zu einem gemeinderechtlichen Prozeß gegen Markion und seine Anhänger. Tertullian ist wieder unser römischer Korrespondent: „Einmal und noch einmal hinausgewiesen, wurden sie beim dritten Mal auf Dauer in den Bann getan. Der Markion samt seinen 200.000 Sesterzen, die er in die Gemeinde eingebracht hatte."**

Mit Händen zu greifen wird hier die sogenannte ‚Gemeinderegel' aus dem Matthäusevangelium Kapitel 18 exekutiert. Es heißt dort: „Wenn sich aber dein Bruder verfehlt, dann gehe hin und stelle ihn unter vier Augen zur Rede. Hört er auf dich, so hast du deinen Bruder gewonnen. Hört er aber nicht, dann nimm noch einen oder zwei mit dir, damit auf die Aussage von zwei oder drei Zeugen hin jede Sache festgestellt werde. Hört er aber auch nicht auf sie, dann sage es der Gemeinde. Hört er aber auch auf die Ge-

* Dieses Datum ist von den Markioniten selbst überliefert. Es gilt als sicher.

** Dieser und der noch folgende Text ist entnommen aus praescr. haeres. 30

meinde nicht, dann sei er dir wie ein Heide und Zöllner." Man ging also – nach welcher Ordnung auch immer – ordentlich vor. Und es ehrt diese römische Gemeinde unter Bischof Pius für immer, daß sie Markion sein Geld zurückgab.

Markion reagiert darauf mit einem offenen Handschreiben, einer „Epistel", die Tertullian noch gelesen hat. Er rechtfertigt sich und nimmt den Fehdehandschuh auf. Die nächsten etwa 15 Jahre ist er wieder Seefahrer und Kauffahrer. Diesmal aber nicht in eigener Sache und auf eigene Rechnung, sondern in Sachen des Evangeliums. Jedenfalls seines Evangeliums. Und er hat auch diesmal wieder überwältigenden Erfolg. Bald gibt es in allen großen Städten des Römerreiches ‚Synagogen der Markioniten'. Seit des Paulus Zeiten hat niemand mehr mit solcher Energie und mit derartigem Erfolg die christliche Mission vorangetrieben. Bis weit ins 4. Jahrhundert hinein konkurrieren die Gemeinden des Markion mit den, so nennen sie sich nun, katholischen Gemeinden. Erst als sich seit Kaiser Konstantin die staatliche Ketzerverfolgung gegen sie richtet, erlahmen sie. Und gehen schließlich unter, wie alle Gnosis.

Markions Erfolge liegen aber nicht nur in seiner persönlichen Überzeugungskraft und Organisationsbegabung begründet, sondern auch in seinem besonderen Sinn für Abgrenzung und Form. Er als erster gibt seinen Gemeinden eine klar umschriebene christliche Bibel. Sie besteht aus dem Lukasevangelium und zehn Paulusbriefen. Beides ist „beschnitten" und „bereinigt", das heißt um jene Stellen purgiert, die den Gott des Moses bedeutsam machen wollen. Sie seien später eingekommen. Das Evangelium ist mit einem Kommentar versehen, der Apostolos mit Antithesen.

Während Markion irgendwo unterwegs in seinem Element ist, wird er im Jahre 147 aufs schwerste denunziert. Vor dem Kaiser in Rom. Justinos schreibt nämlich in seiner Apologie an den Kaiser Antoninus Pius über ihn: „Den

Markion aus dem Pontos trieben böse Dämonen um. Er lehrt noch jetzt, man müsse den Gott leugnen, der der Schöpfer aller himmlischen und irdischen Dinge ist. Wie auch seinen Sohn, den von den Propheten angesagten Christus. Er behauptet einen anderen Gott neben dem Schöpfer und einen anderen Sohn. Und ihm haben viele Glauben geschenkt, als ob er im Alleinbesitz der Wahrheit wäre." (Apol. 58) Aber in jenen höhren Kreisen hatte man für derlei Theologengezänk allenfalls ein Kopfschütteln übrig. Markion hatte nichts zu gewärtigen.
Doch dann kam Markion – überraschend? – selbst noch einmal nach Rom: 155. Polykarp war von Smyrna herübergekommen, und gewiß nicht nur wegen jener leidigen Kalenderfrage, wann denn nun der richtige Tag für die christliche Osterfeier sei, der 14. oder der 15. des jüdischen Monats Nisan; „bekehrte er doch viele der Valentinianer und Markioniten", wie Irenäus behauptet hatte. Es muß zu einem größeren Treffen aller Beteiligten gekommen sein. Und dabei sahen sich der Bischof von Smyrna und der nunmehr erfolgreiche Ketzer Markion nach langer Zeit wieder. Auf die Frage des Markion: „Kennst du mich noch", habe jener brüsk geantwortet: „Durchaus, du Satanssohn". So überliefert jedenfalls Irenäus. Dem Smyrnäer ist dies zuzutrauen, denn in seinem einzigen erhaltenen Brief tituliert er Gegner wortwörtlich gleichlautend. Und auch dort sind Gnostiker die Gemeinten.*
Aber wie kam es unter diesen verhärteten Umständen zu dem durch Tertullian sicher bezeugten Gentlemen's Agreement, wonach Markion zuerst einlenkend entgegengekommen war (Tertullian redet betulich von ‚Buße getan hatte') und daraufhin die Gegenseite zusagte, ihn „in Frieden wieder aufzunehmen." Freilich nur, wenn er der Bedingung nachkäme, „die übrigen, die er zu seiner Verderb-

* Siehe Polykarp-Brief 7,1.

nis herübergezogen habe, der Gemeinde wieder einzufügen".

Wenn man auf die Antwort nicht ganz verzichten will, dann kann nur ein Mann der damaligen römischen Gemeinde diesen Kompromiß arrangiert haben, von dem, aus ihren Gründen, lediglich die Quellen eisern schweigen: Valentinos. Er war sicherlich dazu fähig. Er schaute die Gnosis, Markion tat sie.

Man reiste bald ab, jeder auf seinem Wege. Dem Markion muß es als unmögliches Unterfangen erschienen sein, eine Weltkirche einer Weltkirche wieder zuzufügen. Da „kam ihm der Tod zuvor", beschließt Tertullian seine Recherche.

Gnostische Texte

Die folgenden Texte sind allen Bereichen, Formen und Systemen der Gnosis entnommen. Soweit irgend möglich, sind sie nach sachlichen, aber auch historischen Gesichtspunkten geordnet und gereiht.
Sie können dennoch in beliebiger Reihenfolge benutzt werden. Um auch dort, wo diese Texte hohe Schwierigkeitsgrade erreichen, dem jeweiligen Gnostiker selbst das erste und letzte Wort zu überlassen, wurden notwendige Erklärungen und sinnvoll scheinende Hinweise jeweils nach den betreffenden Text gesetzt. Der Druck hebt diese Hinführungen oder Ausklänge im *Kursiv* hervor.
Einige wenige Namen und Sachen sind allerdings schon über die Lesestrecken der Texte hin verteilt durch ein * einer vorläufigen Klarstellung zugeführt.
Angeführte oder herangezogene Bibelstellen sind nur in Ausnahmefällen eigens kenntlich gemacht. Der Bibelkundige wird sie auch so erkennen. Im übrigen haben die Gnostiker ‚ihre' Bibel meist so verinnerlicht und integriert, daß besondere Hinweise eher störend und wider den Text gekämmt wären.
Man beachte auch die ‚gezeichneten' Hinweise im Anhang. Die Gnostiker selbst haben ihren handgeschriebenen Werken teilweise ‚Zeichnungen' beigefügt.

Poimandres

Die Verzückung

Hermetische Schriften I, 1–32

Irgendeinmal wurde mir die Einsicht der Wirklichkeit zuteil. Und ich wußte mich emporgehoben. Mein leibhaftiger Zustand war auf ein Minimum reduziert, so etwa wie bei denen, die aus Überdruß oder schwerer Arbeit im todähnlichen Schlafe sind.

Da meinte ich mich von einem großen Wesen unendlichen Ausmaßes beim Namen gerufen: ‚Was willst du hören, was willst du schauen und verstehend lernen und einsehen?' Ich: ‚Wer bist du?' Er: ‚Ich bin Poimandres. Ich bin der Nous* des Unendlichen. Ich weiß, was du suchst. Ich bin beständig in dir.' Ich: ‚Ich will die Wirklichkeit kennenlernen, ihre Natur verstehen und Gott einsehen.' Und ich sagte: ‚Und wie ich hören will!' Dann wieder er: ‚Wie du erlernen willst, das binde fest in deinen Sinn. Und ich werde dich alles lehren.'

Danach verschattete sich sein Wesen. Und mir war im Nu und auf einen Schlag alles klar: Ich sehe eine undurchmessene Schau. Alles ist Licht. Alles ist gelöst und heiter. Und ich war in Liebe zu diesem Anblick.

Dann war da eine Finsternis. Zum Teil geneigt – nach unten; furchtbar und abstoßend, gekrümmt wie eine Schlange schien sie mir. Da schlug die Finsternis um in etwas Feuchtes. Ein unaussprechliches Durcheinander. Und sie gab einen Rauch von sich wie von Feuer. Und zu hören war ein unnennbar klagender Laut. Dann ein unartikulierter Schrei. Ich meinte, er käme aus dem Feuer.

Aus dem Licht aber stieg ein heiliger Logos** herab zur

* Nous wörtlich: Sinn.

** Logos wörtlich: Wort.

Natur. Und reines Feuer sprang aus der feuchten Natur zur Höhe. Es war leicht, schnell und mächtig zugleich. Und leichte Luft folgte dem Feuergeist.
Sie stieg von Erde und Wasser herauf bis hin zum Feuer. Mir schien, sie hafte an ihm. Erde aber und Wasser blieben so durchmischt bei sich, daß ich die Erde vor Wasser nicht sah. Beide waren aber bewegt durch den sich über ihnen bewegenden geistigen Logos. Und man konnte dies hören.
Jetzt redete Poimandres: ‚Hast du eingesehen die Deutung dieser Schau?' Ich: ‚Ich werde einsehen.' Er: ‚Jenes Licht bin ich, der Nous, dein Gott. Und ich war vor dem Feuchten, das aus der Finsternis erschien. Und der aus dem Nous hervorgekommene Logos ist der Sohn Gottes.' ‚Wie ist er das', sage ich. ‚Sieh es so ein: Was in *dir* sieht und hört, ist der Logos. Der Nous aber ist der Gott, der der Vater ist. Sie sind nicht voneinander geschieden. Das Leben ist ihre Einung.' Ich: ‚Ich danke dir.' Er: ‚Verwahre das Licht und erkenne es.'
Nach dieser Deutung schaute er mich lange Zeit hindurch an, so daß mich sein Blick beben machte.
Als ich aufblicke, sehe ich in *meinem* Nous: Das Licht existiert aus nicht zählbaren Kräften. Eine unbegrenzte Welt ist geworden. Das Feuer ist von mächtiger Kraft umfaßt, gehalten und fest.
Das sah ich durch das Wort des Poimandres. Ich sah es geistig. Da erschrak ich.
Da wieder er: ‚Hast du im Nous das Bild gesehen, das Bild, das vor dem grenzenlosen Anfang war?' Ich: ‚Von woher kommen die Grundlagen der Natur?'
Er sprach: ‚Aus dem Wollen Gottes, das Logos wurde. Es hatte die schöne Welt gesehen und bildete sie nach. Es wurde zur Welt durch seine Grundlagen – und durch die Zeugung von Psychen.
Der Nous, der der mannweibliche Gott war, war das Leben und das Licht. Er brachte durch den Logos einen anderen

Nous hervor. Dieser war der Demiurg.* Er, der Gott des Feuers und des Geistes, schuf sieben Verwalter.** Sie kreisen um die sichtbare Welt. Und ihre Verwaltung heißt: Schicksal.
Da sprang der Logos Gottes aus den unteren Grundlagen sogleich in die reine Schöpfung der Natur. Er wurde Einer mit dem Nous, der der Demiurg ist. ER war ihm wesensgleich. Sie blieben die unteren Grundlagen der Natur ohne Logos. Sie waren reiner Stoff. Der Nous aber, der der Demiurg ist, ist jetzt mit dem Logos vereint. Er umfaßt sausend und schwingend die Kreise seiner Geschöpfe und läßt sie sich drehen von einem unbestimmten Anfang bis zu einem unbestimmten Ende. Sie beginnen, wo sie enden. Ihr Kreisen brachte aus den unteren Grundlagen logoslose Tiere hervor – hatten sie doch keinen Logos mehr. Die Luft brachte Vögel, das Wasser Fische. Denn Erde und Wasser sind nun geschieden. Und die Erde brachte von sich aus das Ihre: Vierfüße, Vielfüße. Wilde und zahme Tiere. So wollte es der Nous.
Der Nous aber, der der Vater des Universums ist, der Nous, der das Licht und das Leben ist, brachte einen Anthropos*** hervor. Dieser ist ihm gleich, und er liebt ihn als sein eigenes Kind. Des Vaters Bild war der Anthropos, wie er schön. Und da Gott sein Werk in Wahrheit liebte, übergab er ihm alle seine Werke. Da aber der Anthropos innerhalb des Feuers die Schöpfung des Demiurgen sah, wollte auch er Schöpfer werden. Sein Vater gewährte dies.
Als er aber im Kreis des Demiurgen war – er, der alle Macht hatte! –, da erst sah er die Geschöpfe seines Bruders richtig. Die aber gewannen ihn lieb. Und ein jedes gab ihm von seiner eigenen Art. Da hatte er ihr Wesen erkannt, aber auch

* Demiurg wörtlich: Schöpfer.
** Gemeint sind die Planeten.
*** Anthropos heißt wörtlich: der Mensch.

gleichzeitig an ihrer Natur Anteil bekommen.* Und jetzt wollte er die Peripherie der Kreise durchbrechen, um zu erkennen die Macht dessen, der *über* dem Feuer ist. Und da er alle Gewalt hatte über die sterblichen und logoslosen Geschöpfe, beugte er sich durch den Lauf der Kreise und zerbrach die Krümmung. So zeigte er der unteren Natur das schöne Bild Gottes. Und er sah die endgültige Schönheit; sah, wie sie die Gewalt über alle Verwalter in Händen hielt. Und das Bild Gottes lächelte ihm in Liebe zu. Er sah das Bild des (oberen) Anthropos im Wasser und im Schatten der Erde. Er aber, der (untere) Mensch, liebte das ihm gleiche Bild, das er im Wasser sah. Und er wollte dort bei diesem Bilde wohnen. Dieses Wollen aber war gleichzeitig Wirklichkeit: Die Natur umschlang den Liebenden, und er wohnte dem Bilde bei. Sie wurden eins. Denn sie waren ja füreinander im Verlangen.
Und *deswegen* ist der Mensch im Gegensatz zu allen anderen Wesen auf der Erde zwiespältig! Er ist sterblich dem Leibe nach, unsterblich dem Anthropos nach. Denn er, wiewohl unsterblich, da er ja über alles die Macht hat, kostet den Tod – unterliegt dem Schicksal. Er, der über den Kreisen ist, ist ein Knecht der Kreise geworden! Der Mensch, abstammend von einem Vater, der mannweiblich ist und keines Schlafes bedarf, bedarf des Schlafes, wird bedrängt vom Eros, obwohl er doch selbst mannweiblich ist!'
So sprach Poimandres.
Dann sprach ich: ,Mein Nous, lehre mich alles, denn ich brauche das Wort.' Poimandres: ,Dies ist das Geheimnis. Es war bis auf den heutigen Tag verborgen. Denn die Natur, die den Anthropos gebunden hatte, brachte ein wunderliches Rätsel hervor. Denn sobald der Anthropos in der Natur der Siebenkreise war, ich sagte das schon, wartete die Natur nicht erst länger, sondern brachte sogleich sie-

* Vorausgesetzt ist ein kosmischer Unfall.

ben Menschen ins Licht. Diese sind geartet nach der Natur der sieben Verwalter: mannweiblich und mächtig.
Ich: ‚Poimandres! Sehnsucht zu hören hat mich befallen. Bleibe und entziehe dich nicht!' Poimandres: ‚Schweig! Denn du hast noch nicht einmal die erste Deutung.' – ‚Ja, ich schweige', sagte ich. Er sprach: ‚Die Entstehung dieser sieben geschah so. Die Erde war weiblich, das Wasser* männlich. Vom Feuer kam die Reife, vom Glanz der Geist. So brachte die Natur diese sieben Körper nach dem Bild des Anthropos hervor. Der Anthropos aus dem Lichte und dem Leben wurde zu Psyche und Nous. Die Psyche kam aus dem Leben, der Nous aus dem Licht. Und so verblieb alles in der sichtbaren Welt bis zum Ende eines Umschwungs.
Höre die Deutung, die du hören willst! Als der Umschwung gekommen war, wurde auf Gottes Beschluß das Band aller Dinge losgemacht. Alle Tiere – auch sie waren ursprünglich mannweiblich –, wurden zugleich mit dem Menschen getrennt. So wurde das Männliche auf der Rechten und das Weibliche auf der Linken. Gott aber sprach mit einem heiligen Logos: Wachset und vermehrt euch, alle, die ihr geschaffen und gemacht seid. Der Mensch aber, der den Nous hat, soll sich selbst als unsterblich erkennen. Und er soll erkennen den Eros, die Ursache von allem – auch des Todes. Als er das gesagt hatte, machte die Voraussicht durch das Schicksal und die Planeten das Zeugen und die Geburt. So wurde alles nach seiner Art getrennt. Doch wie sich, das heißt dies, erkennt, der ist zum endgültigen Guten gekommen. Wer aber aus dem Irren des Eros das Leibhaftige liebt, der bleibt in der Finsternis. Er ist in der Fremde. Er leidet vernehmlich, was der Tod bedeutet.'
Ich: ‚Welch bestürzender Fehler derer, die nicht wissen, daß sie die Unsterblichkeit verlieren können!' Er: ‚Du hast mir wenig genau zugehört. Du solltest doch einsehen!' – ‚Ich habe eingesehen. Ich erinnere mich.' – Wenn ja, dann

* Im Griechischen ist das Wort für Wasser männlich.

sage mir, warum sind die, die im Tode sind, des Todes auch wert?' – ,Weil vor der eigenen Leibhaftigkeit die abstoßende Finsternis und aus ihr das Feuchte ist. Daher kommt die Leibhaftigkeit der sichtbaren Welt, und daher der Tod.' – ,Gut. Warum aber kommt, wer sich selbst eingesehen hat, zu dem, der der Vater ist?' – ,Weil der Vater des Universums Licht und Leben ist und der Anthropos *daraus* geworden ist.' – ,Richtig. Licht und Leben ist der Gott, der der Vater ist. Wenn du also lernst, daß du Leben und Licht bist, und daß du von beidem herkommst, dann kehrst du zum Leben zurück.'

Das sagte Poimandres.

,Mein Nous, nun sage aber, *wie* werde ich zum Leben gehen? Denn es lautet doch Gottes Wort, der Mensch, der Nous hat, soll sich selbst einsehen. Haben denn nicht alle Menschen den Nous?' – ,Schweig. Du. Denn ich, der Nous, bin da bei den Redlichen, bei den Guten, bei den Reinen, bei den Barmherzigen und bei denen, die Furcht haben! Mein Dasein ist Hilfe. So erkennen sie das Universum. Sie machen sich den Vater lieb durch Liebe. Sie danken ihm in Liedern und Hymnen. Auf ihn sind sie liebend ausgerichtet. Und noch ehe sie die Leibhaftigkeit dem Tode übergeben, verachten sie die bloßen Sinne. Sie kennen ihre Wirkungen. Ich, der Nous, dulde nicht, daß die Taten der Leibhaftigkeit endgültig sind. Als ein guter Hüter verschließe ich die Tür der bösen Tat. Ich schneide niemanden ab.'

,Du hast mich alles, wie ich es wünschte gelehrt, Nous. Aber sage mir noch, was hat es mit dem *Aufstieg* auf sich?'

Darauf Poimandres: ,Zuerst überläßt du beim Sterben die Leibhaftigkeit der Veränderung. Die Gestalt, die du hattest, verschwindet. Den Charakter überläßt du dem Widergeist als unwirksam. Die Empfindungen der Körperlichkeit fließen zurück in ihre Quellen. Sie werden vereinzelt, um wieder zusammengesetzt zu werden zu neuer Wirksamkeit. Und das Verlangen und der Eros kehren zurück in ihre logoslose Natur.

Und so geht der Nous dann nach oben durch die Kreise.
Dem *ersten* Kreis übergibt er die Fähigkeit, groß oder klein zu werden.
Dem *zweiten* Kreis übergibt er Anschläge und List – unwirksam.
Dem *dritten* Kreis übergibt er Betrug und Lust – unwirksam.
Dem *vierten* Kreis übergibt er die Schau der Führenden (?) – unbenutzt.
Dem *fünften* Kreis übergibt er arge Verwegenheit und dreiste Voreiligkeit.
Dem *sechsten* Kreis übergibt er schlimmes Verlangen nach Besitz – unwirksam.
Dem *siebten* Kreis übergibt er die kauernde Verlogenheit.
Danach ist er frei, ledig der Kreise. So kommt er in das Wesen der Achtheit, zu rühmen den, der der Vater ist, samt denen, die dort sind. Diese aber sind voller Freude, daß jener gekommen ist. Gleich geworden den andern, hört er, wie die Kräfte noch über dem Wesen der Achtheit Gott mit melodischer Stimme rühmen.
Dann gehen alle gereiht hinauf zu dem, der der Vater ist. Sie werden selber Kräfte. Und Kräfte geworden, werden sie in Gott sein. Das ist das Ende. Das Gute. Denen, die Einsicht erhalten haben, Gott zu werden. Was zauderst du? Du bist einer derer, die empfangen haben. Willst du nicht Wegführer werden für die, die es wert sind, damit des Menschen Art durch dich von Gott befreit wird?'
Danach vereinigte sich Poimandres mit den Kräften.
Ich aber rühmte und dankte dem Vater des Universums. Er sandte mich gestärkt mit dem Wesen des Universums, belehrt mit der großen Schau. Und ich begann den Menschen die Schönheit der Einsicht zu sagen: ‚Ihr Völker, ihr Menschen der Erde! Ihr habt euch dem Trunk und dem Schlaf übergeben, der Unwissenheit Gottes. Auf, werdet nüchtern. Hört auf, trunken zu sein, bezaubert von dem unvernünftigen Schlafe!'

Man hörte mich und kam. Da sprach ich: ‚Warum habt ihr euch dem Tode übergeben? Ihr habt doch Macht, Unsterblichkeit zu haben. Kehrt um. Ihr seid mit dem Irrtum zusammen unterwegs. Ihr macht mit der Unwissenheit eine Sache. Trennt euch von der Finsternis. Verlaßt das Verderben. Nehmt euren Teil der Unsterblichkeit.'
Die einen verspotteten mich und gingen davon. Sie übergaben sich dem Wege des Todes. Die andern aber setzten sich zu meinen Füßen nieder und baten um Lehre. Ich aber richtete sie auf und wurde ihnen ein Wegführer. Ich lehrte sie die Weise der Freiheit. Ich säte ihnen das weise Wort. Sie stillten ihren Durst mit köstlichem Wasser.
Doch als der Abend heraufzog und die Sonne schon sank, hielt ich sie an, Gott zu danken. Und als sie den Dank gesprochen hatten, ging ein jeder seines Wegs.
Ich aber schrieb die Tat des Poimandres für mich in ein Buch. Ich freute mich, voll mit dem, was meines Willens war.
Und es wurde der Schlaf meines Körpers zu einem Erwachen der Seele. Die geschlossenen Augen wurden zum Sehen. Mein Schweigen blühte von Gutem. Und das Bekanntmachen des Wortes brachte Blüte des Guten. So geschah mir, weil ich genommen hatte von meinem Nous, von Poimandres, dem Logos des Unendlichen. Ich bin gekommen, gefüllt mit der Wahrheit des Geistes Gottes. Darum rühme ich mit all meiner Seele und mit all meiner Kraft den Gott, der der Vater ist:
‚Heilig ist der Gott, der der Vater des Universums ist.
Heilig ist der Gott, dessen Wille durch seine Kräfte geschieht.
Heilig ist der Gott, der eingesehen werden muß. Er wird eingesehen.
Heilig bist du. Du hast mit einem Wort alles hervorgebracht.
Heilig bist du. Alles ist dein Bild.
Heilig bist du. Dich hat Natur nicht gestaltet.

Heilig bist du. Du bist stärker als jede Kraft.
Heilig bist du. Du bist größer als jede Größe.
Heilig bist du. Du bist über dem Rühmen.
Nimm vernünftige, reine Gaben aus der Seele und dem Herzen. Sie langen nach dir aus, Unaussprechlicher, Unbenennbarer. Dich nennt nur das Schweigen. Gib mir, dem Bittsteller, die Befähigung, nicht aus der Gnosis zu fallen, die unserem Wesen entspricht. In dieser Gnade will ich jenen ein Licht sein, die in Unkenntnis ihrer Herkunft sind. Sie sind meine Brüder, deine Söhne. Darum glaube und bezeuge ich: Ich gehe zum Leben, ich gehe ins Licht. Gerühmt bist du, Vater. Dein Mensch will mit dir heiligen, wie du ihm die Macht dazu gegeben.'

Der Weckruf

Hermetische Schriften VII, 1–3

Ihr trunkenen Menschen, wohin geht ihr? Ihr habt die unverdünnte Lehre der Unwissenheit bis zur Neige getrunken. Ihr könnt sie nicht ertragen, ihr müßt euch übergeben.
Werdet nüchtern und haltet ein. Blickt auf mit dem Auge des Herzens. Wenigstens die unter euch, die dazu imstande sind. Denn das Böse der Unwissenheit überschwemmt die ganze Erde. Sie verdirbt die in der Leibhaftigkeit beschlossene Seele und läßt nicht zu, daß sie Segel setze zur Bucht der Freiheit. Zieht nicht mit der Flut. Seht da die Ebbe. Wer die Bucht der Freiheit zu treffen vermag, der lande in ihr an. Suchet einen Wegführer. Er bringt euch zur Bucht der Gnosis. Dort ist das leuchtende Licht. Keine Finsternis. Dort ist keiner trunken. Alle sind sie ernüchtert, weil sie mit ihrem Herzen hinsehen zu dem, der gesehen werden will. Denn man kann ihn nicht hören, ihn nicht ausspre-

chen. Man kann ihn nicht mit den Augen sehen. Nur mit dem Nous.
Erst aber reiß ab das Kleid, das du trägst. Es ist Stoff der Unwissenheit, der Grund für das Böse, die Fessel der Vernichtung, die trübe Mauer, der lebendige Tod, der fühlende Tote, das herumgetragene Grab, der Räuber in dir.
Durch das, was er liebt, haßt er. Was er haßt, führt zum Neide. Dies ist der Gegner. Du hast ihn angezogen wie ein Kleid. Und doch ringt er dich nach unten zu dir. Du kannst nicht aufblicken. Du siehst nicht die Schönheit der Wahrheit, nicht das in ihr ruhende Gute. Wohl ist dir sein Böses verhaßt und du bemerkst seine List. Fallen stellt er dir auf: die bloßen Sinne. Angefüllt hat er dich mit Tand. So hörst du nicht, was du hören sollst! So siehst du nicht, was du sehen sollst!

***

Poimandres ist ein Visionsbericht. Ein schlafgequälter Mensch wird bei seinem Namen gerufen – und weiß alles. Er sieht die Gnosis und wird dann belehrt, über das Woher, das Warum und über das Wohin und über das Wie dieses Weges oder Aufstiegs. Er darf auch selbst fragen. Der Wissende wird zum Boten, er wird gesandt. Hat Erfolg und Mißerfolg. Für sich selber schreibt er seine Gnosis in ein Buch nieder. Dann rühmt er den, der der Vater ist, den unbekannten Gott.
Schließlich (im zweiten Text) weckt er seine Brüder, die Menschen. Der Text beginnt nach kurzer Qual – man hat sie sich lebenslang davor zu denken – mit dem Zustand der Verzückung. Diese weicht aber bald in den vier großen Reden samt Zwischenfragen einer ruhigeren Form. Ein gnostisches System wird deutlich genug skizziert: Poimandres selbst ist der Nous des Unendlichen. Nous ist

aber gleichzeitig der Selbstsinn des Gnostikers. Eine Wechselwirkung wird sichtbar. Was der Gnostiker ist, das ist genau das, was wirklich ist.
Was gemeint ist, soll der Anthropos-Mythos erklären. Der oberste in der Schau gesehene Gott, der zunächst die Voraussetzungen des Universums aus sich entlassen hat, bildet sein eigenes Bild zum Anthropos, das heißt zum kosmischen Universalmenschen. Als dieser ‚Mensch' die Schöpfung des Demiurgen sieht, ist auch er schöpfungswillig. Dies wird gestattet. Aber der Anthropos gerät so in die Kreise einer verhängnisvollen Gefangenschaft. Daher ist also der ‚Mensch' in dieser Welt. Das Rätsel wird noch dunkler, als der Demiurg analog diesem Menschen ‚sieben Menschen' schafft. Diese sieben sind aber nichts anderes als der konkrete Einzelmensch. Und in ihnen ist der ‚Mensch' unsterblich-sterblich. Wer aber einsieht, daß es so um den Menschen bestellt ist, ist unsterblich. Er hat den Trost des Nous.
Der Planeten- und Schicksalsglaube, der aus unserem Text auch spricht, ist gerade deswegen überwunden. Die gleichsam himmlischen Mautgebühren, die der Mensch bei seinem Aufstieg zu entrichten hat, sind auch entsprechend vage formuliert.
Poimandres (ein unübersetzbarer Kunstname) erinnert an das ‚Buch' eines unbekannten Menschen. Es erinnert aber den ‚Menschen' im Menschen an seine Herkunft und Bestimmung. Sein Anruf ist nicht verklungen, es sei denn, einer wäre selbst trunken und schliefe.

Monoimos

Hippolyt, Refutatio, VIII, 12,2–15,2

Er sagt: Der Anthropos* sei das Universum. Genauer, der Anfang von allem, ungeworden, unvergehbar andauernd.
Doch der ‚Sohn' dieses ‚Menschen' sei leidensfähig geworden. Und doch ward er ohne Zeit, ohne Willen, ohne Plan. Denn solche Macht habe jener ‚Mensch'. Bei solcher Macht, sei der Sohn schneller entstanden als der Gedanke, schneller entstanden als der Wille wollen kann.
Und das bedeutet, was die Schrift meine: „Er war und wurde doch, was er ist." Er war Mensch und er wurde sein Sohn, ist wie wenn einer sagt: Es war Feuer und wurde Licht. Kein Zeitunterschied! Kein gewollter Wille! Kein geplanter Plan! Das Licht war zugleich mit der Existenz des Feuers.
Dieser ‚Mensch' ist eineinzig Einer; nicht zusammengesetzt und nicht teilbar. Zusammengesetzt und teilbar. In allem Freund, in allem Friede. In allem Angriff, in allem mit sich selbst im Kriege. Unähnlich und ähnlich. Kurz: wie die Harmonielehre. Er enthält alles in sich, was jemand zu sagen vermag. Und wenn einer will, kann er es auch ungesagt sein lassen. Alles hervorbringend, alles erzeugend. Dieser eineinzig Eine ist die Mutter, ist der Vater – ist diese beide unsterblichen Namen.
Zum Exempel! Betrachte als großes Bild des endgültigen Menschen ein Jota.** Das Jota ist ein Strich, ein nicht zusammengesetzter einfacher Strich. Eine reine Einzigkeit. Sie ist in gar nichts zusammengesetzt. Und doch ist sie zusammengesetzt. Ist vielgestaltig, vielfach zerteilt, aus vielen Teilen bestehend.

* Anthropos wörtlich: Mensch.

** Das Jota ist der kleinste Buchstabe im griechischen Alphabeth und gleichzeitig das Zahlzeichen für 10.

Jener eine unteilbare Strich, sagt er, ist Bild von jenem endgültigen, unsichtbaren Menschen.
Es ist aber, sagt er, die Einzigkeit, der eine Strich, gleichzeitig eine Zehnheit. Denn jene Kraft des einen Jotastriches ist auch eine 2, eine 3, eine 4, eine 5, eine 6, eine 7, eine 8, eine 9, bis hin zur 10. Denn dies sind die vielfach in Teile zerlegten Zahlen, die in jenem einfachen, nicht zusammengesetzten *einen* Strich des Jota enthalten sind.
Dies sei aber auch die Exegese des Wortes: „Denn in ihm wohnt des ganze Pleroma der Gottheit leibhaftig." Denn diese Zahlen, die aus dem einen Strich des Jota zu entnehmen sind, sagt er, sind körperliche Wesenseinheiten.
Es wurde also, sagt er, von dem endgültigen Menschen der Sohn des Menschen.* Niemand hat ihn erkannt. Alle Welt stellt sich vor, daß der Sohn des Menschen, den sie nicht kennen, vom Weibe geboren sei. Seine dunklen Strahlen treffen auf diese Welt, halten sie zusammen und sind Herr über die Veränderung, das heißt das Werden.
Die Schönheit dieses Sohnes des Menschen ist bis zur Stunde von keinem Menschen zu begreifen, es sei denn, er wäre nicht im Irrtum über das vom Weibe Geborene.
Nichts von den hiesigen Dingen ist von jenem ‚Menschen' und wird es auch niemals sein. Alles Gewordene ist nicht von der Ganzheit, sondern von einem Teil des Sohnes des Menschen her geworden. Denn der Sohn des Menschen ist das eine Jota, ist der eine Strich, von oben her fließend, alle Menschen füllend. Dieser Sohn hat in sich alles, was auch der ‚Mensch' in sich hat, er, der Vater des Menschensohnes. Die Welt ist nach Moses in sechs Tagen geworden, will heißen: in sechsen der Kräfte, die in dem einen Jota sind. Der siebte Tag ist die Ruhe, der Sabbat. Von dieser Siebenheit ist die Vierheit ‚Erde, Wasser, Feuer und Luft' geworden. Von diesen der Kosmos. Dieser von jenem eineinzigen Strich.

* ‚Sohn des Menschen' ab hier der himmlische ‚Christus'.

Denn die Würfel, die Oktaeder, die Pyramiden und so weiter, aus denen ja Feuer, Luft, Wasser und Erde bestehen, sind alle von den Zahlen geworden, die in jenem einfachen Strich des Jota schlummern, welches ist der Menschensohn: ein Endgültiger von einem Endgültigen.
Wenn nun Moses, sagt er, den ‚Stab' nennt, der sich in vielfache Plagen gegen die Ägypter verkehrte – allegorisch sei dies die Schöpfung –, dann bringt der Stab nicht mehr als zehn Plagen. Denn der Stab ist der eine Strich. Doppelt, mehrfach, ist der zehnfache Schlag mit dem Stabe, die irdische Schöpfung. Denn nur was man schlägt, wird geboren und trägt Frucht, wie die Weinstöcke. „Ein Mensch kommt aus dem anderen fort und wird von ihm getrennt, durch einen Schlag geteilt"*, damit er wird.
Und wenn du das Gesetz, das Moses von Gott erhielt und erließ, nimmst, so ist auch dieses Gesetz nach jenem einen Strich ein Gesetz der zehn Worte. Es deutet hin auf die Geheimnisse der Worte. Denn die Erkenntnis des Universums ist aus zehn Schlägen und aus zehn Worten, die niemand kennt, es sei denn, er wäre nicht im Irrtum bezüglich dessen, was vom Weibe geboren ist. Und wenn du das Gesamtnetz des Moses Pentateuch, Fünfbuch, nennst, so ist auch dies von der Fünfzahl, die in dem einen Jota enthalten ist. Alles das aber ist für die, die in ihrem Denken nicht gänzlich verdämmert sind, ein Mysterium. Ein neues, nicht alterndes Fest. Ein rechtes, ein dauerndes, auf unsere Zeiten hin zielendes Fest: Der Vorübergang Gottes des Herrn. Es ist aufbewahrt für jene, die sehen können. Wenn der zehnte Tag anfängt, von dem an sie zählen, so ist das der Anfang der Dekade.** Denn die Eins bis Vierzehn ist unter dem Strich die Summe der vollkommenen Zahl. 1 + 2 + 3 + 4 ergibt 10, also wieder den einen Strich. Vom 14. aber bis

* So der Philosoph Demokrit.

** Gemeint ist die Errechnung des Datums für das jüdische Pesachfest.

zum 21. Tag liegt eine Siebener-Zahl dazwischen; in einem Strich also ist die Schöpfung der Welt ‚ungesäuert'. Denn wie bedürfte der Strich von außen her einer Zutat wie der Sauerteig zu dem Pesach des Herrn? Er meint das bleibende Fest, den Generationen gegeben. Denn die ganze Welt und alles, was Grund der Schöpfung ist, ist Pesach, Fest des Herrn. Denn Gott freut sich der Schöpfung und ihres Werdens, die von den zehn Schlägen des einen Striches herrührt. Das ist der Stab des Moses, von Gott gegeben, damit er das Land der ‚Ägypter' schlägt und die Dinge verwandle, gegeben in die Hand des Moses: das Wasser in Blut und in die anderen Plagen dieser ähnlich.
Nichts weniger legen diese Männer* fast das ganze Gesetz so aus. So folgen damit vielleicht, so meine ich jedenfalls, denjenigen der Griechen, die sagen, es gäbe eine Substanz, ein Wiebeschaffen, ein Wiegroß, Wozu, Wo, Wann, Liegen, Tun, Haben und Erleiden.

***

Dieses leider nur allzukurze Fragment des Arabers Monoimos zeigt, neben seiner abstrakt-mathematischen Form und Weise zu argumentieren und einer ebenso schwierigen allegorischen Exegese, eine ganz neue Formgebung des Anthropos-Mythos. Und dies ist vielleicht die ursprünglich in der Gnosis angewandte oder von ihr selbst entdeckte.
Der ‚Mensch' und der ‚Sohn des Menschen' sind jetzt das allererste Paar. Gott ist vom Menschen her (nicht vom Mythos) gefunden und ist deswegen ‚Mensch'. Gott ist Mut-

* Es spricht jetzt Hippolyt selbst.

ter und Vater zugleich. Er ist „diese beiden unsterblichen Namen"!

Für das leichtere Verstehen des teilweise hochabstrakten Textes sollte man sich Satz für Satz vor Augen halten: Der griechische Buchstabe Jota ist nur ein Strich und bedeutet gleichzeitig den Zahlenwert 10.

An der allegorischen Auslegung von Ex 2 sollte man sich nicht stören. Sie ist für die Zeitgenossen gang und gäbe.

Die Offenbarung Adams

Text aus Nag Hammadi

Die Offenbarung, die Adam seinem Sohne Seth im 700. Jahre gegeben hat.
Er sprach: Höre auf meine Rede, mein Sohn Seth! Als Gott mich aus dem Boden gemacht hatte samt deiner Mutter Eva, lebte ich mit ihr in einem Glanze, den sie gesehen hatte in dem Äon, in dem wir entstanden waren: Sie überbrachte mir ein Wort einer Erkenntnis Gottes, des Ewigen. Wir waren wie die großen, ewigen Engel. Wir waren größer als Gott, der uns gemacht hatte, und größer als die Kräfte, die mit ihm waren – wir kannten sie nicht. Da schloß uns Gott, der Archon der Äonen, zornig aus. Wir selbst wurden zwei Äonen, der Glanz, der in unserem Herzen war, verließ uns, mich und deine Mutter Eva, samt der ersten Erkenntnis, die in uns war. Der Glanz verließ uns und ging über in große Äonen ... Die Erkenntnis aber, die nicht in diesem Äon entstanden war, in dem ich und deine Mutter Eva entstanden sind, ging über in den Samen großer Äonen. Deshalb habe ich dich nach dem Namen jenes Äons benannt, des Menschen, er ist der Same des großen Geschlechtes und stammt aus ihm. Nach dieser Zeit war die große Erkenntnis des Gottes der Wahrheit fern von mir und deiner Mutter Eva. Seither haben wir als Menschen Belehrung über tote Dinge. Da erst erkannten wir den Gott, der uns gemacht hatte; denn wir standen seinen Kräften ja sehr nahe. Wir dienten ihm in Furcht und Knechtschaft. Unsere Herzen verfinsterten sich. Im Sinnen meines Herzens aber schlief ich ein. Da sah ich drei Männer vor mir, ich konnte sie nicht genau erkennen, da sie nicht aus den Kräften Gottes stammten, der uns gemacht hatte. Sie übertrafen alles, was ich sonst gesehen hatte. Sie traten auf mich zu, machten sich mir bekannt und sprachen: Stehe auf, Adam, aus dem Schlafe des Todes! Vernimm über den Äon und den

Samen jenes Menschen, zu dem das Leben gekommen ist und der aus dir und deiner Paargenossin stammt. Als ich diese Worte der Männer, die bei mir standen, gehört hatte, jammerten wir, ich und Eva, in unseren Herzen. Und der Herr, Gott, der uns gemacht hatte, trat auf und sprach zu uns: Adam, warum jammert ihr in euren Herzen, wißt ihr nicht, daß ich der Gott bin, der euch gemacht hat? Ich habe in euch einen Geist des Lebens eingeblasen zu einer lebendigen Seele. Da verfinsterten sich unsere Augen, und Gott, der uns gemacht hatte ..., sprach: Ich bin Gott, und es gibt keinen außer mir! Du aber bist Boden und sollst wieder samt deiner Frau Eva zum Boden zurückkehren. Da erkannte ich im Sinn und in der Begierde meines Herzens ein süßes Verlangen nach deiner Mutter. Und die Eindeutigkeit einer ewigen Erkenntnis verkam in uns. Und eine Schwäche folgte uns nach. Ich hatte nämlich erkannt, daß ich unter die Herrschaft des Todes geraten war.

*

Jetzt, mein Sohn Seth, sei dir offenbart, was mir jene drei Männer geoffenbart haben, die einst vor mir gestanden haben.

Nachdem ich die Tage dieses Geschlechtes hinter mir haben werde, wird Noah kommen, ein Knecht des Herrn, des Gottes, der auch uns gemacht hat.

Und kommen wird eine große Flut. Zuerst werden Güsse Gottes, des Allmächtigen, herabstürzen. So wird alles Fleisch auf der Erde zugrunde gehen: alles, was ringsum war. Zugrunde gehen werden auch alle, die aus dem Samen des Menschen stammten, diejenigen, die die Offenbarung der Erkenntnis belebt hatte, die aus deiner Mutter Eva hervorgekommen war. Diese waren ihm nämlich wie Fremdlinge.

Danach werden große Engel auf hohen Wolken daherkommen. Und sie werden die Menschen zu jenem Ort wegführen, an dem der Geist des ewigen Lebens ist ...

Ein Glanz jener Äonen wird ihnen gegeben werden ..., wird vom Himmel zur Erde kommen, und die ganze Zahl des Fleisches wird im Wasser ertrinken. Dann erst wird Gott in seinem Zorne anhalten und seine Kraft auf die Massen der Wasser werfen.
Doch er wird verschonen den Noah, seine Söhne und deren Frauen durch die Arche. Und auch die Tiere, an denen er Gefallen fand, wird er verschonen. Und die Vögel des Himmels, die er gerufen hatte, setzte er auf die Erde nieder.
Und Gott wird zu Noah – die Völker werden ihn Deukalion rufen* – sprechen: Sieh, ich habe dich in der Arche am Leben erhalten, samt deiner Frau und deinen Söhnen und deren Frauen und ihren Tiere und den Vögeln des Himmels, die du gerufen hast ... Darum werde ich jetzt dir die Erde übergeben, dir und deinen Söhnen. In einer Herrschaft wirst du über sie befehlen, du und deine Söhne. Und kein menschlicher Same kommt aus dir, der nicht auch in Ehre hintreten darf vor mich. Sie werden dann (so zahlreich) sein wie die Wolke des großen Lichtes.
Es werden herantreten jene Menschen, die von der Erkenntnis der großen Äonen und der großen Engel ausgeschlossen worden waren. Und sie werden sich hinstellen vor Noah und die großen Äonen. Gott aber wird zu Noah reden: Weshalb bist du von dem Wege abgewichen, von dem ich zu dir geredet habe? Du hast dir ein anderes Geschlecht gemacht, um meine Kraft für klein anzusehen.
Dann aber wird Noah sagen: Ich kann vor deiner Stärke bezeugen, daß das Geschlecht dieser Menschen nicht durch mich entstanden ist noch durch meine Kinder, sondern durch den ewigen Gott der Wahrheit und seine Erkenntnis.
Und jene Menschen wird man erretten und sie in ein ausgezeichnetes Land bringen und ihnen dort eine heilige Wohnstatt bauen.
Man wird sie mit jenem Namen rufen, und sie werden dort

* Der Noah im griechischen Mythos.

600 Jahre in der Erkenntnis der Unvergänglichkeit sein. Und mit ihnen werden Engel des großen Lichtes sein. Nichts, was man haßt, wird in ihrem Herzen wohnen, nichts denn die Erkenntnis Gottes allein.
Noah wird dann die gesamte Erde unter seine Söhne Ham, Japhet und Sem aufteilen, und er wird zu ihnen sprechen: Meine Söhne, hört meine Rede! Seht, ich habe die Erde unter euch aufgeteilt. Besorgt sie also in Furcht und Knechtschaft alle die Tage eures Lebens. Und euer Same möge nicht weichen vom Angesichte Gottes, des Allmächtigen; jedenfalls dienen ihm ich und euer Bruder Sem. Er ist der Gott, der uns gemacht hat.
Sem, Sohn Noahs, wird dann sagen: Meine Same finde Gefallen vor deiner Kraft! Siegle ihn mit deiner starken Hand in Furcht und Weisung. Denn all der Same, der aus mir hervorgekommen ist, wird nicht abweichen von dir und Gott, dem Allmächtigen, sondern er wird in Dienst und Furcht der Erkenntnis untertan sein.
Dann werden andere hervortreten, die aus dem Samen Hams und Japhets. 400000 Mann werden kommen und in ein anderes Land übersiedeln, Wohnung zu nehmen bei jenen Menschen, die entstanden sind aus der großen, ewigen Erkenntnis. Der Schatten ihrer Kraft wird die, die gekommen sind, Wohnung bei diesen zu nehmen, vor jedem Bösen bewahren, fernhalten von aller schmutzigen Gier.
Dann wird der Same Hams und Japhets zwölf Reiche darstellen. Und der Same wird je in ein anderes Volk hineingehen ... tote Taten gegen ihren großen Äon der Unvergänglichkeit.
Dann werden sie vor ihrem Gott Saklas erscheinen. Sie werden hingehen zu den Kräften und die großen Menschen verklagen – weil die in ihrem Glanze sind.
Und so werden sie zu Saklas sprechen: Worin besteht die Kraft dieser Menschen, die sich da vor dich hingestellt haben? Man hat sie aus dem Samen Hams und Japhets genommen, und es sind ihrer 400000 Mann. Man hat sie in

einen anderen Äon aufgenommen als den, von dem sie abstammen. Und sie haben all den Glanz deiner Herrschaft umgestürzt. Denn der Same Noahs hat durch seinen Sohn (allein) deinen ganzen Willen getan mit allen Kräften in den Äonen, über die deine Macht Herr gewesen ist. Doch jene Menschen und die, die Fremdlinge sind in ihrem Glanze, haben deinen Willen nicht getan. Im Gegenteil, sie haben deine gesamte (Menschen-)Menge abspenstig gemacht.

Dann wird der Gott der Äonen ihnen von denen, die ihm dienen, einige geben. Diese werden der Feuerlast folgen. Und sie werden zu jenem Land kommen, in dem die großen Menschen wohnen werden, die sich nicht beschmutzt haben und die sich auch nicht beschmutzen werden mit irgendwelchem Verlangen. Ihre Seele ist nämlich nicht durch eine beschmutzte Hand entstanden, sondern durch einen großen Befehl des ewigen Engels.

Danach wird man Feuer, Schwefel und Asphalt auf jene Menschen werfen. Und Feuer und Finsternis werden kommen über jene Äonen, und die Augen der Kräfte der Lichter werden finster werden. An jenen Tagen können die Äonen sie nicht sehen.

Dann werden große Lichtwolken herabsteigen. Und andere Lichtwolken aus den großen Äonen werden auf diese herabkommen.

Und es werden Abrasax, Sablo und Gamaliel* herabsteigen und jene Menschen aus dem Feuer und dem Zorn herausführen und sie hoch über die Engel und die Herrschaften der Kräfte stellen. Sie werden sie herausführen und ihnen ewiges Leben geben ... und die Kraft von Äonen.

(Der unvergängliche Äon aber, ist der Wohnort jener Lichter) und der heiligen Engel und Äonen. Und die Menschen werden jenen Lichtern gleichen, denn sie sind ihnen nicht fremd. Sie arbeiten am unvergänglichen Samen.

* Hier absichtlich Phantasienamen.

Dann wird das ‚Licht' der Erkenntnis zum dritten Male vorübergehen in großem Glanze, um übrigzulassen vom Samen Noahs und den Söhnen Hams und Japhets. Es wird sich Bäume übriglassen, die Frucht bringen.
Und am Tage des Todes wird es ihre Seelen retten. Denn alles Gemächt, das aus dem Boden entstanden ist, wird unter die Gewalt des Todes kommen. Wer aber an der Erkenntnis des ewigen Gottes in seinem Herzen festgehangen hat, der wird nicht zugrunde gehen, weil er nicht den Geist dieses Reiches erhalten hat, sondern den Geist von einem der ewigen Engel.
Und das ‚Licht' (der Erkenntnis kommt auf die) tote (Erde und siegelt sie mit dem Namen) Seths und wirkt Zeichen und Wunder, um so ihre Kräfte und ihren Archon zu erniedrigen.
Dann wird der Gott der Kräfte verwirrt werden und sprechen: Was ist das für eine Kraft des Menschen, daß er selbst uns überlegen ist? Und er wird einen großen Zorn gegen jenen Menschen entfachen. Aber der Glanz wird hindurchschreiten und in ihren Häusern wohnen. Diese haben sie sich ausgesucht. Die Kräfte können sie mit ihren Augen nicht sehen. Und auch das Licht werden sie nicht sehen.
Darauf wird man das Fleisch des Menschen bestrafen, über den Heiliger Geist gekommen ist.
Dann werden die Engel und alle Arten der Kräfte den ‚Namen' vortäuschend mißbrauchen und werden sagen: Woher stammt dies und woher sind die Lügenworte gekommen, die keine der Kräfte gefunden hat?
Das erste Reich nun sagt: Der ‚Name' stammt von dem Herrn eines heiligen, großen Reiches. Ein Geist hat ihn zum Himmel entrückt. Er wurde in den Himmeln erzogen. Und er erhielt den Glanz und die Kraft von jenem. Man legte ihn an die Brust seiner Mutter, und so kam er auf das Wasser.
Das zweite Reich aber sagt über ihn: Er entstammt einem großen Propheten. Und ein Flugtier kam, nahm das eben

geborene Kind, und trug es auf einen hohen Berg. Und es wurde von dem Flugtier des Himmels großgezogen. Ein Engel aber kam dort heraus und sprach: Steh auf, dir gibt Gott die Ehre! Es empfing also Glanz und Stärke und kam so auf das Wasser.

Das dritte Reich sagt von ihm: Er entstammt einem jungfräulichen Schoß. Man vertrieb ihn aus einer Stadt, ihn und seine Mutter. Und so ward er an einen öden Ort geführt und kam dort hoch. Er kam, empfing Glanz und Kraft, und so kam er auf das Wasser.

Das vierte Reich sagt von ihm: Er entstammt einer Jungfrau. Sie wurde schwanger im geheimen. Und es verfolgte sie Solomon, er und Phersalis und Sayel* und seine Heere der Abergeister, um die Jungfrau zu finden. Sie fanden aber nicht die Jungfrau, die sie suchten, sondern eine andere, die ihnen gegeben worden war. Die brachten sie. Und Solomon nahm sie. Die Jungfrau wurde schwanger. Und sie gebar das Kind an jenem Ort. Sie zog es groß an einer ganz bestimmten Stelle der Wüste. Und als es herangewachsen war, empfing es Glanz und Kraft von dem Samen, durch den es gezeugt worden war, und so kam es auf das Wasser.

Das fünfte Reich aber sagt von ihm: Er entstammt einem unteren Äon, damit er Blumen pflücke. Und sie (der weibliche Äon) wurde schwanger vom Verlangen nach den Blumen. Und sie gebar ihn an jenem Ort. Und die Engel des Antheonos** ernährten ihn. Und er empfing Glanz an jenem Ort und Kraft, und so kam er auf das Wasser.

Das siebente*** Reich aber sagt von ihm: Er ist ein Tautropfen. Er ist vom Himmel auf die Erde gefallen. Und er wurde in Schlangenhöhlen hinabgeführt. So wurde er ein Kind. Und ein Geist kam über ihn. Er trug ihn hinauf zur Höhe an jenen Ort, an dem der Tautropfen entstanden war. Und er

* Hier absichtlich Phantasienamen.

** Wörtlich: ‚der Gottwidrige'.

*** Der Spruch des sechsten Reiches ist nicht überliefert.

empfing Glanz und Kraft an jenem Ort, und so kam er auf das Wasser.
Das achte Reich aber sagte von ihm: Eine Wolke überschattete die Erde. Sie hüllte einen Berg ein. Daraus ist er entstanden. Und die Engel, die über der Wolke sind, haben ihn großgezogen. Und er empfing den Glanz und die Kraft an jenem Ort, und so kam er auf das Wasser.
Das neunte Reich aber sagte von ihm: Von den neun Pieriden* trennte sich eine ab. Sie stieg auf einen großen Felsen. Und lange Zeit saß sie dort. Schließlich begehrte sie sich selbst und wollte mannweiblich werden. Und sie vollendete ihr Verlangen und wurde von ihrem Verlangen schwanger. Und so hat sie geboren. Und Engel, die über dem Verlangen waren, zogen ihn groß. Und er empfing Glanz an jenem Ort und Kraft, und so kam er auf das Wasser.
Das zehnte Reich sagte von ihm: Sein Gott liebte eine Wolke des Verlangens. Er zeugte ihn in seine Hand und warf ihn auf die Wolke. Die war weit weg von ihm und von dem Samen, und so wurde er geboren. Und er empfing Glanz und Kraft an jenem Ort, und so kam er auf das Wasser.
Das elfte Reich aber sagte: Der Vater verlangte nach seiner eigenen Tochter. Sie wurde von ihrem eigenen Vater schwanger. Und sie warf ihr Kind in die Höhe draußen in der Wüste. Der Engel zog es groß an jenem Ort. Und so kam es auf das Wasser.
Das zwölfte Reich sagte von ihm: Er ist aus zwei Lichtern entstanden. Und dort wurde er großgezogen. Er empfing Glanz und Kraft, und so kam er auf das Wasser.
Das 13. Reich aber sagt von ihm: Es ist überhaupt jedes Gebären ihres Archons ein Wort. Und dieses Wort hat an jenem Ort einen Willen ausgesprochen. Und er empfing Glanz und Kraft, und so kam er auf das Wasser, damit das Verlangen dieser Kräfte ruhiggestellt werde.

* Eine der Musen.

Das königliche Geschlecht* aber sagt: Gott hat ihn aus allen Äonen heraus erlesen. Und er ließ eine unbefleckte Erkenntnis der Wahrheit durch ihn entstehen. Sie sprach: Das große Licht ist aus einem fremden Raum, aus einem großen Äon herausgekommen. Es ließ das Geschlecht jener Menschen entstehen, die erleuchten können und die er sich auserlesen hat, so daß sie den ganzen Äon erleuchten.

*

Dann wird der Same gegen die Kraft kämpfen. Es sind die, die seinen Namen annehmen werden auf dem Wasser und von ihnen allen.

Und eine Finsterniswolke wird über sie kommen. Dann werden die Völker mit lauter Stimme rufen: Heil der Seele jener Menschen! Sie haben in ihrer Erkenntnis der Wahrheit Gott erkannt.

Und sie werden bis in alle Ewigkeiten leben und gehen nicht zugrunde durch ihr und der Engel Verlangen. Sie haben ja die Werke der Kräfte nicht getan. Sie standen vor ihm in einer Erkenntnis Gottes wie Licht, das aus Feuer und Blut quillt.

Wir aber haben alle Werke im Unverstand der Kräfte getan. Und wir haben uns der Übertretung dieser Werke auch noch gerühmt ... Seine Werke aber sind wahrhaftig, und sein Äon ist ewig. Diese aber sind (bloße) Geister.

Jetzt haben wir erkannt, daß unsere Seelen den Tod sterben werden. Dann kam eine Stimme zu ihnen und sprach: Michev, Michar und Mnesinus**, die ihr über dem heiligen Bade und dem lebendigen Wasser seid! Warum habt ihr zum lebendigen Gott gerufen mit Stimmen und Zungen ohne Gesetz, denen keine Weisung gegeben ist, sondern

* Die Gnostiker.

** Hier absichtlich Phantasienamen.

Seelen voller Schmutz und Blut? Da ihr angefüllt seid mit Werken, die nicht zur Wahrheit gehören, sind dennoch eure Wege voll von Lachen und Jubel. Da ihr das Wasser des Lebens beschmutzt und es zum Willen der Kräfte herabgezogen habt, in deren Hände ihr gegeben seid, sollt ihr ihnen auch dienen.

Und euer Sinn gleicht nicht dem jener Menschen, die ihr bekämpft, (weil sie nicht gehört haben) auf euer Verlangen und die Kräfte und Engel ... Und ihre Angst wird kein Ende nehmen. Man wird sie nämlich bis zu den großen Äonen hinauf kennen, sie, die Worte des Gottes der Äonen. Man hat sie bewahrt, ohne daß man ein Buch schreiben wollte oder gar schrieb. Nein, Engel werden diese Worte bringen. Und alle Geschlechter der Menschen werden sie nicht kennen. Und sie werden auf einem hohen Berg, auf einem Felsen der Wahrheit sein.

Daher wird man sie die Worte der Unvergänglichkeit und der Wahrheit derer nennen, die den ewigen Gott in Weisheit, Erkenntnis und Lehre von Engeln und Ewigkeit kennen. Denn er weiß alles.

*

Dies sind die Offenbarungen, die Adam seinem Sohne Seth offenbart hat. Und sein Sohn hat sie seinen Nachkommen erzählt.

Das ist die verborgene Gnosis Adams, die er dem Seth gegeben hat. Dies ist das heilige Bad derer, die ewige Gnosis kennen.

Gegeben durch die Wortgeborenen und die unvergänglichen Lichter, die aus dem heiligen Samen hervorgegangen sind, Jesseus, Mazareus, Jessedekeus* ... sie sind heilig.

Die Offenbarung des Adam.

* Hier absichtlich Phantasienamen.

Diese stilgerechte gnostische Apokalypse bietet einen leicht überschaubaren dreigliedrigen Aufbau.

1. Eine Vorausgeschichte: Adam berichtet die bekannte Vorgeschichte der ersten Kapitel der Bibel, freilich, wie nicht anders zu erwarten, in gnostischer Auswahl und Deutung. Der Empfänger seiner Erzählung ist von vornherein der Stammvater des ‚dritten Geschlechtes': Seth.

Die rätselhaften „drei Männer", die vor dem endgültigen Verlust der Gnosis bewahren, sind wohl jene, die laut Genesis 18 (auch dort rätselhaft genug) dem Abraham erschienen sind.

2. Die Offenbarung selbst: Jene drei Männer, so erfährt Seth nun, sind die eigentlichen Uroffenbarer.

Der Gott des Alten Testamentes will zugleich mit allem „Fleische" auch die Gnosis aus dieser Welt tilgen. Dies mißlingt. Denn große Engel retten die Gnostiker der Urzeit, Noah und die Nachkommen des Seth vor dem Vernichtungswillen des Demiurgen.

Dieser Schöpfergott will nun Noah und seinen Söhnen die Erde um den Preis überlassen, daß sie seine (unwissenden) Knechte würden. Doch nur die ‚Semiten' (die Söhne des Sem) treten auf diese Seite. Die Söhne des Ham (Hamiten) und die Söhne des Japhet (Japhetiten) bleiben auf seiten ‚Gottes', das heißt der Gnosis. 400000 Mann werden so unanfechtbar in einem „fremden Lande" sein.

Nachdem der Schöpfergott auch mit „Feuer, Schwefel und Asphalt" (es wird an Sodom und Gomorrha gedacht sein) keinen vernichtenden Erfolg hat, erscheint das ‚Licht' oder der ‚Erleuchter'.

Es folgt ein komplizierter Exkurs über die Frage: Wer ist das Licht, und woher kommt es? Die Antwort von 13 Reichen kommt immer wieder „aufs Wasser", bis dies endlich „beruhigt" wird. Eine Steigerung ist beabsichtigt: Die Wahrheit weiß nur das „königliche Geschlecht", die Gnostiker selbst.

3. Das Siegel der Schrift: Mit der ausdrücklichen Versicherung, daß dies des Adams Offenbarung für Seth sei, ist der deutliche Hinweis verbunden, in welchen Kreisen die Schrift entstanden ist. Sie gehört den (durch die Kirchenväter wohlbekannten) Sethianern. Mandäisches, ja früh Iranisches, verbunden mit spätjüdischer Apokalyptik, aber auch nicht dem leisesten Anklang an christliche Gnosis, weisen unserer Schrift zusätzlich eine Sonderstellung an.

Mandaica

Ein Fremdenlied

aus: ‚Mandäische Liturgien'; nach Lidzbarski, S. 223 ff.

Ein Armer bin ich, gekommen aus der Frucht,*
ein Entfernter, der von weit her ist.
Ein Armer bin ich, dem das Große Leben antwortete,
ein Entfernter, den die Uthras** des Lichts entfernten.
Sie brachten mich aus dem Wohnort der Guten,
ach, im Wohnort der Bösen gaben sie mir Platz.
Ach, sie gaben mir Platz im Aufenthaltsort,
der ganz voller Bosheit ist.
Er ist ganz voller Bosheit
und voll des fressenden Feuers.
Ich wünschte nicht und ich wünsche nicht,
daß ich in dem nichtigen Wohnort wohne.
In meiner Kraft und meiner Erleuchtung
wohnte ich im nichtigen Wohnort.
In meiner Erleuchtung und meinem Lobpreis
hielt ich mich selbst fremd vor der Welt.
Ich stand zwischen den Bösen,
wie ein Kind, das keinen Vater hat.
Wie ein Kind, das keinen Vater,
und wie eine Frucht, die keinen Pfleger hat.
Den Ruf der Sieben*** höre ich,
die da untereinander wispern und sprechen:

* Gemeint ist das Pleroma.

** Der Uthra, die Uthras wörtlich: Reichtum. Bei den Mandäern aber immer Fachname für ‚Boten' aus der Lichtwelt.

*** Die planetarischen Mächte. Hier stellvertretend für Menschen.

‚Woher ist dieser fremde Mann,
dessen Rede nicht der unseren
Rede gleich ist?'
Ich hörte nicht auf ihre Rede,
da wurden sie voller schlimmer Wut auf mich.
Das Leben, das meinen Ruf hörte,
sandte mir einen Boten entgegen.
Es sandte mir einen sanften Uthra,
einen gegürteten, wohlgegürteten Mann.
Er trug mir mit reinem Ruf vor,
wie die Uthras im vollkommenen Hause vortragen:
‚Armer*, habe weder Angst noch Furcht
und sprich nicht: Ich bin allein.
Um deinetwillen, Armer,
wurde dieses Firmament ausgespannt,
Wurde ausgespannt dieses Firmament
und in ihm Sterne geformt.
Um deinetwillen, Armer,
ist dieses trockene Land entstanden,
Ist entstanden dieses trockene Land
und verdichtete sich und fiel ins Wasser.
Um deinetwillen kam die Sonne,
um deinetwillen erschien der Mond.
Um deinetwillen, Armer, kamen die Sieben
und gingen die Zwölf** hierher.
Du Armer! An deiner Rechten lagert Glanz
und an deiner Linken lagern Leuchten.
Sei fest und standhaft in deiner Sicherheit,
bis daß dein Maß erfüllt ist,
Und wenn dein Maß erfüllt ist,
werde ich selber zu dir kommen.
Ich werde dir Hüllen des Glanzes bringen,
daß die Menschen lüstern danach verlangen.

* Der ‚Ruf' reicht bis über die nächsten 14 Zeilenpaare.
** Die zwölf Tierkreiszeichen und die sieben Planeten.

Ich werde dir ein gutes, reines Kopftuch bringen,
das reich an Licht und ohne Ende ist.
Ich werde dich von den Bösen befreien,
ich werde dich von den Sündern erlösen.
Ich werde dich in deiner Wohnung* sitzen lassen,
zum lauteren Ort dich befreien.
Dann höre ich wieder den Ruf der Sieben,
die da untereinander wispern und sprechen:
Gesegnet sei der, der dem Armen ein Vater
und der der Frucht ein Pfleger ist.
Wir haben keinen Vater,
und unsere Frucht hat keinen Pfleger.'
Wohl dem, den das Große Leben kennt,
wehe dem, den das Große Leben nicht kennt.
Wohl dem, den das Große Leben kennt,
der sich selbst fremd vor der Welt hält,
Von der Welt der Mangelhaftigkeit,
in der die Planeten sitzen.
Sie sitzen auf den rebellischen Stühlen
und vollbringen ihre Werke mit der Geißel.
Wegen des Goldes und wegen des Silbers
sind sie aufgeregt und entzünden sie Streit.
Sie sind aufgeregt und entzünden Streit,
sie werden ins Feuer wandern und brennen.
Ja, brennen werden die Bösen,
und ihr Glanz wird verlöschen und abgebogen.
Aber ich, meine Kinder und meine Geschlechter,
ich werde aufsteigen und den Ort des Lichtes schaun,
Den Ort, dessen Sonnen nicht untergehn
und dessen Lampen nicht finster werden,
Jenen Ort, jene Stätte,
zu der eure Seelen gerufen und geladen sind,
Und auch die Seelen unserer Brüder, der Guten,
und auch jene unserer gläubigen Schwestern.

* Im Original Sekina. Vgl. das hebräische Shekinna für das ‚Wohnen' Jahwes.

Dieses mandäische ‚Fremden'- oder ‚Armenlied' gehört zu den Perlen der gnostischen Lyrik. Es wurde offensichtlich im Rahmen einer Liturgie vorgetragen, denn gegen Ende spricht der anonyme Sänger seine Gemeinde ja förmlich an.
Die Situation ist von vornherein eine doppelte: Der Verfasser weiß sich in der ‚Fremde' und zwischen zwei einander feindliche Machtwelten gestellt. Das Große Leben ist nichts anderes als der höchste Gott. Bei ihm und seinen ‚Wohnungen', bei ihm und seinen ‚Boten' hatte er einst existiert. Jetzt ist er aus diesem Bereich ‚entfernt' worden, hineingetan in den Machtbereich der ‚Sieben', in die Fremde. Doch er weiß noch um seine Herkunft, ist ‚erleuchtet'. Er hört den Ruf des ihn tröstenden Parakleten, „dann höre ich wieder den Ruf der Sieben". Er ist also in einem ständigen Zwiespalt zwischen diesem ‚Ort' und jener ‚Wohnung', bis daß sein „Maß erfüllt ist". Er aber weiß: „Ich werde aufsteigen und den Ort des Lichtes schaun."
Daß es sich hierbei um wirklich erlebtes Wissen handelt, sollte man nicht bezweifeln.

Der Gott des Lichtes

aus: ‚Rechter Ginza'; nach Lidzbarski, S. 5 ff.

Gelobt seist du! Gesegnet, gelobt, erhöht, gerühmt und gefestigt sei der Gott der Wahrheit. Seine Macht ist ausgedehnt und kennt keine Grenze. Er ist der reine Glanz und das große Licht, das nicht verlischt; der Gnädige, Vergebende, Gefällige und Barmherzige, der Befreier aller Gläubigen, der Aufrichter aller Guten; der Starke, Weise, Wissende, Sehende, Kluge und Mächtige über alles. Der Herr aller oberen, mittleren und unteren Lichtwelten. Das große Gesicht des Glanzes, das unsichtbar, unbegrenzt, alleinmächtig und ohne jemanden herrscht. Wer auf ihn

setzt, wird nicht rot werden müssen. Und wer seinen Namen wirklich segnet, muß nicht fallen. Wer dasteht und ihm traut, wird nicht gebeugt.
Das große Haupt aller Herren. Nichts war, da er nicht war. Und nichts ist, wenn er nicht ist. Der Tod war ihm nicht aufgebürdet, und Vernichtung gibt es für ihn nicht. Sein Licht leuchtet, und sein Glanz strahlt über alle Welten und Herren. Sie stehen vor ihm da und strahlen vor Glanz und in dem großen Lichte, das auf sie fällt. Er gab ihnen Bitte und Lob. Und die ließen sich in ihren Herzen nieder. Sie stehen da in Wolken des Lichts. Sie rühmen und preisen und bekennen und erkennen den Herrn der Größe, den Lichtkönig. Sein Licht, sein Glanz, sein Leuchten hat weder Maß noch Zahl noch Grenze; ist voller Glanz, volles Licht, volle Klarheit, volles Leben, volle Treue, volle Liebe, volles Erbarmen und volle Vergebung. Und voller Augen, voller Gesichter der Schönheit, voller Verständnis, voller Erkenntnis, voller Offenbarungen und voller Namen der Herrlichkeit ist er. Der große, der hohe Gott! Seine Kraft erreicht niemand, und keiner hat ihr eine Grenze gezogen. Niemand hat seine Kraft und die seiner Welten gefestigt.
Er ist der hohe Lichtkönig. Gesegnet mit allen Segnungen vom Anfang bis ans Ende. Der Erst, der Urbeginn. Der Schöpfer aller Gestalt der Bilder der schönen Dinge. In seiner Weisheit Hut ist er verborgen, nicht offenbar.
Er ist der hohe Lichtkönig, der Herr aller Lichtwelten. Der hohe über alle Uthras. Der Gott der Götter. Der König der Könige. Der Herr der Herren. Bleibender Glanz. Nichtlöschbares Licht. Schönheit, Schimmer und Glanz, nicht abzulehnen. Leben über dem Leben. Glanz über dem Glanz. Licht über dem Licht. Nichts mangelt, nichts fehlt ihm. Er ist das Licht ohne Finsternis, das Leben ohne Tod, das Gute ohne das Böse, das Sanfte ohne den Zorn, der Freundliche ohne Bitterkeit. Er sitzt im hohen Norden.*

* In Richtung Polarstern! Siehe die Erklärung.

Mächtig, schön und herrlich ist er der Ursprung aller Leuchtenden, der Vater aller Uthras. Er hat gesegnet alle Welten. Er ruht auf allen Vollkommenen, Wahrhaftigen und Gläubigen. Sein Name ist aufgerichtet in ihrem Munde.

Er ist der König der Stadt des Lebens, der in den Wohnungen des Reiches wohnt. Gefestigt ist er, und sein Glanz geht auf und leuchtet, endlos, maßlos, zahllos. Er freut sich in seiner Freude ohne Häme, und sein ganzes Reich freut sich in ihr. Bild, Zierde und Pracht ist er, keine Schönheit, die ihm gliche. Die Wahrheit ist er, die in den obersten Höhen wohnt. Der Herr der Größe ist er, der Herr aller gewaltigen Dinge. Niemand kann seine Macht und die seiner Welten bestimmen und ausdrücken; auch nicht seine Wohnungen, in denen er lagert samt den Uthras und Herren, die bei ihm sind. Jener hohe Lichtkönig steht fest in seiner Wohnung, ist höher als die Welten, so wie die Erde größer ist als ihre Bewohner. Er überragt alle, so wie der Himmel die Berge. Er überleuchtet alle, so wie die Sonne heller leuchtet als die Lampen. Er ist heller als alle, so wie der Mond heller ist als die Sterne. Er hat Eigenschaften, an denen nichts fehlt. Ihn zieren mächtige Diademe, so daß seine Macht und seine Größe keine Grenze hat, auch nicht durch Zahl und Berechnung. Und die Funken seiner Diademe strahlen ringsum, und die Strahlen des Lichtglanzes kommen aus seinem Gesicht, dringen hervor aus dem Gerank seines Kranzes. Und alle Uthras und Herren, alle Welten stehen da zu Ruhm, Lob und Preis dieses Lichtkönigs. Aus ihm gehen fünf gewaltige und große Eigenschaften hervor. Zuerst das Licht, das über allem aufgeht. Dann der Wohlduft, der über allem weht. Dann die Süße seines Rufes, allem zur Freude. Dann die Rede seines Mundes, die alles pflanzt und wachsen läßt. Zuletzt die Schönheit seines Bildes, durch das sie reifen, wie Früchte an der Sonne.

Der Gott der Finsternis

aus: ‚Rechte Ginza'; nach Lidzbarski, S. 277 ff.

Im Namen des Großen Lebens! Euch rufe ich, euch belehre ich: Ihr wahrhaftigen ihr gläubigen Männer, ihr, die ihr seht und abgesondert seid. Sondert euch von der Mangelwelt ab! Denn sie ist angefüllt mit Irrung und Wirrung.
Zuerst habe ich euch über den Lichtkönig belehrt. – Gesegnet sei er! – Und ich sprach zu euch über die gesegneten Lichtwelten und über die Uthras, die Jordane* und Sekinas. Jetzt rede ich zu euch über die Finsterniswelten und all das, was in ihnen ist: Häßliches, Furchtbares, Chaotisches.
Neben der Lichterde existiert jene Finsterniserde – nach unten zu und außerhalb der Erde Tibil, Richtung Süden!** Sie ist im Wesen verschieden und abweichend von der Lichterde. Beide weichen in jeder Hinsicht voneinander ab. Denn die Finsterniserde existiert durch ihre eigene böse Natur. Und sie ist heulende Finsternis, öde Dunkelheit. Und sie weiß weder das Erste noch das Letzte.
Nur der Lichtkönig weiß und erkennt das Erste und das Letzte: was war, was ist und was sein wird. Er wußte und erkannte auch, daß das Böse existiert, doch er wollte ihm nicht Schlimmes antun, nach dem Worte: ‚Füge dem Bösen und dem Feind nichts Schlimmes zu, bis er selbst Schlimmes getan hat.'
Die Natur des Bösen existiert von Anfang an und bis in alle Ewigkeit. Die Finsterniswelten sind ausgedehnt und endlos. Der Lichtkönig hat gesagt: ‚Ausgedehnt und tief ist die Wohnung der Bösen. Ihre Völker hatten keinen Glauben an

* Hier die ‚Adern' der Milchstraße.

** Also jetzt gegenüber vom Polarstern! Zur mythischen Geographie siehe die Erklärung.

ihrem Ort, dort wo ihre Behausung ist. Ihr Reich ist von ihnen selber her. Ihre Erde ist schwarzes Wasser, und ihre Höhen sind dunkle Finsternis.'*
Aus diesem schwarzen Wasser bildete sich und stieg auf der Finsterniskönig – und zwar durch seine eigene böse Natur.
Und er wurde groß und mächtig und rief hervor und verbreitete 1000 mal 1000 böse Geschlechter ohne Ende und 10000 mal 10000 häßliche Geschöpfe ohne Zahl. Und die Finsternis wurde mächtig und dehnte sich aus ... (es folgt eine umfassende Aufzählung aller Bösartigen der Finsterniserde wie dieser Erde).
Jener Finsterniskönig aber nahm alle Gestalten der Weltkinder an ... (es folgt eine ziemlich unappetitliche Beschreibung dessen).
Er (der Finsterniskönig) dachte bei sich nach, beriet sich mit seinem Torenherzen und verplante sich mit seiner Arglist. Und er stieg empor und überschaute die Finsterniswelten, ausgedehnt und ohne Ende. Da geriet er in Hochmut, erhob sich über alle und sprach: ,Wer ist größer als ich? Wer ist mächtiger als ich? Gibt es jemand, der größer ist als ich und ausgedehnter und vorzüglicher als alle Welten? Gibt es jemand, dessen Speise Berge sind, in dessen Magen sich kein Blut (?) befindet? Wenn es jemanden gibt, der stärker ist als ich, so will ich mich erheben, um mit ihm zu kämpfen. Will doch sehen, woher seine Kraft stammt!'
Und er spähte und erblickte die Lichtwelten aus der Ferne – dort an den Grenzen zwischen der Finsternis und dem Licht: Wie ein Feuer auf dem Gipfel eines hohen Berges! Wie Sterne, die am Horizont aufstrahlen! Wie die Sonne, wenn sie aufgeht, hochkommt vom Osten! Wie der Mond in seinem Silberglanze! – Er erblickte die Strahlen jener Lichterde so wie brennende Lampen, die man mit Glashauben bedeckt, so daß sie nach außen schimmern.

* Die Herkunft beider Worte ist nicht bekannt.

Und da er dieses bedachte, geriet er in Zorn, tobte mit Gewalt und schrie: ‚Wenn es denn diese Welt gibt, was soll mir dann diese Behausung der Finsternis, deren Pracht häßlich und fürchterlich, deren Speise schwarzes Wasser und Fäulnis ist? Auf! Ich werde zu jener leuchtenden Erde emporsteigen und mit ihrem König Krieg führen. Ich werde ihm sein Diadem rauben und mir aufs Haupt setzen, und werde so König der Höhe *und* Tiefe sein.' (...)
Er entbrannte in Feuer, erhitzte im Sinn, erglühte im Zorn und wollte die Welten verschlingen. Jedoch sind seine Wege verwirrt, seine Straßen versperrt und seine Pfade gewunden. Und doch gelangte er in einem Augenblick über das Ende hinaus bis hin zur unteren Grenze der Finsternis. An einem Tag erwanderte er sich hundert Jahre!
Als er jene schimmernde Gestalt erblickte, wollte er sich erheben und aus der heulenden, öden Dunkelheit zu jener leuchtenden Gestalt emporsteigen. Aber er fand kein Tor, hindurchzugehen, keinen Weg, auf ihm zu schreiten, keinen Aufstieg, auf ihn zu treten. Denn jene Gestalt, die er sah, war in der Höhe, er aber in der Tiefe – so wie die Menschenkinder, das Getier und das Vieh nicht zur Feste des Himmels emporsteigen können.
Und er erhitzte sich und entbrannte, wie ein Löwe gierig über die Beute. Und er ruhte und rastete nicht in seiner eigenen Behausung, rief, schrie und stöhnte laut auf.
Und die Lichtwelten hörten seine Stimme und erblickten seine Gestalt, die Gestalt eines törichten Dew.*
Darauf erging eine Stimme vom hohen Lichtkönig aus. Er sprach zu den Lichtwelten und zu den Sekinas und Uthras: ‚Seid ruhig, ihr Uthras, bleibt in euren Wohnungen, ihr Sekinas! Ängstet euch nicht vor dem Zorn des törichten, bösen Dew, der in Zorn geraten ist. Denn in seiner eigenen Grube soll er gefangen werden, gefangen soll er werden in seiner eigenen Grube. All seine Pläne sollen durchkreuzt

* Dämon

werden, durchkreuzt sollen all seine Pläne werden. Und seine böse Tat soll nicht zustande kommen.'

***

Das Grundschema dieser beiden Texte ist eindeutig: Hier Lichtwelt, hier Finsterniswelt. Es gibt keine Verbindung. Zwei Prinzipien ergeben einen Dualismus. (Die westliche Gnosis kennt dies nicht!) Und doch: So wie das Licht bis nach Tibil (= diese Erde) leuchtet, so reicht auch die Finsternis bis nach Tibil herein.

*Rühmung des Lichtgottes, Belehrung über den Finsternisgott, das sind die angemessenen literarischen Formen, denn „*auch *die Finsternis existiert durch ihre eigene böse Natur".*

Man wird diesen Dualismus letztlich auf Zarathustra zurückführen können. Ahuramazda und Ahriman. Und jetzt eben Lichtgott und Finsternisgott.

Ein Neues aber ist die mythische Kosmographie dieser Texte. „Er (der Lichtgott) sitzt im hohen Norden.*" Das ganze Schema des Lichtruhms macht deutlich, wie sehr unser Hymniker auf die Milchstraße hinausblickt. Dort im Norden, was ja, relativ betrachtet stimmt, sind die Lichtwelten. Gegenüber im* Süden *wird man der Finsterniswelten ansichtig, was ja auch wiederum, relativ gesehen, stimmt. Außerdem findet man dort im Süden die Planeten auf. Das Ganze in einem Satz: „Neben der Lichterde existiert jene Finsterniserde – nach unten zu und außerhalb der Erde, Tibil, Richtung Süden!"*

Da die begrifflichen Fixierungen der Mandäer so unscharf ‚wie' die Milchstraße sind, so verdämmernd ‚wie' der südliche Nachthimmel, wird man nicht mehr eruieren können, wie drastisch oder wie abstrakt jene Finsterniserde und besonders jene Lichterde zu nehmen sind. Vermutungen sind erlaubt!

Das Lied vom Prinzen und der Perle

Thomasakten, 108–113

Als ich noch ein sprachloses Kind war
  und am Königshofe meines Vaters weilte,
Und am Reichtum und am Glanze
  meiner Familie mich erfreuen durfte,
Da schickten mich die Eltern aus dem Osten,
  reichlich mit Proviant versehen, fort.
Und aus der Fülle ihrer Schatztruhen
  ließen sie mir einen Schnappsack binden.
Der war zwar groß, aber doch leicht genug,
  daß ich ihn ohne weiteres schleppen konnte:
Gold vom Hause der Hohen,
  Silber aus der Truhe der Großen.
Chalkedonsteine aus den Flüssen Indiens,
  Opale aus dem Lande Kusch.
Und sie gürteten mich mit Diamant,
  man kann Eisen damit ritzen.
Sie streiften mir aber das Strahlenkleid ab,
  das sie mir in ihrer Liebe schneidern ließen,
Und ebenso meinen safranfarbenen Mantel,
  der meiner Größe genau zugeschnitten war.
Dann besprachen sie mit mir eine Übereinkunft
  und schrieben sie auf mein Herz, sie nicht zu vergessen:
„Wenn du nach Ägypten hinabgehst
  und von dort die eine Perle zurückbringst,
Die dort in dem Meere liegt,
  das die schlingende Schlange bewacht,
Darfst du dein Strahlenkleid wieder anziehen,
  samt deinem Mantel, der darüber hängt.
Und mit deinem Bruder, unserem Zweiten,
  sollst du Erbe werden in dem Reiche."
So zog ich weg von Osten und ging hinab.
  Zwei Wegführer waren mir Gefährten,

Denn gefährlich war der Weg und schwer zu gehn
  und ich noch zu klein, ihn allein zu durchwandern.
Ich überschritt die Grenzen von Mesene,
  dort bei der Herberge der Kaufleute des Ostens,
So kam ich an im Lande Babel,
  trat ein in die Mauern des Labyrinths.
Als ich dann nach Ägypten hinabging,
  verabschiedeten sich meine Weggefährten.
Ich aber ging schnurstracks zur Schlange
  und setzte mich nahe bei ihrer Höhle nieder;
Sah zu, bis sie müde würde einzuschlafen;
  um ihr dann meine Perle zu entwenden.
Da ich aber allein war und seltsam aussah,
  war ich den Männern meiner Unterkunft ein Fremder.
Aber einen, der frei und mir verwandt war,
  sah ich dort, einen aus dem Osten.
Er war ein schöner und liebenswerter Knabe,
  ein Sohn (wie ich) aus gutem Hause.
Dieser sprach mich an und wurde mir zum Freunde.
  Ich aber machte ihn mir zu meinem Vertrauten,
Dem Gefährten, dem ich den Sinn der Reise eingestand.
  Und ich warnte ihn vor den Ägyptern,
Vor dem Umgang mit den Nichtgereinigten.
  Ich selber aber kleidete mich in Landestracht,
Um nicht fremd zu scheinen und verdächtigt zu werden,
  ja doch nur die Perle rauben zu wollen;
Oder gar die Schlange gegen mich zu reizen.
  Nicht aber weiß ich, wie sie doch erfuhren,
Daß ich nicht ihr Landsmann wäre.
  Denn sie mischten mir nun trügerische List.
Und so aß ich dann von ihrer Speise
  und vergaß, daß ich einst Prinz gewesen.
So ward ich ihres Königs Knecht.
  Auch die Perle hatte ich vergessen,
Worum meine Eltern mich geschickt hatten.
  Und durch die Schwere ihrer Speise

Sank ich hin in bleiernen Schlaf.
Alles aber, was sich mit mir ereignet hatte,
Bemerkten meine Eltern mit Sorge.
Erlassen wurde eine Schrift in unserm Reiche,
Alle sollten zu den Toren des Palastes kommen;
Könige und Herrschaften des Partherreiches
Und alle großen Männer aus dem Ostbereich.
Und man faßte zum Beschluß in meiner Sache,
Daß ich nicht verloren bliebe in Ägypten.
Dann setzten sie einen Brief an mich auf
Und siegelten ihn alle mit ihren Namen:
„Absender: Vater, der König der Könige,
Und die Mutter, die Königin des Ostens,
und der Bruder, unser Zweiter.
An unsern Sohn in Ägypten. Gruß!
Auf, werde nüchtern von dem Schlafe
Und höre die Worte dieses Briefes.
Erinnere dich. Du bist ein Prinz.
Wem bist du da Knecht geworden!
Erinnere du dich deines Strahlenkleides.
Erinnere du dich jener Perle,
worum du nach Ägypten niederstiegst.
Erinnere du dich deines Schimmermantels,
und du wirst ihn überstreifen, schmücken.
Deinen Namen liest das Buch der Recken.
Und samt deinem Bruder, unserm Stellvertreter,
Wirst du Erbe sein in unserm Reich."
Und mein Brief war vom König selber
Mit dem rechten Daumen eingesiegelt
Wider die Bösen, die Söhne Babylons,
Die schlimmen Abergeister jenes Labyrinths.
Der Brief aber flog wie ein Adler,
Wie der König der Vögel flog er,
Und er stieg zu mir nieder.
Und er wurde ganz sprechendes Wort.
Bei seinem Anflug und Reden

Schreckte ich auf, erhob mich vom Schlafe,
empfing ihn und küßte ihn,
Erbrach ihn und las ihn.
Und wie es auf mein Herz geschrieben stand,
Genauso waren die Worte meines Briefes.
Und ich erinnerte mich, daß ich ein Prinz sei.
Und meine Freiheit drängte nach ihrer Art.
Ich erinnerte mich der Perle,
Worum ich nach Ägypten gesandt gewesen war.
Da fing ich an, im Spruche zu verzaubern
Die gräßliche und schlingende Schlange.
Indem ich den Namen meines Vaters rief.
Wie den Namen unseres Zweiten,
Und den meiner Mutter, der Königin des Ostens,
Zauberte ich sie in tiefen Schlaf.
Und so raubte ich die Perle.
Dann kehrte ich um zu meinen Eltern.
Ihr schmutziges Kleid legte ich ab
Ich ließ es zurück in ihrem Lande.
Und ich stellte meine Füße auf den Weg.
Zum Licht der Heimat im Osten.
Auf dem Wege aber stieß ich auf den Brief,
Den, der mich aufgeweckt hatte.
Und wie er mich weckte durch sein Wort,
So zeigte er jetzt den Weg durch sein Licht.
Denn er glänzte vor meinen Augen,
Auf leuchtende Seide geschrieben.
Und durch sein Wort führte er mich.
So schritt ich aus und kam durch das Labyrinth.
Babel aber ließ ich zur Linken liegen,
Und erreichte wieder das große Mesene,
die Herberge der Kaufleute am Meere.
Und mein Kleid, das ich hatte ausziehen müssen,
wie meinen Mantel, in den ich gehüllt war,
Schickten von den Bergen Hyrkaniens
meine Eltern herab durch die Hand

Der Meister ihrer Kleiderschätze.
Ich gedachte aber nicht mehr seines Glanzes,
Ließ ich ihn doch noch als Kind im Vaterhause.
Doch eben jetzt, da ich das Kleid sah,
War es wie mein Spiegel mir gleich:
ich sah mich spiegelbildlich in ihm.
Und sah mich im Kleid mir gegenüber.
Wohl waren wir zwei getrennte Wesen,
Und doch ein Einziger in einer Gestalt.
Und auch die Meister der Kleiderschätze,
Die es mir gebracht, sah ich ebenso:
Zwiegestaltig – in einer Gestalt.
Denn *ein* Zeichen des Königs war beiden aufgeschrieben.
Den Glanz und Reichtum hielten sie in Händen
Und überreichten mir die Gabe, das schimmernde Kleid,
in heiteren Farben und kunstvoll gewirkt.
Mit Gold, Steinen und Perlen in farbiger Pracht,
alles über dem Kleide oben aufgesteckt.
Und das Bild des Königs der Könige
war um das ganze Kleid herum aufgemalen
Und wie Steine vom Saphir
auf diesem passend aufgesetzt.
Dann sah ich um das ganze Kleid
die Feuer der Gnosis aufflackern,
Und wie es sich anschickte zu sprechen.
Die Weise seines Liedes hörte ich,
Während es herankam und raunte:
„Ich bin des tapferen Recken Geschenk,
Für ihn bei dem Vater selbst gewirkt.
An mir selber habe ich es verspürt,
Wie ich wuchs im Maße seiner Arbeit."
Und mit seinen königlichen Bewegungen
Entfaltete es sich ganz auf mich hin.
Es eilte an der Hand seiner Träger,
Auf daß ich es annähme.
Und auch mich trieb das Verlangen,

Ihm entgegenzulaufen, um es zu empfangen.
  Da streckte ich mich hin und empfing.
Geschmückt mit der Schönheit der Farben,
  zog ich auch meinen safranfarbenen Mantel
Ganz und überall um mich hin.
  So bekleidet, stieg ich hinauf
Zum Tor der Begrüßung und Verbeugung,
  Und neigte meine Stirn zum Gruße
Vor des Vaters Glanz, der mir solches sandte.
  Ich hatte die befohlene Arbeit vollbracht.
Er hatte getan, was er versprochen.
  Und in den Toren des Palastes
Gesellte ich mich zu seinen Großen.
  Er aber freute sich und empfing mich.
Und ich war mit ihm in seinem Hause.
  Und mit rauschendem Klang
Gaben ihm seine Knechte die Ehre.

***

Dieses ‚Lied von der Perle', oder ‚Lied vom Prinzen und der Perle' oder noch richtiger ‚Das Lied vom Prinzen und der Perle und dem Kleid' ist der Weise nach wirklich ein Lied. Die Verdeutschung wollte dies nachahmen. Die Form dieses Textes aber ist ein Märchen; der Inhalt ist reinste Gnosis.

In diesem gewiß wunderschönen ‚Es war einmal' kreuzen fast alle gnostischen Grundmotive. Wer ist der Prinz? Was ist die Perle? Wer ist der Brief? Was ist das Kleid? Das sind Fragen, die gefragt werden dürfen und sollen.

Der Prinz ist einmal der beauftragte Retter selbst, gesandt, um die ‚Perle', die verlorene Seele, heimzubringen. Dann ist er selbst der verlorene Prinz, weil er ja selbst vergißt und Fremden dient. Man mag hier von einem Salvator

salvandus (= der zu rettende Retter) reden, hüte sich aber zu übertreiben. Denn vielleicht hat lediglich das Märchen diese Verknüpfungsmöglichkeiten.
Der Brief (sonst auch ‚Himmelsbrief' genannt) ist Variante des Rufes oder des Rufers. Er selber spricht und ist dennoch herabgekommener Rufer, wie der herzugeflogene Adler. Und das ‚Kleid'? Es ist die zurückgebliebene andere Existenz. Auch sie wurde nicht mehr erinnert. Und ‚wuchs' doch, während der Prinz seine ‚Arbeit' vollbrachte. Das Kleid als die andere Gestalt ist der himmlische Zwilling des Gnostiker-Prinzen. Dieselbe Funktion hat auch der Bruder, der ‚Zweite' von ‚Vater und Mutter' (= der oberste Gott). Im Anziehen des Kleides, wie in der Rückkehr zum Bruderzwilling, geschieht die Rettung.

Die große Erklärung

*aus: Hippolyt, Buch V und VI**

Simon spricht dem Anfang des Universums unbegrenzte Kraft zu. Er schreibt: Dies ist das Buch der Erklärung der Stimme und des Namens aus dem Gedanken der Großen Kraft, die ohne Grenze ist. Darum sei es versiegelt, verborgen und bedeckt und soll so in dem Gebäude liegen, in dem die Wurzel des Universums ihre Fundamente hat.
Dies ist das Wort Gottes. Es ist das Wort der Erklärung der großen Kraft. Deshalb ist es versiegelt, verborgen und bedeckt und liegt in dem Gebäude, in dem die Wurzel des Universums ihre Fundamente hat. Es ist dies die Wurzel aller Welten, Kräfte, Gedanken, Götter, Boten, Geister und Gesandten. Es ist dies die Wurzel des Seienden wie des Nichtseienden, des Gewordenen wie des Ungewordenen, des Anfaßbaren wie des Nichtanfaßbaren; der Jahre, der Monate, der Tage, der Stunden; des unteilbaren Punktes, aus dem das Kleinste allmählich größer wird; der Punkt, der nichts ist und aus nichts besteht, der unteilbar ist, wird durch sich selbst zu einer unfaßbaren Größe werden. Er selbst erkennt es nicht.
Und dies sagt Simon so: Das Kleine wird groß sein, gewissermaßen als Punkt, das Große aber unbegrenzt.
Es sagt aber Simon, wobei er den Moses paraphrasiert: Feuer ist der Anfang des Universums. Nach Simon ist das Feuer eine unbegrenzte Kraft. Es ist aber nicht etwas Einfaches. Die meisten anderen, die behaupten, die vier Grundelemente seien einfach, sind zwar der Ansicht, daß auch das Feuer einfach sei. Er aber sagt, das Feuer habe gewissermaßen eine zweifache Natur. Einen Teil dieser Zwillingsnatur nennt er den verborgenen, den anderen Teil nennt er

* Übersetzung in der Reihenfolge nach dem Rekonstruktionsversuch bei Hilgenfeld.

den erscheinenden. Das Verborgene sei in dem, was im Feuer erscheint, verborgen. Und das im Feuer Erscheinende, erscheine aus dem Verborgenen.
Und das aus dem Feuer Erscheinende schließt all das in sich, was wer auch immer am Sichtbaren sieht oder vielleicht auch übersieht. Das in dem Feuer Verborgene aber schließt alles in sich, was wer auch immer am Unsichtbaren sieht oder vielleicht auch übersieht. Abschließend kann man sagen: Die Schatztruhe allen Seins, gesehen oder gedacht, verborgen oder erschienen, ist das überhimmlische Feuer.
Da nun, um es verkürzt zu sagen, nach Simon das Feuer dieses Wesen hat, ist es auch alles Sichtbare und Unsichtbare, alles Hörbare und Unhörbare, alles Zählbare und Unzählbare. Er nennt es darum in der Großen Erklärung das Endgültige und das Gedachte. Es verstehe und bewirke jegliche Sache, die einer ungezählte Male im Denken erfassen kann, und es spreche sie aus. – Denn alle Teile des Feuers, sagt Simon, das Sichtbare und das Unsichtbare, haben Verstand und Gefühl.
Und Simon sagt in der Großen Erklärung folgendes: Ich rede zu euch, was ich rede. Ich schreibe zu euch, was ich schreibe. Die Schrift ist dies: Doppelt sind die Sprossen aller Äonen. Sie sind ohne Anfang und ohne Ende. Sie stammen aus *einer* Wurzel. Diese Kraft aber ist das unsichtbare und unfaßbare Schweigen.
Der eine Sproß ‚treibt' oben, er ist die Große Kraft. Er ist der Nous des Universums, alles beherrschend. Er ist männlich.
Der andere Sproß ‚treibt' unten, er ist der Große Gedanke, alles erzeugend. Er ist weiblich.
Beide aber haben Gemeinschaft, ergänzen sich gegenseitig. Und sie lassen einen Zwischenraum erscheinen: gestaltlose Luft, die weder Anfang noch Ende hat. In dieser gestaltlosen Luft wohnt der ‚Vater', der alles trägt und hält, das Anfang und Ende hat. Er ist es, ‚der steht, gestanden hat

und stehen wird'. Er ist aber eine mannweibliche Kraft, und zwar nach dem Bilde jener unendlichen Kraft, die vordem existierte, ohne Anfang und Ende in Einzigkeit. Von dieser ausgehend verzweifachte sich die ebenfalls in Einzigkeit bestehende Epinoia.* Auch der Vater war ja einzig. Er hatte die Epinoia in sich und war allein.
Niemand aber rief ihn ‚Vater', bevor ihn nicht die Epinoia so genannt hatte. So wie er sich selbst durch sich hervorbrachte und sich selbst die eigene Epinoia zeigte, machte es freilich die erschienene Epinoia nicht, sondern nachdem sie den Vater gesehen hatte, verbarg sie ihn in sich. Und so ist auch die Epinoia eine mannweibliche Kraft. Daher ergänzen sie sich gegenseitig, daher sind sie eins. An Kraft unterscheidet sich die Epinoia in nichts vom Vater. In dem, was oben ist, findet sich die Kraft. Und in dem, was unten ist, findet sich die Kraft. Und dies ist die Erscheinung beider: Obwohl eins, werden sie doch zu zweit gefunden. Der Mannweibliche hat das Weibmännliche in sich, und umgekehrt. So ist der Nous in der Epinoia. So sind sie voneinander getrennt, obwohl eins, werden sie als zwei gefunden.
Mit der entstandenen Welt aber verhält es sich so, sie kommt vom nichtentstandenen Feuer. Ihr Werden begann auf diese Weise: Die ersten sechs Wurzel vom Werdensbeginn an nahm der Ungewordene vom Anfang jenes Feuers. Diese Wurzeln sind entstanden durch Verbindungen, die das Feuer einging. Diese ‚Wurzeln' heißen: Nous und Epinoia, Stimme und Name, Urteil und Erwägung.
In diesen sechs Wurzeln ruht die gesamte unbegrenzte Kraft als Möglichkeit, ist aber noch nicht wirksam. Und eben diese unbegrenzte Kraft nennt er den, ‚der steht, gestanden ist, stehen wird'.
Wenn aber nun der, der in den 6 Wurzeln schlummert, ausgeprägt ist, dann wird er wesentlich in Kraft, Größe und

* Epinoia deutsch: *der* Gedanke.

Endgültigkeit derselbe sein, wie jene ungezeugte und unbegrenzte Kraft – in nichts weniger. Wenn er aber nur als Möglichkeit in den 6 Wurzeln bleibt und nicht ausgeprägt wird, so verschwindet er und geht zugrunde. Es wird sein, wie wenn einem Gedächtnis Mathematik und Geometrie entschwinden. Nach Simon ist jenes glückselige, unzerstörbare Etwas überall im Sinne einer Möglichkeit – noch nicht in der Wirkung – verborgen: Der Stehende, der Gestandenhabende, der Stehenwerdende.
Er ‚steht' oben in der ungezeugten Kraft, er ‚stand' unten am Fluß der Wasser, im Bilde geboren, ‚er wird stehen' oben bei der glückseligen, unbegrenzten Kraft, wenn er ausgeprägt worden ist.
Drei sind es nämlich, die ‚stehen', und ohne die Existenz der drei Äonen (d. h. der sechs Wurzeln), die ‚stehen', wird der Vater nicht ausgeprägt, der nach Simon über dem Wasser brütet*, der nach dem Bilde Wiedergebildete, der endgültige Himmlische, der wie die unbegrenzte Kraft selbst ist. Und dafür gebrauchen sie diese Worte: Ich und du sind Eineinzigeiner. Vor mir: du. Nach dir: ich.
Dies ist die eine Kraft, nach oben und nach unten geteilt, sich selbst erzeugend, sich selbst vermehrend, sich selbst suchend, sich selbst findend. Sie ist ihre eigene Mutter, ihr eigner Vater, ihre eigene Schwester, ihre eigene Gattin, ihre eigene Tochter, ihr eigner Sohn. Mutter und Vater sind eines: die Wurzel des Universums.
Die erste Verbindung dieser sechs Kräfte, samt der noch hinzukommenden siebten, nennt er Nous und Epinoia, Himmel und Erde. Das Männliche blicke von oben herab und sorge für das Weibliche. Die Erde unten aber, nehme dessen Früchte auf. Sie sind von gleicher Art und aus Vernunft. Deswegen spricht der Logos, der oft auf die von Nous und Epinoia gemachten Dinge herabsieht: Höre, Himmel, vernimm es, Erde, was der Herr gesprochen hat:

* Vgl. Gen 1,31.

‚Söhne habe ich gezeugt und groß gemacht, sie aber haben mich verachtet.‘ So rede die siebente Kraft, er, ‚der steht, gestanden ist und stehen wird‘. Dieser ist der Urheber dieser Güter, die Moses rühmte und gut nannte.
Die siebte Kraft aber wohnt in der unbegrenzten Kraft, die vor der Zeit war. Und über diese siebte Kraft hat Moses gesagt: Und Gottes Geist brütete über den Wassern. Er hat alles in sich. Er ist das Bild der unbegrenzten Kraft. Simon sagt: Ein Bild aus unverderbter Form. Sie allein ordnet alles. Es ist die Kraft, die über dem Wasser brütet. Sie ist aus unverdorbener Form gestanzt. Sie allein ordnet alles.

***

Das System dieser Großen Erklärung oder Megale Apophasis scheint allenfalls uns, die wir es nur von Hippolyts kommentiertem Zustand her haben, nicht ganz ausgeglichen. Soviel ist aber klar: Alles besteht aus sechs Kräften, das heißt aus drei Syzigien. Und vor diesen liegt ein unendliches Schweigen. Die sechs Kräfte können in der Metapher sechs Wurzeln heißen. Die Wurzeln des Weltenbaumes.
In diesen sechs Kräften schlummert nun der Möglichkeit nach eine weitere, die siebte Kraft: „Der Stehende, der Gestandenhabende, der Stehenwerdende. Er ‚steht‘ oben in der ungezeugten Kraft, er ‚stand‘ unten am Fluß der Wasser, im Bilde geboren, ‚er wird stehen‘ oben bei der glückseligen, unbegrenzten Kraft, wenn er ausgeprägt worden ist.“
Erinnert sei an den historischen Simon von Gittai! Er war es, der ‚stand‘. Und hier begegnet nun die volle Formel vom Stehen. Nicht ganz zu Unrecht wird die Megale Apophasis Simon zugesprochen. Er war der ‚siebte Mann‘.
Diese über die Zeitenfolge hinweg stehende Siebenerkraft

kann den Logos als Schöpfer oder ‚Brüter' nennen, meint aber auch, jedenfalls der Möglichkeit nach, den Gnostiker selbst. Wo jenes glückselige, unzerstörbare „Etwas" nämlich realisiert oder „ausgeprägt" wird, da stand einer, da steht einer, da wird einer stehen. Und das meinen die Simonianer mit der Formel: „Ich und du sind Eineinzigeiner. Vor mir: du. Nach dir: ich."

Das Baruchbuch des Justin

Hippolyt V, 26,1–27,5

Justin sagt: Es gab *drei* ungezeugte Anfänge des Universums. Zwei sind männlich, einer ist weiblich. Von den männlichen beiden heißt einer der ‚Gute'. Er überschaut alle Dinge. Den anderen nennt man ‚Vater'. Er zeugt alles, ist aber selbst ohne Übersicht, ohne Einsicht, ohne Erkenntnis. Auch der weibliche Anfang ist ohne Übersicht, entflammbar. Er hat zwei Seelen und zwei Leiber ... Diese Mädchen nennen sie ‚Eden' und ‚Israel'.
Dies sind die Anfänge des Universums, die Wurzeln und die Quellen, aus denen das Existieren hervorkam. Etwas anderes gab es nicht. Da nun der Vater jenes Mädchen sah, ward er zu ihr geneigt, er, der Überblick hat. Dieser Vater aber heißt darum auch Elohim.* Und auch die Eden hatte Sehnsucht nach Elohim. Und so kam es zur Einheit der Liebe. Aus diesem Geschlecht zeugte sich der Elohim mit der Eden zwölf ‚Engel'. Die Namen der väterlichen Engel sind: Michael, Amen, Baruch, ... Die Namen der mütterlichen Engel, die Eden gebar, sind: Babel, Achamoth, Naas ...**
Von diesen 24 Engeln haben die väterlichen Gemeinschaft mit dem Vater, die mütterlichen mit der Eden. Die Gesamtzahl dieser Engel bedeutet das Paradies, denn Moses sagt: Und Gott pflanzte das Paradies in Eden, gegen Osten. Also vor das Angesicht der Eden, auf daß sie das ‚Paradies', die Engel, allzeit sähe.
Diese Paradiesengel werden allegorisch ‚Bäume' genannt. Der ‚Baum des Lebens' aber, ist der dritte Vaterengel, näm-

* Elohim ist alttestamentlicher Gottesname, was aber hier nur oberflächlich etwas zur Sache tut.

** In beiden Fällen kommt es lediglich auf das Mannweibliche der Namen an.

lich *Baruch.* Der ‚Baum der Erkenntnis des Guten und des Bösen' aber ist der dritte Mutterengel, nämlich die Naas.* Dies würden nach Justin die Worte des Moses bedeuten. Er habe ja verdeckt geredet, da ja nicht jedermann zur Wahrheit gelangt. Nachdem aber das Paradies aus der gemeinsamen Liebe des Elohim und der Eden entstanden war, nahmen die Engel des Elohim etwas von der besten Erde ... und bildeten den Menschen.

Aus den tierlichen Teilen (da die Eden zweigestaltig ist, stammen sie von ihr) entstehen die Tiere und alles übrige Lebendige.

Den Menschen aber machten Elohim und Eden zum Bilde ihrer Einheit und Liebe. Sie legten je ihre Kräfte in ihm nieder. Eden gab die Psyche, Elohim gab das Pneuma.** Und so ward der Mensch, Adam, zum Siegel und Mal der Liebe, zum beständigen Bild der Ehe des Elohim und der Eden.

Ähnlich ist auch Eva, wie Moses sagt, Abbild und Bild und bleibend zu hütendes Siegel der Eden geworden. In gleicher Weise ward auch in Eva, die Bild ist, die Psyche von der Eden und das Pneuma von dem Elohim niedergelegt.

Und sie wurden angewiesen: Wachst und nehmt zu und erbt die Erde! Das bedeutet nach Justin: ... erbt die Eden. Eden hat nämlich ihre ganze Kraft als Hochzeitsmitgift in das Haus des Elohim eingebracht ... Nachdem nun alles geschaffen war, wie es bei Moses steht, der Himmel, die Erde und was darin ist, wurden die zwölf Engel der Mutter in vier ‚Ursprünge' aufgeteilt. Jedes dieser Viertel bedeutet einen Fluß: Pheison, Gihon, Tigris, Euphrat – wie Moses sagt.*** Diese zwölf Engel umwandern also in vier Gruppen die Welt. Sie versorgen sie und haben von der Eden die Befehlsgewalt über die Welt. Sie verweilen aber nicht ständig an denselben Orten, sondern sie umwandern die ihnen

* Das heißt: Schlange.
** Wörtlich: Geist.
*** Gemeint sind die vier Paradiesesflüsse.

zugeteilten Räume zyklisch. Sie begeben sich von da nach da. Und nach Zeiten wechseln sie auch diese Plätze wieder. Wenn nun ‚Pheison' an der Reihe ist, über allen Raum zu herrschen, so entsteht an diesem Teil der Erde Hunger, Druck und Elend. Denn knapp ist, was diese Engelsgruppe zu geben hat ... (usw.)

Und nun, warum das Böse notwendig da ist: Als nämlich Elohim nun in wechselseitiger Liebe (mit Eden) die Welt fertiggestellt und gebildet hatte, wollte er in die oberen Bereiche des Himmels emporsteigen, um zu überschauen, ob nicht gar an seinem Werke etwas fehlerhaft sei. Bei seinem Aufstieg nahm er seine Engel mit sich und ließ die Eden (und ihre Engel) unten zurück. Denn da sie ja die Erde war, wollte sie mit ihrem Gatten nicht emporsteigen.

Da nun Elohim an den obersten Rand des Himmels kam, sah er: da! ein helleres Licht als er eines geschaffen hatte! Da sprach er: Öffnet mir die Tore, so daß ich hineingehe und mich vor dem Herrn verneige; denn ich dachte, ich sei der Herr! Da kam die Antwort von dem Lichte her: Dies ist das Tor des Herrn, und nur Gerechte treten hier ein! Und sogleich wurde das Tor geöffnet, und der ‚Vater' trat (ohne seine Engel) hinein und hin zu dem ‚Guten'. Und er „sah, was noch nie ein Auge gesehen und noch nie ein Ohr gehört und was noch auf keines Menschen Herzen hinaufgestiegen war."* Da sprach der Gute zu ihm: Setze dich zu meiner Rechten! Der Vater aber zum Guten: Herr, laß mich die Welt, die ich gemacht habe, vernichten. Mein Pneuma ist an die Menschen gebunden. Ich will es wieder zu mir nehmen.

Darauf der Gute zu ihm: Solange du bei mir bist, kannst du nichts Böses tun. Aus gemeinsamer Liebe habt ihr die Welt gemacht, du und die Eden. Lasse also die Eden die Schöpfung beherrschen, solange sie will. Du aber bleibe bei mir.

Danach erkannte die Eden, daß sie von Elohim verlassen

* 1 Kor. 2,9.

worden war. In Trauer ließ sie ihre Engel bei sich stehen und schmückte sich, ob vielleicht Elohim, von Sehnsucht bewegt, zu ihr herabstiege.

Da aber Elohim, von dem Guten bezwungen, nicht mehr zu Eden herabstieg, wies Eden die Babel – sie heißt auch Aphrodite! – an, Ehebruch und Scheidung bei den Menschen anzurichten. So wie sie von Elohim geschieden war, so sollte auch des Elohim Pneuma, das im Menschen ist, durch ‚Scheidungen' gequält und betrübt werden, dasselbe leiden wie sie, Eden, in ihrer Verlassenheit. Und Eden gab auch ihrem dritten Engel, Naas, großen Einfluß, auf daß er mit allen Strafen das Pneuma Elohims, das im Menschen ist, züchtige. Und so sollte Elohims Pneuma selbst bestraft werden, da er ja vertragswidrig seine Gattin verlassen hatte. Der Vater Elohim aber bemerkte dies und sandte nun seinerseits seinen dritten Engel, Baruch, damit der dem Pneuma in den Menschen aufhelfe.

Baruch ging also und stellte sich in die Mitte der Engel Edens, d. h. mitten in das Paradies – sind doch das Paradies die Engel, in deren Mitte er sich stellte! –, und redete zum Menschen: Von jedem Baume, der im Paradiese steht, kannst du beim Essen genießen, von dem Baum der Erkenntnis des Guten und des Bösen aber sollst du nicht essen!

Dieser (zweite) Baum aber bedeutet die Naas. Das Ganze meint, man sollte zwar den anderen elf Engeln der Eden gehorchen; sie haben wohl auch Leidenschaften, aber keine Ungerechtigkeit. Naas dagegen hatte Ungerechtigkeit. Und sie trat an Eva heran, trieb List und Ehebruch mit ihr – was Unrecht ist. Sie trat aber auch an Adam heran und trieb Knabenliebe mit ihm – was Unrecht ist.

So entstanden Ehebruch und Knabenliebe. Seither herrscht das Böse und das Gute zu gleichen Teilen über den Menschen. Beide sind verursacht durch den Vater (Elohim).

Insofern aber der Vater zu dem Guten hinaufstieg, wies er

denen, die hinaufsteigen wollen, den Weg. Insofern er aber die Eden verließ, schuf er für sein eigenes Pneuma, das im Menschen ist, den Anfang des Übels.
Dann wurde Baruch zu Moses gesandt und sprach durch ihn zu den Kindern Israels, daß sie sich hinkehren sollten zu dem ‚Guten'.
Aber der dritte Engel der Eden, Naas, verdunkelte durch die Psyche, die, wie in allen Menschen, auch in Moses war, die Weisungen des Baruch, so daß die des Moses gehört wurden. *Deswegen* also ist die Psyche gegen das Pneuma gerichtet und das Pneuma gegen die Psyche. Denn die Psyche ist die Eden, das Pneuma der Elohim, und beide wohnen in jeglichem Menschen, ob männlich, ob weiblich.
Dann wurde Baruch zu den Propheten gesandt. Das im Menschen wohnende Pneuma sollte jetzt durch die Propheten zum Gehorsam kommen. Und Eden und das verderbte Geschlecht sollten fliehen, so wie der Elohim geflohen war. Doch Naas lockte ebenso (wie den Moses) auch die Propheten an sich durch die Psyche, die mit dem Pneuma im Menschen wohnt. Und sie ließen sich verleiten und folgten den Worten des Baruch nicht, die Elohim diesem gegeben hatte.
Schließlich wählte Elohim aus den Heiden Herakles (!) zum Propheten. Ihn sandte er, um die zwölf Engel der Eden niederzuringen, um so den Vater (d. h. sein Pneuma) von den zwölf verderbten Engeln der Schöpfung zu befreien. Das sind die zwölf Arbeiten des Herakles, die er tat, von der ersten bis zur letzten, den Löwen, die Hydra, den Eber und so fort. Dies wären nur die heidnischen Namen. Und es seien diese Namen, wie Justin sagt, von der Kraft der mütterlichen Engel her lediglich übertragen.
Da nun Herakles der Meinung gewesen sei, er hätte alles getan, kam er an die Omphale – die aber ist die Babel, die Aphrodite! –, und die nahm ihm mit List seine Kraft und die Weisungen des Baruch, die Elohim gegeben hatte. Sie stülpte ihm über ihr eigenes Gewand. Und das war die

Kraft der Eden, die Kraft von unten. So blieben Prophetie und Werk des Herakles ohne Ergebnis.
Zuletzt aber, in den Tagen des Herodes, wurde Baruch wieder von Elohim herabgeschickt und kam nach Nazareth. Dort stieß er auf Jesus, den Sohn des Joseph und der Maria, einen etwa zwölfjährigen Burschen, der gerade eine Schafherde beaufsichtigte. Und er erklärte ihm alles Geschehen von Elohim und der Eden von Anfang an bis zum Ende, dann schloß er: ‚Alle Propheten vor dir ließen sich täuschen. Hüte du dich Jesus, du Sohn von Menschen, dich auch täuschen zu lassen. Bringe du diese Lehre den Menschen und mache ihnen bekannt die Weisungen des Vaters (Elohim) und des Guten. Und dann steige hinauf zu dem Guten und setze dich nieder bei Elohim, unserm Vater.'
Jesus sprach: ‚Ja, Herr, ich werde alles tun.' Und er gehorchte dem Engel (Baruch) und richtete die Weisung aus. Aber auch ihn wollte Naas täuschen, konnte es aber nicht. Jesus blieb Baruch treu.
Da ergrimmte Naas, wo sie ihn doch nicht täuschen konnte, und ließ ihn kreuzigen. Er aber ließ den Leib der Eden am Holze zurück und stieg hinauf zu dem Guten.
Zu Eden aber sprach er: ‚Weib, nimm dir deinen Sohn', bedeutet den bloßen Menschen. Das Pneuma aber legte er in die Hände des Vaters. Und er stieg hinauf zu dem Guten.

***

Unser Justin ist als Gnostiker so wenig bekannt geworden, wie Baruch unter den Propheten. Und so haben wohl deswegen beide einander gewählt. Daß das Baruchbuch ‚Subgnosis' sei, ist eher Ansichtssache. Gewiß, Justin kann nirgends die hohen Formen der Gnosis selbst erreichen, aber einiges Wichtige hat er behalten.
Er kennt den „Guten". Er weiß um die Paarschaft des Elo-

him und der Eden. Freilich ist deren ‚Syzigie' bei ihm eher zur mißlungenen Ehe geraten, „warum das Böse notwendig ist". Nicht ohne Schmunzeln mag man lesen, mit welch selbstverständlicher Naivität der „Gute" den ehemüden Elohim bei sich beherbergt. Und doch ist es rührend, wie dieser im Hause des Lichtes wohnen darf (vgl. die dualistisch schroffe Abweisung jenes Finsternisgottes des mandäischen Textes!). Baruch – auch nicht Herakles! – konnte den Willen des „Guten" schließlich erst mit Jesus zu Ende bringen, dessen ‚Himmelfahrt vom Kreuze aus' durchaus nicht unbiblisch ist.

Die Geheimschrift des Johannes

Text aus Nag Hammadi

An einem dieser Tage aber trug es sich zu, daß heraufkam Johannes, der Bruder des Jakobus, die sind des Zebedäus Söhne. Und als er zum Tempel heraufstieg, da begegnete ihm ein Pharisäer namens Amanja. Der sprach ihn an: „Wo ist dein Rabbi, mit dem du gegangen bist?" Er sprach zu ihm: „Er ist wieder dorthin gegangen, von wo er gekommen war." Da sagte der Pharisäer: „Dieser Nazarener hat euch in die Irre geführt. ... Er hat eure Herzen verstockt und hat euch von den Überlieferungen eurer Väter abgebracht."

Als ich das hörte, ging ich vom Tempel weg hinauf zum Berge, an einen öden Platz. Und ich war sehr traurig in meinem Herzen und sprach: „Wie hat man den Retter ausgewählt? Und warum wurde er von seinem Vater, der ihn gesandt hat, in die Welt gesandt? Und wer ist überhaupt sein Vater? Und was ist das für ein Äon, zu dem wir kommen sollen?

Er hat uns gesagt: „Dieser Äon hat die Gestalt jenes kommenden Äonas angenommen. Aber er hat uns nicht belehrt, was das für ein Äon ist."

Da! gleich, als ich's so erwog, öffneten sich die Himmel, und die ganze Schöpfung war von einem Licht angeschienen, das vom Himmel herabkam – und die Welt erbebte.

Ich hatte Furcht und fiel zu Boden. Und da! es zeigte sich mir ein Kind, und doch sah ich die Gestalt eines Greises. Licht war in ihm. Ich schaute ihn an und verstand nicht dieses Rätselvolle: Eine Einheit und viele Weisen des Erscheinens im Lichte. Und die Formen ihres Erscheinens ergänzten sich gegenseitig. Wenn es eine Form ist, wieso hat sie dann drei Weisen zu erscheinen?

Er aber sprach mich an: „Johannes, warum zweifelst du?" Und dann: „Prüfe dich, denn diese Erscheinung kann dir

doch nicht fremd sein. Sei nicht klein, denn ich bin da bei euch alle Zeit. Ich bin der Vater, ich bin die Mutter, ich bin der Sohn. Ich bin der immer Seiende, der Unvermischbare. Keiner vermischt sich mir.
Ich bin gekommen, dir zu sagen, was war, was ist und was sein wird. Du sollst das Unsichtbare und das Sichtbare erkennen. Du sollst belehrt werden über den endgültigen Menschen.
Jetzt aber erhebe dein Gesicht. Komm, höre und erkenne, was ich dir heute sagen werde. Du sollst es denen, die aus dem gleichen Geiste stammen, sagen. Sie sind aus dem nicht wankenden Geschlechte des endgültigen Menschen."
Da sagte ich: „Sprich, damit ich erkenne." Er sprach zu mir: „Über die Einheit, die ganz alleine ist, herrscht niemand. –*
Von uns hat niemand erkannt, was es mit dem Unermeßlichen auf sich hat, nur der, der in ihm gewohnt hat. Er ist es, der uns dieses erzählt hat. Er erkennt sich selbst in seinem eigenen Lichte. Es umgibt ihn, und er ist die Quelle lebendigen Wassers. Er ist das Licht, das aus Klarheit besteht. Die Quelle des Geistes kam aber aus dem lebendigen Wasser des Lichtes. Und er stattete alle Äonen und Welten in jeder Art aus. Als er sein Bild im reinen Wasser, das ihn umgibt, ansah, da erkannte er es. Da schuf sein Gedanke ein Werk. Er erschien und trat vor ihn hin, heraus aus dem Glanze des Lichtes. Und das ist die Kraft vor dem Universum, die erschienen ist. Das ist die vollkommene Pronoia** des Universums. Das Licht. Das Bild des Lichtes. Das Abbild des Unsichtbaren. Sie ist die endgültige Kraft, die Barbelo***, der endgültige Äon des Glanzes. Er rühmt

* Weitere Rühmung der Unermeßlichkeit Gottes.

** Wörtlich: die ‚Vorwissende'. Hier die Paargenossin des ersten Äon, des ‚Unermeßlichen'.

*** Nicht übersetzbar. Siehe Erklärung.

ihn, weil er sich durch ihn eröffnet hat. Als erster Gedanke und als Abbild erkennt er ihn. Und er wurde zum ersten ‚Menschen'. Das ist: der unberührte Geist, der dreimal Männliche, der mit den drei Kräften, den drei Namen, den drei Zeugungen, der Äon, der nie altert, mannweiblich und aus seinem Gedanken gekommen.
Und (dieser Äon) die Barbelo erbat von ihm, ihr eine allererste Erkenntnis zu gewähren. Und er gewährte. Da trat diese allererste Erkenntnis hervor, stellte sich samt der Pronoia hin und rühmte den Unsichtbaren, die endgültige Kraft. Es rühmte aber die Barbelo, weil sie beide durch diese Kraft entstanden waren.
Und wiederum bat die Barbelo, ihr die Unvergänglichkeit zu gewähren. Und er gewährte. Und als er gewährt hatte, trat die Unvergänglichkeit hervor. Und auch diese stellte sich samt dem Gedanken und der ersten Erkenntnis hin und rühmte den Unsichtbaren und die Barbelo, weil sie ihretwegen entstanden war.
Da bat die Barbelo, ihr das ewige Leben zu gewähren. Und er gewährte. Und als er gewährt hatte, trat das Leben hervor. Und alle stellten sich hin und rühmten den Unsichtbaren und die Barbelo, weil sie ihretwegen entstanden waren, durch Offenbarung des unsichtbaren Geistes.
Dies ist die Fünfheit der Äonen des Vaters: die Barbelo, der Gedanke, die erste Erkenntnis, die Unvergänglichkeit und das ewige Leben; das heißt (zusammengefaßt) der erste Mensch, das Bild des Unsichtbaren. Das ist aber auch die mannweibliche Fünfheit, nämlich die Zehnheit der Äonen, der ‚Vater' aus dem ungezeugten Vater.
Dann blickte die Barbelo tief hinein in das reine Licht und gebar so einen Lichtfunken. Der war ihr aber nicht gleich. Das ist der vor dem Vater erschienene Einziggeborene, der selbstentstandene Gott, der erstgeborene Sohn des Universums, des Geistes, des reinen Lichtes.
Da jubelte der unsichtbare Geist über das so entstandene Licht. Denn es war zuerst erschienen in der ersten Kraft,

seiner Pronoia, der Barbelo. Und in seiner Güte salbte er das Licht. Mangellos wurde es so der Christus, hatte er es doch in seiner Güte zum unsichtbaren Geiste gesalbt. Er offenbarte sich ihm also durch die Gabe der Salbung, durch den unberührten Geist. Und auch der Christus stellte sich hin und rühmte den unsichtbaren Geist und die endgültige Pronoia (= Barbelo), worinnen er gewohnt hatte.
Und auch der Christus bat, ihm eines zu gewähren, den Nous.* Er gewährte es, der unsichtbare Geist. Da zeigte sich der Nous. Und er trat mit dem Christus hin und rühmte den Unsichtbaren und die Barbelo.
Diese alle aber entstanden in Schweigen und in einem einzigen Gedanken.
Der unsichtbare Geist aber wollte ein weiteres Werk tun. Da gewann sein Wille Gestalt und erschien. Er stellte sich hin mit dem Nous und dem Licht und rühmte. Dem Willen aber folgte das Wort.**
Durch das Wort aber hat der Christus alles geschaffen, er, der selbstentstandene Gott, das ewige Leben und (jetzt auch) der Wille.
Und auch der Nous und die erste Erkenntnis stellten sich hin und rühmten den unsichtbaren Geist und die Barbelo. Sie waren ja durch diese beiden entstanden. Endgültig aber ward der Nous erst durch den Geist, den ewigen selbstentstandenen Gott, den Sohn der Barbelo.
Das Endgültige aber wurde durch den Geist, den ewigen selbstentstandenen Gott, den Sohn der Barbelo, und zwar weil auch der zu dem ewigen, unberührten und unsichtbaren Geiste trat. Denn kein anderer als dieser selbstentstandene Gott, Christus, ist es, der dem Unsichtbaren die große Ehre gab, weil auch er aus jenem ersten Gedanken entstanden ist. Denn diesen Gedanken, die Barbelo, setzte der unsichtbare Geist als Gott über das Universum. Der wahre

* Wörtlich: Sinn.
** Wille und Wort sind ein neues Äonenpaar.

Gott gab ihm alle Macht und bestimmte die Wahrheit ihm zum Untertan, damit er das Universum erkenne. Und den Namen dieses Gedankens (Barbelo!) wird man all denen sagen, die seiner würdig sind.
Aus dem Lichte, Christus, aber und aus der Unvergänglichkeit traten vier große Lichter hervor. Sie sollten sich zu ihm stellen und zu den dreien: dem Willen, dem Gedanken und dem Leben. Diese vier Lichter sind: Gnade, Einsicht, Wahrheit und Klugheit ...*

*

Unsere Coschwester aber, die Sophia**, erdachte in sich einen Gedanken, denn auch sie ist ja eine Äonin. Sie wollte nämlich nach dem Gedanken des Geistes und der ersten Erkenntnis *ihren* Gedanken als Bild aus sich heraus in Erscheinung treten lassen. Aber der Geist hatte nicht zugestimmt und nicht gewährt. Und auch ihr männlicher Paargenosse, der unberührte Geist, hatte dieser Absicht nicht zugestimmt. Sie fand also keine Übereinstimmung. Sie gewährte es (sich also selbst) ohne die Zustimmung des Geistes und ohne Wissen ihres eigenen Partners. Wegen des Verlangens aber, das in ihr wohnt, wollte sie (Eigenes) hervorbringen.
Und ihr Gedanke konnte nicht ohne Folgen bleiben. Es kam also ihr Werk hervor, unvollendet und häßlich von Ansehen. Sie hatte ja ohne ihren Paargenossen gehandelt. Ihr Werk aber war auch ihr selbst, der Mutter, nicht ähnlich, sondern von anderer Gestalt. Es erwägend, sah sie eine andere Form und ein anderes Aussehen, ein ‚Schlangen-' und ‚Löwen-Aussehen'. Und die Augen (ihres Werkes)

* Die folgende Kosmogonie ist für unseren Zweck nicht mitzuteilen.
** Die Sophia (Weisheit) ist letzter und jüngster Äon.

glühten im Feuer. Da brachte sie es aus jenen Orten hinweg. Keiner der Unsterblichen sollte es sehen, war es doch in Unkenntnis geboren.
Sie umhüllte es mit einer Lichtwolke und setzte einen Thron in die Mitte der Wolke, damit niemand es sähe – ausgenommen der heilige Geist, den man das Leben und aller Mutter nennt. Und sie gab ihrem Werk diesen Namen: Jaldabaoth.* Das ist der erste Archon, ausgestattet mit großer Kraft aus seiner Mutter. Und er entfernte sich von ihr ...**
Als nun die Mutter ihren Mangel erkannt hatte – hatte doch ihr Paargenosse nicht mit ihr übereingestimmt und war sie doch von ihrer Vollkommenheit herabgesetzt worden –, da begann sie zu schweben."
Ich aber sprach: „Christus, was bedeutet ‚schweben'?" Da lächelte er und sprach: „Meinst du, es sei so, wie Moses gesagt hat, über den Wassern' (schweben)? Nein, sondern weil sie das Schlimme und den Kehrricht sah, der ihrem Sohne zuteil werden würde, da reute es sie. Und als sie in der Finsternis hin und her irrte, begann sie sich zu schämen. Und sie wagte keine Umkehr, sondern irrte hin und her. Und dieses ihr Gehen und Kommen, das heißt ‚schweben'.
Als (Jaldabaoth) der Selbstgerechte nun wohl Kraft von seiner Mutter erhalten hatte, da wußte er dennoch von vielem nichts, nämlich von all dem, das über seiner Mutter war. Er dachte, nur seine Mutter existiere. Und da er die große Zahl der von ihm geschaffenen Engel ansah, erhob er sich über diese.
Und als nun die Mutter erkannt hatte, daß ihre Fehlgeburt in der Finsternis nicht vollkommen war, weil ja ihr Paargenosse nicht mit ihr übereingestimmt hatte, da bereute sie also. Sie weinte. Und er (der Unsichtbare) hörte auf das Fle-

* Nicht übersetzbar. Siehe Erklärung.
** Im Folgenden schafft ‚Jaldabaoth' diese Welt.

hen ihrer Reue, und ihre Brüder (die übrigen Äonen) baten für sie. Der heilige, unsichtbare Geist aber nickte gewährend.
Nachdem nun der heilige, unsichtbare Geist gewährt hatte, goß er über sie einen Geist der Vollkommenheit aus. Und ihr Paargenosse war zu ihr herabgestiegen, um ihre Mängel zu beheben. Er wollte ihre Mängel aber durch einen Gedanken beheben. Man brachte sie aber nicht zu ihrem Paar-Äonen hinauf, sondern wegen der an ihr offenbar gewordenen großen Unwissenheit ist sie unter die Neunheit* gestellt worden – bis daß ihr Mangel behoben wäre!" ... (Es folgt, gnostisch gedeutet, die bekannte Erschaffung und der Sündenfall des Menschen.)
Ich sprach zu ihm: „Christus, war es nicht die Schlange, die sie belehrte?" Er sprach lächelnd: „Ja, die Schlange lehrte sie (nämlich Eva) die Zeugung des Begehrens, des Befleckens und des Verderbens, denn diese nützen ihr (der Schlange). Doch sie erkannte, daß jene weit klüger ist als sie selber und ihr nicht gehorchen würde. Sie wollte die Kraft herausbringen, die ihr von ihr (der Mutter Sophia) gegeben worden war. Da warf sie schließlich eine Vergessenheit auf Adam."
Ich sprach zu ihm: „Christus, was ist die ‚Vergessenheit'?" Er sprach: „Nicht wie Moses gesagt hat: ‚Er senkte einen Schlaf auf ihn', sondern er bedeckte seine Sinne mit einem Schleier, er beschwerte ihn mit der Last des Nicht-mehr-Erkennens, denn er hat ja durch den Propheten gesprochen: ‚Ich will die Ohren ihrer Herzen beschweren, damit sie nicht verstehen und nicht sehen.'
Da aber verbarg sich die Epinoia in ihm (dem Menschen)" ... (Es folgt, wiederum gnostisch gedeutet, die Schöpfung der Frau ‚aus der Rippe'.) Da sprach ich: „Christus, werden die Seelen aller Menschen in das reine Licht gerettet werden?" Er sprach zu mir: „Du bist zur Überlegung großer

* D. h. in den Schöpfungsbereich ihres Sohnes Jaldabaoth.

Gedanken gekommen. Sie sind anderen schwer zu zeigen, es sei denn, sie wären von jener Art, die nicht wankt. Diejenigen, auf die der Geist des Lebens herabgekommen ist und sich mit der Kraft verbunden hat, die werden gerettet werden. Endgültig und würdig geworden, werden sie zu den großen Lichtern hinaufsteigen. Denn sie werden würdig werden, sich mit den Lichtern von allem Bösen und den Prüfungen der Bosheit zu reinigen, weil sie auf nichts anderes schauen werden als auf die unvergängliche Versammlung. Sie bemühen sich darum ohne Zorn, Neid, Furcht, Begierde und Sattheit. Von all dem werden sie nicht ergriffen. Auch nicht von irgend anderem, ausgenommen vom Fleische allein, das sie gebrauchen, werden sie ergriffen. Denn sie schauen einzig darauf, herausgebracht zu werden. Und sie werden von den ‚Annehmern' in die Würde des ewigen, unvergänglichen Lebens und des Rufes aufgenommen werden. Dabei dulden und tragen sie alles, um so den Kampf zu beenden und das ewige Leben zu erben."
Ich sprach: „Christus, was werden aber diejenigen tun, die das nicht getan haben? Denn auch in ihre Seelen ist doch die Kraft und der Geist des Lebens gekommen, damit sie gerettet werden." Er sprach zu mir: „Zu wem jener Geist gekommen ist, der wird auf jeden Fall gerettet werden, er kommt aus dem Schlimmen heraus. Die Kraft kommt in jeden Menschen, ohne sie könnte ja keiner gerade stehen. Aber nach der Geburt der Kraft bringt man zu ihr den Geist des Lebens. Wenn aber der starke, göttliche Geist zum Leben gekommen ist, stärkt er die Kraft, das heißt die Seele, und also irrt sie nicht ab zum Schlimmen. Bei denen aber, in die der Geist der Nachahmung kommt, wird von ihm die Seele verführt, und sie geht irre."
Ich aber sprach: „Christus, wenn deren Seelen aus dem Fleische kommen, wo werden die dann hingehen?" Er aber sprach lächelnd: „An einen Seelenort, das ist die Kraft, die weit mehr vermochte als der Geist der Nachahmung. Diese Kraft ist stark und flieht die Werke des Schlimmen.

Und durch die unvergängliche Sorge wird sie gerettet und hinaufgebracht zur Ruhe der Äonen."
Ich aber sprach: „Christus, was sind aber die Seelen derer und wohin werden die gehen, die überhaupt nicht erkannt haben?" Er sprach zu mir: „Über jene ist ein Geist der Nachahmung Herr geworden und sie sind gestürzt. Und so belegt er ihre Seele und drängt sie zu den Werken des Schlimmen und bringt sie so zur Vergessenheit. So entblößt, liefert er sie an die Mächtigen aus, die unter dem Archon geworden sind. Sie werden gefesselt und herumgeführt, (jedoch nur) bis sie von der Vergessenheit gerettet werden, sie Gnosis erhalten und so vollendet und gerettet werden."
Ich aber sprach: „Christus, ist es so, daß die Seele in sich zusammenfällt und wieder in die Natur der Mutter oder des Menschen hineingeht?" Als ich ihn so fragte, freute er sich und sprach: „Du bist selig zum Verstehen. Ja, sie werden einem anderen gegeben, in dem der Geist des Lebens ist, auf daß der nachfolge. Und wenn sie durch den hört, wird sie gerettet. In ein anderes Fleisch geht sie freilich nicht ein." Ich sprach zu ihm: „Christus, jene aber, die zwar erkannten, aber sich dennoch abwandten, was sind ihre Seelen?" Er sprach zu mir: „Diese werden an jenen Ort gehen, zu dem die Engel der Armut gehen werden, die Reuelosen. Sie werden bis auf jenen Tag hin aufbewahrt, an dem sie der Strafe verfallen. Denn jeder, der den heiligen Geist gelästert hat*, wird mit ewiger Strafe gestraft werden." –
(Schlußwort des Christus): „Ich aber sage dir dieses, und du schreibe es auf und gib es geheim weiter an jene, die mit dir Geistiker** sind. Denn dieses Geheimnis gehört dem Geschlecht, das nicht wankt.

* Vgl. Mt 12,31 f.
** Versuch eines Kunstwortes für ‚Pneumatiker'.

Die Mutter kam vor mich hin. Und das ist es, was sie in der Welt getan hat: Sie hat ihren Samen aufgerichtet. Ich aber will euch verkünden, was geschehen wird. Denn ich habe dir dieses übergeben, damit du es niederschreibst und man es sicher hinterlege."
Dann sprach er zu mir: „Verflucht ist jeder, der dieses für ein Geschenk, eine Speise, ein Getränk, ein Kleid oder was sonst weitergibt".
Er gab also Johannes das Geheimnis und wurde im selben Augenblick für ihn unsichtbar. Der aber kam zu denen, die mit ihm Schüler waren, ihnen zu sagen, was ihm vom Retter gesagt worden war.
Die Geheimlehre des Johannes.

***

Der literarischen Struktur nach ist diese ‚Geheimschrift' oder dieses Apokryphon des Johannes ein exemplarisches gnostisches Evangelium und leicht durchschaubar: Rahmenhandlung, Visionsbericht und Gesprächsführung.
Es stellt eines der großen gnostischen ‚Systeme' dar.
Der unbekannte Autor, von dem allerdings Irenäus bereits wußte, wird seinem eigenen Stoff begrifflich kaum Herr, was das Verstehen zusätzlich erschwert. Die Kosmogonie im Visionsbericht würde ohne gnostische Paralleltexte heute kaum mehr verstanden werden. Und doch, er bringt schier alles. Der „Unermeßliche" wird trotz allen überbordenden Rühmens voll gnostisch als der unbekannte und unerkennbare Gott vorgestellt. ‚Die Gottheit Gottes' ist dem Gnostiker eben generell unsagbar. Und doch weiß der Autor zu sagen, daß ‚Gott' Vater und Mutter zugleich ist. Bei ihm existiert nämlich gleichzeitig jener erste Gedanke in weiblicher Form, die Barbelo. Der Name ist wohl absichtlich in den sogenannten ‚barbarischen Dialekt' ge-

setzt und soll als solcher gar nicht verständlich sein. Denn wesentlich ist dies: Alles Göttliche ist nur syzigisch vorstellbar. Gott ist ‚Mann und Frau‘, ‚Vater und Mutter‘. Alle anderen Äonen, Fünfheiten, Zwölfheiten usw., verhalten sich genau nach diesem Muster. Sie sind Syzigien und sie ‚zeugen‘ sich als solche fort. Bis herab zum männlichen und weiblichen Menschen? Nein. Dessen Unheil besteht gerade darin, daß er gespalten ist: männlich und weiblich vorkommt.

Im ‚Fall‘ der Sophia wird dieses Schicksal vorausgewirkt und vorausgeschaut. Diese Sophia hat nämlich ohne ihren Paargenossen, das heißt ohne ihr männliches Selbst, ‚hervorgebracht‘. Diese ‚Jungfrauengeburt‘ ist aber für den Gnostiker Fehlgeburt: Jaldabaoth. Der Name scheint wiederum absichtlich verfremdet. Jedenfalls bringt dieser Mißgeborene nach seinem Bild und Gleichnis alles nach ihm hervor: die kosmische Welt und diese Welt – und den Menschen.

Die „umherirrende Sophia“ ist aber trotz ihres Fehltritts, und zwar durch Gewährung, zurückgenommen in den Bereich der Bruder- und Schwester-Äonen, also nach Schicksal und Prüfung gerettet. Sie ist unsere Mutter.

Die kurzen, aber präzisen Fragen des ‚Johannes‘ begehren allesamt Auskunft über dieses eine Schicksal, das das Schicksal aller ist, das menschliche Geschick überhaupt. Die Antworten sind oft lang, aber nicht weniger präzise.

*Am meisten mag überraschen die Antwort auf die vierte Frage: „Christus, werden die Seelen aller Menschen in das reine Licht gerettet werden?“. Denn die Antwort lautet: Ja.**

Im Blick des Gnostikers ist also die Menschheit ganz verloren und ganz gerettet.

* Die biblische Einschränkung (vgl. Mt 12,31 f.) ist insofern nicht entscheidend, weil sie eben lediglich ‚bibeltreu‘ die ‚Sünde wider den Geist‘ aufrecht erhalten will. Die Deutung richtet sich aber gerade gegen den Gnostiker selbst!

Der Naasenerpsalm

Hippolyt V, 10

Werdegesetz von allem war der erste Nous,
Der zweite nach dem ersten war das Chaos, ausgeschüttet.
Als drittes nahm die Psyche das Gesetz der Arbeit.
Drum ist sie wie der Hirsch ins Fell gehüllt.
Gepackt von Todesangst hetzt sie dahin.
Bald hat sie Raum, sieht Licht,
Bald weint ins Elend sie geworfen,
Bald lacht sie auf und weint doch schon.
Bald weint sie auf und wird verdammt.
Bald dann verdammt, fühlt sie das Sterben.
Bald wird ihr Rückkehr. Die Unselige!
Sie lief verwirrt ins Labyrinth.

Da sprach Jesus: „Schau doch, Vater!
Als Beute des Bösen schweift's über die Erde,
Und doch von deinem Hauch gebildet,
Versucht's zu fliehen bitteres Chaos,
Und weiß doch nicht, wie durchzukommen.
Aus diesem Grunde schick mich, Vater.
Mit Siegeln will herab ich steigen,
Will jeden der Äonen überwandern,
Mysterien, sie alle offen machen.
Die Gottgestalten will ich alle weisen:
Das Abgetretene des heiligen Weges,
Gnosis rufend, will ich breiten."

***

Dieses Psalmlied ist vielleicht das schönste Stück Lyrik, das die Gnosis insgesamt hinterlassen hat.

„Sinn“ (Nous) und „Unsinn“ (Chaos) sind die beiden ersten Gesetzmäßigkeiten des Werdens, „als drittes nahm die Psyche das Gesetz der Arbeit“. Und sie mußte das.
Nach dieser unnachahmlich kurzen ‚Kosmogonie‘ hetzt das menschliche Selbst, die Seele, wie ein gejagter „Hirsch“ durch ihr Schicksal, ohne jeden Ausweg. Alle Hoffnung, alles „Licht“, führt doch nur ins tödliche „Labyrinth“.
Da spricht einer: Schau! Und man schaut und sieht und hört und sendet, „Gnosis rufend“, „das Abgetretene des heiligen Weges“ weisend.
Daß dieser eine „Jesus“ ist, muß durchaus überraschen. Auch daß der Schauende „Vater“ heißt, konnte nicht erwartet werden. Denn am Anfang waren ja Nous und Chaos.
Es ist mit Händen zu greifen: Hier wurde ein gnostisches Errettungslied nachträglich christianisiert, aber gleichzeitig einer neuen Dimension zugeführt. Denn dies ist das gnostische Evangelium Jesu.
Die Naasener haben ihre Errettungsgnosis jesuanisiert. Ob zu Recht oder zu Unrecht, ist mit exegetischen Mitteln nicht auffindbar.

Die Schlangengnosis

Unter diesem Titel werden hier von mehreren Möglichkeiten drei Texte zusammengefaßt: die Naasenerpredigt, die Ophiten und die Ophianer. Der Grund dafür liegt in den Sachen und in den Namen. ‚Naas' (hebräisch) wie ‚Ophis' (griechisch) bedeuten nämlich Schlange. Gewiß ist diese ‚Schlange' zunächst aus dem 3. Kapitel der Bibel übernommen: „Die Schlange aber war listiger als alle Tiere des Feldes ...", bedeutet aber zuletzt weit mehr und weit Tieferes. Für jene Gnostiker nämlich, die sich voller Stolz selbst ‚Schlangenmenschen' nennen, ist ‚Schlange' das Verhängnis und auch die Einsicht der Welt: Weltschlange. Was jene biblische Schlange wußte, das wissen die Naasener, die Ophiten und die Ophianer auch: die Unterscheidung von Gut und Böse – und damit das Sein „wie Gott".

Die Naasenerpredigt

Hippolyt V, 7, 3 ff.

Die Erde, so sagen die Griechen*, hat als erste den Menschen aufkommen lassen; ein schönes Geschenk, da sie nicht fühlloser Pflanzen noch vernunftloser Tiere Mutter sein wollte, sondern eines gesitteten und Gott liebenden Wesens.
Schwer aber sei es, herauszufinden, ob als erster der Menschen Alalkomeneus bei den Boiotern jenseits des Kephissossees erschien, ob es die Kureten am (kretischen) Idagebirge oder ob es die Korybanten in Phrygien waren, auf die

* Die folgenden Beispiele aus dem griechischen Mythos usw., sind im einzelnen nicht aufzuschlüsseln. Die Naasenerpredigt benützt sie allegorisch.

die Sonne zuerst herabschien, wie sie da aus Bäumen hervorwuchsen, oder ob Arkadien den vor dem Mond entstandenen Pelasgos oder ob Eleusis den Diaulos, der in Rharien siedelte, zuerst sah, oder ob Lemnos den schönen Kabeiros in geheimer Orgie gebar, oder doch zuerst Pellene den phlegreischen Alkyoneus, den ersten der Giganten.
(Zumal da) die Lybier sagen, Garamas sei als allererster geboren, aus lehmigem Boden hervorgegangen, habe er zuerst die süße Eichel des Zeus gepflanzt. Und der Nil, der Ägyptens Erde bis heute benetzt, bringt durch warme Feuchte mit Fleisch bekleidete Wesen hervor und gibt ihnen Leben.
Und doch sagen die Assyrer, daß Oannes, der Fischesser, zuerst bei ihnen geworden.
Die Chaldäer aber behaupten, Adam* sei es gewesen. Und gerade der sei der Mensch gewesen, den die Erde als einzigen hervorkommen ließ. Der aber habe ohne Atem dagelegen, starr und ohne Bewegung, wie eine Bildsäule. So war er ein Bild jenes gesegneten oberen ‚Menschen'. Er stamme von vielen Kräften ab, wie sie wortreich sagen.
Damit nun der große obere Mensch gänzlich übermocht werde, von dem jedes Geschlecht im Himmel und auf Erden den Namen herleitet, wurde ihm (dem unteren Menschen) auch eine Psyche gegeben, damit das Bild des großen, schönen und endgültigen Menschen – so nämlich nennen sie ihn – durch die Psyche versklavt, leide und erzogen werde.
Jetzt suchen sie, was die Psyche sei. Woher sie stamme und welche Natur sie habe, wollen sie wissen. Denn sie sei ja in den Menschen gekommen, habe ihn aufgeweckt und so das Bild des endgültigen Menschen versklavt und gezüchtigt.
Sie suchen dies aber nicht aus den (biblischen) Schriften,

* D. h. der Mensch (nicht Eigenname!), betont auf der zweiten Silbe.

sondern auch aus den Geheimlehren herauszufinden. Sie sagen, die Psyche sei sehr schwer zu finden und sehr schwer zu erfassen. Denn sie bleibe nie bei einem Aussehen und nie in gleicher Gestalt und auch nie in *einem* Zustand. Keiner kann sie nach ihrer Gestalt aussagen und keiner nach ihrem Wesen begreifen. Ihre Auffassungen dazu haben sie in dem ‚Ägypterevangelium'* aufgeschrieben.
Sie wissen aber ebensowenig wie die anderen Völker, ob die Psyche von dem Vorseienden, von dem Selbstentstandenen oder eben von dem ausgegossenen Chaos herrühre.
Und sie halten sich daher zunächst an die Weihen der Assyrer, da sie deren dreifache Teilung des Menschen bemerkt haben. Denn die Assyrer waren als erste der Meinung, die Psyche sei dreigeteilt und dennoch eins. Sie sagen nämlich, daß jede Natur auf diese oder jene Weise nach Psyche verlangt. Denn die Psyche sei der Grund von allem, was entsteht. Alles, was Nahrung braucht und wächst, soll also der Psyche bedürfen. Denn nichts könne ohne Psyche Nahrung oder Wachstum erlangen. Es seien aber selbst die Steine beseelt, denn sie hätten ja Wachstum, und ohne Nahrung gäbe es dies nicht. Denn alles, was wächst, wächst, indem es sich vermehrt. Die Vermehrung aber ist das Wachsen dessen, was wächst.
Jede Natur nun, sagen sie, der Himmlischen, der Irdischen und der Unterirdischen, verlange nach Psyche. Die Assyrer nennen dieses Verlangen Adonis** (oder Endymion). Und wo man auf Adonis hindeute, da liebe und begehre Aphrodite die Psyche. Aphrodite ist nämlich bei ihnen das Werden. Wenn aber Persephone (die Unterweltsgöttin), man nennt sie auch ‚Mädchen', den Adonis begehrt, dann sei die Psyche etwas Sterbliches, von Aphrodi-

* Von diesem gnostischen Evangelium ist uns einiges erhalten.

** Zum Adonis-Mythos und dem Folgenden siehe die Erklärung!

tes Werden (grundsätzlich) unterschieden. Und wenn Selene (die Mondgöttin) zur Liebe zu Endymion kommt, im Verlangen nach Gestaltwerdung, dann würde eben auch die Natur der Oberen nach Psyche verlangen. Wenn aber schließlich die Göttermutter ihren eigenen Liebsten, den Attis, verstümmelt, dann rufe die obere selige Natur der Überweltlichen und der Ewigen die männliche Kraft der Psyche zu sich.
Es existiert nämlich, so heißt es bei ihnen, der Mensch als mannweiblicher. Und nach diesem Gedanken ist (freilich) in ihrer Lehre der Geschlechtsverkehr zwischen Mann und Frau böse und verboten. Denn Attis, so heißt es, wurde verstümmelt, das heißt befreit von den irdischen Teilen der hiesigen Schöpfung, hier unten, und kam in das bleibende Wesen nach oben, wo es weder Frau noch Mann gäbe, sondern eine neue Schöpfung, einen ‚neuen Menschen'. Und der sei mannweiblich ...
Für ihren Gedanken sei nicht nur Rhea (die Göttermutter) Zeugin, sondern sozusagen die gesamte Natur. Und so sei jenes Wort auszulegen: „Denn sein (Gottes) unsichtbares Wesen kann von der Weltschöpfung an in seinen Geschöpfen erfaßbar geschaut werden, seine ewige Kraft und Gottheit. Niemand kann sich also entschuldigen. Denn obwohl die Menschen Gott kannten, so haben sie ihm doch nicht als Gott die Ehre gegeben und ihm nicht gedankt, so wurde ihr unvernünftiges Herz der Nichtigkeit überlassen. Denn gerade wenn sie sagen, sie wären weise, sind sie zu Narren geworden. Sie verändern den Glanz des unvergänglichen Gottes in das Bild eines vergänglichen Menschen oder in das Bild von Vögeln, Vierfüßern und Kriechtieren. Darum hat sie Gott schändlichen Leidenschaften überlassen. Ihre Frauen veränderten den natürlichen Geschlechtsverkehr in den widernatürlichen, ebenso verließen ihre Männer den natürlichen Geschlechtsverkehr mit der Frau und entbrannten in ihrer wilden Gier gegeneinander. Männer verübten Schande an Männern und erfuhren die not-

wendige Vergeltung an sich selbst."* ‚Schande' ist nach ihnen die erste selige gestaltlose Wesenheit, der Grund jeder Gestalt, die gestaltet wird. In diesen Worten, die Paulus gesagt hat, ruht nach ihnen das ganze verborgene Geheimnis der seligen Freude. Denn die Verheißung des Taufbades sei nichts anderes, als den in die unverblassende Freude einzuführen, der mit lebendigem Wasser gebadet und mit unsagbarem Öl gesalbt worden sei.

Aber nicht nur die Mysterien der Assyrer und Phryger, sondern auch die der Ägypter würden Zeugnis geben für ihren Gedanken von der seligen, zugleich verborgenen und offenen Natur der gewordenen, werdenden und kommenden Dinge. Sie seien das Reich der Himmel im Menschen, das gesucht wird. Ganz deutlich finden sie es im ‚Evangelium nach Thomas'** ausgedrückt: „Wer mich sucht, wird mich finden in siebenjährigen Kindern, denn in ihnen erscheine ich, im 14. Äon verborgen." So verlegen sie die Grundnatur des Universums in den Ursamen und sagen, daß ein siebenjähriges Kind die Hälfte des Vaters ist und daß es sich in den 14 Jahren nach Thomas offenbare. Dies ist die unaussprechliche und geheimnisumwitterte Lehre bei ihnen.

Dann sagen sie auch, daß die Ägypter, die neben den Phrygern die ältesten Menschen sind und, zugestanden, allen übrigen Menschen, die erst nach ihnen kamen, Weihen und Orgien von allen Göttern und ihren Gestalten und Kräften mitgeteilt haben, die heiligen und ehrwürdigen Mysterien der Isis besitzen. Nichteingeweihten müssen diese verborgen bleiben. Das Ganze sei aber nichts anderes als das entwendete und von der siebenfach schwarzgekleideten Isis gesuchte Glied des Osiris. (...)

Kurz, sterblich sei jede Geburt hier unten, unsterblich aber die, die ‚oben' geschieht. Denn aus Wasser und Geist wird

* Vgl. Röm 1,20–27. Paulus redet insgesamt (ablehnend!) von Homosexualität.

** Vgl. den letzten Teil dieses Buches.

das Pneumatische geboren, nicht das Fleischliche. Wer hier unten ist, ist fleischlich. Und das heiße es, wenn geschrieben steht: „Was aus dem Fleische geboren ist, ist auch Fleisch. Was aber aus dem Geiste geboren ist, ist auch Geist."* Und dies bedeutet die pneumatische Geburt bei ihnen. Dies sei auch der große ‚Jordan', der nach unten floß und die Kinder Israels hinderte, aus dem Lande Ägypten wegzugehen – oder eben aus der unteren Vermischung, da Ägypten ja nach ihnen der ‚Leib' ist –, den aber Jesus aufhielt und nach oben lenkte.

***

Der unbekannte Verfasser dieser sogenannten Naasenerpredigt sucht nicht von ungefähr, soweit sein mythengeschichtlicher Blick reicht, zuerst nach dem allerersten ‚Menschen'. Denn sobald er ihn gefunden glaubt, ist ihm dieser erste Adam nichts anderes als das ‚Bild' Gottes selbst. Gott ist Mensch. Außerhalb der Gnosis hat nie mehr jemand so menschlich und göttlich zugleich geredet. Der sogenannte Mythos vom Urmenschen oder vom ‚oberen' Menschen muß ernst genommen werden. Denn „der große obere Mensch wird übermocht" vom ‚unteren' Menschen und durch dessen Psycho-Struktur „versklavt und erzogen". Das Schicksal beider ‚Menschen' ist ein und dasselbe. Im Widerspruch zum Berichterstatter, Hippolyt, wissen nämlich die Naasener sehr Genaues über die Psyche, ihre Weisen und ihr Konstrukt: „Jede Natur verlangt nach Psyche." Auch das Dumpfe, Unbewußte, bis herab zum ‚Stein', langt aus nach Bewußtsein, bis hinauf zum oberen Menschen. Denn von dort her stamme ja die Psyche.

* Vgl. Joh. 3,6.

„Die Assyrer aber nennen dieses Verlangen Adonis" ... Es ist für unseren Gnostiker wiederum gleichgültig, woher seine ‚Mythen' stammen und welche sie genau sind. Er spricht ja auch von „Endymion", von „Attis" und schließlich sogar von „Osiris". Alle diese verlangenden und verlangtwerdenden Träger von Psyche werden so oder anders ‚gesucht'; der eine von Aphrodite, der andere von Semele, noch einer von Rhea und dann schließlich von Isis. Daß alle diese Beispiele aus mehr oder weniger berühmten Mysterienkulten stammen, ist nicht des Gnostikers Sache. Ihn bewegt allein, daß jede Natur nach Psyche verlange. Der Rest ist eine Sache des ‚psychologischen' Aspektes. „Es existiert nämlich der Mensch als mannweiblicher." Und vollständig wider die Logik des paulinischen Textes von Röm 2, ist dieses „Geheimnis" gerade dort in diesem Texte verborgen. Die ausgewechselte Geschlechterbeziehung – für den geschichtlichen Paulus ein Greuel! – ist Bild und Sache für die gnostische Wirklichkeit. Das Mannweibliche ist so oder so aufgehoben oder ist jedenfalls aufzuheben; denn deswegen ist der Geschlechtsverkehr zwischen Mann und Frau „böse und verboten". Nicht, weil hier etwas an sich ‚böse' sei, sondern eben weil die Psyche selber schon männlich und weiblich ist. Nur in dieser Selbstbesinnung, zur Gnosis gerufen – man erinnere sich an den Naasenerpsalm –, ist ‚Rettung' wahr, kommt der Mensch zum Menschen.

Die Ophiten

Irenäus I, 30,1–15

Es sei, sagen die Ophiten, ein erstes Licht in der Kraft des Grundes: selig, unvergänglich und ohne Grenze. Dies sei der Vater aller und werde gerufen: Erster Mensch. Die Ennoia* – sie ging aus ihm hervor – nennen sie den ‚Sohn' dessen, der sie hervorbrachte. Das sei der Menschensohn: der zweite Mensch.

Nach diesen existiere der heilige Geist, und unter diesem oberen Geist seien gesondert die Elemente: Wasser, Finsternis, Tiefe und gähnende Leere. Über ihnen schwebe der Geist. Sie nennen ihn das Erste Weib.** Als dann der Erste Mensch mit seinem Sohne die Schönheit des Geistes, das heißt des Weibes, freudig sah, erleuchtete er sie und zeugte mit ihr ein unauslöschliches Licht, den dritten Menschen, genannt Christus. Er ist der Sohn des Ersten und des zweiten Menschen und des heiligen Geistes, der Ersten Frau, da Vater und Sohn mit diesem Weibe – sie nennen es auch Mutter des Lebenden – zeugten.

Da diese aber die Größe des Lichtes weder tragen noch begreifen konnte, sei sie randvoll angefüllt worden und quoll nach der ‚linken' Seite über. So sei nur Christus beider Sohn, ein ‚Rechter', erhöht und mit seiner Mutter sogleich in den unvergänglichen Äon hinaufgenommen. Und das sei die wahre, heilige Gemeinde, nämlich der Name, die Zusammenkunft und die Vereinigung des Vaters des Universums: des Ersten Menschen, des Sohnes, der der zweite Mensch ist, wie des Christus, der beider Sohn aus dem oben genannten Weibe ist.

Die Kraft aber, die aus dem Weibe überquoll, habe einen Rest von Licht an sich gehabt und sei von ihren Vätern weg nach unten gefallen. Nach ihrem Willen also habe sie aber einen Lichtrest an sich gehabt. Man nennt diese Kraft die Linke, die Prunikos***, die Sophia****, das ‚Mannweib'.

Sie sei in das unbewegte Wasser gestiegen und habe es in Wallung gebracht und so eine Gestalt angenommen. Sie

* Hier weiblich zu verstehen: ‚die Gedankin'.

** Geist im Hebräischen weiblich.

*** Die Geile.

**** Die Weisheit.

drang nämlich willentlich bis auf den Grund des Wassers vor. Denn zu ihrem Lichtrest sei alles eilig herangekommen, habe sich daran geheftet und diesen umkleidet. Ohne diesen wäre sie wohl ganz verschlungen worden und in der Materie versunken. Da sie aber jetzt an die Gestalt, an die Materie, gebunden war, war sie beschwert. Da habe sie eine Erinnerung an das Licht gehabt und habe versucht, zur Mutter hinaufzugelangen. Das konnte sie jedoch nicht, wegen der schweren Gestalt.

Da es nun schlecht um sie stand, versuchte sie jenes von oben stammende Licht zu verbergen, besorgt, es möchte von den niederen Elementen, wie sie selber auch, Schaden erleiden.

Und sie empfing Kraft von ihrem Lichtrest, der bei ihr war, sprang auf und erhob sich zur Höhe. Dort breitete sie sich gänzlich aus und machte diesen (bekannten) sichtbaren Himmel aus ihrer Gestalt. Und sie selber verblieb unter dem Himmel, den sie gemacht hatte. Und bis zur Stunde hat dieser ein wasserhaftes Aussehen.

Da sie aber Verlangen nach dem höheren Licht hatte und alle Kraft empfangen hatte, habe sie die Gestalt also abgelegt und sei ihrer ledig geworden. Die Gestalt aber, die sie auszog, nennen sie ‚Weib des Weibes'.

Auch ihr Sohn (Jaldabaoth) habe noch einen Hauch der Unvergänglichkeit an sich gehabt, ihm von seiner Mutter zurückgelassen. So wirke er. Als er stark geworden war, brachte auch er selber, so sagen sie, einen Sohn ohne Mutter hervor, einfach aus dem Wasser. Denn sie wollen, daß er seine Mutter nicht gekannt habe. Den Vater nachahmend, hat auch sein Sohn wiederum einen Sohn hervorgebracht. Der dritte hat einen vierten gezeugt, von dem fünften stamme ein sechster, und der sechste habe endlich einen siebten gezeugt. So sei die Siebenzahl* voll geworden. Die Mutter aber hätte den achten Platz inne. Und wie bei jeder

* Das Grundmodell sind die sieben Planeten.

Geburt, so wirken sie auch in Würde und Kraft untereinander.
Ihren Lügen haben sie diese Namen gegeben: Der erste, der von der Mutter, heißt Jaldabaoth ... (Auslassung).
Hernach wären seine Söhne in Streit geraten wegen der Herrschaft und hätten sich gegen ihn gewandt. Da sei Jaldabaoth in Trauer und Verzweiflung gewesen und habe auf den Grund der Materie hinabgesehen und seinen Zustand in sie hinein gestaltet, woher ihm ein Sohn geboren worden sei. Dieser sei ein Nous, gewunden wie eine Schlange.
Aber aus diesem Geschehen seien auch Geist und Seele und überhaupt alles Irdische, alle Vergessenheit, Bosheit, Eifersucht, Neid und Tod entstanden. Dieser schlangenhafte, gewundene Nous habe bis zur Stunde, und zwar gerade durch sein Gekrümmtsein, seinen Vater noch mehr ins Krumme gebracht, sei er doch mit ihm am Himmel und im Paradiese.
Daher habe sich dann Jaldabaoth über alles, was unter ihm ist, erhoben, sich gerühmt und gerufen: Ich bin Vater und Gott, und über mir ist keiner! Als aber das die Mutter hörte, habe sie ihm entgegengerufen: Lüge nicht, Jaldabaoth, denn über dir existiert der Vater des Universums, der Erste Mensch, und der Mensch, der Sohn des Menschen!
Als alle über diese neue Stimme und nicht erwartete Proklamation verwirrt waren und sich fragten, woher der Ruf komme, da soll Jaldabaoth gesagt haben, um sie nur ja abzulenken und auf seiner Seite zu behalten: Kommt, laßt uns einen Menschen machen nach unserem Bilde!
Als die sechs Mächte dies gehört hatten, kamen sie zusammen und bildeten einen Menschen von mächtiger Länge und Breite – den Gedanken vom Menschen gab ihnen aber die Mutter ein, um ihnen so die Kraft von ehedem zu entwinden –, so daß er nur kriechen konnte. Da schleppten sie ihn vor ihren Vater. Und auch darin war Sophia am Werke, um auch diesem den Lichtrest zu nehmen. So könne er

sich nicht mehr in Kraft aufrichten gegen die, die oben sind. Die Kraft sei ihm aber genommen worden, als er dem Menschen den Lebensodem einhauchte. Er aber merkte es nicht!
Der Mensch aber hatte von daher Sinn und Überlegung, das soll das sein, was gerettet wird. Und sogleich dankte er dem Ersten Menschen, ohne auf seine Macher zu achten.
Im Neide (darüber) wollte Jaldabaoth etwas ausdenken, um den Menschen durch ein Weib leer zu machen. So schuf er aus dessen Überlegung ein Weib, das jene Prunikos in sich hatte und unsichtbar die Kraft von ihr nahm ... (Es folgt die gnostisch gedeutete Urgeschichte der Bibel bis hin zu den Propheten.)
Sophia aber hatte selbst durch sie vieles geredet: von dem Ersten Menschen, dem unvergänglichen Äon, und von jenem Christus, der oben sein soll. Sie rief die Menschen an und erinnerte sie an das unvergängliche Licht, an den Ersten Menschen und an die Herabkunft des Christus!
So wurden die Mächte erschreckt und erstaunten sich über die Neuheit, die von den Propheten gesagt wurde.
Da erwirkte es die Prunikos, daß mit Hilfe des Jaldabaoth – er wußte nicht wie – zwei Menschen entstünden, der eine aus der gebährunfähigen Elisabeth, der andere aus der Jungfrau Maria.*
Sie selber aber fand keine Ruhe, weder am Himmel noch auf der Erde. In ihrer Trauer rief sie zu ihrer Mutter um Hilfe. Und ihre Mutter, das Erste Weib, hatte Mitleid mit der Umkehr ihrer Tochter und erbat sich von dem Ersten Menschen, daß ihr als Helfer Christus gesandt werde. Und der stieg herab zu seiner (jüngsten) Schwester, das heißt zu dem Lichtreste. Da nun die untere Sophia (die Prunikos) erkannte, daß ihr Bruder zu ihr herabsteige, da habe sie sein Kommen durch Johannes (den Täufer) vorangesagt und eine Taufe der Umkehr zugerüstet. Und sie habe im voraus

* Vgl. Lukasevangelium, Kapitel 1.

Jesus ausgerüstet, damit der Christus, wenn er herabsteige, ein reines Gefäß finde, aber auch damit durch ihren Sohn Jaldabaoth ein Weib von Christus verkündet werde.*
Er sei also herabgestiegen durch die sieben Himmel hindurch, habe sich ihren Söhnen angeglichen und habe so die Kraft von ihnen abgezogen. Denn auf ihn zu habe sich der ganze Restbestand des Lichtes versammelt.
Christus aber habe bei seinem Weltabstieg zuerst seine Schwester Sophia bekleidet. Und sie hätten gejubelt und einander Gutes getan. Sie nennen das ‚Braut und Bräutigam'.
Jesus aber, der ja durch das Werk eines Gottes** aus einer Jungfrau geboren sei, wäre weiser, reiner und gerechter als alle anderen Menschen gewesen. Aber verbunden mit der Sophia wäre Christus herabgestiegen, und *so* sei der Jesus der Christus geworden.
Viele seiner Schüler aber hätten (später) nicht begriffen, daß Christus auf Jesus herabgestiegen sei. Denn danach habe er erst angefangen, Machttaten zu tun, nämlich zu heilen und den unbekannten Vater zu predigen und sich in aller Öffentlichkeit als Sohn des Ersten Menschen zu bekennen. Darum (!) wurden die Mächte und der Vater (Jaldabaoth) auf Jesus böse und veranlaßten seinen Tod.
Als er aber zum Tode geführt wurde, habe Christus samt der Sophia sich von ihm entfernt, hinauf in den unvergänglichen Äon. Jesus aber sei gekreuzigt worden. Der Christus aber habe seiner nicht vergessen, sondern von oben her eine Kraft zu ihm gesandt, die ihn im Leibe auferweckte. Sie sagen von diesem ‚Leibe', er sei beseelt und geistig. Was zur Welt gehöre, habe er auch bei der Welt gelassen.
Als aber die Jünger sahen, daß er auferstanden wäre, erkannten sie ihn nicht. Ja nicht einmal Christus (?), durch den er doch von den Toten auferstanden ist! Und der größte

* Nämlich die Sophia, siehe gleich.
** Jaldabaoth!

Irrtum unter seinen Jüngern sei es gewesen, zu meinen, er sei im irdischen Körper wiederbelebt worden. Dabei würde nämlich nicht beachtet, daß Fleisch und Blut die Herrschaft Gottes nicht erben können.

Daß aber der Christus herab- und auch wieder hinaufgestiegen sei, wollen sie so beweisen: Seine Schüler sagen, daß Jesus weder vor seiner Taufe noch nach seiner Auferstehung irgend etwas Bedeutsames getan habe. Sie hätten aber nicht gewußt, daß Jesus mit dem Christus eins war – und ebenso dieser unvergängliche Äon mit der Siebenheit ... (verderbter Text).

Jesus aber sei nach seiner Auferstehung 18 Monate dageblieben. Sichtbarkeit sei auf ihn herabgestiegen (gewesen), und er habe klar und deutlich gelehrt. Aber nur die wenigsten seiner Schüler habe er so belehrt, nur diejenigen, von denen er wußte, sie würden solche Geheimnisse ertragen können.

Dann sei er in den Himmel aufgenommen worden, wo er zur Rechten (seines) Vaters (Jaldabaoth) sitzt, so daß er die Seelen derer, die sie (nämlich ihn und Christus) erkannt haben, zu sich nähme und reich mache; dann, wenn sie ihr irdisches Fleisch abgelegt hätten. Sein Vater aber weiß nicht und sieht auch nicht, daß er um so größeren Schaden nimmt und klein wird, je mehr Jesus heilige Seelen bereichert.

Zuletzt wird er (Jaldabaoth) keine einzige Seele mehr in seinem Besitze haben, um sie je in die Welt zu senden, ausgenommen jene seiner eigenen Art, das heißt, die aus der Einhauchung.

Das Ende wird sein, wenn der ganze Lichtrest des Geistes gesammelt und in den unvergänglichen Äon übernommen ist.

***

*Die ganz andere Qualität dieses Schlangengnosis-Textes ist ohne weiteres einsichtig geworden. Zwar ist auch jetzt wieder vom ‚Menschen' die Rede, ja sogar von einem zweiten und dritten, aber die einmalig ‚humane' Bedeutung jenes Naasenertextes sucht man hier, bei unserem Sprecher der Ophiten, vergeblich. Seine ‚Menschenlehre' ist nämlich gewaltig überlagert von der mannweiblichen Syzigienlehre und noch mehr vom Fall und Schicksal der Sophia und ihrer niedrigeren Doppelgängerin, der Prunikos. Valentinianische Gnosis kommt zum Vorschein. Irenäus hat das richtig gesehen, sagt er doch: „So sind also ihre Lehren, aus denen, gleich der lernäischen Hydra, ein Monster mit vielen Köpfen aus der valentinianischen Schule gewachsen ist.“**

Und doch ist dieser ophitische Text ganz bei sich selbst und voller Originalitäten. Zunächst ist auch noch der (himmlische) Christus ‚Mensch', und als solcher wird er zu dem Menschen Jesus kommen, der nur „weiser, reiner und gerechter“ ist als andere Menschen. Und die Sophia läßt nach ihrer letztgültigen Wiedererrettung eine Kraft zurück, die Prunikos, das Restlicht, das es schließlich zu retten gilt. Aber das bewirkt nicht der Christus vermittels des Jesus allein, sondern er tut es auch im Verbund mit der (einstmals gefallenen!) Sophia. Beide, Christus und Sophia, steigen auf Jesus herab. Der Gedanke, daß Jesus in besonderer Korrelation zur Weisheit steht, ist dem Neuen Testament nicht fern. Nur in dieser ophitischen Gnosis begegnet Ähnliches.

Der Große Archon, jetzt wieder versehen mit dem Rätselnamen Jaldabaoth, wie auch seine Söhne sind zwar nur Variante auch anderer gnostischer Spekulationen, aber einmalig ist hier doch dies: Nach dem Herrenstreit des Archons und seiner Söhne blickt dieser zürnend, deprimiert und verbittert gleichsam auf den Bodensatz der „Mate-

* Vgl. Irenäus I, 30,15.

rie", und dieser Blick der Verneinung gebiert ihm einen Sohn, „gewunden wie eine Schlange". Und „dieser schlangenhafte, gewundene Nous habe bis zur Stunde, und zwar gerade durch sein Gekrümmtsein, seinen Vater noch mehr ins Krumme gebracht, sei er doch mit ihm am Himmel und im Paradiese". Alle Wirklichkeit dieser Welt ist schlangenhaft, gekrümmt und krumm! Und aus diesem Monsterungeheuer muß der Lichtrest zurückgebracht werden. Das Weib, das Jesus zu „verkünden" hat – nicht nur sein Christuswesen! –, die Sophia, bereitet dies vor, bis hin auf die Christusansage der „Propheten". Und dann geschieht alles, wie es in den Evangelien geschrieben steht! Wir werden diese gnostische Variante nur noch einmal bemerken, bei Basilides. Aber was war an dieser ophitischen Gnosis dann eigentlich noch abzulehnen – und Irenäus lehnt sie vehement ab! –, was zu monieren? Gnosis bleibt Gnosis, Jesus ist nicht der Christus, er war es nicht und er wird es nicht sein. Christus stieg auf ihn in der Taufe herab und er verließ ihn vor dem Kreuz. Was aber heißt schon ‚Christus', landläufig auf Jesus bezogen?

Das Diagramm der Ophianer

aus: Origenes, Gegen Kelsos VI, 24–38; Auswahl

Wo er* die Namen von Häresien zu sagen wußte, hat er dies ohne Zögern getan, freilich nur soweit er Bescheid wußte. Wo es aber ausdrücklich nötig gewesen wäre, dies nun auch wirklich zu tun und der Öffentlichkeit vorzule-

* Origenes setzt sich fortlaufend mit der antichristlichen Kampfschrift ‚Das wahre Wort' des Philosophen Kelsos auseinander.

gen, wenn er schon Bescheid wußte, welche Gruppe das besagte Diagramm* in Gebrauch hatte, da hat er gepaßt.
Er scheint mir daher, bezüglich dessen, was er über das Diagramm zu sagen hat, zumindest teilweise falschen Nachrichten aufgesessen zu sein. Denn die Gruppe der Ophianer ist gänzlich ohne Bedeutung ... Obgleich ich nämlich selbst an gar manchem Ort der Erde war und mich überall bei denen, die etwas zu wissen schienen, durchgefragt habe, so habe ich doch niemanden gefunden, der mir das Diagramm hätte erklären können.
In diesem Diagramm nun „waren sieben Kreise eingezeichnet, die zwar voneinander geschieden, aber doch durch einen einzigen Kreis wiederum miteinander verbunden waren".** Dieser Kreis wurde als die ‚Seele des Universums' bezeichnet und auch Leviathan genannt. Von diesem ‚Leviathan' behaupten die jüdischen Schriften in rätselhaften Andeutungen, daß er von Gott geschaffen wurde zu einer Art ‚Spielzeug' ... Ich fand aber (in dem Diagramm) auch den sogenannten Behemoth.*** Er war an den unteren Rand des Kreises hingezeichnet. Wer immer dieses scheußliche Diagramm angefertigt hat, schrieb dieses ‚Leviathan' an den Kreis und an seinen Mittelpunkt. Er setzte also den Namen zweimal hin. Und Kelsos fügt noch hinzu, daß „das Diagramm mit einem dicken schwarzen Strich geteilt sei. Und dies sei die Gehenna (‚Hölle') oder auch der Tartaros" ...
Nach seinen (ersten) Auslassungen über das Diagramm, bringt Kelsos noch einmal die Sprache ... auf das sogenannte ‚Siegel'. Das sind freilich sonderbare Dinge und Wechselgespräche: „Der Verleiher des Siegels wird ‚Vater' genannt, und der, dem das Siegel verliehen wird, ‚Knabe'

* Siehe die ‚Zeichnung' im Anhang.

** Die Zitate stammen fortlaufend aus der Schrift des Kelsos.

*** Zu Leviathan und Behemoth siehe die Erklärung.

und ‚Sohn'. Und er antwortet: ‚Mit weißer Salbe vom Baume des Lebens bin ich gesalbt.'" Von derlei Sachen habe ich nicht einmal bei den Parteigängern der Häresien etwas gehört. Kelsos gibt dann auch Zahlen an von „sieben Engeln, von welchen die reden, die das Siegel übergeben. Diese ‚Engel' stehen links und rechts bei einem gerade Sterbenden. Die einen sind Engel des Lichtes, die andern gehören zu den Geistern, die man archontische nennt. Und der oberste dieser Archonten heißt ‚der verfluchte Gott'."

Diesen letzten Ausdruck nimmt Kelsos dann zum Anlaß, und zwar mit gutem Grunde, um diejenigen zu beschuldigen, die mit kecker Stirn eine derartige Sprache führen. Ich teile das Gefühl der Entrüstung mit Kelsos in diesem Falle durchaus, falls es wirklich Leute gibt, „die den Gott der Juden, der den Regen und den Donner schickt, den Schöpfer dieser Welt, den Gott des Moses und der Welterschaffung, einen verfluchten Gott nennen" ...

Dann sagt er: „Ein solcher Gott verdient es durchaus, verflucht zu werden. Jedenfalls nach dem Urteil derer, die von ihm so reden. Er selber habe ja die ‚Schlange', die dem ersten Menschen die Erkenntnis von Gut und Böse vermittelte, ebenso verflucht."

Nun hätte aber Kelsos wissen sollen, daß die Leute, welche sich zur ‚Schlange' halten, habe sie doch den ersten Menschen einen vorteilhaften Rat gegeben, auch noch die Titanen und die Giganten des Mythos übertreffen und deswegen ‚Ophianer' genannt werden. Denn sie sind so weit entfernt, Christen zu sein, daß sie gegen Jesus die gleichen Beschuldigungen vorbringen wie Kelsos selbst. Sie lassen nämlich niemanden in ihre Gemeinde, es sei denn, er hätte zuvor *Jesus* verflucht! ...

Diese Atheisten rühmen sich also, ‚Ophianer' genannt zu werden nach der für den Menschen feindlichen und gefährlichen Schlange. Sie sind ja nicht als Menschen, denen die Schlange feindlich ist, stolz darauf, ‚Ophianer' zu sein, son-

dern selbst wie Schlangen und rühmen einen gewissen Euphrates* als Urheber dieser Sätze ...
Dann nimmt Kelsos noch einmal die Lehre von „den sieben herrschenden Abergeistern" auf, die kein Christ je genannt hat, sondern, wie ich jedenfalls meine, nur von den Ophianern angenommen werden.**
In der Tat, auch ich habe dieselbe Reihung auf dem Diagramm gefunden, die Kelsos angegeben hat. Denn ich habe mir dieses Diagramm eigens um ihretwillen besorgt.
Kelsos sagt nun: „Der erste Archon ist nach dem Aussehen eines Löwen gezeichnet", ohne anzugeben, wie ihn diese nun wirklich gottlosen Leute benennen. Ich habe nämlich herausgelesen, daß der in den heiligen Schriften gerühmte Engel des Schöpfers in jenem geschmacklosen Diagramm als Michael*** der Löwenhafte eingezeichnet wurde. „Der zweite in der Reihe ist", nach Angabe des Kelsos, „ein Stier." Das Diagramm, das mir vorlag, zeichnete ihn als Suriel den Stierhaften ein. „Der dritte", immer nach der Versicherung des Kelsos, ist „eine Art Amphibienwesen, das schauerlich zischt." Mein Diagramm aber sagt vom dritten, er sei Raphael der Schlangenhafte. „Der vierte hat", wieder nach der Behauptung des Kelsos, „die Gestalt eines Adlers." Das Diagramm aber spricht von Gabriel dem Adlerhaften. „Der fünfte", so Kelsos, „hat das Gesicht eines Bären." Das Diagramm aber nennt den Thauthabaoth den Bärenhaften. Dann sagt Kelsos: „Vom sechsten wird berichtet, daß er bei jenen das Gesicht eines Hundes habe." Das Diagramm dagegen, er sei Erathaoth. „Von dem siebten", gibt dann Kelsos an, daß er „das Gesicht eines Esels habe und Thaphabaoth oder Onoel genannt werde." Ich habe in dem Diagramm gefunden, daß dieser Onoel

* Sonst nicht bekannt.
** Hier täuscht sich Origenes erheblich!
*** Die Übersetzung der folgenden Namen wäre nicht im Sinne ihrer Erfinder.

oder Thartharaoth genannt wird und eselhaft gestaltet ist ...

Will aber jemand auch die Erfindungen jener Goeten* wissen, die sie, unter dem Vorwand, im Besitze eines ganz gewissen Geheimnisses zu sein, lehrend an die Leute weitergeben, ohne recht zu wissen, was sie tun. Der möge hören, was man nach ihrer Lehre zu sagen habe, sobald einer den sogenannten ‚Zaun der Bosheit', die ‚Tore der Archonten', die immer verschlossenen, durchschritten habe: „Ich** begrüße den einsamen König, die Fessel der Blindheit, die unbesonnene Vergessenheit, die erste Kraft, die durch den Geist der Vorausschau und durch die Weisheit bewahrt wird. Ich werde von hier rein hinweggehen. Schon bin ich ein Teil des Lichtes des Sohnes und des Vaters. Die Gnade ist mit mir. Ja, Vater, genau so."

Nach ihren Angaben beginnt hier die Achtheit. Dann, so ihre Lehre, während sie den Jaldabaoth durchschreiten, haben sie zu rezitieren: „Doch du, Archon Jaldabaoth, dem als erstem und siebtem die Herrschaft gehört, ich gehe in der Zuversicht eines gebietenden Wortes aus purem Sinn, als ein endgültiges Werk für den Sohn und den Vater, mit der Münzprägung das Zeichen des Lebens tragend, die Tür der Welt aufstoßend, die du durch deinen Äon verschlossen hast, als ein Freier durch deine Gewalt hindurch. Die Gnade ist mit mir. Ja, Vater, genau so."

Dieser löwenhaftige Archon steht nach ihrer Versicherung mit dem Stern Phainon (Saturn) in Konjunktion.

Wer dann den Jaldabaoth hinter sich hat und vor dem Jao (Jupiter) steht, der habe zu sagen: „Doch du, Jao, du Archon über die verborgenen Geheimnisse des Vaters und des Sohnes, du Glanz der Nacht, du Zweiter und Erster, du Herr über den Tod, du Teil der Schuldlosen, indem ich dir jetzt

* Schimpfwort, etwa: ‚Quacksalber'.

** Ab jetzt zitiert Origenes aus eigener Recherche.

den eigenen Bart* als Bild vorhalte, bin ich bereit, in deinen Bereich hinüberzuwechseln. Ich habe ja den von dir Gewordenen mit lebendigem Worte überwunden. Die Gnade ist mit mir. Ja, Vater, genau so."
Dann kommen sie auf den Sabaoth (Mars). Man habe ihn folgendermaßen anzureden: „Archon der fünften Macht, Herr Sabaoth, du Anwalt des Gesetzes deiner Schöpfung, die aufgelöst wird durch die Gnade; wegen einer Fünfheit, die mächtiger ist als du, laß mich passieren, denn du siehst das Zeichen, das deiner Kunst weit überlegen ist und bewahrt wird durch das Bild seiner Prägung – ist doch der Körper gelöst durch die Fünfheit. Die Gnade ist mit mir. Ja, Vater, genau so."**
Dann kommt der Astaphaios (Venus). Den habe man nach ihrer Meinung so anzusprechen: „Astaphaios, Archon des dritten Tores, Aufseher über den allerersten Beginn des Wassers, laß mich passieren, denn vor dir steht ein Myste***, gereinigt durch den Geist der Jungfrau. Du siehst das Wesen der Welt. Die Gnade ist mit mir. Ja, Vater, genau so."
Dann nennen sie den Ailoaios (Merkur). Zu ihm seien diese Worte zu sagen: „Ailoaios, Archon des zweiten Tores, laß mich passieren, ich trage das Zeichen deiner Mutter, die Gnade, die den Mächten der Gewalten verborgen ist. Die Gnade ist mit mir. Ja, Vater, genau so."
Als letzten nennen sie den Horaios (Mond). Sie meinen zu diesem sprechen zu müssen: „Horaios, der du furchtlos den Zaun des Feuers überschritten hast, um so die Herrschaft über das erste Tor zu bekommen, laß mich passieren, weil du siehst, daß dein Herrschaftszeichen ohne Kraft ist vor dem Bilde des Lebensbaumes, weggenommen durch das Bild eines Schuldlosen. Die Gnade ist mit mir. Ja, Vater, genau so." ...

* Bedeutung unbekannt.
** Der Lösespruch an den vierten Archon fehlt im Originaltext.
*** Fachwort für den (in die Mysterien) Eingeweihten.

Der werte Herr aber begnügt sich nicht mit dem, was er dem Diagramm entnommen hat.* Um nämlich die Anklagen gegen uns (Christen insgesamt), die wir doch mit jenen gar nichts gemeinsam haben, zu vermehren, bringt er noch einiges bei, und zwar aus deren Anschauungen, so als wären sie die unsrigen. Er sagt: „Noch keineswegs das kleinste ‚Wunder' bei ihnen ist folgendes: Sie geben an, daß zwischen den überhimmlischen Kreisen noch etwas gezeichnet ist, darunter zwei weitere Kreise, ein kleinerer und ein größerer. Der eine für den ‚Sohn', der andere für den ‚Vater'."
Auch ich finde auf diesem Diagramm den größeren und den kleineren Kreis. Auf deren Durchmessern steht jeweils ‚Vater' und ‚Sohn'. Zwischen dem größeren Kreis, in dem sich der kleinere befindet, und noch einem anderen Kreis – er ist doppelkreisig, außen gelb und innen blau – steht die mit einer Inschrift eingezeichnete Scheidewand in Form eines Beiles. Und darüber ist noch einmal ein kleinerer Kreis, der an dem größeren der schon genannten hängt. Er hat die Inschrift ‚Liebe'. Unter diesem, im Anschluß, dann noch ein weiterer Kreis. Er trägt die Inschrift ‚Leben'.
Dem zweiten Kreis – umrundet und umfangen hält er zwei andere Kreise und eine rhombusähnliche Zeichnung – ist eingeschrieben ‚Voraussicht der Weisheit'. Und in dem ihnen gemeinsamen Kreissegment steht ‚Natur der Weisheit'. Über diesem Segment war noch ein Kreis, in dem zu lesen war ‚Erkenntnis', darunter noch ein anderer, und dort stand geschrieben ‚Einsicht' ...**

* Origenes kommt noch einmal auf Kelsos und das Diagramm zurück.

** Diese letzten ‚oberen' Kreise konnte ich der Zeichnung im Anhang, trotz Mühe, nicht einzeichnen.

Dieser Text über jenes berühmt-berüchtigte ‚Diagramm' der Ophianer ist nicht nur um seiner selbst willen mitgeteilt. Denn es muß doch erstaunen, daß zwei so gebildete Männer wie Kelsos und Origenes sich derartig erregen über eine simple magische Zeichnung.
Beide haben sich ein Exemplar dieser ‚Zeichnung' besorgt, um anzugreifen und um zu verteidigen. Wer oder was verbirgt sich eigentlich hinter jenem „Euphrates", von dem die Ophianer ihre „Sätze" haben wollen?
In der Tat, dies sind „sonderbare Dinge" und „sonderbare Wechselgespräche". In Wirklichkeit handelt dieser Text – und er ist darin der einzige – von gnostischer Sterbehilfe. Von dem, was unter dem „schwarzen Strich" steht, wird diesmal geschwiegen. Nicht wie es zur Gnosis kommt, steht in Frage, sondern wie Gnosis wirksam wird, wenn es ans gefahrbringende Sterben kommt. Sterben wird nicht punktuell aufgefaßt, sondern als Gefährdungsprozeß. Und da man bei den Ophianern die Rettung durch Gnosis à la pur offensichtlich nicht kennt oder ihr doch nicht ganz traut, werden Zaubertexte und Zaubersiegel aus ägyptischen Totentexten übernommen. So ‚versehen', kann der Gnostiker unbeschadet zu den ‚oberen Kreisen' emporsteigen. Die „Behemoth", die mythisch verstandenen Chaoswasser der Urwelt, bedrohen den „Knaben" und „Sohn" ohnehin nicht, ist er doch schon vor dem Sterben Gnostiker gewesen. Der „Leviathan", die mythisch verstandene Weltschlange, und seine Mächte, die Archonten, werden durch ‚Siegel' und ‚Spruch' in ihre Tore zurückverwiesen und so entmachtet. Der gleichsam doppelte Passierschein des Gnostikers, Gnosis selbst und jetzt noch Magie, wirkt unmittelbar: „Laß mich passieren!"*
Eine weitere Auffälligkeit überliefert das Diagramm in

* Daß es sich dabei ursprünglich um die Planeten handelt, scheint nur mehr Interpretationsfolie zu sein.

dem „verfluchten Gott". Jaldabaoth ist kein anderer als der „Gott der Juden". Was mit dieser Gottesverfluchung eigentlich gemeint ist, entschlüsselt erst eine (gegen Kelsos gerichtete) Notiz des Origenes: „Sie lassen nämlich niemanden in ihre Gemeinde, es sei denn, er hätte zuvor Jesus verflucht."

Beide, Kelsos und Origenes, empören sich über ein derartiges ‚Anathem' offensichtlich aufrichtig, treffen aber den Sinn der Ophianer nicht. ‚Verflucht' ist nämlich für Euphrates und seine Gemeinde Jesus darin, daß auch er vergangen ist. Der geschichtliche Jesus zählt nicht mehr, gleichgültig, was andere davon halten.

Ob schließlich Origenes jenen berühmten Vorfall in Korinth, wonach einer in der Gemeinde geschrieen habe: „Anathema Jesus", hier absichtlich oder versehentlich unterschlägt, wäre interessant.*

* Vgl. 1. Korintherbrief, Kapitel 12.

Das System der Valentinianer

Irenäus I, 1–7,1

Es lehren aber die Valentinianer: In unsichtbaren und unsagbaren Höhen existiere ein endgültiger Äon. Er war vor dem Universum. Diesen nennen sie auch Voranfang, Vorvater und Grund. Er ist also unsichtbar und nichts kann ihn begreifen.
Da er unbegreifbar, unsichtbar, ungeworden und ewig ist, so ist er während unermeßlicher Zeiten in großer Ruhe und in Schweigen gewesen.
Mit ihm zusammen habe auch die Gedankin*, die sie auch Gnade und Stille nennen, existiert.

*

Und der Grund sei einmal ‚auf die Gedankin gekommen', von sich aus den Anfang des Universums hervorzubringen. Und er habe diese Hervorbringung, die er hervorzubringen gedachte, wie einen Samen in den Schoß der mit ihm zusammen existierenden Stille niedergelegt. Diese habe den Samen aufgenommen, sei schwanger geworden und habe den Sinn geboren. Dieser war seinem Erzeuger ganz gleich. Und er allein begriff die Größe seines Vaters.
Diesen Sinn nennen sie auch den Einziggeborenen, den Vater und den Anfang des Universums.
Mit ihm zusammen wurde hervorgebracht die Wahrheit.
Dies ist die erste und anfängliche Vierheit, die sie auch Wurzel des Universums nennen: der Grund und die Stille, der Sinn und die Wahrheit.

* Ennoia im Griechischen weiblich, die ungewöhnliche Wortkonstruktion soll dies nachempfinden. Vgl. das unter ‚Syzigie' Mitgeteilte und das ‚gezeichnete' System im Anhang!

*

Als aber der Einziggeborene bemerkte, wozu er hervorgebracht worden war, brachte er selbst den ,Wort' und die ,Leben' hervor, den Vater aller Dinge, die Mutter aller Gestalt des gesamten Pleromas.* Aus Wort und Leben wurden Mensch und Gemeinde paarweise hervorgebracht.
Und dies sei die anfängliche Achtheit, die Wurzel und das Fundament des Universums. Diese vier Namen: Grund, Sinn, Wort und Mensch. Und jeder von ihnen sei mannweiblich. Zuerst habe sich der Vorvater mit seiner Gedankin vereinigt, dann der Einziggeborene, das heißt der Sinn, mit der Wahrheit, dann der ,Wort' mit der ,Leben', zuletzt der Mensch mit der Gemeinde.

Diese zum Ruhme des Vorvaters hervorgebrachten Äonen wollten auch selbst aus eigenem den Vorvater rühmen und brachten paarweise Zeugungen hervor.
Der ,Wort' und die ,Leben' brachten – nachdem sie den Menschen und die Gemeinde hervorgebracht hatten – noch weitere zehn Äonen hervor. Dies sind ihre Namen: der Bythios und die Mixis, der Ageratos und die Henosis, der Autophyes und die Hedone, der Akinetos und die Synkrasis, der Monogenes und die Makaria.**
Das sind die zehn Äonen, die nach ihnen von dem ,Wort' und der ,Leben' hervorgebracht sind.

*

* Wörtlich: die Fülle, d. h. das All, das Universum.

** Diese und die folgenden Namen müssen nicht übersetzt werden. Zu beachten ist aber ihre paarweise Mannweiblichkeit!

Und auch der Mensch brachte mit der Gemeinde zwölf Äonen hervor. Ihre Namen sind: der Parakletos und die Pistis, der Patrikos und die Elpis, der Metrikos und die Agape, der Aeinous und die Synesis, der Ekklesiastikos und die Makariotes und der Theletos und die Sophia.*

*

Dies also sind die 30 Äonen ihres Irrtums, über die Schweigen herrscht und die niemand preisgeben darf. Dies ist das unsichtbare, geistige Pleroma. Es wird dreifach geteilt: in eine Achtheit, in eine Zehnheit und in eine Zwölfheit.
Darum sagen sie, daß der Retter, denn ‚Herr' wollen sie ihn nicht nennen, 30 Jahre nichts offiziell getan habe. Er habe so das Geheimnis dieser Äonen andeuten wollen. Ebenfalls sollen nach ihnen mit der Parabel von den Arbeitern im Weinberg diese 30 Äonen angedeutet sein. Denn es werden ja die einen zur ersten Stunde, andere zur dritten, noch andere zur sechsten, neunten und elften Stunde zur Arbeit gewiesen. Unter dem Strich ergeben nämlich die genannten Stunden die Zahl 30. Und auch durch diese Stunden wollen sie die (30) Äonen angedeutet wissen.
Dies sind die großen, rätselhaften, unaussprechlichen Geheimnisse, ihre Früchte. Und wenn sie irgendwo in den Schriften für sie Passendes antreffen, dann schlachten sie es für ihre Zwecke aus.

*

Ihren Vorvater nun, so sagen sie, kann außer dem von ihm gezeugten Einziggeborenen, dem Sinn, niemand erkennen. Allen anderen bleibt er unsichtbar und unbegreifbar. Denn nur der Sinn erfreute sich nach ihrer Meinung des Vorva-

* Sophia deutsch: Weisheit. Siehe das Folgende!

ters und erging sich in der Schau seiner unermeßlichen Größe.
Da sann er, auch den übrigen Äonen die Größe, das Wesen, die Anfanglosigkeit, die Unbegrenztheit und die Unbegreiflichkeit des Vorvaters verständlich zu machen. Ihn hielt aber die Stille auf Wunsch des Vorvaters zurück, denn sie selber wollte alle zum Begreifen und zur Sehnsucht nach dem genannten Vorvater bringen. Und so im stillen sehnten sich denn die übrigen Äonen danach, den Urheber ihres Daseins zu sehen und die anfanglose Wurzel zu ergründen.

*

Den weitesten Sprung aber tat der letzte und jüngste Äon der Zwölfheit, der von dem Menschen und der Gemeinde hervorgebrachte Äon, die Weisheit. Und ohne die Umarmung ihres Paargenossen Theletos geriet sie in leidenschaftliche Erregung.
Diese Erregung nahm zwar ihren Ausgang bei denen um Sinn und Wahrheit, sprang aber dann über auf die Weisheit, und zwar angeblich aus Liebe, in Wirklichkeit aber aus Geilheit, da sie ja mit dem endgültigen Vorvater keine solche Gemeinschaft hatte wie der Sinn. Kurz, dies sei nichts anderes als das Suchen nach dem Vorvater. Sie wollte ja seine Größe begreifen. Doch sie vermochte dies nicht, hatte sie sich doch an Unmögliches gemacht.
Und so geriet sie wegen der Tiefe des Grundes, der Unergründlichkeit des Vorvaters, und wegen ihrer eigenen Liebe zu ihm in ausweglose Not. Doch da sie immer weiter vorwärts strebte, wäre sie schließlich von seiner Faszination* verschlungen und in die Unendlichkeit aufgelöst worden, wenn sie nicht auf eine Kraft gestoßen wäre, die das Universum befestigt und außerhalb der unaussprechlichen Größe behütet. Diese Kraft nennen sie auch Horos

* Wörtlich ‚Süßigkeit'.

(Grenze). Von ihr sei sie angehalten und befestigt und mit Mühe zu sich selbst zurückgebracht worden. Und sie sei belehrt worden, daß der Vorvater unbegreiflich sei. So habe sie denn ihr Verlangen von ehedem abgelegt samt der Erregung, die ihr aus furchtbarem Staunen zugekommen war. (...)

Durch diesen Horos ist nach ihrer Lehre die Weisheit gereinigt und gefestigt ihrem Paargenossen wiedergegeben worden. Denn als das Verlangen und die hinzugekommene Erregung abgetan waren, konnte sie innerhalb des Pleromas verbleiben. Von Horos aber sei ihr Verlangen und ihre Erregung abgetrennt und abgegrenzt und nach außerhalb des Pleromas gebracht worden. Dies sei zwar durchaus ein geistiges Wesen, abstammend vom natürlichen Drang eines Äonen, dennoch ohne Gestalt und Form gewesen, denn sie (die Erregung) begriff nichts. Darum nennen sie diese eine schwache, weil bloß weibliche Frucht.

*

Nachdem die Erregung aus dem Pleroma entfernt und ihre Mutter ihrem Paargenossen wiedergegeben war, brachte der Einziggeborene noch ein weiteres Paar hervor: den Christus und die heilige Geistin.* Sie sollten das Pleroma sichern und konsolidieren, damit durch sie die Äonen wieder geordnet würden. So wollte es die Voraussicht des Vorvaters. Es sollte künftig kein Äon das Schicksal der Weisheit erleiden. Denn der Christus habe sie das Wesen der Paargenossenschaft gelehrt, wonach zur Erkenntnis des Ungewordenen Gewordene nicht imstande seien. Und er legte ihnen seine Einsicht des Vorvaters dar: Dieser sei unfaßbar und unbegreifbar. Niemand könne ihn sehen oder hören. Nur der Einziggeborene habe seine Einsicht. Die Ursache für den andauernden Bestand der Äonen sei die Un-

* Hagion Pneuma muß hier *weiblich* gedacht werden (siehe die alttestamentliche Ruach!).

begreiflichkeit des Vorvaters. Die Ursache ihres Werdens aber und ihrer Gestalt sei seine Einsehbarkeit, das heißt der Sohn.*
Das bewirkte der gerade hervorgebrachte Christus in ihnen.
Die (heilige) Geistin aber hob die Unterschiede zwischen allen Äonen auf und lehrte sie, wie man dem Vorvater danke. So brachte sie sie in die wahre Ruhe ein. Und alle wurden an Gestalt und Einsicht gleich. Alle wurden sie zu Sinn, zu Wort, zu Mensch und zu Christus. Genauso wurden die weiblichen Äonen alle zu Wahrheit, zu Leben, zu Gemeinde und zu Geistin.

*

Als die Äonen aber insgesamt befestigt und zur endgültigen Ruhe gebracht waren, da hätten sie in großer Verzükkung den Vorvater gerühmt.
Zum Dank aber für diese gute Arbeit habe das gesamte Pleroma der Äonen – mit Zustimmung des Christus und der Geistin und versehen mit dem Jawort des Vorvaters –, jeder Äon für sich, das Schönste und Liebste, das er in sich barg, zusammengestellt und gesammelt, passend verbunden und sorgfältig in eins gebracht. Und so wurde zur Ehre und zum Ruhm des Grundes die endgültige Schönheit, die endgültige Frucht, der Stern des Pleromas hervorgebracht: Jesus.
Sie nennen ihn auch Retter, Christus und Wort namens des Vorvaters. Oder sie rufen ihn auch das All, weil er aus allen ist. Als seine Begleiter sind zugleich mit ihm und zu seiner Ehre Engel hervorgebracht worden, von gleicher Art.

*

* ‚Und niemand kennt den Vater als der Sohn'!

Dies also geschah nach den Valentinianern innerhalb des Pleromas. So kam dieser Äon in Not und wäre um ein kleines zugrunde gegangen, als er auf der Suche nach dem Vorvater in Trauer geriet, wäre nicht Horos – sie nennen ihn auch Grenzmarke, Auslöser, Freisprecher, Grenzsetzer und Heimbringer – und der erste Christus samt der Geistin nach der Reue der Weisheit durch den Vorvater entstanden. Freilich war dies später, wie auch der erste Christus, den sie Retter benennen. Das sei nicht öffentlich publik gemacht, da nicht alle diese Einsicht fassen. Aber durch Parabeln habe es der Retter zeichenhaft denen gezeigt, die es fassen können. Die 30 Äonen nämlich sind, wie schon gesagt, vorbezeichnet durch die 30 Jahre, in denen der Retter nichts offiziell getan habe, wie auch in der Parabel von den Arbeitern im Weinberg. Auch Paulus spräche nach ihrer Lehre häufig aufs klarste von den Äonen. Er beobachte sogar ihre Reihung, wenn er sage: ‚in allen Generationen der Äonen des Äons'.* Aber auch wir sprächen angeblich von jenen Äonen, wenn wir bei der Begehung der Eucharistie sagen: von Äonen zu Äonen. Ja, wo immer dieser Begriff auftaucht, sei er ein Hinweis auf ihre Äonen.

Die Hervorbringung der zwölf Äonen soll dadurch angedeutet sein, daß der zwölfjährige Jesus mit Schriftlehrern debattiert habe; ebenso wie durch die Zwölfzahl der Apostel. Die übrigen 18 Äonen aber würden dadurch angezeigt, daß Jesus nach seiner Auferstehung von den Toten angeblich 18 Monate mit seinen Schülern Umgang gepflogen habe. Aber auch durch die beiden ersten Buchstaben seines Namens, J und E**, würden diese 18 Äonen genau bestimmt; genauso die zehn Äonen durch den ersten Buchstaben seines Namens. Deswegen habe der Retter auch gesagt: ‚Nicht ein Jota noch ein Strich wird vergehen, bis daß alles geschieht.'

* Vgl. Eph. 3,21.

** Die Zahlenwerte von Jota und Etha sind 10 und 8.

Das dem zwölften Äon (der Weisheit) widerfahrene Schicksal sei durch den Verrat des Judas angezeigt, er sei ja zwölfter Apostel gewesen; desgleichen, daß Jesus im zwölften Monat litt, habe er doch nach seiner Taufe nur ein Jahr gelehrt. Ferner zeige sich dies deutlich an der Frau mit der Blutung. Nachdem sie nämlich zwölf Jahre krank gewesen war, wurde sie gesund, als sie seinen Kleidersaum berührte. Und deswegen habe er gesagt: ‚Wer hat mich berührt?' So lehre er seine Schüler die oben mitgeteilte geheimnisvolle Geschichte der Äonen, wie nämlich der ins Unglück verstrickte Äon gesund wurde. Die zwölf Jahre lang an Blutungen leidende Frau bedeute jene Äonenkraft, die nach außen strebt, hin in das Endlose der Wesenheit. Und hätte sie nicht sein Gewand berührt, so wäre sie eben in der Wesenheit aufgelöst worden. So aber machte er halt, und ihr Leiden war zu Ende. Denn die von ihm ausgehende Kraft, der Horos, machte sie gesund und frei von ihrem Leid.

Daß aber der aus dem All kommende Retter das All selbst sei, wird nach ihnen durch folgendes Schriftwort angedeutet: ‚Alles Männliche, das den Mutterschoß durchbricht.' Er wäre nämlich dieses All, das den Schoß der ‚Erregung' durchbrach, jenes leidenden Äonen, und so aus dem Pleroma ausgestoßen wurde. Diese nennen sie deswegen auch die zweite Achtheit, von der ich später reden werde.

Auch von Paulus würde offenbar aus diesem Grunde gesagt: ‚Und das All war in Christus.' Und weiter: ‚Alles ist für ihn und auf ihn hin.' Und wieder: ‚In ihm wohnt das ganze Pleroma der Gottheit.' Und schließlich: ‚Das All neu behaupten in Christus.' So erklären sie diese und andere Schriftstellen.

Ihr ‚Horos' aber, den sie bekanntlich auch noch anders benennen, hat nach ihnen zwei Eigenschaften, eine, zu befestigen, und eine, zu teilen. Im ersten Sinne heiße er Kreuz, im zweiten Grenze. Seine erste Eigenschaft, die zu befestigen, habe der Retter angedeutet, als er sagte: ‚Wer sein

Kreuz nicht schultert und mir nachgeht, kann mein Schüler nicht sein', und wieder: ,Schultere dein Kreuz und folge mir.' Seine trennende Eigenschaft aber habe er angedeutet in dem Wort: ,Ich bin nicht gekommen, Frieden zu bringen, sondern das Schwert.' Auch Johannes (der Täufer) habe dasselbe gemeint, als er rief: ,Die Worfel ist in seiner Hand, seine Tenne zu säubern. Er wird den Weizen in seine Scheuer sammeln, die Spreu aber in unlöschbarem Feuer verbrennen.' So habe jener die Tätigkeit des Horos angedeutet. Denn jene ,Worfel' bedeute das Kreuz. Es muß alles Bodenhafte verzehren wie das Feuer die Spreu, um zu reinigen die, welche gerettet werden, wie die Worfel es mit dem Getreide macht. Paulus aber habe dieses ,Kreuz' folgendermaßen gemeint: ,Das Wort vom Kreuze ist denen, die zugrunde gehen, Narrheit, aber uns, die wir gerettet werden, eine Kraft Gottes. Und noch einmal: ,Weit weg sei es von mir, mich einer anderen Sache zu rühmen, wenn nicht wegen des Kreuzes Christi, für das mir die Welt gekreuzigt ist und ich der Welt.'

Dies ist ihre Lehre von dem Pleroma und ihr zusammengefaseltes Universum, und durch solche willkürlichen Erklärungen werden sie zu schlechten Deutern von guten Schriften. Doch nicht bloß aus den Evangelien und den Apostelbriefen versuchen sie, sich Beweise zu holen, indem sie die Erklärungen verdrehen und ihre Deutung auf die leichte Schulter nehmen. Nein, mit Gesetz und Propheten verfahren sie ebenso. Diese enthalten ja auch tatsächlich viele Rätsel und Bilder, die man auf vieles beziehen kann. Da fügen die einen das Mehrdeutige durch Erklärungen, die andern durch glatte Fälschungen ihren Hirngespinsten ein. Und sie führen aus dem Lande der Wahrheit in ihre Gefängnisse jene, die keinen festen Glauben wahren an den einen Gott, den allmächtigen Vater, und an den einen Herrn, Jesus Christus, den Sohn Gottes.

*

Das folgende geschah nach den Valentinianern außerhalb des Pleromas. Es soll nämlich die ‚Erregung' der oberen Weisheit, die sie auch Achamoth* nennen, samt ihrem ‚Verlangen' von dem oberen Pleroma abgegrenzt und zwangsweise in die Räume des Schattens und der Leere hinausgeworfen sein. So war sie also weggetan von dem Lichte und dem Pleroma und hatte keine Form und keine Gestalt, wie ein Embryo. Und sie begriff nichts.

*

Da erbarmte sich ihrer der obere Christus. Er streckte sich über das ‚Kreuz' hinaus und gab ihr durch seine Kraft Gestalt. So hatte sie denn Existenz, aber noch keine Einsicht. Dann stieg er empor, samt seiner Kraft. Er verließ sie aber, damit sie wegen der Abgrenzung aus dem Pleroma das ihr wesentliche Verlangen bemerke. Sie sollte Sehnsucht nach dem Besseren gewinnen, hatte sie doch eine Witterung von Unsterblichkeit bei sich behalten dürfen. Diese war ihr von dem Christus und der Geistin hinterlassen worden. Darum trägt sie auch einen Doppelnamen: Nach dem Vorvater ‚Weisheit', wie ja auch ihre Mutter Weisheit heißt, und ‚Geistin' wegen der Geistin, die zu dem Christus gehört.

*

Da sie nun Gestalt hatte und zu sich gekommen war, gleichzeitig aber von ihrem unsichtbaren Helfer, dem Worte, das heißt jetzt dem Christus, verlassen war, so habe sie sich auf die Suche nach dem entschwundenen Lichte begeben. Sie konnte es aber nicht ergreifen, denn sie wurde von Horos zurückgehalten.
Und Horos soll bei dieser Gelegenheit (abwehrend) ‚Jao' gerufen haben. Daher stamme der Name Jao.**

* Achamoth: ein hebräisches Wort für Sophia, Weisheit.
** Jao oder Jahwe, der alttestamentliche Gottesname.

Als sie nun diese Grenze nicht überwinden konnte, weil ihr das ‚Verlangen' eingebunden war, mußte sie allein draußen (vor dem Pleroma) verharren. Da geriet sie in jede Art von Leid, vielgestaltig und vielartig. Und sie kam in Trauer, weil sie nichts begriff; in Furcht, es könnte sie nach dem Licht auch noch das Leben verlassen; in Not, wegen ihrer Unwissenheit.
Aber nicht wie ihre Mutter, die erste Weisheit, die Äonin, kam sie von ihrem Verlangen los. Im Gegenteil, noch eine andere Stimmung überkam sie: die Sehnsucht nach dem, der lebendig macht. Und dies soll die Entstehung und das Wesen der Materie geworden sein, aus der diese Welt besteht. Aus dieser Sehnsucht nämlich hätten alle Seelen der Welt, auch die des Demiurgen, ihren Ursprung. Aus Furcht und Trauer aber habe alles übrige den Anfang genommen. (...)*

*

Als nun die Achamoth, ihre (der Valentinianer) Mutter, alles Leid durchschritten hatte, um sich nur mit Mühe zu fassen, habe sie es unternommen, das ihr entschwundene Licht anzurufen, den (oberen) Christus.
Der aber war in das Pleroma hinaufgestiegen und trug natürlich Bedenken, ein zweites Mal herabzusteigen. Aber er sandte ihr als Helfer den Retter.** Dem gab der Vorvater die ganze Macht. Und er unterstellte ihm jede Gewalt, auch die Äonen, damit „in ihm alles geschaffen" würde, „das Sichtbare und das Unsichtbare, Throne, Gottheiten und Herrschaften".*** Man sandte ihn aber samt seinen Altersgenossen, den Engeln.

* Die nächsten beiden Kapitel nicht übersetzt. Irenäus ergeht sich dort in Polemik außerhalb der Sache.

** Gemeint ist eine erste vorweltliche Sendung Jesu.

*** Vgl. Kol. 1,16.

*

Aus Scheu soll sich bei der Begegnung mit ihm die Achamoth zuerst verhüllt haben, dann aber, wie sie ihn mit seiner Gefolgschaft erblickte, sei sie ihm entgegengestürzt und habe aus seinem Erscheinen Kraft geschöpft. Der hat sie dann in die Form der Erkenntnis gebracht und sie von ihrem Leiden geheilt.

Er konnte aber diese Leiden nicht vernichten, wie dies bei der ersten Weisheit der Fall war, sie waren nämlich schon zur Macht geraten. Darum hat er sie abgegrenzt, jedoch nicht sich selbst überlassen, sondern er hat sie vermischt und verdichtet. Er habe so das unkörperliche Leid in eine unkörperliche Materie umgeschaffen. Es entstanden also zwei Wesenheiten: die schlechte aus dem ‚Verlangen' und die andere – sie ist leidenschaftsfähig – aus der ‚Sehnsucht'.

Darum, sagen sie, habe der Retter der Wirkung nach alles geschaffen. Die Achamoth aber, von den Leiden frei, habe aus Freude die mit ihm (Jesus) gekommenen Lichter (die Engel) in sich aufgenommen und sei so schwanger geworden. So habe sie dann Früchte nach ihrem Bilde geboren, ein geistiges Erzeugnis, das nach dem Bilde der Begleiter des Retters gestaltet sei.

*

So waren also nach ihrer Lehre diese drei Dinge entstanden: das eine aus dem Verlangen, das Choische*, das andere aus der Sehnsucht, das Psychische, und das, was sie geboren hatte, das Pneumatische. Aber sie konnte das Geistige (Pneumatische) nicht weitergestalten, da es ja mit ihr auf gleicher Ebene stand. So machte sie sich denn an die Gestaltung des Psychischen, das aus ihrer Sehnsucht stammte. Und sie brachte hervor, was sie von dem Retter erlernt hatte.

* Die irdische Materie.

*

Zuerst soll sie aus dem psychischen Stoff den Vater und König und alle Dinge, auch die Dinge, die ihm gleich sind, geschaffen haben, nämlich alles Psychische. Das Psychische nennen sie das Rechte. Dann habe sie die Dinge, die aus dem Verlangen und der Trauer stammen, nämlich alles Choische, geschaffen. Das Choische nennen sie das Linke.
‚Dieser' Vater aber habe alles, was nach ihm kommt, im geheimen Einvernehmen mit seiner Mutter (der Achamoth) geschaffen. Und deswegen nennen sie ihn auch Mutter-Vater, Vater-ohne-Vater.
Dann erst nennen sie ihn Demiurg* und Vater. Und zwar ist er Vater der Rechten, das heißt des Psychischen, und Demiurg der Linken, das heißt des Choischen. König aber ist er über beides.
Indem nämlich Achamoth alles zum Ruhme jenes Äonen (des Jesus) machen wollte, genauer, er selber durch ihre Vermittlung, entstanden aber nur die Abbilder des Universums. Sie selbst aber habe das Bild des unsichtbaren Vorvaters bewahrt – der Demiurg wußte dies nicht! –, den Demiurgen habe sie nach dem Bilde des einziggeborenen Sohnes gemacht und die von diesem geschaffenen Engel nach dem Bilde der übrigen Äonen.
Sie sagen also, daß der Demiurg Vater und Gott aller Dinge, die außerhalb des Pleromas sind, geworden sei, er, der Gestalter des Psychischen und des Choischen.

*

Er habe nun die beiden vermischten Wesen geschieden. Aus dem unkörperlichen Stoff habe er richtige Körper gemacht und habe das Himmlische und das Irdische gestaltet. So sei er der Gestalter des Choischen und des Psychi-

* Demiurg: Schöpfer, Gestalter, Macher.

schen, des Rechten und des Linken, des Leichten und des Schweren, dessen, was nach oben, und dessen, was nach unten zu strebt, geworden.
Er habe sieben Himmel ausgebreitet. Er selber soll als Demiurg über ihnen stehen. Sie nennen ihn deswegen die Siebenheit, seine Mutter Achamoth aber Achtheit. Denn sie hat die Zahl der anfänglichen und ersten Achtheit in Erinnerung behalten.
Die sieben Himmel sind aber ohne Verstand. Man sieht sie als ‚Engel' an. Und auch der Demiurg selbst sei Engel, allerdings einer, der Gott ähnlich sei. Das Paradies – es liegt über dem dritten Himmel – sei der Macht nach ebenfalls ein Engel. Von ihm habe übrigens Adam etwas behalten, als er in ihm wohnte.

*

Nun meint zwar der Demiurg, er persönlich habe dies alles geschaffen. In Wirklichkeit hat er es aber nur gestaltet. Hervorgebracht hat es die Achamoth. Er schuf Himmel, ohne Himmel zu kennen. Er schuf einen Menschen, und kannte doch den Menschen nicht. Er ließ Erde aufsteigen, aber von der Erde wußte er nichts.
So hat er bei seinem ganzen Werk nicht die Vorbilder der Dinge, die er gestaltete, ja nicht einmal seine eigene Mutter, gekannt. Er meinte, er sei alles in allem. Auf diese Fehleinschätzung brachte ihn seine Mutter, sie wollte, daß er so verführe, er, das Haupt und der Anfang eines eigenen Wesens, er, der Herr des ganzen Getriebes.
Diese Mutter nennen sie Achtheit, Weisheit, Erde, Jerusalem, heilige Geistin, oder auch männlich: Herr. Sie habe den Platz der Mitte* zugewiesen bekommen. Wohl über dem Demiurgen, sei sie unter dem Pleroma und auch außerhalb – freilich nur bis zur Vollendung. –

* Siehe die ‚Zeichnung' im Anhang.

*

Nachdem also der Demiurg die Welt gestaltet hatte, machte er auch den irdischen (choischen) Menschen, aber nicht etwa aus dieser trockenen Lehmerde, sondern aus jenem unsichtbaren Stoff, aus der noch bewegten, noch fließenden Materie. Und dahinein verpflanzte er den seelischen (psychischen) Menschen. So wurde dieser ‚nach seinem Bild und Gleichnis'. ‚Bild' heißt, zwar Gott ähnlich, aber nicht gleich. ‚Gleichnis' heißt dem seelischen Teil nach, was man auch als ‚Geist des Lebens' bezeichnen kann, weil es vom Geiste gekommen ist. Wenn der Mensch darauf mit einem ‚Fellgewand' bekleidet wurde, so meine dies, das Sinnliche, Fleischliche.

*

Anders aber sei das Erzeugnis ihrer Mutter, der Achamoth, das sie damals geboren hatte, als sie die mit dem Retter gekommenen Engel gesehen hatte, durchaus pneumatisch. Der Demiurg habe dies nur nicht gewußt. Doch eben dieses Pneumatische sei heimlich, ohne daß er es bemerkte, in dem Demiurgen hineingelegt worden.
So sollte dieses in die Seele und den Leib des Demiurgen mit hineingesät werden. Einmal geboren und herangewachsen, sollte es dann befähigt sein, das endgültige Wort aufzunehmen. Der Demiurg aber bemerkte die gleichzeitig mit seiner Einhauchung hinzusäende Kraft und Voraussicht der Weisheit nicht: den pneumatischen Menschen. Denn kannte er die Mutter nicht, so erst recht nicht ihren Samen. Dies soll denn auch die ‚Gemeinde' sein, das Nachbild jener oberen Gemeinde. Auch der obere Mensch sei so in ihnen.
Sie haben also ihre Psyche von dem Demiurgen, den Leib vom Boden, das Fleisch von der Materie, aber den pneumatischen Menschen von der Mutter Achamoth.

*

Der Mensch besteht also aus drei Voraussetzungen. Das Choische, die linke Seite, geht mit Notwendigkeit zugrunde. Es kann nicht einmal eine Ahnung von Unsterblichkeit in sich aufnehmen. Das Psychische, die rechte Seite, das zwischen Geist und Leib liegt, geht dorthin, wohin es Neigung zeigt. Das Pneumatische aber ist dazu hergeschickt, daß es hier in Vermischung mit dem Psychischen Gestalt gewinnt und so erzogen und emporgehoben werde.

Das sei ‚das Salz der Erde, das Licht der Welt'.

Da aber die Psyche als Erzieherin notwendig war, wurde die Welt eben erschaffen. Der Retter sei zu dem Psychischen gekommen, daß er es, bei freier Wahl, rette. Von allem, was er retten wolle, habe er selbst die Anfänge angenommen: von Achamoth das Pneumatische, von dem Demiurgen das Psychische. Und nach der Schöpfungsordnung habe er sich mit einem Leib bekleidet, der zwar psychischen Wesens ist, aber doch mit unsäglicher Kunst so bereitet, daß er sichtbar, berührbar und leidensfähig sei. Choisches aber habe er nach ihnen gar nichts angenommen, denn dieses sei nicht imstande, gerettet zu werden.

Das Ende aber sei, wenn alles Pneumatische durch Gnosis gestaltet und endgültig geworden ist. Das sind die Pneumatiker, die die endgültige Einsicht Gottes haben und die die Geheimnisse der Achamoth kennen. Und sie behaupten, sie seien diese Menschen.

*

Die Psychiker aber würden auch psychisch erzogen. Sie sollen durch Werke und Glauben befestigt werden. Denn die endgültige Einsicht hätten sie ja nicht. Und das sind wir, wir, die von der Kirche.

Darum lehren sie auch, daß es für uns durchaus notwendig

sei, ein anständiges Leben zu führen. Anders könnten wir unmöglich gerettet werden. Sie selbst aber würden nicht durch das faktische Tun, sondern aufgrund ihrer pneumatischen Natur, so oder so, auf jeden Fall gerettet. Denn genauso wie das Choische auf keinen Fall gerettet werde, es könne dies ja nicht einmal annehmen, so könne das Pneumatische auf keinen Fall ins Verderben kommen, auch wenn sich einer auf wer weiß was für Sachen einlasse. Und das sind sie. Denn wie in den Dreck geworfenes Gold seine Schönheit nicht verliere, genauso stünde es um sie selbst. Das Gold behält nun einmal seine Natur, auch wo es in den Schmutz getreten sei. In was sie auch immer gerieten, welchen Schaden sie immer erlitten, das pneumatische Wesen gehe niemals verloren. (...)*

✳

Denn nicht die Tat führt in das Pleroma, sondern der Same**, der von dort anfänglich ausgesandt sei, hier aber endgültig werde.
Wenn aber der gesamte ‚Same' endgültig geworden ist, so lehren sie, dann erhebt sich ihre Mutter Achamoth von ihrem Ort der Mitte und geht in das Pleroma ein.
Dort erhält sie den Retter, den, der aus allen Äonen geworden ist***, zum Brautgefährten. Der Retter und die Weisheit, die Achamoth, werden ein Paar. Das soll ‚Bräutigam und Braut' sein, das Hochzeitsgemach aber das ganze Pleroma.
Dann ziehen die Pneumatiker – ihre Seelen werden sie abgelegt haben –, ohne festgehalten und gesehen zu werden, ins Pleroma ein. Sie sind intelligible Geistiker geworden. Und sie werden den Engeln um den Retter als Bräute gegeben.

* Die beiden nächsten Kolumnen nicht übersetzt.
** Die substantielle Voraussetzung.
*** Jesus.

Der Demiurg aber wechselt über auf den Platz der Mitte der Mutter, der Weisheit. Und auch die Seelen der Gerechten werden an dem Ort der Mitte zur Ruhe kommen, denn nichts Psychisches geht ein in das Pleroma.
Und wenn dies alles geschehen ist, so lehren sie, dann wird das in der Welt verborgene Feuer hervorbrechen und sich entzünden. Und wenn es die gesamte Materie verbrannt hat, wird es, zugleich mit ihr vernichtet, in das Nichts eingehen.

***

Nach einer Notiz bei Epiphanius, der diesen Text ebenfalls überliefert hat, wissen wir, daß dieses System – als so und hier ausgefeiltes – von dem Valentinosschüler Ptolemaios stammt.
*Daß Valentinos selbst der schließliche Architekt dieser eindringlichsten christlichen ‚Theologie' des 2. Jahrhunderts gewesen ist, sollte man nur mit sehr guten Gründen bestreiten. Und doch wird der Chefsprecher der christlichen Gnosis auch noch ein anderer sein!**
Wer die ersten fünf Sätze dieses bis ins kleinste Detail hinein austarierten und ausgewogenen Gesamtentwurfes bedenkt, sollte wissen, daß hier, und zwar hier zum ersten Mal, Theologie im eigentlichen Sinne des Wortes vorliegt – ich gebrauche jetzt die Fachbegriffe –: „In unsichtbaren und unsagbaren Höhen existiert ein endgültiger Äon. Er war vor dem Universum. Den nennt man auch Proarche, Propater und Bythos. Er ist also unsichtbar, und nichts kann ihn begreifen. Da er unbegreifbar, unsichtbar, ungeworden und ewig ist, so ist er während unermeßlicher Zeiten in großer Ruhe und Schweigen gewesen. Mit ihm zusammen hat auch die Ennoia, die auch Charis und Sigä heißt, existiert."

* Siehe unten zu ‚Evangelium der Wahrheit'.

Im Sinne des Urhebers soll man dieser einsamen gedanklichen Leistung wohl nur eines weiter hinzusagen: Und diese ‚Tiefe‘ hätte für immer ‚geschwiegen‘, wenn nicht gleichzeitig mit ihr jene ‚Gedankin‘ existiert hätte!
Zur Stelle liest man nämlich nichts anderes als den Locus classicus der gnostischen Syzigienlehre. Alles Göttliche ist von vornherein und gerade darin göttlich, daß es nur männlich und weiblich zugleich gedacht werden kann. Woher kommt nun diese Einsicht – Gnosis! –, falls es denn wirklich eine ist? Aus dem unbestreitbar vorhandenen ‚Riß‘, der sich durch alles menschliche Geschehen hindurchädert. Daß sich dieser Riß am ehesten in der Aufspaltung des Menschen in Frau und Mann zeigen soll, mag Auffassungssache sein – die Psychoanalyse hat hier Bände von Einsichten aufgeschlagen! Jedenfalls „so lehren die Valentinianer“ und mit ihnen ein großer Teil der Gnosis insgesamt.
„Und der Grund (Bythos) ist einmal ‚auf die Gedankin gekommen‘, von sich aus den Anfang des Universums hervorzubringen.“ Und das hätte gerade nicht sein müssen! Denn das Ergebnis dieser ‚Hervorbringung‘ ist ja nicht dieses erforschbare gekrümmte Universum, sondern das unsichtbare und unbegreifbare ‚Pleroma der 30 Äonen‘. Es ‚war‘ aber so.
Was immer diese 30 Welten (Äonen), übergriffen von einer Superwelt (Pleroma), darstellen als Vierheit, Achtheit, Zehnheit, Zwölfheit und schließlich Dreißigheit – sie alle sind syzigisch. Die Unzerbrochenheit des ersten Grundes und seiner ersten Gedankin bleibt bei sich. Auch die Fülle (Pleroma) ‚Gottes‘ ist gut.
„Den weitesten Sprung aber tat der letzte und jüngste Äon der Zwölfheit ... die Sophia ..., und ohne die Umarmung ihres Paargenossen ...“ hat sie, diese ‚Weisheit‘, gehandelt. Und die Not war „ausweglos“. Wie weise war diese Weisheit eigentlich, wo sie doch ohne Not nicht als ‚Ganze‘ erkennen wollte? Sie war so weise, wie die Weis-

heit eben ist. Jedenfalls führt der ‚Sprung' der Sophia zu einem kosmischen Unfall. Die Wirkung ist bleibend. ‚Äonen' handeln nicht folgenlos.
Nur mit Mühe wird sie „zu sich selbst zurückgebracht". Die ‚Mühe' des Gnostikers selbst wird sichtbar!
„Zum Dank aber für diese gute Arbeit hat das gesamte Pleroma der Äonen ... jeder Äon für sich das Schönste und Liebste, das er in sich barg, zusammengestellt und gesammelt, passend verbunden und sorgfältig in eins gebracht. Und so wurde zur Ehre und zum Ruhm des ‚Grundes' die endgültige Schönheit, die endgültige Frucht, der Stern des Pleromas hervorgebracht: Jesus."
Man möchte schon wirklich meinen, daß über den Menschen Jesus nie jemand ‚Schöneres' und ‚Lieberes' gesagt hätte! Denn ‚Jesus' ist nichts weniger als das dankbare Ergebnis eines kosmischen Glücksfalls, der ‚Star' des Pleromas.
„Das folgende geschah nach den Valentinianern außerhalb des Pleromas: Es soll nämlich die ‚Erregung' der oberen Sophia, die sie jetzt Achamoth nennen, samt ihrem ‚Verlangen' von dem oberen Pleroma abgegrenzt und zwangsweise in die Räume des Schattens und der Leere hinausgeworfen sein." Da die ‚Achamoth', wiewohl immer noch Weisheit, eine „bloß weibliche Frucht" ist, kann sie in der ‚rißlosen' Wirklichkeit nicht verbleiben. Mit ihr beginnt das Schicksal: ständige Fortzeugung der ‚paarlosen' Gestalt: diese weglose Welt, weil um die Hälfte gebracht. Demiurgen, Archonten entstehen und ‚machen' unentwegt weiter an dieser ‚halben' Welt. Man kennt das schon.
„Als nun die Achamoth, (die) Mutter, alles Leid durchschritten hatte, um sich nur mit Mühe zu fassen, habe sie es unternommen, das ihr entschwundene Licht anzurufen, den (oberen) Christus ... Er aber sandte ihr als Helfer den Retter": Jesus.
Und erst jetzt, nachdem Jesus die „Leiden" der Achamoth

ausgeheilt hat – er wird ihr Paargenosse sein! –, habe die Achamoth „aus Freude die mit ihm gekommenen Lichter in sich aufgenommen und sei so schwanger geworden". Das Licht, das jeden Menschen „anscheint", der in diese Welt kommt, ist also gerade kein ‚gefallenes' Licht wie in welcher Gnosis auch immer, sondern ein zur Glücksschwangerschaft ‚gekommenes' Licht.*
Und diese ‚Lichter' werden nicht verkommen, auch nicht in den Machereien der Herren dieser Welt, denn „heimlich, ohne daß er (der Demiurg) es bemerkte", hatte die ‚Mutter' Achamoth sie zu jedem Menschen hinzugetan.
Wenn aber „alles geschehen ist, dann wird das in der Welt verborgene Feuer hervorbrechen und sich entzünden. Und wenn es die gesamte Materie verbrannt hat, wird es, zugleich mit ihr vernichtet, in das Nichts eingehen".
So jedenfalls lehren die Valentinianer.

* Daß der Text hier mit Joh 1,9 arbeitet, ist mit Händen zu greifen.

Das System der Basilidianer

Hippolyt VII, 20,1–27,13

Einmal, sagt Basilides*, da war es so, daß nichts war. Und auch das Nichts war nicht da. Klar und ohne Wortspalt: es war gänzlich nichts.

Wenn ich aber sage: ‚es war', so meine ich damit keineswegs ein Sein, sondern ich rede so, um wenigstens anzudeuten, wovon ich handeln will, daß nämlich gänzlich nichts war.

Denn jenes ‚es war nichts', ist nicht schlicht ein Unsagbares, das man eben dann so definieren könnte, sondern wir nennen es bloß unsagbar. In Wirklichkeit ist es aber nicht einmal unsagbar.

Denn was einer nicht einmal nicht aussprechen kann, ist begrifflich das ‚Nicht-einmal-Unaussprechliche'; ein Name also, über den keiner größer genannt werden kann.

Es reichen ja nicht einmal für den bloßen Kosmos die Namen hin, sondern versagen, so vielgestaltig ist er. Und ich will mich keineswegs erdreisten, für alles und jedes die richtigen Bezeichnungen zu finden. Nein, man muß namenlos und unsagbar die Eigenheiten der Dinge, die genannt werden wollen, verstehen. Ohnehin hat der gleiche Name für dieselbe Sache beim Hörer genug Irrtum und Verwirrung gestiftet.

*

Als also nichts da war, weder Stoff noch Wesen, weder Wesenloses, weder Einfaches noch Zusammengesetztes, nicht Unfaßbares, nicht Unfühlbares; weder Mensch noch Engel noch Gott! noch irgend Benennbares, das einer mit

* Wenn später im Plural gesprochen wird, dann ist des Basilides leiblicher Sohn, Isidoros, mitgemeint.

Sinn oder Vernunft wahrnehmen könnte, als vielmehr alles im eigentlichen Sinne des Wortes *nicht* war: da wollte der nichtwesende Gott ... weder auf geistige noch auf sinnliche Weise, sondern ohne Wollen, ohne Beschluß, ohne Regung, ohne Begehr – einen Kosmos schaffen. ,Er wollte', sage ich lediglich, um überhaupt reden zu können, denn Wille, Geist und Sinne waren ja gar nicht da. Mit ,Kosmos' meine ich nicht den nach Fläche und Gliederung gewordenen – er wurde später gegliedert –, sondern einen ,Ganzsamen der Welt'.

*

Dieser ,Ganzsame der Welt' trug alles in sich, ebenso wie das Senfkorn* auf winzigstem Raum alles in sich birgt: Wurzel, Stamm, Zweige, Blätter und die Körner, die man von der Pflanze sammelt, um durch viele Samen neue Pflanzen zu züchten. So machte auch der nichtwesende Gott eine nichtwesende Welt aus dem Nichtseienden. Er legte lediglich einen einzigen Samen herab und zugrunde. In diesem schlummerte die gesamte Samenmischung der Welt.

Um das, was jene sagen, noch deutlicher zu machen: Wie das ,Ei' eines bunten, vielgestreiften Vogels – etwa eines Pfaues oder eines noch bunteren und noch gestreifteren –, wiewohl es doch nur *eines* ist, und doch in sich viele Bilder vielgestaltiger, bunter und vielartiger Dinge in sich haben muß, so hat der vom nichtwesenden Gott niedergelegte nichtwesende Same die vielgestaltige und vielartige Samenmischung der Welt in sich getragen.

*

In diesem ,Samen' also war alles eingespeichert, was einer nennen oder, wenn er's nicht findet, auch übergehen kann;

* Gilt in der Antike als kleinste Samenart.

alles, was dem Kosmos, der aus dem Samen werden sollte, angemessen sein würde, jenem Kosmos, der notwendig wächst und groß wird durch einen so großen und wie gesagten Gott, wie ihn die Wirklichkeit nicht nennt und wie er auch nicht durch Einsicht begriffen werden kann.

Es ist das so, wie bei einem eben geborenen Kinde: Man sieht doch, wie später etwa die Zähne oder die väterlichen Züge und der Verstand und was sonst noch, hinzukommen. Denn was bei einem Menschen, der von klein an wächst, hinzukommt, war vorher nicht da.

Es dürfte aber schwer sein, zu behaupten, das Werk eines nichtwesenden Gottes sei ein Nichtsein – denn Basilides scheut und fürchtet durchaus das Wesen der gewordenen Dinge, sobald sie einmal hervorgebracht sind –; wozu braucht man dann überhaupt Hervorbringung, wozu die Annahme von Materie, wonach Gott die Welt mache wie die Spinne ihr Netz, oder wie der Mensch Erz oder Holz oder sonst etwas zur Arbeit nimmt?

Basilides aber antwortet: ‚Er sprach, und es ward', und das ist es, was Moses gesagt hat, sagen jene Männer: ‚Es werde Licht und es ward Licht.' Woher aber kam das Licht? Aus nichts. Denn es stünde nicht geschrieben, woher das Licht gekommen sei, sondern nur, daß es aus der Stimme des Sprechenden wurde. Der Sprecher sei aber nicht gewesen, und so war auch das Gewordene nicht.

Aus dem Nichtseienden stamme der ‚Ganzsame der Welt', und das heißt das Wort, das mit ‚Es werde Licht' ausgesprochen ist. Und das sei auch in den Evangelien gemeint: ‚Es war das wahre Licht, das jeden Menschen, der in diese Welt kommt, anscheint.' Das Licht hat seinen Anfang aus jenem Samen und wird so angeschienen.

Dies ist der ‚Same', der die ganze Samenmischung in sich enthält ... Da nun einmal der kosmische Same als Grundlage vorliegt, so sagen jene: Wo ich auch immer sage, daß etwas danach geworden sei, suche nicht, woher es geworden sei. Denn der Ganzsame der Welt hatte ja alle Samen in sich eingespeichert, weil das Nichtseiende vom nichtseienden Gott vorher festgelegt ist, zu werden.

*

Man möchte also sehen, was nach Basilides und Isidoros das erste, das zweite und das dritte ist, das aus jenem Ganzsamen der Welt geworden ist. In jenem Samen sei eine ‚dreifache Sohnschaft' gewesen, in allem dem nichtwesenden Gott wesensmäßig gleich, eben geworden aus dem Nichtwesenden. Von dieser dreifach unterscheidbaren Sohnschaft war die eine ‚leicht', die andere ‚schwerer' und die dritte bedurfte gar einer Reinigung.

*

Und sogleich beim ersten Niederlegen des Samens durch den Nichtseienden wallte die leichte Sohnschaft als erste auf, stieg empor und eilte mit der Geschwindigkeit, von der der Dichter sagt, ‚wie ein Flügel oder Gedanke'*, von unten nach oben.
Und so kam sie zu dem Nichtseienden. Denn wegen des Übermaßes an Schönheit und Faszination strebt hin zu ihm alle Natur. Das eine so, das andere anders.

*

Da wollte es die schwerere Sohnschaft, die noch im Samen geschlummert hatte, jener leichten gleichtun, konnte es aber nicht eilig genug. Denn an Leichtigkeit blieb sie weit hinter der (ersten) Sohnschaft zurück, die aus sich selbst hinaufgeeilt war.
Da versah sich diese schwerere Sohnschaft mit jenen Flügeln, mit denen Platon** die Seele versieht.

* Vgl. Homer, Odyssee 7,36.
** Phaidros 246 A.

Dies nennt aber Basilides nicht ‚Flügel', sondern ‚heiliges Geisten'*. Wenn die Sohnschaft dieses anlegt, dann erweist sie Gutes und erhält Gutes.
Sie erweist Gutes, weil ein Vogelflügel allein und für sich niemals in die Höhe und emporkommen würde. Und sie erhält Gutes, da ja auch der Vogel ohne die Flügel nicht in die Höhe und emporkommen würde. Etwa in diesem Verhältnis steht diese Sohnschaft zum heiligen Geisten und das Geisten zu dieser Sohnschaft.
So jedenfalls wurde die Sohnschaft vom Geisten hinaufgetragen, wie von einem Flügel, und trägt doch Flügel, das Geisten.
Doch als sie nahe an jene leichte Sohnschaft und an den nichtseienden Gott, der aus Nichtseiendem geschaffen hatte, herankam, da vermochte sie das Geisten nicht bei sich zu halten. Es war nicht gleichen Wesens und hatte nicht die Natur der Sohnschaft. Vielmehr, wie reine und klare Luft für Fische wider die Natur und verderblich ist, so war für das heilige Geisten jener Bereich wider die Natur. Jener Bereich des nichtseienden Gottes und der Sohnschaft, der unsagbarer als das Unsagbare und über alle Namen groß ist.

*

So ließ denn die Sohnschaft das Geisten in der Nähe jenes seligen Bereiches zurück. Dieser Bereich ist keinerlei Einsicht zugänglich und er kann durch gar nichts ‚definiert' werden.
Sie ließ das Geisten aber nicht gänzlich verlassen und allein und getrennt von sich zurück. Nein, es ist wie mit einem Krug in den wohlriechendes Salböl gegossen ward: Wenn er auch noch so sorgfältig gereinigt wird, so bleibt

*Wörtlich: heiliger Geist.

doch noch ein Duft des Salböls darin und zurück. Auch wenn das Öl aus dem Krug gegossen ist, so hat der Krug, wenn schon kein Öl, so doch dessen Duft an sich. So hat das heilige Geisten nun wohl auf Dauer keine Gemeinschaft mit der Sohnschaft, es ist von ihr getrennt, und hat doch, wie beim Krug und dem Salböl, den ‚Geruch der Sohnschaft'.

Das meint das Wort, sagt er: ‚Wie Salböl auf das Haupt, das niederfließt auf Aarons Bart': den Duft des heiligen Geistens, der sich von oben nach unten verbreitet bis hin ins Gestaltlose, den Bereich bei uns, von wo aus jene Sohnschaft aufzusteigen begann, getragen wie auf Flügeln und wie auf dem Rücken des Adlers.

Denn alles eile von unten nach oben, vom Schlechteren zum Besseren. Und nichts unter dem Besseren ist so ohne Verstand, daß es etwa nach unten käme.

*

Von der dritten Sohnschaft aber, diejenige, die der ‚Reinigung' bedarf, sagt Basilides: sie blieb zurück in dem großen Haufen des Ganzsamens der Welt, Gutes erweisend und Gutes erfahrend.

Wie sie aber Gutes erweist und erfährt, sagen wir später, zur passenden Stelle.

*

Als nun der erste und der zweite Aufstieg der Sohnschaft geschehen und das heilige Geisten auf besagte Weise an seinem Ort geblieben war, hingestellt als eine Feste zwischen dem Überkosmos und dem Kosmos – teilt doch Basilides alles, was ist, in zwei einander begrenzende Teile. Der eine heiße Kosmos, der andere Überkosmos. Die Grenze aber zwischen Kosmos und Überkosmos sei jenes Geisten, das auch heilig ist und in sich bleibend den Duft der Sohn-

schaft hat –, als nun diese Feste da war, die den Himmel krümmt, da wallte auf und ward geboren aus kosmischem Samen und aus dem Haufen des Ganzsamens der Welt der große Archon*, das Haupt der Welt.
Eine unnennbare Schönheit, Größe und Kraft. Denn auch er sei unsagbarer als alles Unsagbare, stärker als alles Starke, weiser als alles Weise, schöner als alles Schöne, was einer auch rufen kann. Dieser nun, kaum geboren, erhob sich, schwebte empor und wurde nach ganz oben getragen bis hin zu jener Feste.
Und er meinte, die Feste sei das Ende der Höhe und der Erhöhung. Danach, so dachte er, gäbe es nichts weiter. So wurde er weiser als all das unter ihm, das Kosmische. Er war stärker, mächtiger und leuchtender, über allem, was einer gut nennen würde.
Nur an die Sohnschaft reichte er nicht heran – die, die noch in dem Ganzsamen der Welt zurückgeblieben war. Er aber wußte nicht, daß diese weiser, stärker und besser sei als er.
Da er nun meinen mußte, er sei Herr und Gebieter, und tatsächlich ein weiser Architekt war, wandte er sich der Ausgestaltung der Schöpfung im einzelnen zu.
Zunächst hielt er es für angemessen, nicht alleine zu sein. Und so schuf und zeugte er sich aus dem, was unter ihm war, einen ‚Sohn'; weit besser und weiser als er selbst. All dies aber hatte der nichtseiende Gott im voraus ins Auge gefaßt, als er den Ganzsamen der Welt niederlegte! Und da der große Archon seinen Sohn ansah, geriet er in Staunen, Erschrecken und Fassungslosigkeit. Denn so bedeutsam war dem großen Archon die Schönheit seines Sohnes. Und er hieß ihn Platz nehmen zu seiner Rechten.
Und dies ist nach ihnen die Achtheit**, dort wo der große Archon sitzt. Denn dieser große und weise Demiurg hat jede himmlische oder ätherische Schöpfung zustande ge-

* Wörtlich: der ‚Anfänger'.
** Gemeint ist die Sternenwelt.

bracht. Dabei wirksam aber war der Sohn. Er gab ihm die Gedanken dazu ein, er, der geworden war in vielem weiser als der Demiurg selbst.

*

Als nun aller Glanzhimmel geordnet war, stieg aus dem Ganzsamen der Welt noch ein anderer Archon auf.
Auch der war größer als alles, was sich unter ihm befindet – abgesehen von der zurückgebliebenen Sohnschaft! –, aber weit geringer als jener erste Archon. Auch dieser zweite Archon wird von ihnen noch unsagbar genannt.
Den Ort dieses Archons nennen sie die Siebenheit.* Und auch er ist Bestimmer und Macher all dessen, was unter ihm ist. Und auch er schuf sich einen ‚Sohn' aus dem Ganzsamen der Welt, klüger und weiser als er selbst. Es verhält sich hier ähnlich, wie vom ersten Archon gesagt wurde.
Was aber im Bereiche dieses Äons existiert, ist der Haufe jenes Ganzsamens der Welt selbst. Und alles, was hier geschieht, geschieht wesensgemäß nach der Voraussicht dessen, der das Künftige vorbedacht hat, wann es sein soll wie es sein soll, und auf welche Weise es sein soll.
Einen aber, der dies alles koordiniert, besorgt und zur Gestalt bringt, gibt es nicht. Es genügt für alles Geschehen der Gedanke, den der Nichtseiende dachte, als er schuf.

*

Als nun der ganze Kosmos und auch der Überkosmos zu Ende gebracht war und nichts fehlte, verblieb noch (das Schicksal) der dritten Sohnschaft. Sie allein war im Ganzsamen der Welt zurückgeblieben, Gutes erweisend und Gutes erhaltend.
Und jetzt mußte diese zurückgebliebene Sohnschaft be-

* Gemeint ist die Planetenwelt.

kannt und wieder hinaufgebracht werden nach oben, hinaus über das hohe Geisten, hin zu der leichten und zu der sie nachahmenden Sohnschaft – und zu dem Nichtseienden. Denn so stünde nach ihm geschrieben: „Denn die gesamte Schöpfung schreit mit und kreißt mit, die Bekanntmachung der Söhne Gottes erwartend." *
Die ‚Söhne', sagt Basilides, das sind wir, die Pneumatiker. Wir sind hier zurückgelassen, um zu ordnen, zu bilden und um zurechtzurücken und zu Ende zu bringen die Seelen, deren Natur es ist, in diesem Bereich verblieben zu sein. „Von Adam bis Moses war die Sünde der Herr", wie geschrieben ist. ** Denn Herr war der große Archon, der seine Grenze bis zur ‚Feste' hin hat und des Glaubens ist, er allein sei Gott und über ihm nichts. Denn alles war in einem großen Schweigen verschlossen. Und das bedeute: ‚das Geheimnis, das früheren Generationen verborgen war'. Es sei also in jenen Zeitepochen König und Herr des Universums jener große Archon, die Achtheit, gewesen. Aber auch über den hiesigen Bereich war einer König und Herr gewesen, die Siebenheit. Die Achtheit ist unsagbar, die Siebenheit aber ist (eben) sagbar.
Und der Archon der Siebenheit sei der, der zu Moses redete: ‚Ich bin der Gott Abrahams, Isaaks und Jakobs. Doch den Namen Gottes habe ich ihnen nicht proklamiert.' So stünde nämlich nach ihnen geschrieben. Und das bedeute der ‚Name' des unsagbaren Gottes, des Archonten der Achtheit. Von diesem aus aber hätten alle Propheten, die vor dem Retter (Jesus) aufgetreten waren, geredet.

*

Als aber nun wir, die ‚Söhne Gottes', bekannt werden sollten, sagt Basilides, deretwegen die gesamte Schöpfung mit-

* Vgl. Röm 8,19 und 22. Basilides faßt beide Worte zusammen!
** Vgl. Röm 5,13.

schreit und mitkreist, ihre Bekanntmachung erwartend: da kam das Evangelium in den Kosmos! Es durchschritt alle Bereiche, Gewalten, Heerscharen und Namen, die genannt werden. Es kam real, obgleich nichts von oben ‚herab kam'. Und schon gar nicht verließ jene selige Sohnschaft den unbekannten, seligen, nichtseienden Gott. Es sei so wie mit dem indischen Naphta gewesen, der ja auch schon aus der Ferne Feuer an sich zieht.* Genauso kommen von unten die Kräfte hin bis nach oben zur Sohnschaft – heraus aus der Gestaltlosigkeit des Haufens. Denn der Sohn des großen Archons der Achtheit ergreift und nimmt die Gedanken der seligen Sohnschaft hinter der Grenze, wie der indische Naphta, als ob er selber Naphta wäre. Denn die Kraft der Sohnschaft in der Mitte des heiligen Geistens teilt die fließenden und schwebenden Gedanken der Sohnschaft dem Sohn des großen Archonten mit.

*

So sei jedenfalls das Evangelium gekommen: zuerst von der ‚Sohnschaft' über den ‚Sohn', der bei dem großen Archon sitzt, zu diesem Archon. Da begriff der Archon, daß er nicht der Gott des Universums wäre, sondern gezeugt war; über ihm der ruhende Schatz des unsagbaren, unnennbaren Nichtseienden und der Sohnschaft. Und er bekehrte sich und geriet in Furcht, da er begriffen hatte, in welcher Unwissenheit er gewesen war. Und das bedeute das Wort: ‚Anfang der Weisheit ist die Furcht des Herrn.' So wurde dieser weise, unterwiesen von dem bei ihm sitzenden Christus. Er wurde belehrt, wer der Nichtseiende ist, was die Sohnschaft ist, was das heilige Geisten ist und wie das Universum eingerichtet ward und wie es wiederhergestellt wird. Das ist die ‚Weisheit', die im Rätsel geredet wird und

* Naphta, den Alten bekanntes oberirdisches Vorkommen von Erdöl, das leicht entzündlich war.

von der geschrieben ist: ‚Nicht in gelehrten, sondern in ungelehrten Worten der Weisheit reden wir.' Unterrichtet und belehrt, habe der Archon seine Schuld bekannt, die er begangen hatte, indem er emporgestiegen war. Und das sei es, wenn gesagt ist: ‚Meine Sünde habe ich erkannt und meine Gesetzlosigkeit. Ich kenne sie und werde sie immer bekennen.'

Sobald nun der große Archon unterwiesen war, wurde auch die gesamte Schöpfung der Achtheit unterwiesen und belehrt. So wurde den Kreisen des Himmels das Geheimnis bekannt gemacht.

*

Nun mußte das Evangelium auch zum Kreise der Sieben kommen, damit auch der Archon der Siebenheit belehrt wäre und ihm das Evangelium gebracht sei. Es entzündete aber der Sohn des großen Archons ein Licht für den Sohn des (kleinen) Archons, des Herrn über den Kreis der Sieben. Er hatte es oben bei der Sohnschaft entzündet. So wurde der Sohn des Archonten der Sieben erleuchtet und brachte das Evangelium dem Archonten der Siebenheit. Und genau so, wie zuerst gesagt, geriet auch der in Furcht und bekannte seine Schuld.

Als nun alles im Kreise der Sieben erleuchtet war und das Evangelium auch ihnen proklamiert ...*, da mußte schließlich auch die Formlosigkeit bei uns erleuchtet werden. Es mußte der Sohnschaft, die wie eine Fehlgeburt in der Formlosigkeit zurückgeblieben war, ebenfalls jenes Geheimnis bekannt gemacht werden, das früheren Generationen nicht proklamiert worden war. Denn so sei es geschrieben: ‚Das Geheimnis wurde mir aber gemäß einer Proklamation bekannt gemacht' und ‚Ich hörte unsagbare Worte, die ein Mensch nicht nachsagen kann.'

* Hippolyt trägt hier einen störenden Text aus anderer Quelle ein.

*

So endlich kam aus dem Kreise der Sieben das Licht, welches zu dem Sohne der Siebenheit von oben aus dem Kreise der Achtheit herabgekommen war, herab auf Jesus, den Sohn Marias!

Und er wurde von dem Lichte, das ihn anschien, erleuchtet und entzündet. Das bedeute das Wort: ‚Heiliger Geist wird auf dich kommen', der nämlich, der von der Sohnschaft hindurch durch das Geisten der Grenze zum Kreise der Acht und der Sieben hindurchdrang bis zu Maria, ‚und Kraft des Höchsten wird über dir schatten'. Das ist die Kraft der Scheidung von oben, vom Gipfel her durch den Demiurgen bis zur Schöpfung – was immer dem Sohne gehört.

Bis zu diesem Zeitpunkt besteht der Kosmos, so wie er existiert. Aber nur, bis daß die gesamte Sohnschaft, zurückgelassen, Gutes zu erweisen den Seelen der Formlosigkeit und Gutes zu erhalten, indem die eigene Seele Gestalt gewinnt, Jesus folgt, emporeilt und gereinigt kommt. Und so wird die Seele ‚leicht', so daß sie aus sich selbst heraus, wie jene erste Sohnschaft, emporsteigen kann. Denn jetzt hat sie von Natur aus die Kraft durch das Licht, das von oben nach unten leuchtet, fest in sich.

*

Wenn aber, sagt Basilides, die gesamte Sohnschaft nach oben gekommen ist und über der Grenze des Geistens sein wird, dann geschieht der Schöpfung Erbarmen. Denn bis jetzt schreit sie und kreist sie und wartet auf die Bekanntmachung der Söhne Gottes, wo dann alle Menschen der Sohnschaft von hier nach oben gelangen. Und wenn dies geschehen sei, dann wird Gott über den gesamten Kosmos die ‚große Unwissenheit' bringen. Dann bleibt alles bei seiner Natur, und nichts bäumt sich gegen seine Natur auf. Es werden alle Seelen, deren Natur es ist, in diesem Bereich hier unten bleiben, unsterblich und ohne etwas anderes und Besseres zu wissen als eben diesen Bereich. Und es wird in den unteren Räumen keine Gnosis über die oberen Räume geben, damit sich die unteren Seelen nicht dadurch gequält finden und nach Unmöglichem verlangen, wie der Fisch, der wünschte, auf dem Gebirge mit den Schafen zu weiden. Ein solches Verlangen wäre für diesen ja Vernichtung.

*

Alles also, was an seinem Orte bleibt, sei unvergänglich. Vergänglich aber ist, was aus seiner Natur ausbrechen und sie überschreiten möchte.

Und so wird der Archon des Kreises der Sieben nichts wissen von dem, was über ihm ist. Denn auch ihn wird die große Unwissenheit beherrschen. Dann fällt von ihm ab Trauer, Schmerz und Schrei. Denn er wird nichts Unmögliches verlangen und nicht in Trauer kommen.

Ebenso wird aber auch der große Archon über die Achtheit von der großen Unwissenheit erfaßt werden und in gleicher Weise alle seine Geschöpfe, so daß er nichts, was gegen seine Natur wäre, verlangt und so Schmerz empfände.

Und so wird die Wiederherstellung aller Dinge sein, die von Anfang im Ganzsamen der Welt angelegt waren. Sie werden zu ihren Zeiten wiederhergestellt. Daß aber alles seine eigene Zeit habe, das sage der Retter: ‚Meine Stunde ist noch nicht da', und auch die Magier, die den Stern sahen, denn auch dieser ‚Stern' war mit der Geburt der Sterne und der Stunde der Wiederkehr im großen Haufen vorgeplant. Das ist der bei ihnen vermutete innere, pneumatische Mensch, mitten im psychischen Menschen. Das ist die Sohnschaft, die hier die Seele zurückläßt. Und doch ist diese nicht sterblich, sondern eine solche, die ihrer Natur nach hier bleibt. Es ist so, wie die zweite Sohnschaft das ‚heilige Geisten' an der Grenze, am passenden Ort, zurückgelassen hat. So geht es auch mit dem pneumatischen Menschen, der sich damals lediglich mit einer Seele bekleidete.

*

Um aber rein gar nichts von ihren Gedanken zu übergehen, will ich noch herschreiben, was sie über das Evangelium sagen.

Das Evangelium ist nach ihnen die Einsicht der überkosmischen Dinge, die der große Archon nicht begriff. Ich habe das schon mitgeteilt. Als ihm nun eröffnet wurde, daß auch das heilige Geisten existiere, das heißt jene Grenzfeste, und die Sohnschaft und der nichtseiende Gott der Grund von allem seien, da jubelte er über diese Nachricht und geriet in Verzückung. Und *das* ist nach ihnen das Evangelium.

*

Jesus ist nach ihnen geboren, wie es früher gesagt ist. Nach dieser Geburt hat sich alles mit dem Retter genau so zugetragen, wie es in den Evangelien geschrieben ist.

Das aber sei geschehen, damit Jesus der ‚Anfang der Scheidung des Vermischten, Art für Art', würde. Denn da die Welt nun einmal zerteilt sei in den Kreis der Acht, das Haupt der Welt – behauptet aber hat sich der große Archon –, und in den Kreis der Sieben, das Haupt dessen, was darunter ist – behauptet aber hat sich der Demiurg –, und in diesen Bereich bei uns, wo die Formlosigkeit ist, da war es notwendig, daß das Vermischte ‚Art für Art' geschieden würde durch Trennung. Und dies geschah durch Jesus.

Demnach litt er mit dem Körper, der aus der Formlosigkeit stammte und zu ihr zurückkehrte. Und er stand auf mit der

Psyche und kehrte in den Kreis der Sieben zurück. Er machte wach, was zum Bereich des großen Archons gehört. Und es blieb dies bei dem großen Archon. Er trug nach oben, was zum Geisten an der Grenze gehört, und es blieb bei dem Geisten an der Grenze.
Gereinigt aber wurde durch ihn die dritte Sohnschaft, zurückgelassen, Gutes zu gewähren und Gutes zu empfangen. Sie stieg hinauf zur seligen Sohnschaft, alles überwindend.
Ihr ganzes System ist nämlich gleichsam eine Vermischung des Ganzsamens der Welt und folgerichtig eine Scheidung der Arten und die Wiederherstellung des Vermischten in das je Eigene.
Der Anfang der Scheidung des Vermischten, Art für Art, ist also Jesus geworden. Seine Passion ist aus keinem anderen Grunde geschehen, als daß das Vermischte Art für Art geschieden würde. Denn Basilides sagt, daß die gesamte Sohnschaft, zurückgelassen in der Formlosigkeit, Gutes zu gewähren und Gutes zu empfangen, auf *die* Weise Art für Art geschieden werden muß, auf die auch Jesus selbst Art für Art geschieden wurde.
Das ist es also, was Basilides gereimt hat, während er in Ägypten (Alexandrien) war.

***

Basilides, der ehemalige Lehrer des Valentinos, denkt diametral anders als der Schüler. Dort der ‚Fall der Sophia', hier der ‚Aufstieg der Hyotes'. Ein Programm ist entworfen! Denkt Valentinos durchaus und in allem dual – von Dualismus sollte man nicht reden –, so Basilides „monal". Von Monismus rede man auch hier besser nicht.*

* Das Fachwort für ‚Sohnschaft'.

Für Basilides kommt alles von Einem und kehrt zu Einem zurück. Die ‚Scheidung' wird Jesus sein.
Wie schwer die Einzigkeit des Einen zu finden ist, weist bereits der philosophisch-gequälte Anfang des Systems auf: „Denn was einer nicht einmal nicht aussprechen kann, ist begrifflich das ‚Nicht-einmal-Unaussprechliche'; ein Name also, über den keiner größer genannt werden kann." Ja wirklich, ohne „Wortspalt", Basilides redet von der ‚Gottlosigkeit Gottes', um überhaupt reden zu können. Er quält sich vor zur Nichtexistenz Gottes, um ‚Gott' nicht schon im Ansatz, wie er meint, zu verfehlen. Und wieder, wenn auch noch einmal ganz anders, liegt hier ‚Theologie' im Wortsinne vor: Gott weder sagbar noch unsagbar, ja nicht einmal das. Gott ist nicht, damit Gott sei.
Und dieser nichtseiende Gott „wollte ... ohne Wollen ... einen Kosmos schaffen ... Mit ‚Kosmos' aber meine ich nicht den nach Fläche und Gliederung gewordenen, sondern einen ‚Ganzsamen der Welt'."
Die ‚ganze' Wirklichkeit wird „hingelegt" in einem Senfkorn-Nichts. In diesem ‚Samen' oder in diesem „Ei", wie in der Metapher gesagt wird, ist alles enthalten. Und doch ist auch der Ganzsame nichtseiend. Die Entfernung der Schöpfung zu ihrem Gott ist also nicht eben groß.
Man möchte nun wirklich auch sehen, „was nach Basilides ... das erste, das zweite und das dritte ist, das aus jenem Ganzsamen der Welt geworden ist. In jenem Samen sei eine ‚dreifache Sohnschaft' gewesen ...", erfährt man.
Die erste Sohnschaft kommt leicht ans Ziel, da sie „leicht" ist. Schwerer hat es die zweite Sohnschaft, sie ist „schwerer". Sie braucht die „Flügel" eines „Geistens", muß „Gutes gewähren, um Gutes zu empfangen".
„Von der dritte Sohnschaft aber, diejenige, die der ‚Reinigung' bedarf, sagt Basilides: Sie blieb zurück in dem großen Haufen des Ganzsamens der Welt, Gutes erweisend und Gutes erfahrend." Und jetzt erst, nachdem sich Blick

und Schicksal auf diese ‚zurückgebliebene‘ Sohnschaft richten, bekommt man einen Verstehensschlüssel in die Hand: das 8. Kapitel des Römerbriefes. Die gnostische Grundeinsicht des Basilides sei denn wirklich das Schreien und Kreißen der „Söhne Gottes“ nach der Freiheit!
Und auch hier wieder ein Archon, ein zweiter Archon, beide mit Söhnen, Achtheit, Siebenheit, und und und ... das übliche gnostische Mobiliar.
„Als aber nun wir, die ‚Söhne Gottes‘, bekannt werden sollten, sagt Basilides, deretwegen die gesamte Schöpfung mitschreit und mitkreißt, ihre Bekanntmachung erwartend: da kam das Evangelium in den Kosmos!“
Zwar weist dieses ‚Evangelium‘ den und jenen Archonten in die Schranken, doch „jubelte er über diese Nachricht und geriet in Verzückung“. Gnosis ist also Evangelium. Und es gerät immer weiter, hinab bis auf die zurückgelassene Sohnschaft. „So endlich kam ... das Licht ... herab auf Jesus, den Sohn Marias.“
Und es hat sich mit diesem Jesus alles „genau so zugetragen, wie es in den Evangelien geschrieben ist“.
*Daß Basilides mit einer derart günstigen These dem Kirchenchristentum lediglich Zugeständnisse machte, würde ich nicht unterschreiben. Denn Gnosis muß eben gar nichts sein als sie selbst – auch nicht ‚doketistisch‘.**
„Denn Basilides sagt, daß die gesamte Sohnschaft, zurückgelassen in der Formlosigkeit, Gutes zu gewähren und Gutes zu empfangen, auf die Weise Art für Art geschieden werden muß, auf die auch Jesus selber Art für Art geschieden wurde.“

* Gemeint ist eine (sonst in der Gnosis recht häufige) Scheinleibhaftigkeit Jesu.

Zwei ethische Entwürfe

Daß Gnosis keinen ethischen Standpunkt habe, ist oft geschrieben und noch öfter gesagt worden.
Gewiß, wer vorgibt, ‚von Natur aus' gerettet zu sein, wie sollte ausgerechnet der einen Weg zum Menschenbruder finden? Wie aber, wenn nun Ethik zwar wenig mit Gründen, aber viel mit Gesittung zu tun hätte? Wer davon überzeugt ist, daß allein der „Glaube", und zwar „ohne Werke", das Gelingen schafft, hat prinzipiell dieselbe Auskunftsbeschwernis, die über dem gnostischen ‚allein die Einsicht' lagert.

Der Brief an Flora

Epiphanius, Panarion XXXIII 3,1 – 7,10

Daß das von Moses erlassene Gesetz nicht allzu viele vor uns begriffen haben dürften, liebe Schwester Flora*, wirst auch du ohne weiteres einsehen, sobald du nur die verschiedenen Auffassungen dazu kennst. Man hat bisher nämlich weder den Gesetzgeber noch das Gesetz selbst präzise genug zur Kenntnis genommen.
Da behaupten also die einen, der Gott, der der Vater ist, habe das Gesetz erlassen. Steif und fest behaupten die anderen ganz anders: es stamme vom Gegenpart, dem Schlimmes stiftenden Satan, schreiben sie ihm doch auch das Machen dieser Welt zu. Nach ihnen ist ja *er* der Vater und Macher dieser Welt.
Beide irren, schon deswegen, weil sie gegeneinander reden.

* Der Absender ist der Valentinianer Ptolemaios, die Adresse ‚Flora' ist sonst nicht weiter bekannt.

Und beide haben auch die Wahrheit, um die es hier geht, bei sich selbst verfehlt.
Denn dieses Gesetz ist deutlich nicht von dem endgültigen Gott, der der Vater ist, promulgiert. Es ist nämlich weder endgültig, da es ja schließlich ein je anderer zu praktizieren hat, noch zielt es auf einen derartigen Gott, da es ja auch Gebote hat, die dessen Natur und Gesinnung widersprechen. Umgekehrt kann man ein Gesetz, das das Tun des Unrechts ausdrücklich verbietet, nicht der Ungerechtigkeit des Widerparts zuschreiben. Erst recht nicht, wo es an der Einsicht mangelt, daß nach dem Worte des Retters* „keine Stadt und kein Haus, das mit sich selbst in Fehde liegt, stehen bleiben kann". Denn so hat ja doch wohl unser Retter gesagt. Dazu sagt der Apostel, daß die Schöpfung der Welt sein Eigentum sei, denn alles soll durch ihn und ohne ihn soll nichts geworden sein. So nimmt er den Lügenrednern den Grund zu ihrer Weisheit weg. Nicht von einem, der Schlimmes stiftet, sei die Welt, sondern von einem gerechten Gott, der das Schlimme haßt. Kurz, dies ist die Ansicht von ziemlich kurzsichtigen Menschen, die den Grund der Voraussicht des Schöpfers nicht kennen. Bei ihnen sind nicht nur die Augen der Seele zugeklebt, sondern auch noch die des Körpers.**
Aus dem bisher Gesagten wird es dir wohl klargeworden sein, daß diese an der Wahrheit vorbeigelaufen sind. Beide haben dieses auf je ihre Weise erfahren müssen, die einen, weil sie den Gott der Gerechtigkeit nicht kennen, die anderen, weil sie den Vater des Universums nicht kannten, kannte ihn doch einzig der, der ihn bei seinem Kommen bekannt gemacht hat. Es bleibt also mir, der ich der Erkenntnis dieser beiden wert geworden bin, dir hinreichend deutlich zu machen, was das Gesetz ist und wer der Gesetzgeber ist, der dieses erlassen hat. Dabei will ich das, was ich

* Hier und im folgenden ist mit ‚Retter' stets Jesus gemeint.
** Das heißt, sie können nicht richtig lesen.

meine, es solle gesagt sein, aus den Worten unseres Retters zitieren. Durch diese Worte allein werden wir ohne zu stolpern auf das, was ist, hingelangen.

Als erstes muß man akzeptieren, daß das gesamte Gesetzesvolumen, das im Pentateuch des Moses aufgezeichnet ist, nicht einfach von einem einzigen erlassen ist. Ich meine das so: nicht von dem einen Gott, wären denn nicht wirklich auch Vorschriften darunter, die von Menschen erlassen sind.

Die Worte des Retters zeigen uns, daß es dreifach aufgeschlüsselt ist: Der eine Teil stammt von Gott und seiner Gesetzgebung selbst, der andere von Moses. Ich meine aber gerade nicht, daß Gott durch Moses Gesetze gegeben hätte, sondern Moses ging von eigenen Überlegungen aus und erließ eigene Gesetze. Zum dritten kommen die ‚Ältesten des Volkes' in Frage. Auch sie haben eigene Gebote hinzugetan.

Wie sich dies aus den Worten des Retters ergibt, sollst du gleich hören. Er sprach einmal mit denen, die über den Scheidebrief disputierten. Es bestand ja die legalistische Vorschrift, es sei ein Scheidebrief erlaubt. Der Retter warf ein: „Moses hat lediglich im Blick auf eure Herzensverfettung zugestanden, daß man die Frau wegschicken dürfe. Am Anfang war es nicht so. Denn diese Verbindung hat Gott gefügt, und was der Herr gefügt hat, das soll der Mensch nicht trennen." Er erklärt also, daß eines jenes Gesetz Gottes ist, das es untersagt, daß die Frau vom Manne weggeschickt werde, und ein anderes ist das Gesetz des Moses, welches es nun gerade erlaubt, dieses Paar zu scheiden – wegen der Herzensverfettung.

Es hat also Moses ein Gesetz erlassen, das im Widerspruch zum Gesetze Gottes steht. Denn das Scheiden ist doch wohl dem Nichtscheiden entgegengesetzt. Wenn wir freilich auch dem Moses gerecht werden wollen, ergibt sich, daß er dies nicht aus eigener Willkür getan hat, sondern gezwungenermaßen durch die Schwachheit derer, auf die das

Gesetz zielte. Denn da sie außerstande waren, Gottes Willen zu halten, weil es ihnen ja nicht erlaubt war, ihre Frauen gegebenenfalls wegzuschicken, mit denen einige von ihnen nur noch widerwillig zusammenlebten und in Gefahr waren, sich noch mehr ins Unrecht zu setzen und dann gänzlich ins Unglück, da erst handelte Moses. In der Absicht, diesen Widerwillen, durch den sie sich gefährdeten, zu egalisieren, gab er umständehalber ein zweites Gebot, ein kleineres Übel eintauschend für ein größeres, nämlich diese Scheidebriefmöglichkeit. Wenn sie jenes Gesetz schon nicht halten könnten, so sollten sie wenigstens dieses einhalten, um nicht in Unrecht und Schlimmes zu geraten, aus denen dann doch nur das endgültige Unglück folgen würde.

Dies ist jedenfalls die Meinung des Moses. Und so ist er einer geworden, der gegen Gott Gesetze erläßt. Und ich habe immerhin gezeigt, daß das Gesetz des Moses ein anderes ist als das Gesetz Gottes. Und wenn ich dies jetzt auch nur in einem Beispiel vorgeführt habe, unbestritten bleibt es doch.

Daß aber auch etliche Überlieferungen der Ältesten sich an das Gesetz gebunden haben, auch das macht der Retter deutlich genug. Denn er hat doch gesagt: „Gib die Ehre deinem Vater und deiner Mutter, dann wirst du gut leben. Ihr aber sagt, eine Spende für Gott sei es, was du von mir als Hilfeleistung beanspruchen könntest. So habt ihr das Gesetz Gottes zugunsten der Traditionen der Alten außer Kraft gesetzt. Das hat (der Prophet) Jesaja über euch treffend formuliert: Dieses Volk ehrt mich mit der Lippe, ihre Gesinnung aber ist weit weg von mir. Doch man gibt mir vergeblich die Ehre, man plappert Lehren von Menschen und Menschengebote."

Daraus ist doch nun klar zu folgern, daß das gesamte Gesetz dreigespalten ist. Wir finden also im Pentateuch Gesetze des Moses, Gesetze der Ältesten und eben Gesetze Gottes. Es hat also die von mir vorgeschlagene Dreiteilung des Gesamtgesetzes dessen Zustand selbst an den Tag gebracht.

Weiter ist das eine Gesetz Gottes selbst durch drei zu teilen. Zunächst ist da die reine Gesetzgebung. Sie ist mit nichts Bösem vermischt und somit im eigentlichen Sinne Gesetz. Und es kam ja auch der Retter nicht, dieses zu zerbrechen, sondern es gerade gültig zu machen ... Zum anderen gibt es ‚Gesetz', das mit dem Schlechten und mit Unrecht verflochten ist. Der Retter hat dies außer Kraft gesetzt, da es seiner Natur nicht entsprach. Drittens wird das Gesetz auch auf den Bereich des Typischen und des Symbolischen aufgeteilt. Solche Gesetze sind erlassen nach dem Bild des Pneumatischen und Besonderen. Derlei hat der Retter vom Sichtbaren auf das Pneumatische und Unsichtbare umgepolt.

Das reine Gesetz Gottes, ohne Verbund mit dem Bösen, das ist der Dekalog, jene zehn Worte, die auf die zwei Tafeln zerfallen, zum Zurückweis all dessen, was zu meiden, und zur Weisung all dessen, was zu tun ist. Und dennoch bedurfte auch diese rein erhaltene Gesetzgebung der Erfüllung durch den Retter, da sie nicht endgültig war.

Das mit Unrecht verbundene Gesetz meint die Wehr und die Vergeltung an denen, die als erste Böses tun. Es gebietet, ein Auge für ein Auge und einen Zahn für einen Zahn auszuschlagen und einen Mord mit einem anderen Mord zu vergelten. Denn der zweite, an dem das Unrecht begangen ist, sündigt nicht weniger, wenn er lediglich die Reihenfolge ändert, aber doch dieselbe Tat begeht. Dieses Gebot war und ist zwar gerecht, sofern es wegen der Schwäche derer, die sich an das Gesetz halten, nur für den Fall erlassen ist, daß das reine Gesetz bereits gebrochen ist, es ist aber der Natur und der Güte des Vaters des Universums fremd. Passen mag diese Weisung zwar, aber sie entspricht doch mehr einer Notwendigkeit. Denn wer den einen Mord durch das Wort ‚Du sollst nicht töten' nicht will, hat, wenn er dann doch befiehlt, den Mörder selbst zu töten,

immerhin ein zweites Gesetz erlassen. Es wird dann in zwei Arten des Mordes unterschieden. So aber hat, wer den einen Mord verbietet, sich selbst etwas vorgemacht, so daß ihn die schiere Notwendigkeit täuschte. Darum hat der von jenem (unbekannten Gott) gekommene Sohn diesen Teil des Gesetzes aufgehoben. Er konzedierte aber, daß auch dieses Gesetz Gottes Gebot sei, wo es nämlich mit anderen Stücken zur alten Lebensgesittung beitragen kann; besonders, wenn es heißt: ‚Wer Vater und Mutter verachtet, der sei des Todes.'
Der ‚typische' Teil des Gesetzes schließlich ist der, der nach dem Bild der pneumatisch zu verstehenden besonderen Dinge ausgerichtet ist. Ich denke dabei an alles, was mit Opfer, Beschneidung, Sabbat, Fasten, Pesach, Ungesäuertem und all dem zu tun hat. Dies alles sind nur Bilder und Symbole. Als die Wahrheit erschien, wurde dieses umgeändert. Dem Sichtbaren nach wurde es aufgehoben; dem Pneumatischen nach wurde es emporgehoben. Die Namen blieben, die Sachen änderten sich. Denn wohl hat uns der Herr geboten, Opfer darzubringen, aber nicht in Gestalt vernunftloser Tiere oder mit diesem Weihrauch, sondern Opfer, die durch geistiges Lob, Rühmen und Danken und durch Güte und tatkräftige Hilfe am Nächsten geschehen. Gewiß, wir sollen uns beschneiden, aber nicht an einer Vorhaut des Leibes, sondern am Herzen. Und wie steht es mit dem Einhalten des Sabbats? Ja, wir sollen ausrasten vom bösen Tun. Und das Fasten? Er will nicht, daß wir leiblich hungern, sondern geistig, d. h. das Schlechte nicht tun. Gewiß, es wird auch bei den Unsrigen das sichtbare, leibliche Fasten gehalten, kann es doch der Seele auch etwas nützen, wenn es mit Vernunft geschieht, wenn es weder zur bloßen Nachäfferei anderer noch aus purer Gewohnheit oder gar um eines bestimmten Tages willen geschieht. Allerdings fasten wir auch zur Erinnerung an das wahre Fasten, damit die, die jenes noch nicht fassen können, an dem sichtbaren Fasten die Erinnerung an das wahre Fasten

haben. Und mit dem Pesach und den ungesäuerten Broten halten wir es ebenso. Denn daß das Bilder waren, macht doch Paulus, der Apostel, deutlich genug: „Auch unser Pesach wurde geschlachtet, Christus, damit ihr ungesäuert seid, ohne Sauerteig" – Sauerteig nennt er das Bössein –, „sondern neuer Teig seid."

Es wird nun also das, was eingestandenermaßen Gesetz Gottes ist, in drei Teile geteilt: 1. Was der Retter endgültig gemacht hat: denn ‚du sollst nicht töten, du sollst keine Ehe zerbrechen, du sollst keinen Meineid leisten', ist doch in dem Verbot des Zornes, des Begehrens und des Schwörens gewiß enthalten.

2. Das, was gänzlich aufgehoben ist: denn das ‚Auge um Auge, Zahn um Zahn' wurde vom Retter außer Kraft gesetzt, da es ja mit Unrecht verbunden ist und auch eigenes Unrechttun enthält, nur seitenverkehrt. Denn das je Seitenverkehrte hebt sich gegenseitig auf: „Ich aber sage euch, dem Bösen gar nicht zu widerstehen, sondern, wenn einer dir eine Ohrfeige gibt, dann recke auch die andere Backe."

3. Was umgesetzt und verändert wird vom Leiblichen zum Geistigen, jenes Symbolische, das als Bild der besonderen Dinge erlassen ist. Denn die Bilder und Symbole deuten andere Dinge als die ursprünglich Gemeinten an. Sie waren gut, solange die Wahrheit nicht da war. Wo aber die Wahrheit ist, muß man sich an Wahrheit halten und nicht an Bilder. Das haben seine Schüler wie der Apostel Paulus gezeigt, wo er, wie schon gesagt, an dem Pesach und an dem Ungesäuerten um unseretwillen das Bild meinte. Und das mit Ungerechtigkeit verbundene Gesetz meint er mit den Worten: ‚Das Gesetz der Gebote, bestehend aus lauter Vorschriften, hob er auf', und den Teil, der mit dem Schlechteren nicht vermischt wird, meint er durch die Worte: ‚Das Gesetz ist heilig, und das Gebot ist heilig, gerecht und gut.'

Soweit man dies in Kürze zusammenfassen kann, meine

ich dir nun hinreichend gezeigt zu haben, was es mit der von Menschen hinzugetanen Gesetzgebung auf sich hat und was mit dem Gesetz Gottes, das dreigeteilt ist.
Bleibt noch die Frage, wer wohl dieser Gott sei, der überhaupt das Gesetz erlassen hat. Ich meine, ich hätte dir bisher auch dies schon mitgeliefert, falls du nur genügend aufmerksam warst. Denn wenn dieses Gesetz weder von dem endgültigen Gott noch von dem Satan erlassen ist – was man nicht einmal in dieser Form sagen sollte –, dann ist dieser, der das Gesetz erlassen hat, ein anderer als jene beiden. Er ist Macher und Verfertiger dieser ganzen Welt und all dessen, was es in ihr gibt. Er ist ein anderer als es jene sind. Er steht in der Mitte zwischen ihnen. Zu Recht nennt man ihn auch ‚Mitte'. Und wenn der endgültige Gott seiner eigenen Natur nach gut ist – und er ist es wirklich, denn den einen und einzigen guten ‚Gott' hat unser Retter seinen Vater genannt und ihn selber bekannt gemacht – und wenn der ‚Gott' der Gegennatur böse und schlecht ist, bezeichnend ist seine Ungerechtigkeit, dann wird der, der in der Mitte von beiden steht und weder gut noch bös noch ungerecht ist, doch wohl präzise gerecht genannt werden dürfen. Er belohnt ja auch die ihm entsprechende Gerechtigkeit.
Dieser Gott ist aber geringer als der endgültige Gott und auch weniger als dessen ‚Gerechtigkeit'. Er ist ja geworden und nicht etwa ungeworden. Ungeworden ist nur einer, der Vater, von dem alles kommt, denn an ihm liegt alles. Doch ist (der Gott der Mitte) größer und rechtmäßiger als der Widersacher. Und er ist auch von anderem Wesen und anderer Natur, anders als jeder der beiden andern. Das Wesen des Widersachers ist Vernichtung und Finsternis, denn er ist Stoff und geteilt. Das Wesen des ungewordenen Vaters des Universums ist Unvergänglichkeit und selbst seiendes, einfaches, eingestaltiges Licht.
Für jetzt soll dich das aber nicht weiter bekümmern. Gut, du willst lernen, wie von einem einzigen einfachen Anfang

und, wie wir bekennen und glauben, ungeworden, unvergänglich und gut alles kommt. Nämlich die Vergänglichkeit und die Mitte ...
Du wirst, wenn Gott es will, in der Zukunft lernen den Anfang und das Entstehen von all dem, wert der apostolischen Überlieferung, die auch ich als Überlieferung angenommen habe. Ich prüfe ja alle Worte an der Lehre unseres Retters.
Dies, meine Schwester Flora, wollte ich dir kurz schreiben. Kurz war es gefaßt, aber doch gleichzeitig hinreichend behandelt. Für die Zukunft wird es für dich sehr nützlich sein, wenn du wie ein Stück guter, schöner Boden, der gesunden Samen bekommen hat, auch entsprechende Blüten sehen läßt.

***

Dieser allein ganz erhaltene gnostische Seelsorgebrief ist nicht nur wegen seiner Form ein Kleinod, sondern mehr noch aus inhaltlichen Gründen.
Außer dem gnostischen Seelsorgemanagement sind zwei Gesichtspunkte besonders wissenswert.
1. Es gibt keine gnostische Ethik. Die Gesittung des Gnostikers richtet sich an seinem Umfeld aus. Beim nächsten Quellentext wird dieses Urteil allerdings zu modifizieren sein.
2. Der ‚Florabrief' begreift als erster christlicher Text die Qualitätsscheide zwischen ‚Gesetz' und ‚Evangelium'. Alle mit ihm gleichzeitigen und erst recht die zeitlich vor ihm liegenden christlichen Dokumente zitieren bei ethischer Fragestellung beliebig und gleich gültig aus ‚Moses', aus dem ‚Propheten', aus dem ‚Evangelium' oder aus dem ‚Apostel'. Ethik scheint Ethik, gesucht wird, was paßt.
Der Valentinianer Ptolemaios ist aber nicht irgendwer,

und so erkennt er auch mehr. Im Pentateuch, den fünf ersten Büchern der Bibel, sieht Ptolemaios ein Triumvirat am Werke: Gott, Moses und die Ältesten (Israels) haben ‚Gesetze' erlassen – nicht Gott allein!
Man wird in der Geistesgeschichte warten müssen bis hin zu Lessing, um diese Einsicht wieder zu gewinnen. Die Bibel ist nicht aus einem gleichsam göttlichen Einheitsguß, sondern auch ‚geschichtliches' Werk. Ihre ‚Gebote' sind der Wertung und Reihung zu unterwerfen.
Diese Einsicht gewinnt Ptolemaios aber, weil er die überlieferte Jesus-Tradition genau liest. Dieser selbst habe so unterschieden – und er hat das auch!
Im mosaischen Gesetz steht rein Gutes, zum Beispiel der Dekalog, dann aber auch Gutes mit Bösem vermischt, zum Beispiel die Talions- oder Vergeltungsgesetze, und schließlich ‚Typisches', das jetzt anders gelte als einst.
Das von Ptolemaios angelegte Scheidekriterium ist die Jesus-Ethik, die sogenannte Bergpredigt also.
Ausgerechnet ein Gnostiker also erkennt die ethische Dimension Jesu.
Jedenfalls ist der allzu leicht erhobene Vorwurf an die Gnosis, sie sei bald libertinistisch, bald asketizistisch, so nicht zu halten. Aus sich heraus gestaltet sie zwar ‚nur' einen großen pädagogischen Impuls (siehe den vorliegenden Brief), sie ist aber offen auch für das ganz Neue, die Weisungen Jesu.

Die Gerechtigkeit Gottes

Klemens, aus den „Teppichen", III, 2,5–9

... Epiphanes, von dem auch Schriften vorhanden sind, war ein (leiblicher) Sohn des Karpokrates ... dieser sagt in seiner Schrift ‚Über die Gerechtigkeit' wörtlich folgendes:

„Die Gerechtigkeit Gottes ist eine Art Gemeinschaft, basierend auf Gleichheit. ‚Gleich' ist ja überall der Himmel hingestreckt. Er umschließt im Kreise die ganze Erde. Die Nacht zeigt in ‚gleicher' Weise alle ihre Sterne. Und die Sonne, die den Tag heraufbringt, sie, die Mutter des ganzen Lichtes, hat Gott von oben her über alle auf Erden, wo sie nur Augen haben, in ‚gleicher' Weise ausgeschüttet. Alle sehen sie gemeinsam."
Er konstruiert keinen Unterschied zwischen Reich und Arm, Volk und Herr, Narr und Philosoph, Frau und Mann, Freien und Sklaven!
Ja nicht einmal die Kreatur ohne Vernunft sieht er anders an, nein, ebenso. Er läßt für alles, was lebt, das Licht der Sonne in gleicher Weise von oben her ausgeschüttet sein.
So setzt er dem Guten wie dem Bösen seine Gerechtigkeit fest, damit keiner mehr habe oder seinem Nächsten etwas abzwacken könne. Keiner kann von dem Licht doppelt soviel haben wie der andere.
Die Sonne läßt für alles, was lebt, gemeinsam die Nahrung aufschießen, da die gemeinsame Gerechtigkeit allen in gleicher Weise gegeben ist. Wenn man es so sieht, gibt es keinen Unterschied zwischen allen Ochsen und einem einzelnen Rindvieh, auch nicht zwischen den Schweinen insgesamt und einer einzelnen Sau, und auch nicht zwischen einer ganzen Hammelherde und einem einzelnen Lamm. Denn es zeigt sich bei all denen die Gerechtigkeit als Gleichheit.
Dasselbe gilt für die Sämereien, welcher Art sie auch sind, sie fallen alle ganz gleich und ohne Unterschied in die Erde. Und gemeinsam treibt das Futter hoch für alle Tiere, die am Boden weiden – für alle in gleicher Weise. Und dies ist durch keinerlei Gesetz geregelt. Nein, das Futter steht durch die Gabe dessen, der es gibt und gedeihen läßt, allen zur Verfügung. Es gibt keinen Unterschied.
Aber auch für die Zeugung gibt es kein geschriebenes Gesetz – wenn ja, wäre es ein Änderungsgesetz –, sondern

man zeugt und gebiert in gleicher Weise. Denn die Gemeinsamkeit ist angeboren von der Gerechtigkeit her.
Der Schöpfer und Vater des Ganzen hat mit der ihm eigenen Gerechtigkeit diese Gesetze gegeben: allen gemeinsam Augen zum Sehen, und dabei ist doch wohl kein Unterschied zwischen Mann und Frau, zwischen Dummköpfen und Gescheiten, bei gar nichts also. Ganz gleich und ohne irgendeinen Unterschied ist alles ausgeteilt, und die Fähigkeit zu sehen ist mit einer einzigen Weisung allen in gleicher Weise geschenkt.
„Da aber die Gesetze", sagt Epiphanes, „doch nicht gar die Unwissenheit der Menschen auch noch mit Strafe belegen konnten, lehrten sie die Menschen erst, daß sie ja (eigentlich) widergesetzlich handeln würden. Sobald nämlich die Gesetze den Privatbesitz vorsahen, zerschnitten sie die vom Gottesgesetz her geregelte Gleichheit und zerbrachen sie." Epiphanes versteht eben das Wort des Apostels nicht, der sagt: ‚Erst durch das Gesetz erkannte ich die Sünde.' Und er behauptet, die Begriffe Mein und Dein seien erst durch die Gesetze in die Welt gekommen, und erst jetzt habe man die Erde nicht mehr in gemeinsamem Besitz und zu Nutz, und auch nicht die Ehe. „Denn zum gemeinsamen Besitz hatte Gott für alle die Weinstöcke gemacht, setzen sich doch diese auch nicht gegen Sperlinge und Diebe zur Wehr. Und ebenso ist es auch mit dem Getreide und den anderen Früchten. Als man aber die Gemeinsamkeit und die Gleichheit gesetzwidrig aufhob, schuf man den Dieb der Tiere und der Früchte.
Da also Gott für den Menschen alles zum Gemeingut hergerichtet hat und die Frau mit dem Mann ohne Unterschied zusammengeführt und in gleicher Weise alle Lebewesen vereinigt hatte, erwies er die Gerechtigkeit als eine Gemeinschaft basierend auf Gleichheit.
Diejenigen aber, die (noch) auf solche Weise geboren waren, verleugneten die Verbindung, die ihre Geburt doch herbeigeführt hatte, und sagten: Wer eine Frau in sein Haus

geführt hat, der soll sie auch behalten – während doch alle sie mitbehalten könnten, wie es die übrigen Lebewesen ja anzeigen!"

Nachdem er dies wörtlich gesagt hat, fährt er später in der gleichen Weise so fort: „Denn er hat bei den männlichen Wesen das Verlangen stark und unwiderstehlich gemacht, damit die Art erhalten bleibe. Und kein Gesetz und keine Sitte und nichts anderes in der Welt kann dies austilgen; denn es ist Gottes Wille."

Wie kann wohl ein solcher Mann noch zu unserer Lehrgemeinschaft gerechnet werden, da er ja durch solche Sätze sowohl das Gesetz als auch das Evangelium geradezu aufhebt? Denn das eine sagt: ‚Du sollst nicht ehebrechen!' Und das andere sagt: ‚Jeder, der mit Verlangen hinsieht, hat schon die Ehe gebrochen.' Denn die Tatsache, daß das Wort ‚Du sollst nicht lüstern sein!' vom Gesetz gesagt worden ist, beweist doch, daß der eine und derselbe Gott durch Gesetz und Propheten *und* durch das Evangelium verkündet wird. Denn das Gesetz sagt: ‚Du sollst dich des Weibes deines Nächsten nicht gelüsten lassen!' Der Nächste ist aber nicht der Jude für den Juden, denn er ist sein Bruder und hat denselben Odem. Es bleibt also nichts übrig, als daß hier der Fremdling als Nächster bezeichnet wird. Denn wie sollte der nicht von vornherein Nächster sein, der denselben Odem erhalten hat? Denn Abraham ist nicht nur der Hebräer, sondern auch der Heiden Vater.

Wenn aber die Ehebrecherin und derjenige, der es mit ihr getrieben hat, mit dem Tode bestraft werden, so ist doch wohl klar, daß das Gebot ‚Du sollst das Weib deines Nächsten nicht begehren!' von den Heiden redet, damit jeder, der sich dem Gesetze entsprechend sowohl der Frau seines Nächsten als auch seiner Schwester enthalten hat, von dem Herrn höre: ‚Ich aber sage: Du sollst nicht begehren!' Die Hinzunahme des Wörtchens ‚ich' zeigt doch wohl den unmittelbaren Nachdruck des Gebotes und beweist, daß Karpokrates gegen Gott kämpft, und ebenso Epiphanes, der in diesem bekannten Buche, ich meine das ‚Über die Gerechtigkeit', wörtlich so weiterschreibt: „Man muß also den Satz ‚Du sollst nicht begehren' auffassen, als habe der Gesetzgeber damit eine geradezu lächerliche Rede getan und erst recht lächerlich hinzugefügt: ‚deines Nächsten Gut'. Denn er selbst, der die Kraft der Begierde gab, welche die Art überleben läßt, gebietet nun, diese zu beseitigen, während er selbst sie doch bei keinem einzigen Lebewesen beseitigt hat. Mit dem Zusatz ‚das Weib deines Nächsten', womit er den Gemeinbesitz gewaltsam in Privatbesitz umfügt, hat er aber das Lächerlichste gesagt."

*

„Ob diese Dinge bei ihnen wirklich geschehen, die gottlos, ungerecht und verboten sind, möchte ich nicht glauben. In ihren Schriften aber ist es so geschrieben, und so legen sie es aus."

Irenäus über Karpokrates und Epiphanes

„Die Anhänger des Karpokrates und des Epiphanes aber fordern, daß die Frauen allen gemeinsam zu sein hätten. Sie tragen daher die Schuld an der schlimmsten Verlästerung, die über den Christennamen insgesamt hereingebrochen ist."

Klemens von Alexandrien

Das Evangelium der Wahrheit

Text aus Nag Hammadi

Das Evangelium der Wahrheit ist für jene, die vom Vater der Wahrheit die Gnade haben, Verzückung, ihn selber zu erkennen durch die Kraft des Anspruchs, der aus dem Pleroma gekommen ist. Jener Anspruch, der im Denken und im Verständnis des Vaters war, heißt Retter, da das die Arbeit ist, die er zu leisten hat, nämlich die zu retten, die den Vater nicht erkannt haben.

Und somit ist die Bezeichnung ‚Evangelium' die Offenlegung der Hoffnung, der Fund derer, die Ihn suchen.

Das Universum aber dehnte sich aus nach dem, aus dem es hervorgegangen war. Und dabei war das Universum in dem undenkbar Unfaßbaren! Er ist über alles Denken groß. Die Unkenntnis des Vaters aber schuf Angst und Furcht. Die Angst aber verschattete sich wie ein Nebel, so daß niemand mehr sehen konnte. So kam die Plane* in Kraft. Und da sie die Wahrheit nicht kannte, schuf sie an ihrem Stoffe ohne Erfolg. Sie selbst war in einer Art Gebilde entstanden und hatte sich in der Kraft den Ersatz der schönen Wahrheit bereitet.

Für den undenkbar Unfaßbaren war dies aber keine Demütigung; waren doch die Angst, das Vergessen und das Bild der Lüge ein Nichts. Die feststehende Wahrheit aber ist unveränderlich, unerschütterlich und unüberschönbar.

Verachtet daher die Plane! Denn es verhält sich mit ihr so: Sie hat keine Wurzel. Verglichen mit dem Vater ist sie gewordener Nebel. So bringt sie bei ihrer Arbeit Vergessungen und Ängste hervor, damit sie jene, die zur Mitte gehören, ablenke und in Gefangenschaft führe, denn sie existiert ja.

* Wörtlich: Irrtum, muß aber hier nach der bekannten Regel weiblich bleiben.

Das Vergessen der Plane war nicht bekannt. Es ist nichts beim Vater. Das Vergessen ist nicht beim Vater entstanden, wenn es auch seinethalben entstanden ist. Was aber in *ihm* entsteht, ist die Gnosis.

Diese wurde bekannt, damit das Vergessen aufgelöst sei und man den Vater erkenne. Weil das Vergessen entstanden ist, damit man den Vater nicht erkenne, wird dann, wenn man den Vater erkennt, das Vergessen nicht mehr existieren. Von diesem Zeitpunkt an.

Das ist das Evangelium dessen, nach dem sie suchen, das er den Endgültigen durch die Erbarmungen des Vaters bekannt gemacht hat, er, das geheime Mysterium, Jesus Christus. Durch diesen hat er die erleuchtet, die durch das Vergessen in der Finsternis sind. Er hat sie erleuchtet und ihnen einen Weg vorgegeben. Der Weg aber ist die Wahrheit, über die er sie belehrt hat. Und deshalb zürnte ihm die Plane und stellte ihm nach. In Bedrängnis geriet er durch sie und wurde zugrunde gerichtet. Man nagelte ihn an ein Kreuz. Er wurde eine Frucht der Erkenntnis des Vaters.

Die Frucht aber ging nicht zugrunde, sie wurde verkostet. Denen aber, die sie gekostet hatten, gab er, daß sie durch diesen Fund zu einer Freude werden konnten. Und er fand sie in sich, und sie fanden ihn in sich, ihn, den undenkbar Unfaßbaren, den Vater, den Endgültigen. Er schuf das Universum, und das Universum war in ihm, und doch bedarf das Universum seiner, denn er hatte die Endgültigkeit derer in sich zurückbehalten, die er dem Universum nicht gegeben hatte.

Im Vater war kein Neid. Welcher Neid sollte da zwischen ihm und seinen Gliedern sein? Wenn nämlich der Äon ihre Endgültigkeit aufgehoben hätte, wie wären sie dann zum Vater gekommen, der ja ihre Endgültigkeit in sich hält? Er gibt sie ihnen für eine Rückkehr zu ihm. Ein einziges Erkennen in Endgültigkeit. ER ist es, der das Universum schuf, und das Universum war in ihm, und doch hatte das Universum Mangel an ihm.

Wie einer den Wunsch hat, weil ihn einige nicht kennen, sollen sie ihn kennenlernen und ihn lieben – dem Universum fehlt ja nichts, es sei denn die Gnosis des Vaters! –, so wurde er zu einem ruhigen Lehrer, der Muße hat. Er kam in die Mitte der Schulen und sprach das Wort. Er wurde ein Lehrer. Es kamen die, die im Herzen sich allein weise wähnten, und stellten ihn auf die Probe. Er aber überführte sie, daß sie Narren wären. Sie haßten ihn, weil sie in der Wahrheit nicht klug waren.
Dann kamen auch die Kleinen, denen die Erkenntnis des Vaters gehört. Als sie größer waren, wurden sie über die Weisen des Vaters belehrt. Sie erkannten und wurden erkannt. Sie wurden gerühmt und sie rühmten.
In ihrem Herzen wurde das lebendige Buch der Lebenden, das im Denken und im Sinn des Vaters eingeschrieben ist, bekannt. Es war vor der Grundsteinlegung der Welt in dem Unfaßbaren; dieses Buch, das niemand wegzunehmen imstande ist, weil es dem, der es nehmen würde, auferlegt ist, getötet zu werden. Keiner von denen, die an die Rettung geglaubt haben, konnte bekannt werden, bevor nicht jenes Buch in die Mitte gekommen war. Deswegen ward ein Knecht der barmherzige, der getreue Jesus. Er trug seine Leiden, bis er jenes Buch aufhob, da er wußte, daß sein Tod für die vielen Leben wäre.
Wie bei einem Testament, solange es noch das Siegel trägt, das Vermögen des verstorbenen Hausherrn verborgen bleibt, so verhält es sich auch mit dem Universum. Es war verborgen, da der Vater des Universums unsichtbar war. Denn er ist einer aus sich selbst, aus dem alle Bereiche immerzu kommen. Daher machte sich Jesus bekannt. Er hob das Buch auf. Er wurde an ein Holz genagelt. Er machte die Weisung des Vaters am Kreuze bekannt. Was ist das für eine große Lehre, da er zum Tode hinabschritt, obwohl er mit ewigem Leben bekleidet war!
Und als er die zerrissenen Kleider von sich gestreift hatte, bekleidete er sich mit Unvergänglichkeit. Niemand ist im-

stande, sie von ihm zu nehmen. Und als er in die nichtigen Bereiche der Furcht hinabgestiegen war, schritt er an denen vorbei, die vom Vergessen entkleidet waren. Er war reines Wissen und Endgültigkeit. Er proklamierte, was im Vater ist, um jene zu lehren, die Lehre annehmen würden. Die aber Lehre annehmen werden, sind die Lebenden, die in das Buch der Lebenden eingeschrieben sind. Sie empfangen Lehre über sich selbst. Sie werden vom Vater aufgenommen, wenn sie wieder zu ihm zurückkehren. Da die Endgültigkeit des Universums im Vater ist, muß das Universum zu ihm hinaufsteigen. Dann aber, wenn einer erkennt, empfängt er, was sein ist, und er zieht es an sich. Wer aber unwissend ist, der leidet Mangel. Ihm fehlt aber etwas Großes, denn es fehlt ihm gerade das, was ihn endgültig machen soll. Da die Endgültigkeit des Universums im Vater ist, muß das Universum zu ihm hinaufsteigen. Und jeder einzelne empfängt, was ihm gehört. Er hatte sie zuvor eingeschrieben, als er sie bereitet hatte, zu denen zu gehen, die aus ihm hervorgegangen waren. Die, deren Namen er früher gekannt hat, wurden am Ende gerufen, so daß einer, der erkennt, ein solcher ist, dessen Namen der Vater ausgesprochen hat. Der aber, dessen Name nicht genannt worden ist, ein solcher ist unwissend. Oder wie soll einer hören, wenn er nicht mit Namen gerufen ist? Wer aber bis zuletzt unwissend ist, der ist ein Bild des Vergessens und wird mit ihm zusammen aufgelöst werden. Wenn nicht, haben diese Elenden denn keinen Namen? Haben sie nicht den Ruf? Daher ist einer, wenn er erkennt, von oben. Wird er gerufen, so hört er. Er gibt Antwort und wendet sich dem zu, der ihn ruft, steigt zu ihm hinauf und erkennt, wie er gerufen wird. Da er ein Wissender ist, tut er den Willen dessen, der ihn gerufen hat. Er wünscht ihm zu gefallen und empfängt Ruhe. Ihm wird der Name des Einen gegeben. Wer so erkennen wird, erkennt, woher er gekommen ist und wohin er gehen wird. Er erkennt wie einer, der betrunken war, sich aber von seiner Trunksucht abgewen-

det hat. Erst als er sich sich selbst zuwandte, hat er das Seine richtig gestellt.
Er (Jesus) brachte viele aus der Plane zurück und schritt vor ihnen her bis zu ihren Bereichen, aus denen sie sich entfernt hatten, als sie der Plane verfielen. Und dies wegen der Tiefe dessen, der jeden Bereich umfaßt. Und keinen gibt es, der ihn umfaßt. Es war ein großes Rätsel, daß sie im Vater waren, ohne ihn zu kennen, und daß sie alleine herauskommen konnten! Sie waren ja nicht imstande, den in sich aufzunehmen, in dem sie selber waren. Es war nämlich sein Wille von ihm nicht ausgegangen. Er machte sich aber bekannt als Gnosis. Und dabei war alles, was aus ihm hervorgegangen war, mit ihm in Übereinstimmung. Und dies ist die Gnosis des lebendigen Buches, die er den Äonen am Ende als seine Handschrift bekannt gemacht hat. Dabei war er selbst nicht (eigentlich) bekannt, denn es sind dies keine Stimmbuchstaben* noch Schriftzeichen, denen der Laut fehlt**, auf daß sie einer läse und Beliebiges dächte. Nein, es sind Schriftzeichen der Wahrheit.
Wenn sie reden, erkennen sie sich selbst. Eine endgültige Wahrheit ist jedes dieser Schriftzeichen, wie ein endgültig gewordenes Buch, da es ja ‚Schriftzeichen' sind. Sie wurden von der Einheit aufgeschrieben, da der Vater selber sie geschrieben hat, damit die Äonen durch seine ‚Handschrift' den Vater erkennen.
Als seine Weisheit das Wort aussann und seine Lehre es aussprach, da wurde seine Gnosis bekannt. Seine Bedeutung ist wie eine Krone über ihm. Seine Freude ist mit ihm verbunden. Seinen Ruhm hat er erhoben. Sein Bild hat sich bekannt gemacht. Seine Ruhe hat er in sich aufgenommen. Seine Liebe hat in ihm Gestalt genommen. Seine Treue hat er umfaßt. So kommt das Wort des Vaters heraus aus dem Universum. Es ist die Frucht seines Herzens und eine Er-

* Vokale.
** Konsonanten.

scheinung seines Willens. Und doch trägt es das Universum, es erwählt diese* und nimmt selber die Erscheinung des Universums an. Es reinigt sie und bringt sie zum Vater zurück, hin zur Mutter. Es ist er, der Jesus der Grenzenlosigkeit und der Güte!
Nachdem er die Leere gefüllt hatte, löste er die äußere Erscheinung auf. Seine äußere Erscheinung ist die Welt, in der er ein Diener war. Der Ort nämlich, an dem es Eifersucht und Streit gibt, ist leer. Der Ort aber, der die Einheit ist, ist endgültig. Da die Leere entstanden ist, weil sie den Vater nicht kannten, wird dann, wenn sie den Vater erkennen, die Leere bei ihnen nicht mehr sein. So wie sich jemandes Unwissenheit auflöst, wenn er erkennt, genau wie Finsternis schwindet, wenn das Licht erscheint, so löst sich auch die Leere in die Endgültigkeit hinein auf. Die äußere Erscheinung ist dann nicht mehr sichtbar, sie wird sich auflösen in die Verbindung mit der Einheit. Denn dann sind ihre Arbeiten gleich, wenn die Einheit die Bereiche endgültig machen wird. Und durch die Einheit wird jeder einzelne sich selber erhalten. Er wird sich reinigen in Erkenntnis aus seiner Vielheit heraus zu einer Einheit; dann, wenn er den Stoff in sich verbrennt wie Feuer und die Finsternis durch Licht, den Tod durch Leben.
Wenn nun mit jedem einzelnen von uns dies geschehen ist, dann gehört es sich für uns wohl, besonders darauf zu achten, daß das Haus rein sei und ruhig werde für die Einheit. Wie Menschen, die von irgendwo weggingen, wo sie an einigen Stellen Krüge besaßen, die schon brüchig waren, diese dann ganz zu zerbrechen pflegen und der Hausherr keinen Schaden erleiden möchte, sondern sich freut, weil anstatt der brüchigen Krüge sind es doch die neuen, die sich vollenden werden! Und das ist das Gericht, das von oben gekommen ist, das jeden richtet. Es ist ein gezücktes, zwiegeschliffenes Schwert, das nach beiden Seiten schneidet.

* Die Gnostiker.

Als aber das Wort, das im Herzen derer ist, die es auszusprechen vermögen, in die Mitte gekommen war – war es doch nicht nur eine Stimme, nein, leibhaftig war es geworden! * –, da entstand eine große Unruhe unter den ‚Krügen', denn einige waren entleert worden, andere waren neu gefüllt worden; denn einige waren repariert worden, andere waren ausgeschüttet. Einige waren gereinigt, andere waren zerbrochen. Und alle Bereiche erbebten und waren bestürzt, weil sie keine Festigkeit und keinen Stand mehr hatten. Und auch die Plane ist erregt, weil sie nicht mehr weiß, was zu tun wäre. Sie ist traurig, klagt und quält sich, weil sie nichts weiß. Da sich ihr die Gnosis genähert hat, ihr und aller ihrer Art Untergang, ist die Plane leer, da nichts in ihr ist.
Die Wahrheit kam in die Mitte. Und alle ihre Hervorgänge erkannten sie. So grüßten sie den Vater in Wahrheit und in endgültiger Kraft, die sie mit dem Vater verband. Denn jeder liebt die Wahrheit. Sie ist der Mund des Vaters. Seine Zunge ist heiliger Geist; der verbindet ihn mit der Wahrheit ... Das ist die Bekanntmachung des Vaters und seine Erscheinung für die Äonen. Er machte bekannt, was von ihm verborgen war, und erklärte es. Denn wer existiert, wenn nicht der Vater allein? Alle Bereiche sind seine Hervorbringungen. Sie erkannten ihn, weil sie aus ihm hervorgegangen sind, wie Kinder aus einem endgültigen Menschen hervorgehen. Sie erkannten ihn, obwohl sie noch keine Gestalt und keinen Namen hatten, den der Vater für jeden einzelnen schaffen würde. Dann, wenn sie die Gestalt der Erkenntnis von ihm erhalten. Denn obwohl sie in ihm sind, erkennen sie ihn nicht. Der Vater aber ist endgültig, er kennt alle Bereiche, die in ihm sind. Wenn er will, läßt er wen auch immer in Erscheinung treten. Gibt ihm Gestalt und Namen. Ja, er gibt einen Namen und veranlaßt, daß sie entstehen. Wer noch nicht entstanden ist, kennt ihn nicht, den, der hervorbringt. Ich sage also keines-

* Gemeint ist Jesus!

wegs, daß die, die noch nicht entstanden sind, *nichts* sind, sondern sie existieren in dem, der wollen wird, daß sie sind – wenn er will, wie die kommende Zeit. Bevor alle Dinge erschienen sind, weiß er, was erscheinen wird. Die Frucht aber, die noch nicht erschienen ist, weiß nicht und handelt nicht. So stammt jeder Raum, der im Vater ist, aus dem Seienden. Er hat ihn aufgestellt aus dem Nichtseienden. Denn wer keine Wurzel hat, hat auch keine Frucht, auch wenn er bei sich denkt: Ich bin entstanden ... Er wird von ihm aufgelöst werden. Deshalb wird das, was überhaupt nicht war, auch nicht entstehen. Was will also einer, der von sich denkt: ‚Ich entstand wie die Schatten und wie die Bilder der Nacht?' Wenn das Licht den Schrecken anscheint, den jener bekommen hat, erkennt er, daß der Schrecken ein Nichts ist. So also waren sie unwissend über den Vater, da sie ihn nicht sahen.
Da dieser Zustand Erschrecken, Bestürzung, Schwäche, Zweifel und Spaltung hervorbrachte, gab es viel Nichtiges, das durch diese wirkte, und nichtige Unsinnigkeiten, so wie sie sich dem Schlafe hingeben und sich in wirren Träumen wälzen: Einmal ist es ein Ort, zu dem sie fliehen, oder sie haben keine Kraft mehr, weil man sie verfolgt hat, oder sie sind in Prügeleien verwickelt, oder man schlägt sie mit Fäusten, oder sie sind von hohen Bergen herabgefallen oder sie schweben durch die Luft, wiewohl sie keine Flügel haben. Ein andermal wieder ist es, als ob man sie töten möchte, obwohl sie keiner verfolgt, oder sie selber erschlagen ihre Nachbarn, denn sie haben sich mit ihrem Blut bespritzt. Bis zu dem Augenblick, da diejenigen erwachen, die durch all dies haben hindurchgehen müssen, sehen die, die in all diesen Schrecken waren, nichts, weil sie ja auch nichts waren. So ergeht es auch zunächst denen, welche die Unwissenheit abgeworfen haben wie einen Schlaf, den sie für nichts halten können. Sie geben nichts auf seine Werke, daß sie nämlich Werke seien, die Bestand hätten, sondern sie lassen sie hinter sich wie einen Traum in der

Nacht. Die Erkenntnis des Vaters ermessen sie als Licht. So machte es jeder, als er noch schlief, als er noch unwissend war. Und so ergeht es auch dem, der erkannt hat, wie einem, der erwacht ist. Es ist aber für den Menschen gut, zu sich zu kommen und zu erwachen. Selig ist der, der die Augen der Blinden aufgemacht hat! ...
Die Erkenntnis des Vaters und die Bekanntmachung seines Sohnes brachte ihnen die Möglichkeit, zu erkennen. Als sie ihn nämlich sahen und hörten, ließ er sie von sich selbst kosten, riechen und den geliebten Sohn anrühren. Als er sich bekannt gemacht hatte, lehrte er sie den unfaßbaren Vater. Nachdem er das in sie geblasen hatte, was in Gedanken war, indem er dessen (des Vaters) Willen tat, und nachdem viele das Licht empfangen hatten, wandten sie sich ihm zu, denn die Menschen des bloßen Stoffes waren ihm Fremde. Sie sahen seine Gestalt und erkannten ihn doch nicht, war er doch in der Gestalt des Fleisches gekommen. Und keiner hinderte sein Gehen, weil die Unvergänglichkeit gleichzeitig Unfaßbarkeit ist.
Und als er wieder in neuer Rede sprach, seit er sprach, was im Schoße des Vaters war, brachte er fehlerlos Worte hervor. Durch seinen Mund sprach das Licht, und seine Stimme gab das Leben. Er gab ihnen Denken und Verstand, Erbarmen und Rettung und den starken Geist aus der Grenzenlosigkeit des Vaters und der Süße. Er ließ die Strafen und die Leiden erlöschen. Denn sie sind es, die den Blick mancher irregehen ließen, die Mitleid gebraucht hätten in Irrtum und Fessel. Und mit Kraft erschloß er sie und machte sie rot werden durch Erkenntnis. Er wurde ein Weg für die, die irregeleitet waren; eine Erkenntnis für die, die unwissend sind; ein Finden, denen, die suchen; eine Befestigung für die Schwankenden; eine Reinheit für die, die beschmutzt waren.
Er ist der Hirt, der die 99 Schafe ließ, die sich nicht verlaufen hatten. Er kam und suchte, was sich verirrt hatte. Und er freute sich, als er es fand. Denn 99 ist eine Zahl, die man

ganz mit der linken Hand abzählt. Aber dann, wenn man an die eine Zahl kommt, geht die gesamte Rechnung auf die rechte Hand über.* So ist es auch mit dem, dem eines, das heißt die ganze Rechte, fehlt. Die Rechte zieht an sich, was gefehlt hat, zieht es also von der Linken ab und überträgt es auf die Rechte, und dann kommt die Zahl 100. Das Zeichen für das, was in ihrer (der Zahl) Stimme ist, ist der Vater.

Dieser mühte sich sogar am Sabbat für das Schaf, das er gefunden hatte, nachdem es in die Grube gefallen war. Er erhielt das Schaf am Leben, weil er es heraufbrachte. Und so sollt ihr, die Kinder des Vaters, erkennen, was der Sabbat ist, an dem es sich nicht gehört, daß die Rettung ruhe. So redet von dem Tage, der oben ist und der keine Nacht hat, und von dem Lichte, das nicht untergeht, weil es endgültig ist.

Redet also aus dem Herzen, daß ihr der endgültige Tag seid und daß das Licht, das niemals erlischt, in euch wohnt. Sprecht über die Wahrheit mit denen, die sie suchen, und über die Erkenntnis zu denen, die in ihrem Irrtum gefallen sind! Stützt den Fuß des Gestolperten und reicht eure Hand dem Kranken! Speist die Hungrigen und verschafft denen, die Schmerzen haben, Ruhe. Richtet die auf, die aufstehen wollen. Weckt die Schlafenden auf! Ihr seid nämlich die gezückte Klugheit. Wo Stärke so ist, nimmt sie noch zu. Beschäftigt euch mit euch selbst! Beschäftigt euch mit denen, die ihr von euch ausgestoßen habt! Kehrt nicht um zu eurem Erbrochenen, es zu essen! Werdet nicht mottenzerfressen! Werdet nicht wurmzerfressen, denn ihr habt es bereits abgeschüttelt! Werdet nicht Ort des Teufels, denn ihr habt ihn schon besiegt. Stärkt nicht eure Hindernisse, die fallen, weil es Kehrricht wäre. Ein Nichts ist der Gesetzlose, sich selbst Gewalt anzutun, mehr als das Gesetz, weil jener ja seine Werke tut, wo er doch gesetzlos ist.

* Die Alten zählen in der Linken bis 99!

Dieser aber, weil er gerecht ist, tut seine Werke auch anderen.
Tut ihr also den Willen des Vaters, denn ihr entstammt ihm. Denn der Vater ist süß, und alles, was aus seinem Willen kommt, ist gut.
Er weiß eure Werke, und ihr habt auf ihnen geruht. An den Früchten nämlich erkennt man das Eurige. Die Kinder des Vaters sind ja sein Geruch, da sie aus der Gnade seines Antlitzes kommen. Und es liebt der Vater seinen eigenen Geruch und macht ihn an allen Orten sichtbar. Und wenn er sich mit bloßem Stoff vermischt, gibt er seinen Geruch dem Licht, und in seiner Ruhe bestimmt er, daß er jede Gestalt und jede Stimme übertrifft. Denn es riechen ja keine Ohren den Geruch, sondern der Geruch ist der Geist, der den Sinn dafür hat. Und er zieht ihn an sich. Und so versinkt er im Geruch des Vaters. Er bringt ihn zurück und nimmt ihn hinauf zu dem Ort, aus dem er gekommen ist, aus dem ersten Geruch, der erloschen ist. Er stammt aber aus einem psychischen Gebilde, das kaltem Wasser gleicht ... das aus Erde ist. Sie ist nicht fest. Die sie aber sehen, meinen, sie bestünde aus fester Erde. Danach löst sich das wieder auf. Und wenn ein Hauch es zieht, wird es warm. Die kalten Gerüche aber stammen aus der Trennung. Daher kam das Vertrauen. Er beseitigte die Trennung und brachte das warme Pleroma der Liebe, damit die Kälte abebbe und die Einheit des endgültigen Denkens sei.
Das ist das Wort des Evangeliums vom Finden des Pleromas, für die, die auf Rettung von oben warten. Es harrt ihre Hoffnung auf die, die warten, deren Erscheinen das Licht ist, in dem kein Schatten bleibt.
Wenn dann das Pleroma kommen wird, wird sich zeigen, daß die Leere der Materie nicht aus der Grenzenlosigkeit des Vaters entstanden ist. Er ist zur Zeit der Leere gekommen, und doch hat niemand sagen können, daß der Unvergängliche so kommen würde. Aber die Tiefe des Vaters

nahm zu, und kein Denken der Plane war bei ihm. Eine kleine, ruhende Sache ist es, die da aufsteht beim Finden dessen, der zu dem gekommen ist, den er zurückführen will. Die Rückkehr nämlich wird Buße genannt. Deshalb auch hauchte die Unvergänglichkeit aus. Sie folgte dem, der schuldig wurde, damit er Ruhe fände.

Die Vergebung nämlich ist der Rest des Lichts, verblieben in der Leere, das Wort des Pleromas.

Denn der Arzt eilt zu dem Ort, an dem ein Kranker weilt, weil sein Wille, der in ihm ist, ihn dazu treibt. Wer also an etwas Mangel hat, verbirgt es nicht, denn er hat ja das, was ihm fehlt. So füllt das Pleroma, das an nichts Mangel hat, die Leere, die er von sich gegeben hat, um das zu erfüllen, was ihm mangelt, damit er so die Gnade empfange. Denn zur Zeit, als er Mangel litt, hatte er die Gnade nicht. Daher war Minderwertigkeit an dem Ort, wo die Gnade nicht war. Sobald man aber dieses Kleine empfängt, woran einer Mangel litt, ist es als Pleroma erschienen: Das ist das Finden des Lichtes der Wahrheit, das einem erschien. Es ist unveränderlich. Und deshalb sprachen sie zu Christus in ihrer Mitte, damit die Verwirrten eine Rückkehr fänden und er sie mit der Salbe salbe.

Die Salbe aber ist das Erbarmen des Vaters, so wie er sich ihrer erbarmen wird. Die er aber gesalbt hat, die sind es, die endgültig werden. Die vollen Krüge sind es, die man mit Salbe zu versiegeln pflegt. Wenn aber das Siegel eines Kruges sich ablöst, dann fließt er aus. Und die Ursache, daß er schadhaft wird, ist die Bruchstelle, von der jeweils Salbung abgegeben wird. Zu jener Zeit nämlich zieht alles ein Wind an sich, einer aus der Kraft dessen, der mit ihm ist. Aber bei dem Makellosen löst man kein Siegel ab, noch gießt man irgend etwas aus, sondern der endgültige Vater gießt es wieder ein, füllt es mit dem, woran es Mangel leidet.

Der Vater ist gut. Er kennt seine Pflanzgärten, denn er ist es, der sie in seinem Paradies gesät hat. Sein Paradies aber ist sein Ruheort.

Das ist die Endgültigkeit aus dem Denken des Vaters, und das sind die Worte seiner Planung. Jedes einzelne seiner Worte ist ein Werk seines eigenen Willens durch Bekanntmachung seines Wortes. Seit sie in der Tiefe seines Denkens sind, hat das Wort, das zuerst hervorkam, sie und den Sinn bekannt gemacht und hat geredet. Das Wort aber ist eines in seiner schweigenden Gnade. Beide nannten ihn die Gedankin (!), da sie in ihr waren, bevor sie in Erscheinung traten. Es geschah aber, daß sie zuerst in Erscheinung trat, da, als es dem Vater in seinem Wollen gefiel. Der Wille aber ist es, in dem der Vater ruht und der ihm gefällt. Nichts entsteht ohne ihn und nichts entsteht ohne den Willen des Vaters. Aber sein Wille ist unfaßbar. Seine Fußspur ist der Wille, und niemand wird ihn deuten. Er existiert nicht, daß einer seine Aufmerksamkeit auf ihn lenke, um ihn zu erfassen. Sondern zu dem Zeitpunkt, da er will, ist das, was er will, da, selbst wenn ihnen das Bild nicht gefällt. Nichts sind sie bei Gott, dem Willen. Der Vater nämlich kennt eines jeden Anfang und Ende. An ihrem Ende wird er sie fragen, was sie getan haben. Das Ende aber ist das Empfangen der Gnosis, dessen, was verborgen war. Das aber ist der Vater, von dem der Anfang ausgegangen ist. Es ist der, zu dem alle, die von ihm ausgegangen sind, zurückkehren werden. Sie traten aber in Erscheinung zur Ehre und zur Freude seines Namens.

Der Name des Vaters aber ist der Sohn.* Der Vater ist es, der zuerst den benannte, der aus ihm hervorgegangen war. Und es war er selbst. Doch er brachte ihn als Sohn hervor. Er gab ihm seinen Namen, den er hatte, weil er es ist, der alles besitzt, da alles bei ihm, dem Vater, ist. Er hat den Namen, er hat den Sohn. Es ist unmöglich, ihn zu sehen. Der Name aber ist unsichtbar, weil er allein das Geheim-

* Zum besseren Verständnis setze ich aber jetzt anstelle der Fürwörter jeweils die Titel ‚Vater' und ‚Sohn', auch dort, wo sie im Original fehlen.

nis des Unsichtbaren ist, das nur denen ans Ohr reicht, die von ihm erfüllt sind, denn den Namen des Vaters spricht man nicht aus. Er ist aber in seinem Sohne manifest. So ist also der Name groß. Wer nun wird ihn benennen können, den großen Namen, es sei denn, er allein, dem der Name gehört, und die ‚Söhne des Namens', die, in denen sich der Name des Vaters zur Ruhe niederließ und die sich selbst in seinem Namen zur Ruhe niederließen?
Da der Vater ungeworden ist, ist es auch er allein, der den Sohn sich als Namen hervorgebracht hat, und zwar noch bevor er die Äonen in Ordnung brachte, damit der Name des Vaters über ihrem Haupte sei. Und so ist der Sohn ‚Herr'. Das ist der wahre Name. Er ist gesichert durch seine Weisung, durch die endgültige Kraft; denn der ‚Name' ist nicht irgendein bloßes Wort, nicht schiere Benennungen sind sein Name, nein, er ist unsichtbar.
Der Vater allein benannte den Sohn, weil allein der Sohn den Vater sieht. Der Vater allein ist es, der den Sohn benennen kann, denn wer erst gar nicht existiert, hat keinen Namen. Welchen ‚Namen' sollte einer wohl dem geben, der gar nicht erst existiert?
Dieser aber, der existiert, existiert auch namentlich.
Und der Sohn kennt den Vater allein. Und der Vater allein benennt den Sohn. Der Sohn ist des Vaters Name. Der Vater also hat den Namen nicht im Wesen verborgen, sondern der Name war (offen) da. Er allein benamte den Sohn. Der Name ist also der Vatername, so wie der Name des Vaters der Sohn ist, das Erbarmen. Wo sollte er also einen Namen finden außer beim Vater? Aber gewiß doch mag einer zu seinem Freunde sagen: ‚Wer wird diesen benennen, der zuerst war, vor ihm?', als ob die Kinder den Namen nicht von denen empfingen, die sie gezeugt haben!
Für uns gehört es sich, zuerst die Sache zu verstehen: was der Name ist, und daß der Name der wahre Name ist.
Er ist also der Name aus dem Vater, denn der ist der Name(nsgeber). Der Sohn hat also den Namen nicht wie ein

Darlehen erhalten, wie andere, wie sonst jeder einzelne mit einem Namen benannt wird. Denn der Vater ist der Name(nsherr). Und es gibt keinen anderen, der den Namen gegeben hätte, denn er ist unbenennbar und unaussprechbar bis zu dem Zeitpunkt, da dieser Endgültige ihn allein aussprach. Und der Sohn ist es, der den Namen des Vaters zu sagen und den Vater zu sehen vermag.
Als es dem Vater nun gefiel, daß sein Name, den man liebt, sein Sohn ist, und er, der Vater, der aus der Tiefe gekommen ist, den Namen gegeben hatte, da sprach der Sohn über seine Verborgenheiten, da er ja wußte, daß der Vater ohne irgend Böses ist.
Deshalb hat er ja den Sohn hervorgebracht, damit er über den ‚Ort', des Vaters Ruhe, aus der der Sohn gekommen ist, rede, und so das Pleroma: die Größe des Vater-Namens und die ‚Süße' des Vaters, rühme.
Der Sohn also wird über den ‚Ort' reden, aus dem jeder einzelne gekommen ist. Und jeder einzelne wird zu dem Teil eilen, von dem her er seine Reihung erhalten hat, um so wieder zurückzukehren und um aus jenem Ort, an dem er (schon) gestanden hatte, weggebracht zu werden, da er ja von jenem Ort gekostet und Speise und Werden erhalten hatte. Und seine eigene Ruhe ist sein Pleroma.
Alle Hervorgänge des Vaters sind Pleromata. Alle seine Hervorgänge haben seine ‚Wurzel' in sich, hervorgewachsen sind sie aus ihm. Und er gab ihnen ihre Grenze. Jeder einzelne nun ist in die Wirklichkeit gekommen, damit er aus seinem eigenen Denken endgültig würde. Der Ort nämlich, auf den sie ihr Denken konzentrieren, jener Ort ist ihre Wurzel, die sie emporhebt zu den Höhen des Vaters. Sie haben sein Haupt, ihre Ruhe. Und sie halten sich an ihn und sind ihm nahe. Sie reden: Wir erhalten durch die Begrüßungen Anteil an seinem Gesicht.
Wer von dieser Art ist, ist aber nicht bekannt; denn solche haben sich nicht über sich selbst erhoben. Weder hatten sie Mangel am Lob des Vaters, noch dachten sie über ihn wie

über einen ‚Kleinen' noch daß er bitter noch zornig wäre. Nein, er ist ohne alles Böse, unerschütterlich und süß. Er kennt alle Bereiche, bevor sie entstanden sind, und er hat es nicht nötig, daß ihn einer belehre.

Das ist die Art derer, die an der Höhe teilhaben durch die unermeßliche Größe, indem sie auf den Einen allein, den Endgültigen, warten, der für sie da ist. Sie steigen nicht in die Unterwelt hinab, noch haben sie Neid noch Klage, noch ist der Tod unter ihnen. Nein, sie werden ruhen in dem, der ruht. Sie werden nicht geplagt, sind nicht verwirrt in das Suchen der Wahrheit. Sie selber sind ja die Wahrheit. Und der Vater ist in ihnen, und sie sind im Vater. Sie sind endgültig und untrennbar in dem wahrhaft Guten, indem sie an gar nichts Mangel leiden. Nein, sie sind es, die Ruhe geben; sie sind frisch im Geiste. Und sie werden auf ihre ‚Wurzel' hören und werden so ‚Zeit' für sich haben. In ihnen wird der Vater seine Wurzel finden, der Seele keinen Schaden tun.

Die andern nun mögen an je ihren Orten wissen, daß es sich für mich nicht gehört, nachdem ich in der ‚Ruhe' gewesen bin, über etwas anderes zu reden. Nein, er ist es, in dem ich sein werde, und um alle Zeit für den Vater des Universums Zeit zu haben, und auch für die wahren Brüder, über die sich die Liebe des Vaters ausgeschüttet hat. In ihrer Mitte ist kein Mangel am Vater. Sie sind es, die wahrhaft bekannt werden, die im wahren und ewigen Leben sind und über das endgültige Licht reden, das voll ist vom Samen des Vaters und das in seinem Schoße und im Pleroma ist; wo sein Geist in ihm verzückt ist und jubelt, in dem er* war. Denn der Vater ist gut, und seine Kinder sind endgültig und seines Namens wert. Denn er, der Vater, liebt solche Kinder.

* Der Gnostiker.

*Irenäus hat um 180 in seiner Kampfschrift gegen die Gnosis festgehalten: „Die Valentinianer aber bringen ohne die geringste Scheu ihre eigenen Schreibereien vor und brüsten sich, mehr Evangelien zu besitzen, als es in Wirklichkeit gibt. Ja sie sind in ihrer Frechheit so weit gegangen, ein vor gar nicht langer Zeit von ihnen verfaßtes Buch ‚Evangelium der Wahrheit' zu nennen, obwohl es in nichts mit den Evangelien der Apostel übereinstimmt."**

Dieses ‚Buch' ist also um die Mitte des 2. Jahrhunderts geschrieben und wohl auch öffentlich gemacht worden; es trägt keinerlei ‚gnostische' Geheimhaltungssiegel.

*Bis mindestens 155, wie wir gesehen haben**, war Valentinos als freier Lehrer in der römischen Christengemeinde tätig, kommt also von daher schon selbst als Verfasser des ‚Evangeliums der Wahrheit' in Frage; denn daß dieses Werk valentinianisch ist, könnte nur mit schlechten Gründen bestritten werden. Der jeweilige ‚theoretische' Zusammenhang mit dem (mitgeteilten) ‚System der Valentinianer' ist jeweils mit Händen zu greifen. Das Fehlen etwa der 30-Äonen-Lehre oder der Lehre vom Fall der Sophia kann kein ernsthafter Einwand gegen Valentin selbst als Urheber sein. Denn erstens mag die ‚systematische' Ausgestaltung seiner Gnosis (mit wohlwollender Duldung des Valentinos) auf seinen Schüler Ptolemaios zurückgehen. Und zweitens verkennt dieses Urteil den literarischen Charakter dieses ‚Evangeliums'. Der Sprecher (und/oder spätere Schreiber und Herausgeber) redet nämlich ganz deutlich vor einem Auditorium. Fast ein Dutzend Mal wird eine Gemeinde – ‚ihr', die ihr das und das seid, tut also jenes – angeredet. Und wenigstens zweimal spricht der Redner von sich selbst. Wir haben uns also eine ‚Homilie' vorzustellen, gesprochen in einem damaligen ‚Wortgottesdienst'. Daß der Sprecher Hörer vor sich hat,*

* Vgl. III 11,9.

** Siehe das erste ‚Lebensbild' in diesem Band.

die mit seinen Gedanken und deren Voraussetzungen völlig vertraut sind, ist evident. Es genügt in der Regel irgendein Codewort für die Herstellung einer gemeinsamen Basis, oder besser: die Erinnerung an diese. So also ‚ging es zu' in einem gnostischen Gemeindekonvent!
„Das Evangelium der Wahrheit ist für jene, die vom Vater der Wahrheit die Gnade haben, Verzückung, ihn selber zu erkennen durch die Kraft des Anspruchs, der aus dem Pleroma gekommen ist. Jener Anspruch, der im Denken und im Verständnis des Vaters war, heißt Retter, da das die Arbeit ist, die er zu leisten hat, nämlich die zu retten, die den Vater nicht erkannt haben.
Und somit ist die Bezeichnung ‚Evangelium' die Offenlegung der Hoffnung, der Fund derer, die Ihn suchen." Dieses Proömium ist Programm und Anspruch zugleich: die Offenlegung der Hoffnung und deren Fund.
Der ‚Evangelist' ist alles selbst auch, was er sagt, und er ‚weiß' alles, was er sagt. Als jener ‚Retter' in die ‚Mitte' kam, da war Valentinos gleichzeitig mit dabei: „Er kam in die Mitte und sprach sein Wort. Er wurde ein Lehrer."
Wo wäre der ansprechende Charakter des Evangeliums deutlicher? Wieder und wieder und gänzlich ohne System werden Kreise und Verbindungen gezogen, her von dieser ‚Mitte' und hin zu dieser ‚Mitte'. Der Lesehörer ist längst der Auffassung, es könnte der Rede ein Ende sein oder sie könnte immerzu fortlaufen ...
*Da erst wird klar, warum der gesamte ‚Anspruch' in den Rahmen der Verzückung gefaßt ist: „Der Name des Vaters aber ist der Sohn!" Der Sprecher legt zuerst und zuletzt jenen ‚Haupt- und Kronbeweis' der Gnosis aus: die Verse 21 und 22 aus dem 10. Kapitel des Lukasevangeliums.**
Eine ‚bessere' Exegese jener nun wirklich großen Verse hat der Verfasser und Herausgeber dieses Gnosisbuches in

* Nicht die Parallelstelle Mt 11,25–27.

30jähriger Beschäftigung mit der Theologie nicht finden können.

Woher Valentinos seinen ‚Fund' hat, wenn er denn wirklich der Finder ist, sagt er selbst: „Die andern nun mögen an je ihren Orten wissen, daß es sich für mich nicht gehört, nachdem ich in der Ruhe gewesen bin, über etwas anderes zu reden."

Die Fragmente des Valentinos

Fragment I

Klemens II, 36,2–4

Ähnliches scheint auch Valentinos im Sinn zu haben, wenn er in einem Briefe wörtlich schreibt: „So wie die Engel Furcht überkam bei jenem Gemächt, das Größeres zu sein schien, als die Bildung anzeigte. Und zwar wegen dem, der unsichtbaren Samen der oberen Wesenheit hinzugelegt hatte, und das auch frei heraus sprach; genau so sind auch bei den Geschlechtern der Menschen, die zur Welt gehören, die Menschenwerke Gegenstand der Furcht, wenn sie nämlich Stelen, Bilder und all das, was ihre Hände nun einmal auf den Namen ‚Gottes' herstellen, gemacht haben. Denn der auf den Namen ‚Mensch' gebildete Adam rief Furcht vor dem früher existierenden Menschen hervor, da er ja in jenem war. Sie waren also erschrocken und verbargen ihr Werk schnell."

***

Nach diesem Fragment ist der Mensch merkwürdigerweise ein Werk von Engeln. Für diese unsichtbar, kam aber in den Menschen der „Same" der oberen Wesenheit. Und dieser Same spricht „frei heraus". Was gesprochen wurde, ist nicht gesagt, aber es muß die Engels-Demiurgen in jene kosmische Furcht getrieben haben, von der der Text im Gleichbild (so wie – genau so) handelt. Erstaunlich ist auch, daß Adam, der Mensch selbst, Furcht hatte vor dem früheren Menschen, dem himmlischen Gegenüber Gottes.

Fragment II

Klemens II, 114,3–6

Aber auch Valentinos schreibt in einem seiner Briefe an einige über die Zusätze wörtlich so: „Nur einer ist gut. Seine Offenbarung durch den Sohn gibt Freimut. Durch ihn allein wohl könnte das Herz rein werden, wenn erst alles böse Geisten aus dem Herzen vertrieben ist. Denn viele Geister haben in ihm Wohnung genommen und wollen nicht, daß es rein werde. Jeder von ihnen tut, was ihm gerade einfällt, und man behandelt es abfällig durch ungebührliches Ansinnen. Mir scheint, es gehe dem Herzen ähnlich wie einem Wirtshause. Denn in ein solches wird oft eingebrochen. Man gräbt sogar die Fundamente auf. Und oft wird es von Menschen mit Schmutz überzogen, die sich darin ungebührlich betragen und auf den Ort keine Rücksicht nehmen, weil er ja schließlich anderen gehört. So ist auch das Herz. Solange man nicht darauf achtet, ist es unrein und Herberge vieler Abergeister. Wenn aber der allein gute Vater es ansieht, ist es schon geheiligt und wird hell vom Licht. Und so wird, wer ein solches Herz hat, ja auch selig gepriesen, denn er wird Gott schauen."

***

Allein dieses Fragment würde genügen, um zu erkennen, welch außerordentlicher Mensch Valentinos gewesen sein muß. Man bedenke: Hier liegt die früheste bekannte Auslegung von Matthäus 5,8 vor.

Fragment III

Klemens III, 59,3

Valentinos sagt in dem Brief an Agathopus: „Er ertrug alles und enthielt sich. Jesus brachte es bis zur Göttlichkeit. Er aß und trank auf eine ganz besondere Weise. Er gab nämlich Speise nicht wieder von sich. So groß war die Kraft seiner Enthaltsamkeit, daß die Speise in ihm erst gar nicht verzehrt wurde. Er hatte das Verzehren nicht."

***

Von Hippolyt wissen wir, daß besonders die spätere anatolische Schule des Valentin die pneumatische Leibhaftigkeit Jesu ausformte und lehrmäßig (wohl auch drastisch) darbot – wie anders und zurückhaltend – der Meister selbst. Es scheint ihm nicht eigentlich um eine Lehre dieser und jener ‚Natur' Jesu zu gehen, sondern um dessen persönliche Gestaltung: „Er ertrug alles und enthielt sich." Der leise anklingende Doketismus ist aber auch beim Meister nicht zu überhören.

Fragment IV

Klemens IV, 89,2–3

Valentinos schreibt in einer Homilie wörtlich: „Ihr seid von Anfang an unsterblich und Söhne des ewigen Lebens. Ihr wolltet den Tod wie einen Anteil auf euch nehmen, um ihn zugrunde zu richten und zu vernichten, so daß der Tod in euch und durch euch stürbe. Denn wenn ihr zwar die Welt auflöst, selbst aber nicht aufgelöst werdet, dann seid ihr Herren über die ganze Schöpfung und über die ganze Vergänglichkeit."

***

Diese hochgestimmte Zuversicht, den Tod in sich vernichtet zu haben, hat man zu Zeiten des Valentinos seit Generationen nicht gehört. Bis auf den historischen Paulus, also etwa 80 Jahre, müßte zurückgegriffen werden!
Keineswegs kopiert Valentinos gängige Meinungen. Dies sind unverwechselbare persönliche theologische Ansichten.

Fragment V

Klemens IV, 89,6–90

Über diesen Gott spricht er in dunkler Weise. Er schreibt wörtlich so: „Soviel ein Gemälde geringer ist als das lebendige Bild, so ist geringer die Welt vor dem lebendigen Äon. Der Glanz des Bildes, der dem Maler Vorbild war, gab, daß er durch dessen Name Ehre fände. Denn das Bild fand einer nicht wie die Wirklichkeit, sondern der Name ergänzte, was an dem Gemälde noch fehlte. Aber auch, was an Gott unsichtbar ist, wirkte sich aus bei der Glaubwürdigkeit des Gemäldes." Denn Valentinos bezeichnete den Weltschöpfer, der Gott und Vater genannt wurde, als das bloße Bild des wahren Gottes und als seinen Verkünder, als Malerin aber bezeichnete er die Sophia ...

***

Um einen Vergleich mit dem Unvergleichbaren herzustellen, läßt Valentin die ‚Weisheit‘ Malerin des dann doch kümmerlich bleibenden Abbildes des „lebendigen Äons“, des Demiurgen, werden. Die „dunkle Weise“ erfüllt dann etwas Licht, wenn man sehen will, daß Valentinos einen „unbekannten“ Gott zu malen im Begriffe ist. Seine metaphysische Zurückhaltung wie sein Sinn für ‚Kunst‘ beeindrucken gleichermaßen.

Fragment VI

Klemens VI, 52,3–4

Valentinos, der Chefsprecher derer, die die Lehre von der Gemeinschaftlichkeit (der Wahrheit) besonders betonen, schreibt in der Homilie ‚Über Freunde‘ wörtlich so: „Vieles von dem in öffentlich zugänglichen Büchern Geschriebenen findet sich genausogut in der Gemeinde Gottes geschrieben. Denn dieses Gemeinsame ist das vom Herzen kommende Raunen, die ins Herz geschriebene Weisung. Dieses ist das Volk des Geliebten.“

***

Die „Leute vom Buche“ wie Mohammed später Mandäer, Juden und Christen genannt hat, sind für Valentinos also nicht der Weisheit letzter Schluß. Denn auch in der „Gemeinde Gottes“ fände sich das Raunen des Gottes, einge-

tan in deren Herzen. Man wird sich nicht nur an das ‚Perlenlied' erinnern, sondern auch an Römer 2,15.
Der eigentliche Weg dieses Gottes zu den Seinigen ist nicht ‚schriftlich' vorgezeichnet, sondern ohne Vokale und Stimmzeichen ist seine ‚Handschrift', wie Valentinos anderswo gesagt hatte. Das Volk des Geliebten (Jesus) hat sich alles, was es hat, schon immer zu Herzen genommen.

Fragment VII

Hippolyt VI, 42,2

Denn Valentinos sagt, er habe ein ganz kleines Kind gesehen, gerade eben geboren. Und er habe es gefragt, wer es sei, da habe es geantwortet, es sei der Logos. Diesem fügte er einen großartigen Mythos hinzu und will aus diesem die von ihm gestiftete Häresie bestehen lassen.

Fragment VIII

Hippolyt VI, 37,6–8

Valentinos hat dies knapp in einem Psalm dargestellt ... wie folgt:

„Ernte.
Ich schaue, alles hängt am Geiste!
Ich erkenne, alles fährt im Geiste dahin!
Fleisch hängt an Seele,
Seele hängt an Hauch,
Hauch hängt an Glanz.
Aus der Tiefe kommen Früchte,
Aus dem Schoß kommt ein Kind."

Die Auslegung über die Psyche

Text aus Nag Hammadi

Die Auslegung über die Psyche

Die Weisen vor uns gaben der Psyche einen weiblichen Namen. Und sie ist wirklich, und zwar aus Natur, eine Frau. Sie hat sogar eine ‚Gebärmutter'.

Solange sie lediglich beim Vater ist, ist sie ein nichtpubertäres Mädchen, mannweiblich aber von Gestalt.

Als sie aber in den Körper herabfiel, in dieses Leben kam, da fiel sie in die Hände vieler Räuber. Und die Gauner schanzten sie sich gegenseitig zu und beschmutzten sie. Einige schädigten sie mit roher Gewalt, andere überredeten sie durch Blendwerk und Täuschung. Schande taten ihr alle an. Sie verlor ihre Unschuld, hurte mit ihrem Körper und gab sich jedermann hin.

Ist sie einem zugetan, so meint sie, er wäre ihr Gatte. Gibt sie sich den treulosen, gaunerhaften Ehebrechern hin, sie zu mißbrauchen, jammert sie und bereut. Wendet sie ihr Gesicht von diesen Hurern wieder ab, rennt sie zu andern, die sie zwingen, mit ihnen zusammenzuliegen und ihnen Magd zu sein wie den Herren auf ihrem Bettgestell. Aus Scham nun wagt sie es nicht mehr, sie zu verlassen. Die aber betrügen sie lange Zeit wie die treuen und richtigen Ehemänner, die nur so tun, als gäben sie ihr die Ehre. Und am Ende verlassen sie sie und gehen. Auch sie. Sie aber wird eine arme und einsame Witwe, die keine Hilfe hat. In ihrem Leid findet sie kein Gehör. Denn nichts erhielt sie von denen, außer dem Schmutz, den sie auf sie gehäuft hatten, als sie es mit ihr trieben. Und die, die sie mit den Hurern gezeugt hatte, sind taub und blind und krank, ihr Herz ist verstört.

Wenn aber der Vater, der oben im Himmel, sie sucht und auf sie herabblickt und sie so sieht, wie sie da jammert, ihre Leidenschaft, den schamlosen Umgang, die Hurerei und was sie beging bereut; und wie sie beginnt, seinen Namen auszurufen, er möge ihr helfen, und aus ganzem Herzen schreit: Rette mich, mein Vater! Ich will dir Rechenschaft geben, weil ich mein Haus verlassen habe und aus meinem Mädchenzimmer geflohen bin. Bringe mich heim zu dir! Wenn er also so sieht, daß sie von solchem Charakter ist, dann wird er wollen, sie wert zu machen, sich über sie zu erbarmen. Denn viel Qual ist über sie gekommen, da sie ihr Haus verlassen hat.

*

Über die Hurerei nun der Psyche prophezeit der Heilige Geist an vielen (Schrift-)Stellen: Beim Propheten Jeremias sagt er: ‚Wenn der Mann seine Frau wegschickt und sie geht und nimmt einen andern, wird sie dann etwa zu ihm künftig zurückkehren? Hat sich jene Frau nicht durch Schmutz verunreinigt? Und du hast gehurt mit vielen Hirten, und doch bist du zu mir zurückgekehrt, sagt der Herr. Hebe deine Augen zur Höhe und schau, wo du gehurt hast. Hast du denn nicht auf den Wegen gesessen und die Erde beschmutzt mit deiner Hurerei und deiner Schlechtigkeit und hast viele Hirten genommen zu einem Fehltritt für dich? Du bist schamlos gewesen mit jedem. Du hast mich nicht angerufen wie einen Hausbewohner oder wie einen Vater und Urheber deiner Mädchenschaft.‘
Beim Propheten Hosea ist geschrieben: ‚Kommt, fällt ein Urteil gegen eure Mutter, denn sie wird für mich nicht zur Frau, und ich werde ihr nicht zum Manne werden. Ich werde ihre Hurerei von meinem Angesicht wegwischen und werde ihren Ehebruch aus der Mitte ihrer Brüste herausreißen. Ich werde sie nackt machen wie an dem Tage, an dem sie geboren wurde, und ich werde sie einsam machen wie ein Land, in dem kein Wasser fließt, und ich werde sie kinderlos machen durch einen Durst. Ihrer Kinder werde

ich mich nicht erbarmen, denn sie sind Kinder der Hurerei, weil ihre Mutter hurte und sie in Schande gebracht hat. Denn sie sagte: Ich werde mit denen huren, die mich lieben. Jene gaben mir mein Brot und mein Wasser und meine Kleider und meine Gewänder und meinen Wein und mein Öl und alle Dinge, die mir nützlich sind. Deshalb werde ich sie einschließen, damit sie nicht ihren Ehebrechern nachrennen kann. Und wenn sie nach ihnen fragt und sie nicht findet, wird sie sagen: Ich will zu meinem ersten Ehemann zurückkehren, denn mir ging es in jenen Tagen besser als jetzt.'

Und wieder sagt (der Geist) bei Ezechiel: ,Es geschah nach vielen Schlechtigkeiten, spricht der Herr. Du hast dir ein Bordell eingerichtet und dir einen schönen Ort in den Straßen gemacht. Du hast dir in jeder Straße Bordelle gebaut und deine Schönheit zerstört und deine Füße auf jeden Weg hinausgereckt und deine Hurerei vermehrt. Du hast mit den Söhnen Ägyptens gehurt, deinen Nachbarn, die großes Fleisch haben.'

Wer aber wären die Söhne Ägyptens, die ,großes Fleisch' haben, wenn nicht die Fleischlichen und Sinnlichen, die Angelegenheiten der Welt, die, mit denen sich die Seele an diesen Orten beschmutzt hat, als sie von ihnen Brot nahm, als sie Wein nahm, als sie Öl nahm, als sie Kleidung nahm und auch den Putz und Tand, der außen rings um den Körper hängt, wovon sie glaubt, es sei ihr nützlich.

Von dieser Hurerei haben auch die Apostel des Retters (Jesus) gesagt: ,Hütet euch vor ihr, reinigt euch von ihr.' Sie sprechen nicht nur von der Hurerei des Leibes, nein, von der Hurerei der Psyche ...

Aber der große Kampf findet statt wegen der ,Hurerei' der Psyche. Aus ihr entstand ja auch die Hurerei des Leibes. Deshalb schreibt Paulus an die Korinther: ,Ich habe euch in dem Brief geschrieben: Verkehrt nicht mit Huren, auf keinen Fall mit Huren dieser Welt oder Habgierigen oder Räubern oder Bilderdienern, denn sonst müßtet ihr ja aus der

Welt hinausgehen.' Er meint das pneumatisch: ‚Unser Kampf richtet sich nicht gegen Fleisch und Blut, sondern gegen die Herren dieser Finsternis und die Geister der Bosheit.'

*

Bis zu dem Tag, da die Psyche überall hinrennt, Umgang zu haben mit jedem, dem sie begegnet, wobei sie sich beschmutzt, ist sie unter der Qual derer, die sie aufnehmen muß. Wenn sie aber die Schmerzen fühlt, in denen sie ist, und zum Vater weint und umkehrt, dann wird sich der Vater ihrer erbarmen und ihre ‚Gebärmutter' wenden, von außen wieder nach innen. Dann erhält die Psyche ihre persönliche Prägung.

Es ist nämlich nicht so wie bei den Frauen; denn die Gebärmütter des Körpers sind innen im Körper wie auch die (anderen) Eingeweide. Die Gebärmutter der Psyche aber ist außen, so wie das männliche Geschlecht außen ist. Wenn sich nun die Gebärmutter der Psyche nach dem Willen des Vaters nach innen hin wendet, taucht sie unter und wird allsogleich von der Beschmutzung des Außen rein, das man auf sie gedrückt hatte. Wie man ein schmutziges Kleid wäscht, bis man allen Schmutz herauswindet und es so reinigt.

Die Reinigung der Psyche aber ist das Empfangen ihrer ..., ihrer früheren physischen Beschaffenheit, um sich zu wenden, *das* ist ihre Taufe.

Dann wird sie anfangen, sich selbst zu zürnen, wie die Gebärenden, wenn es ans Gebären kommt, sich selbst zornig drehen.*

Aber da sie (die Psyche) eine Frau ist und also nicht allein ein Kind herbeischaffen kann, hat der Vater ihr vom Him-

* Kreißen.

mel her ihren Mann gesandt. Der ist ihr Bruder, der Zuerstgeborene.
Da kam der Bräutigam herab zur Braut! Sie gab ihre Hurerei auf, reinigte sich vom Schmutz der Ehebrecher und erneuerte sich zur Braut.
Sie reinigte sich aber im Brautgemach.* Sie bereitete es mit Wohlgeruch, saß da und wartete auf den wahren Bräutigam. Sie rennt jetzt nicht mehr auf den Markt, Umgang zu suchen mit jedem, der will. Sie wartet auf ihn, an welchem Tage er käme. Und dabei fürchtet sie ihn, denn sie kannte ihn ja nicht von Gestalt. Ihre Erinnerung an die Zeit, da sie aus dem Hause des Vaters fiel, ist erloschen.
Nach dem Willen des Vaters aber träumte sie von ihm wie Frauen, die Männer lieben.
Jetzt kommt der Bräutigam nach dem Willen des Vaters zu ihr herab in das fertige Gemach. Und er selbst schmückte das Hochzeitszimmer. Denn jene Hochzeit ist nicht so wie die fleischliche, wo die, die miteinander Umgang haben, sich des Umgangs freuen. Und wie Lasten lassen sie die Qual der Lust hinter sich und dienen einander.
Wirklich, von dieser Art ist jene Hochzeit nicht, sondern wenn sie die ‚Vereinigung' begehen, werden sie ein einziges Leben.
Deswegen sagt der Prophet (Moses), auf den ersten Mann und auf die erste Frau zielend: ‚Sie werden ein einziges Fleisch sein'.
Sie waren nämlich früher beim Vater miteinander verbunden, bevor die ‚Frau' den ‚Mann' verlor, der ihr Bruder ist. Diese Hochzeit hat sie nun wieder vereinigt. Die Psyche vereinigt sich mit ihrem wirklich Geliebten, ihrem ‚Herrn' von Natur aus, so wie geschrieben ist: ‚Der Herr nämlich der Frau ist ihr Gatte.'
Sie erkannte ihn aber erst nach und nach. Und sie freute

* Zu diesem gnostischen Sakrament siehe das ‚Evangelium nach Philippos'.

sich und weinte vor ihm, da sie ihrer Schande und Witwenschaft gedachte. Und sie schmückte sich mehr und mehr, ihm zu gefallen, damit er bei ihr bliebe.
Es sagt ja der Prophet in den Psalmen: ‚Höre, meine Tochter, schau und neige dein Ohr. Vergiß dein Volk und das Haus deines Vaters, denn der König verlangt nach deiner Schönheit, denn er ist dein Herr.' Er macht sie wert, daß sie ihr Gesicht von ihrem Volke und der Menge der Hurer abwendet, in deren Mitte sie früher stand. Sie achtete nun auf ihren König allein, ihren Herrn von Natur aus, und vergaß das Haus des irdischen Vaters, bei dem es ihr arg ergangen war, und erinnerte sich wieder an ihren Vater, den im Himmel.
So sagte man auch dem Abraham: ‚Geh weg aus deinem Land und deiner Verwandtschaft und aus dem Hause deines Vaters.'
Dies ist die Weise, wie sich die Psyche in ihrer Schönheit schmückte ..., da traf sie auf ihren Geliebten. Und auch er liebte sie.
Und als sie mit ihm Umgang hatte, empfing sie den Samen von ihm, das heißt den Geist, der lebendig macht. So gebiert sie Kinder durch ihn, die gut sind, was sie am Leben erhält. Denn das ist die große endgültige Wundergeburt, daß sich diese Hochzeit nach dem Willen des Vaters vollzieht. Es gehört sich nämlich, daß sich die Psyche selbst wiedergebiert und wird, wie sie früher war.
Die Psyche bewegt sich jetzt selbst. Und sie erhielt vom Vater das göttliche Wesen, daß sie neu wurde und man sie wieder an den Ort nähme, an dem sie von Anfang an war. Das ist die Auferstehung von den Toten. Das ist die Rettung aus der Gefangenschaft. Das ist der Hinaufstieg zum Himmel. Das ist der Weg hinauf zum Vater.
Daher sagt der Prophet: ‚Meine Psyche, rühme den Herrn und alles, was in mir ist, seinen heiligen Namen. Meine Psyche, rühme den Herrn, der dir all dein Unrecht vergeben hat, all deine Krankheit geheilt hat, der dein Leben aus

dem Tode gerettet hat, der dich in Erbarmen bekränzt hat, der dein Verlangen mit Gütern gesättigt hat. Deine Jugend wird neu werden wie ein Adler.'
Wenn sie nun neu wird, wird sie hinaufgehen. Sie wird den Vater und ihren Bruder rühmen, durch den sie gerettet wurde. So wird die Psyche durch die Wiedergeburt gerettet werden.
Das aber kommt nicht durch asketische Worte, auch nicht durch Künstelei, auch nicht durch Lehrbriefe, sondern es ist die Gnade Gottes. Ein Geschenk Gottes an den Menschen ... Daher sagte der Retter (Jesus): ‚Keiner wird zu mir kommen können, es sei denn, mein Vater zieht ihn und bringt ihn zu mir und ich selbst werde ihn auferwecken am Jüngsten Tage.'
Es gehört sich also, zum Vater zu beten und daß wir ihn anrufen mit ganzer Psyche. Nicht mit den äußeren Lippen, sondern mit dem inneren Geiste, der aus der Tiefe kommt, indem wir schreien und umkehren vom Leben, das wir getan haben, indem wir die Sünden bekennen, indem wir den leeren Irrtum erkennen, in dem wir uns aufhielten. Heraus aus der leeren Hast, indem wir über die Art weinen, da wir in der Finsternis und auf der Woge waren, indem wir über uns selber trauern, damit er sich unser erbarmt, indem wir hassen wegen der Art, in der wir uns jetzt aufhalten! Darum sprach der Retter: ‚Selig die Trauernden, denn man wird sich ihrer erbarmen. Selig die Hungernden, denn man wird sie sättigen.' Und wieder: ‚Wer nicht seine Psyche haßt, kann mein Schüler nicht sein.' Denn der Anfang der Rettung ist die Umkehr.
Deshalb kam Johannes vor dem Kommen Christi und predigte die Taufe der Umkehr. Die Umkehr aber geschieht in Leid und Trauer.
Der Vater aber ist ein guter Freund des Menschen. Er hört auf die Psyche, die zu ihm schreit, und schickt ihr das Licht der Rettung.
Daher sagte er durch den Geist des Propheten: ‚Sage den

Söhnen meines Volkes: Selbst wenn eure Sünden von der Erde bis an den Himmel reichten und wenn sie rot wie Scharlach und schwarz wie Sacktuch wären, ihr euch aber an mich wendet und mit ganzer Seele sprecht: Mein Vater!, dann will ich euch hören wie ein heiliges Volk.' Und noch einmal irgendwo anders: ,So redet der Herr, der Heilige Israels: Wenn du umkehrst und schreist, dann wirst du gerettet werden und erkennen, wo du all die Tage warst, als du auf Leeres vertraut hast.' Und wieder anderswo: ,Weine laut, Jerusalem: Erbarme dich meiner! Erbarmen wird er sich der Stimme deines Weinens. Er sah und er erhörte dich. Und der Herr wird ein Leidensbrot und ein Schmerzenswasser geben. Die Irreführer sollen sich dir von jetzt ab nicht mehr nähern. Deine Augen werden die erkennen, die dich irreführen.'

Daher gehört es sich, zu Gott in der Nacht und am Tage zu rufen, empor mit ausgefalzten Händen wie die, die mitten im Meere, das schwankt, zu Gott zu beten pflegen mit ihrem ganzen Herzen, nicht heuchlerisch. Denn die Heuchler lügen sich selbst in die Tasche, sieht doch Gott die Nieren an und prüft das Herz, das auf der unteren Seite ist, damit er den, der der Rettung wert ist, erkenne.

Denn keiner ist der Rettung wert, der noch den Ort des Irrens liebt. Deshalb steht beim Dichter geschrieben: ,Odysseus saß auf der Insel und weinte. Und er war traurig und wandte sein Gesicht abwärts von den Reden der Kalypso und ihren Listen. Er wünschte seine Stadt zu sehen und Rauch, der aus ihr kam ... zu seiner Stadt.'*

Es spricht aber auch die Psyche: ,Da mein Mann sich von mir wandte, will ich in mein Haus gehen.'** Denn es jammerte sie, und sie sprach***: ,Aphrodite hat mich betrogen. Sie lockte mich aus meiner Stadt heraus. Meine junge

* Vgl. Odyssee IV, 555–558 (referiert).

** Herkunft unbekannt.

*** Vgl. Odyssee IV, 261–264. Helena spricht.

Tochter verließ ich und meinen guten, weisen und schönen Mann.'
Denn wenn die Psyche ihren endgültigen Gatten verläßt wegen des Betruges der Aphrodite, die diesen (hiesigen) Ort besitzt, dann wird sie Schaden nehmen. Wenn sie aber trauert und umkehrt, wird sie in ihr Haus zurückkehren. Denn auch Israel konnte man zuerst nicht auffinden, um es aus dem Land Ägypten, dem Haus der Knechtschaft, heraufzuführen, erst als es zu Gott geschrien hatte. Es weinte über seine Unterdrückung.
Und noch einmal ist in den Psalmen geschrieben: ‚Ich war niedergedrückt in meinem Gram. Jede Nacht wasche ich mein Bett und meine Matte mit Tränen. Ich wurde alt unter all meinen Feinden. Weg! jeder von mir, der Unrecht liebt, denn seht, der Herr hat das Schreien meines Weinens gehört. Er hat meine Bitte vernommen.'
Wenn wir wirklich umkehren, wird Gott uns erhören, der Langmütige. Bei ihm ist das große Erbarmen. Ihm gebührt Lob in die Zeiten. Amen.

***

Die Struktur dieser valentinianischen Musterlehrschrift ist ebenso glasklar wie in vollendeter Kunstprosa geschrieben. Eine Exegese der Psyche, wie sie sonst auch in der Gnosis nicht mehr zu finden ist.
„Die Weisen vor uns gaben der Psyche einen weiblichen Namen. Und sie ist wirklich, und zwar aus Natur, eine Frau." Alles Psychische ist also weiblich, auch das Männliche. Es gibt keinen Unterschied. Der Mensch ist prinzipiell in der gleichen existentiell verhangenen Lage.
Es folgt eine ‚Parabel von der Psyche', die an Schönheit und Tiefe nicht überbietbar ist. Die Seele fällt ins Dasein

der Dirne. Warum gerade diese Metapher gewählt ist, kann nicht lange verborgen bleiben: Der kulturgeschichtliche Kreis, für den und aus dem der Verfasser schreibt, ist in seiner Inhumanität nicht kräftiger als eben so in Skizze zu bringen. Die große Masse lebt zwangsweise dirnenhaft. „Denn viel Qual ist über sie gekommen, da sie ihr Haus verlassen hat." Gewiß, die Seele ist „gefallen", aber in der Parabel ist sie eine verlorene Tochter.

Ganz abweichend von den Zeitgepflogenheiten, ist der folgende ‚Schriftbeweis' aus dem Propheten, aus dem Apostel und aus dem Evangelium, wenn auch allegorisch, so doch nirgends willkürlich oder auch nur gesucht. Der Verfasser kennt seine ‚Schrift'.

*Die „Gebärmutter" der Psyche mag uns etwas skuril anmuten. Sie ist Hilfskonstruktion für die „Reinigung der Seele ... das Empfangen ... ihrer früheren psychischen Beschaffenheit". Da sie nämlich „eine Frau ist ..., hat der Vater ihr vom Himmel her ihren Mann gesandt. Der ist ihr Bruder, der Zuerstgeborene." Das Folgende ist die fast im einzelnen deutliche Beschreibung eines sakramentalen Vorgangs, wie ihn so nur die valentinianischen Gemeinden kannten. Die Rede ist vom ‚Sakrament des Brautgemachs'.**

Der Gnostiker wird in einem rituell-mystischen Begehungsakt wieder mit seinem Herkunftsselbst verbunden: Diese weibliche Psyche und jene männliche Psyche werden wieder vereinigt. Der Gnostiker empfängt – gnadenhaft – seine „natürliche" Identität zurück: „Das ist die Auferstehung von den Toten. Das ist die Rettung aus der Gefangenschaft. Das ist der Hinaufstieg zum Himmel. Das ist der Weg hinauf zum Vater!"

In eindringlicher Parainäse drängt der Text dann auf Verwirklichung dieses „Geschenkes" Gottes.

In großer Weltoffenheit erfaßt der Schluß gleichzeitig den

* Siehe ‚Evangelium nach Philippos'.

„weinenden“ Odysseus und das „schreiende“ Israel als Prototypen aller Gnosis. Die Qual der Ferne und der Schmerz des nicht Freiseins sind nicht zu umgehen. Nur auf diese „Trauer“ schaut jener Vater und jener „Bruder“.

Der Eugnostosbrief

Text aus Nag Hammdi

Der selige Eugnostos an die Seinigen. Freut euch! Ich wünsche, daß ihr wißt: alle Menschen, die seit Grundlegung der Welt geboren sind bis jetzt, sind Staub. Doch sie fragen nach Gott, wer er sei und wie er sei. Gefunden haben sie ihn nicht.

Die Klügsten unter ihnen grübelten über die Einrichtung der Welt und über die Wahrheit nach. Doch bloße Vermutung hat die Wahrheit nicht getroffen; denn über die Einrichtung werden von allen Philosophen drei Thesen aufgestellt. Sie stimmen nicht überein.

Einige von ihnen sagen von der Welt, sie werde durch sich selbst gelenkt, andere, daß es eine Vorsehung gäbe, und noch andere, daß es etwas gäbe, das zu geschehen bestimmt sei. Doch es stimmt nicht eine von diesen.

Keine von den drei Thesen, die ich nannte, kommt an die Wahrheit heran. Was nämlich aus sich selbst ist, führt ein eitles Leben. Vorsehung ist eine Torheit. Und was angeordnet ist, ist blind.

Wer also imstande ist, die genannten drei Thesen aufzulösen und durch eine andere These (in das Gefragte) hineinzukommen und so den Gott der Wahrheit offenbar zu machen und mit allen darin übereinzustimmen, der ist unsterblich, obwohl er doch lebt, mitten unter Menschen, die allesamt sterblich sind.

Der Existierende ist nicht zu beschreiben. Keine Kraft hat ihn erkannt, keine Macht, nichts darunter, nicht irgendeine Kreatur seit dem Anfang der Welt – er sich allein.

Er ist unsterblich, ewig und geburtslos. Er ist ungezeugt und hat keinen Anfang. Denn, wer Anfang hat, hat auch ein Ende. Über ihn ist keiner Herr. Er hat keinen Namen. Wer einen Namen hat, ist das Geschöpf eines anderen. Er ist namenlos und gestaltlos. Wer eine Gestalt hat, ist das

Geschöpf eines anderen. Er hat ein Aussehen, nicht von der Art des Aussehens, das wir erhalten oder gesehen haben, sondern es ist ein fremdes Aussehen. Es geht über alles hinaus. Es ist kostbarer als die Ganzheiten.

Er sieht nach allen Seiten, er erschaut sich allein durch sich selbst. Er ist unendlich, unbegreiflich. Er hat nicht seinesgleichen. Er ist unwandelbar gut, ohne Mangel. Er besteht für immer. Er ist selig, unerkennbar, erkennt sich nur selbst. Er ist unermeßlich, unergründlich, endgültig. Er hat keinen Mangel. Er ist unvergänglich, selig. Man ruft ihn Vater des Universums.

Noch bevor irgend etwas von dem Wirklichen in Erscheinung tritt, sind die Größe und die Gewalten in ihm. Er ist Herr über die Ganzheiten, und keiner ist Herr über ihn. Er ist ganz Sinn, Gedanke und Überlegung; ganz Klugheit, Vernunft und Kraft. Sie alle sind gleiche Kräfte, Ursprünge der Ganzheiten. Ihre ganze Art ist bis zur äußersten Grenze in der Erkenntnis des Ungezeugten. Bevor sie aber zur Wirklichkeit kamen, bestand eine Unterscheidbarkeit zwischen den Äonen.

Wir sollen das so bedenken: Alles, was aus dem Untergang entstanden ist, wird auch untergehen, weil es ja aus dem Untergang entstanden ist. Was aber aus der Unvergänglichkeit entstanden ist, wird nicht untergehen, sondern unvergänglich bleiben, weil es aus der Unvergänglichkeit entstanden ist. Daher kamen viele Menschen auf einen falschen Weg, weil sie diesen Unterschied nicht erkannten. Und das heißt: sie starben. Es mag genau sein bis hierher, da niemand der Form der Worte noch entgegentreten kann, wie ich sie eben über den seligen, unvergänglichen, wahren Gott gesagt habe. Wenn es aber einen gibt, der diese Worte annehmen will, so möge er nachforschen vom Verborgenen bis zum Offenkundigen. Und dieser Gedanke wird ihn lehren, wie einer den Glauben an das, was nicht offen daliegt, in dem, was offen ist, gefunden hat.

Dies ist also ein Anfang des Wissens. Den Herrn des Universums aber nennt man genaugenommen nicht ‚Vater', sondern ‚Vorvater'. Denn der Vater ist der Ursprung dessen, was offen daliegt. Jener aber, der anfanglose Vorvater, schaut sich selbst in sich selbst wie in einem Spiegel. So trat er in seiner Selbstvater-Gestalt in Erscheinung, das heißt als Selbstgewordener, als Antopos* trat er hin vor das Angesicht des ungezeugten Präexistenten. Er ist zwar mit dem, der vor ihm ist, altersgleich, aber nicht kraftgleich.

Nach diesem entließ er eine große Zahl von selbstentstandenen, gleichaltrigen und gleich mächtigen Antopoi (‚Orten') in die Wirklichkeit treten. Sie sind voll Glanz und ohne Zahl, und man nennt sie ‚das Geschlecht, über dem keine Herrschaft der eingesetzten Herrschaften ist'. Die Gesamtzahl aber des ‚Ortes', über dem keine Herrschaft mehr ist, nennt man ‚die Kinder des ungezeugten Vaters'.

Er aber, der Unerkennbare, bleibt für immer in unvergänglicher Freude. Sie alle aber ruhen in ihm, in immer bleibender Freude. Sie freuen sich über den unermeßlichen Glanz und den Jubel, der nie gehört oder wahrgenommen wurde in allen Äonen und ihren Welten. Bis hierher mag es genug sein, damit wir nicht aus dem Unendlichen herauskommen.

Auch dies ist (nur) ein weiterer Anfang des Wissens. Der Ungezeugte aber, der erste, der in die Wirklichkeit kam vor dem Universum im Grenzenlosen – er ist ein selbstgewordener, selbstgeschaffener Vater, endgültig in unsagbarem Licht wie es leuchtet –, dieser also erkannte die Arche.** So wurde seine Gestalt eine große Kraft. Und gleich eröffnete die Arche jenes Lichtes einen unsterblichen, mannweiblichen ‚Menschen'.

* Äonenname nur hier. Wörtlich: Ort, Widerort.

** Erster weiblicher Äon. Wörtlich: Anfang.

Seinen männlichen Namen nennt man den ‚endgültigen Nous'*, seinen weiblichen die ‚allweise Sophia'.**
Man sagt über sie auch, sie gleiche ihrem Bruder und Paargenossen – eine Wahrheit, über die man nicht streiten sollte. Denn nur der Irrtum kämpft gegen die untere Wahrheit, der mit ihr ist.
Durch den unsterblichen Menschen trat eine Benennung – ‚Göttlichkeit und Herrschaft' – zuerst in Erscheinung. Der Vater nämlich, den man gewöhnlich den ‚Selbstvater-Menschen' nennt, ließ diesen in Erscheinung treten. Er schuf sich einen großen Äon, seiner eigenen Größe gemäß. Und er gab ihm große Macht. Er herrschte über alle Geschöpfe. Er schuf sich Götter, Großengel und Engel, Zehntausende ohne Zahl zu seinem Dienst. Durch jenen Menschen also begannen ‚Göttlichkeit' und ‚Herrschaft'. Man nennt ihn deswegen auch den Gott der Götter und den König der Könige.
Der erste Mensch aber ist die Pistis*** für die, die nach diesem entstehen. Er hat einen eigenen Nous, einen Gedanken, in sich; so wie er ist, eine Überlegung, eine Klugheit, eine Vernunft und eine Kraft.
Alle Glieder, die existieren, sind endgültig und unsterblich. Verglichen mit der Unvergänglichkeit sind sie ebenbürtig, verglichen mit der Kraft besteht ein Unterschied wie die Verschiedenheit zwischen Vater und Sohn und zwischen einem Sohn und seinem Gedanken und dem Gedanken und dem übrigen.
Wie gesagt, ist unter den Hervorgebrachten die Einheit die erste. Es folgt ihr die Zweiheit mit der Dreiheit bis hin zu den Zehnheiten. Die Zehnheiten aber sind Herr über die Hunderter, die Hunderter aber Herr über die Tausender, die Tausender über die Zehntausender ...

* Nous wörtlich: Sinn.
** Sophia wörtlich: Weisheit.
*** Pistis wörtlich: Glaube.

Die Einheit aber und der Gedanke gehören ... (Text verderbt) ...
Der Sohn des ‚Menschen' aber kam mit der Sophia, seiner Paargenossin, überein. So ließ er ein großes, mannweibliches Licht in Erscheinung treten. Seinen männlichen Namen ruft man ‚Retter', den Schöpfer aller Dinge, seinen weiblichen ruft man: Sophia ‚Pangenetria'*; andere nennen sie auch Pistis.
Und der Retter stimmte mit seiner Paargenossin, Pistis Sophia, überein. Und er brachte sechs mannweibliche ‚Geister', nach dem Bild derer, die früher waren, hervor. Ihre männlichen Namen lauten: 1. der Ungezeugte, 2. der Selbstgezeugte, 3. der Erzeuger, 4. der Ersterzeuger, 5. der Alleserzeuger, 6. der Haupterzeuger. Die weiblichen Namen heißen so: 1. die ganzweise Sophia, 2. die grenzenlose Sophia, 3. die allesgebärende Sophia, 4. die erstgebärende Sophia, 5. die Liebe-Sophia, 6. die Glaube-Sophia.
Aus den schon genannten Übereinstimmungen traten weitere existierende Äonen ins Dasein: die Gedanken; aus den Gedanken die Überlegungen, aus den Überlegungen die Klugheiten, aus den Klugheiten die Vernunft, aus der Vernunft die Entschlüsse, aus den Entschlüssen die Worte.
Auch die soeben genannten zwölf Kräfte stimmten miteinander überein. So traten 36 männliche und 36 weibliche Wesen in Erscheinung: im Ganzen 72 Kräfte. Und die 72, jede einzelne von ihnen, ließen je fünf ‚Geister' in Erscheinung treten, das sind die 360 Kräfte. Ihrer aller Vereinigung ist der Beschied.
Der unsterbliche Mensch nun wurde zum Bild des ... Äons. Die Zeit wurde zum Bild des Ersterzeugers. Sein Sohn wurde zum Bilde des ... Die zwölf Monate wurden zum Bild der zwölf Kräfte. Die 360 Tage des Jahres wurden zum Abbild der 360 Kräfte, die aus dem Retter gekommen waren. Die zahllosen Engel waren aus diesen entstanden.

* Diejenige, die alles gebiert.

Sie wurden zum Abbild der Stunden und ihrer Augenblicke.
Als nun alle, die ich nannte, in Erscheinung getreten waren, schuf ihnen der Alleserzeuger, ihr Vater, zwölf Äonen zum Dienste, die zwölf Engel. Und in allen Äonen waren je sechs in jedem einzelnen von ihnen. Das ergab 72 Himmel mit 72 Kräften, die in Erscheinung traten. Und in allen Himmeln waren je fünf Firmamente. Das ergab insgesamt 360 Firmamente. Und 360 Kräfte traten aus den Firmamenten heraus in Erscheinung. Vollendet, wurden sie die 360 Himmel, nach den Namen der Himmel vor ihnen, genannt.
Und alle diese sind endgültig und gut. Doch so trat der Mangel der (bloßen) Weiblichkeit in Erscheinung.
Der erste Äon ist der unsterbliche Mensch. Der zweite ist der Sohn des Menschen, den sie gewöhnlich Erstschöpfer nennen oder auch Retter zu rufen pflegen.
Der diese beherrscht, ist der, über den es keine Herrschaft gibt beim göttlichen, grenzenlosen Ewigen, dem Äon der Äonen, bei den Unsterblichen, die in ihm sind, die obere Achtheit, die aus dem Chaos kam.
Er aber, der unsterbliche Mensch, ließ Äonen, Kräfte und Herrschaften hervorgehen. Er gab die Gewalt allen, die aus ihm hervorgegangen waren. Sie tun, was sie wollen, bis zu den Tagen. Sie sind oberhalb des Chaos. Denn diese stimmen miteinander überein.
Sie ließen alle Größen in Erscheinung treten aus einem Geiste, eine Fülle herrlicher, zahlloser Lichter, die sie am Anfang benannt hatten. Das ist die Erste, die Mitte, die Endgültigkeit. Das ist der erste Äon und der zweite und der dritte.
Den ersten nannte man die Einheit und die Ruhe. Jeder einzelne hat seinen Namen, denn sie benannten die ‚Gemeinde' im dritten Äon: die Fülle aus der Fülle, welche aus dem Einen eine Fülle hervorkommen ließ. Daher versammelt sich die Fülle, und sie kommen zu einer Einheit. Sie

nennen sie auch: Gemeinde aus der Gemeinde, die den Himmel übertrifft. Daher hat die Gemeinde der Achtheit sich als mannweiblich offenbart. Man nannte sie teilweise männlich und teilweise weiblich. Das Männliche nannte man Gemeinde, das Weibliche: Leben. So sollte deutlich werden, daß aus einem Weibe das Leben in allen Äonen entstand, alle Namen, die von Anfang an in ihnen waren.
Aus seinem guten Willen und aus seinen Gedanken kamen die Kräfte hervor, die man Götter nennt. Die Götter ließen aus ihrer Klugheit Herren hervorkommen. Die Herren aber der Herren ließen aus ihren Worten Herren in Erscheinung treten. Die Herren aber ließen aus ihren Kräften Hauptengel in Erscheinung treten, die Hauptengel Engel.
Daraus trat das ‚Bild' hervor ..., um alle Äonen und alle ihre unsterblichen Welten zu benennen, die ich schon genannt habe. Sie haben die gesamte Macht aus der Kraft des unsterblichen Menschen und der Sophia, seiner Paargenossin, die man Schweigen nannte. Man nannte sie aber ‚Schweigen', weil sie aus einer Überlegung ohne Worte ihre unvergängliche Größe erhielt.
Da sie die Gewalt hatten, schuf sich jeder einzelne von ihnen große Bereiche in allen unsterblichen Himmeln und ihren Firmamenten, Throne und Tempel nach Maßgabe ihrer Größe; einige auch Wohnungen und herrliche, unbeschreibliche Fahrzeuge. Ihre Beschaffenheit kann keiner angeben. Sie schufen sich Heere von Engeln, ungezählte Zehntausende zum Dienste und zur Verherrlichung; ferner unbeschreibliche, jungfräuliche Lichtgeister. Es gibt bei ihnen keine Plage und Beschwernis. Ist da nur ein Wunsch, schon ist er Wirklichkeit.
Es vollendeten sich also die Äonen, ihre Himmel und Firmamente, die Herrlichkeit des unsterblichen Menschen und der Sophia, seiner Paargenossin, der Ort, wo alle Äonen und ihre Welten ...
Alles aber aus dem Unsterblichen vom Ungezeugten bis zur Offenbarung des Chaos im leuchtenden, schattenlosen

Licht und in unsagbarer Freude und in unaussprechlichem Jubel, sie alle ergötzen sich für immer an ihrem unwandelbaren Glanz und ihrer unermeßlichen Ruhe, die man nicht beschreiben kann und die man nicht wird begreifen können in allen Äonen, die entstanden sind mit ihren Kräften. Bis hierher mag es genügen. Diese alle aber, die ich dir genannt habe, habe ich genannt nach deinem Fassungsvermögen, bis das Unlehrbare (selbst) in dir in Erscheinung tritt. Es wird dir all das in Freude und in reinem Wissen sagen.

Der selige Eugnostos.

***

Bei diesem ‚Brief' eines sonst unbekannten Eugnostos handelt es sich um keinen wirklichen Brief. Der Verfasser schreibt einen gnostischen Traktat und gibt ihm lediglich die lose Form eines Briefes. Der Traktat selbst handelt zunächst lange von der Absolutheit Gottes und dann noch länger von immer neuen und immer mehr und undurchsichtiger werdenden Emanationen. Von einem System (falls dieses auf Verständnis ausgeht) kann man nur reden im Blick auf andere, durchgegliederte gnostische Systeme. ‚Eugnostos' nimmt von überall Anleihen. Er sagt selbst wiederholt, daß andere die und jene Äonenbezeichnung anders buchstabieren. Und obwohl er dabei immer in der Sache verbleibt, so wird doch ein fruchtlos-frustrierender Streit unter gnostischen ‚Systematikern', aus dem Hintergrunde auftauchend, sichtbar.*
Die bis ins Unendliche reichende Kräftelehre des Eugnostos wird auch nicht einleuchtender durch die zweimalige

* Vielleicht ist sogar der Name ‚Eugnostos' ein Kunstname. Er bedeutet nämlich ‚der wohl mit Gnosis Versehene'.

Beteuerung, daß dies alles nur ein „Anfang des Wissens" sei.
Dreimal stoppt der Verfasser selbst seinen unbegrenzten Fluß der Hervorgänge (Emanationen) durch die Formel: „Bis hierher mag es genügen." Er wird aber auch dadurch nicht eben verständlicher.
Insgesamt scheint das gnostische Grundanliegen von der prekären, geheilten Situation des Menschen zugunsten der Spekulation zurückgestellt worden zu sein.

Das Thomasbuch

Text aus Nag Hammadi

Dies sind die geheimen Worte, die der Retter dem Judas Thomas gesagt hat und die ich, Matthäus*, geschrieben habe.

Als ich dahinging, hörte ich, wie sie miteinander sprachen. Der Retter sagte: ‚Bruder Thomas, solange du in der Welt Zeit hast, höre mir zu, und ich will dir anzeigen, worüber du selbst (schon) nachgesonnen hast in deinem Herzen. Man hat ja gesagt, du bist mein Zwilling und Freund. Prüfe dich also und erkenne, wer du bist, wie du warst und wie du werden wirst! Wenn man dich aber meinen Bruder nennt, dann kann es sich für dich nicht gehören, daß du über dich selbst unwissend bist. Und ich weiß ja, daß du zur Erkenntnis gelangt bist. Denn du hast mich schon erkannt, daß ich die Erkenntnis der Wahrheit bin, während du mit mir unterwegs bist, selbst wenn du es nicht weißt. Du hast schon erkannt, und man wird dich den Sich-selbst-Erkenner nennen. Denn wer sich selbst nicht erkannt hat, hat überhaupt nicht erkannt. Wer aber sich selbst erkannt hat, hat die Erkenntnis der Tiefe des Universums erkannt. Deswegen hast du, mein Bruder Thomas, das den Menschen Verborgene gesehen. Daran stoßen sie sich, weil sie es nicht erkennen.‘

Es sprach nun Thomas zum Herrn: ‚Gerade deswegen bitte ich dich, mir zu sagen, wonach ich dich frage vor deiner Hinwegnahme. Und wenn ich von dir über das Verborgene höre, dann wird es mir auch möglich sein, darüber zu sprechen. Mir ist klar, daß es bei den Menschen schwierig ist, die Wahrheit zu tun.‘

Der Retter antwortete ihm so: ‚Wenn euch schon verborgen ist, was offen am Tage liegt, wie möchtet ihr dann

* Gemeint ist der Apostel.

hören, was (wirklich) verborgen ist? Wenn die Werke der Wahrheit, die in der Welt offen sind, schwierig für euch zu tun sind, wie wollt ihr da die Werke der Größe und des Pleromas tun, die verborgen sind? Wie kann man euch da Arbeiter nennen? Ihr seid Anfänger, ihr habt die Größe der Endgültigkeit noch nicht erlangt.'

Thomas gab Antwort und sprach zum Retter: ‚Erzähle uns von den Dingen, von denen du sagst, sie seien verborgen und nicht offen am Tage!'

Der Retter sprach: ‚Alles Körperhafte ist wie die Tiere entstanden, die sich (auf die bekannte Weise) fortzeugen. Daher ist auch keine Dauer in ihnen ... Doch die auf die Seite des Himmels gehören, ... sind offenbar. Sie sind offenbar aus ihrer Wurzel allein. Ihre Früchte erhalten sie am Leben. Die Körper aber, die bekannt sind, essen von Kreaturen, die ihnen gleichen. Darum verändern sich diese Körper auch. Was sich aber verändert, geht zugrunde und vorüber. Es hat von nun an keine Hoffnung auf Leben, denn jeder Körper ist tierlich. Wie nun bei den Tieren die Leiber zugrunde gehen, so wird auch dieses Gemächt zugrunde gehen. Es stammt doch der Körper aus dem Beischlaf, wie der der Tiere! Und wenn er nun daraus stammt, wie sollte er dann einen größeren Unterschied vor ihnen haben? Deswegen also seid ihr klein, bis ihr endgültig werdet.'

Thomas aber antwortete: ‚Darum, sage ich dir, Herr, gleichen jene, die über das Verborgene und schwer zu Erklärende sprechen, Menschen, die ihre Feuer für ein Nachtzeichen auseinanderreißen. Sie ‚reißen' zwar ihre Feuer, wie einige, auseinander, um für das ‚Zeichen' auseinanderzureißen, aber es ist doch nicht sichtbar. Wenn aber das Licht hervorkommt und die Finsternis zudeckt, dann wird das Werk eines jeden sichtbar. Du aber bist unser Licht, Herr, da du leuchtest.'

Jesus sprach: ‚Das Licht ist im Licht.'

Thomas sprach und sagte: ‚Herr, warum geht das sichtbare Licht, das des Menschen wegen scheint, auf und unter?'

Der Retter sprach: ‚Selig bist du, Thomas. Das sichtbare Licht scheint euretwegen, nicht damit ihr an (diesem) Ort bleibt, sondern damit ihr herauskommt. Wenn aber alle Erwählten das Tierliche ablegen, dann wird sich das Licht zu seinem wahren Sein hinauf zurückziehen. Und sein wahres Sein wird es zu sich nehmen, weil es ein guter Knecht gewesen ist.'
Der Retter sprach aber weiter: ‚O unbegreifliche Liebe des Lichtes! O Wut des Feuers, die im Körper des Menschen und in seinem Mark brennt nachts und tags, und die Glieder des Menschen versengt und ihre Herzen betrunken macht und ihre Seelen verwirrt. Männer und Frauen schüttelt sie am Tage und in der Nacht, bewegt sie und brennt im Verborgenen und im Offenen. Denn die Männer bewegen sich (auf die Frauen zu), und die Frauen bewegen sich (auf die Männer zu). Darum sagt man: Jeder, der nach der Wahrheit fragt bei einem wirklich weisen Menschen, wird sich Flügel zurichten und fliegen und vor dem Verlangen fliehen, das des Menschen Gemüt verbrennt. Er wird sich Flügel zurichten und vor allem, was zur Welt der Erscheinungen gehört, fliehen.'
Thomas gab Antwort und sprach: ‚Herr, genau deswegen frage ich dich ja, weil ich erkannt habe, daß du es bist, der uns nützt. Wie du selbst sagst.'
Wiederum antwortete der Retter und sprach: ‚Wir müssen es euch sagen, denn das ist die Lehre für die Endgültigen. Wenn ihr endgültig werden wollt, werdet ihr euch danach richten, wenn nicht, ist euer Name ohne Wissen. Unmöglich wohnt ein gescheiter Mensch mit einem Dummkopf zusammen. Denn der Gescheite ist voll jeder Weisheit, für den Dummkopf aber ist Gutes und Böses völlig egal. Der Gescheite wird sich von der Wahrheit ernähren und wird wie der Baum sein, der über dem Regenguß aufwächst. Es gibt also einige, die Flügel haben, mit denen sie über die Welt der bloßen Erscheinung hinwegeilen. Die anderen sind fern von der Wahrheit. Das Feuer erweckt in ihnen

eine falsche Vorstellung von der Wahrheit, läßt vorgetäuschte Schönheit vor ihnen aufscheinen, doch richtet es sie so zugrunde. Es schlägt sie durch eine dunkle Süße in Bann und zieht sie an durch Geruch, der taumeln läßt. In unersättlichem Verlangen wird es sie blenden und ihre Seelen versengen. Es wird ihnen wie ein Pfahl sein, der in ihrem Herzen steckt, ohne daß sie ihn je herausziehen könnten. Und wie ein Zaum im Maule lenkt es sie nach seinem Willen. Es schlägt sie in Ketten, bindet mit grimmiger Fessel des Verlangens. Was am Tage ist, was vorübergeht und sich ändert, was sich wenden wird beim Ziehen der Prüfung, zog sie immer schon vom Himmel zur Erde, tötete sie und machte sie zu Tieren. So sind sie beschmutzt.'
Thomas antwortete und sprach: ,Schon oft ist deutlich ausgesprochen: Das Vergängliche vergeht für alle, die nicht wissen ... Seele.'
Der Retter sprach: ,So ist es mit dem klugen Manne, der die Ruhe suchte. Als er sie fand, ruhte er in ihr auf immer und hatte keine Furcht mehr vor denen, die ihn beunruhigen wollten.'
Thomas antwortete und sprach: ,Es ist nützlich für uns, in dem zu ruhen, was uns gehört.'
Der Retter sprach: ,Ja, das ist es, was nützt, und es ist gut für euch. Denn was unter Menschen bekannt ist, wird vorübergehen. Das Gefäß des Fleisches wird vergehen, und wenn es vergangen ist, wird es dort sein, wo man es sieht. Das sichtbare Feuer bereitet dann Qual, wegen der Liebe zum Glauben, die sie früher bewegte. Und wieder werden sie dann in die Welt der Erscheinungen kommen müssen. Es werden aber diejenigen zugrunde gehen, die ohne die erste Liebe Ausschau halten in der Sorge des Lebens in der Glut des Feuers. Nicht lange wird es noch währen, bis das Sichtbare vergeht. Dann werden falsche Götter, ohne Gestalt, aufstehen, und mitten unter den Gräbern werden sie für immer über den Körpern sein zu Qual und Untergang der Seelen.'

Thomas antwortete und sprach: ‚Was aber sollen wir denen sagen, was den Menschen, die blind sind, welche Lehre sollen wir denen geben, die behaupten: Wir kamen zum Guten, nicht zum Fluch! Sie werden ja auch sagen: Wenn wir nicht im Fleische geboren wären, hätten wir ... nicht erkannt.'
Der Retter sprach: ‚Amen. Ich sage dir: Rechne solche nicht unter die Menschen, sondern halte sie gleich wie die Tiere. Denn wie Tiere einander fressen, so ist es auch mit diesen Menschen. Sie ‚fressen' einander und sind von der Wahrheit ausgeschlossen, weil sie die (dunkle) Süße des Feuers lieben und Knechte des Todes geworden sind, hingeeilt zu ihren Werken des Schmutzes, um das Verlangen ihrer Väter zu Ende zu bringen. Man wird sie auf den Grund des Hades hinabwerfen und sie auspeitschen mit der Geißel ihrer eigenen Natur. Sie werden ausgepeitscht, damit sie ihren Kopf nach unten richten, damit sie zu dem Ort fliehen, den sie vorher nicht kannten. Nicht in Ruhe ..., sondern in Verzweiflung ... Mit Wahnsinn und Verwirrung. Und sie bleiben an der Verwirrung ihres Verstandes kleben und erkennen ihren Wahn nicht. Sie dachten, sie wären weise, liebten aber (bloß) ihren Körper ..., sie sind von ihm berückt. Ihr Denken klebt an ihren Werken. Das Feuer wird sie verbrennen.'
Thomas aber antwortete und sprach: ‚Herr, was soll aber ein Mensch tun, wenn er sich unter diese ‚Tiere' hinabgeworfen sieht? Ich bin um diese Menschen besorgt, denn gar viele streiten wider sie.'
Der Retter antwortete und sprach: ‚Vermagst du tatsächlich etwas zu besitzen, was zur Erscheinungswelt gehört?'
Judas, genannt Thomas, sprach: ‚Du, Herr, hast zu sprechen. Ich aber habe zu hören.'
Der Retter antwortete: ‚Höre, was ich dir sage, und glaube die Wahrheit! Wer Böses sät, dessen Böses wird im eigenen Feuer verbrennen, im Feuer und im Wasser. Solche werden sich in den Gräbern der Finsternis verbergen. Nach langer

Zeit werden sie es durch ihre Früchte anzeigen, daß sie selber schlechte Bäume gewesen sind. Man wird sie strafen, vom Maul der Tiere und vom Mund der Menschen getötet, durch die Wucht der Regenböen, der Winde, der Luft und des Lichts, die sie von oben her anfällt.'

Thomas aber antwortete: ,Uns, Herr, hast du überzeugt. Wir haben in unserem Herzen erkannt. Deutlich ist das die Wahrheit, und in deiner Rede ist keine Mißgunst. Aber die Worte, die du zu uns sagst, sind für die Welt Lachen und Naserümpfen, weil sie nicht verstehen. Wie sollen wir da hingehen und predigen, daß man uns nicht zur Welt zu zählen habe?'

Der Retter antwortete und sprach: ,Amen. Ich sage euch: Wer diese Rede hört und sein Gesicht abwendet oder darüber die Nase rümpft oder die Lippen spitzt – Amen. Ich sage euch: Man wird ihn dem oberen Herrscher ausliefern, der über die Mächte herrscht. Und der, der herrscht, wird jenen umdrehen und vom Himmel in den Grund des Hades werfen. Und einsperren wird man ihn in einen knappen und finsteren Ort. Er wird sich nicht drehen noch bewegen wegen der großen Tiefe des Tartaros und der schweren Leiden des Hades, die sicher sind. Dort sind sie gefangen ... ihre Torheit ist nicht vergeben. (Und die Mächte) werden sie verfolgen und dem Engel, dem Herrn des Hades, übergeben. Der wird Feuer nehmen und sie mit Feuergeißeln jagen, ihnen Funken ins Gesicht sprühend. Rennt einer nach Westen: Feuer! Flieht er nach Süden: Feuer! Wendet er sich nach Norden: Feuer, drohendes Feuer! Den Rettungsweg nach Osten wird er aber nicht finden, um dort zu entkommen. Denn wenn er ihn nicht gefunden hat, solange er noch im Fleische war, so wird er ihn am Tage des Gerichts erst recht nicht finden.'

Der Retter sprach weiter: ,Wehe euch, ihr Gottlosen, die ihr keine Hoffnung habt, die ihr euch verlassen habt auf das, was nicht zu geschehen hätte. Wehe euch, die ihr auf das Fleisch hofft und auf das Gefängnis, das zugrunde geht.

Wie lange wollt ihr noch schlafen und vom Unvergänglichen meinen, es verginge, wo eure Hoffnung auf der Welt ruht und euer Gott dieses Leben ist? So richtet ihr eure Seelen zugrunde. Wehe euch im Feuer, das in euch brennt, denn es ist nicht zu sättigen. Wehe euch, durch das Rad, das sich in euren Gedanken dreht. Wehe euch, in denen das Feuer wütet. Es wird euer Fleisch in der Erscheinungswelt aufzehren und eure Seelen in ihrem verborgenen Grunde spalten und euch eurer Genossen wert machen. Wehe euch, ihr Häftlinge, die ihr in Höhlen angekettet seid. Ihr lacht und freut euch noch im Lachen eurer Dummheit. Euren Untergang begreift ihr nicht. Die Art des Ortes, an dem ihr wohnt, wißt ihr nicht, daß ihr nämlich in der Finsternis und im Tode seid. Nein, ihr seid betrunken vom Feuer und angefüllt mit bitterem Gift. Euer Herz sieht nur auf sich selbst, auf das eigene Verlangen.
Süß erscheint euch, was in Wahrheit Bitteres ist, Grimm des Gegners. Finsternis haltet ihr für Licht. Eure Freiheit habt ihr der Knechtschaft unterworfen. Eure Herzen habt ihr zu Finsternisherzen gemacht und eure Gedanken der Dummheit übergeben. Ihr habt die Gedanken voll mit dem Rauch des Feuers, das in euch brennt. Euer Licht, das euch gegebene Gewand, ist von der Wolke der Finsternis verdeckt. Ihr habt euch betrogen, auf eine nichtexistente Hoffnung gesetzt. An wen habt ihr geglaubt? Wißt ihr nicht, daß ihr alle unter Leuten wohnt, die euch verderben wollen, als ob ihr nicht zum Leben ...? Eure Seelen habt ihr in das Wasser der Finsternis eingetaucht. Euer Wunsch war euch das einzige Leben. Wehe euch, die ihr im Irrtum seid und nicht auf das Licht der ‚Sonne' schaut. Denn das Licht der Sonne richtet das Universum aus. Es schaut auf das Universum. Es umfaßt und richtet jede Tat. Es macht sich selbst Feinde zu Knechten.
Ihr erkennt auch nicht den Mond, wie er ist des Nachts und des Tags, wenn er herabschaut auf die Leiber eurer Toten. Wehe euch, die ihr den Umgang mit den Huren liebt, der

euch beschmutzt. Wehe euch, die ihr den Mächten eures Körpers gehorcht. Man wird euch heimsuchen. Wehe euch, in denen böse Abergeister am Werke sind. Wehe euch, die ihr alle Glieder voller Feuer habt. Wer wird euch Tau geben, zu löschen, daß Feuer und Glut aus euch geschwemmt würden? Wer wird über euch die Sonne aufgehen lassen, um die Finsternis zu bannen, die in euch ist, und um Finsternis und Wasser des Schmutzes ins Dunkle abzudrängen?

Aber über euch (andere) werden Sonne und Mond aufgehen und guten Geruch verbreiten und damit Luft, Geist, Wasser und Erde erfüllen. Denn wo keine Sonne scheint über die Körperlichkeit, verkommt und vergeht sie wie die Pflanze und das Gras. Scheint aber die Sonne auf die Pflanze, so kräftigt sie, zuerst den Weinstock. Wenn dann der Weinstock schon kräftiger wird als andere Pflanzen und alle anderen Kräuter, die gemeinsam wuchsen, überschattet er sie und verbreitert sich. Er allein erbt das Land, auf dem er wuchs, und wird jedem Ort Herr und überschattet ihn. So wird er beim Wachsen Herr über das Land und bringt seinem Besitzer reiche Frucht. Ja der Nutzen ist noch größer, denn sein Besitzer hätte Mühe aufwenden müssen, das Unkraut auszujäten. So aber vertilgte es der Weinstock von sich aus und erstickte es. Es starb und wurde dem Boden gleich.'

Dann redete Jesus weiter und sprach zu ihnen: ,Wehe euch, die ihr die Lehre nicht angenommen habt. Denen, die die Wahrheit kennen, hört ihr nicht zu. Ihr quält sie, wenn sie davon sagen. So rennt ihr in euer Verderben. Täglich tötet ihr die Arbeiter Gottes, euch gesandt, damit ihr vom Tode ersteht.

Selig aber ihr, die ihr die Verführung erkannt habt. Ihr flieht, was euch fremd ist. Selig seid ihr, die ihr ausgelacht und verachtet werdet wegen der Liebe, die der Herr für euch übrig hat. Selig seid ihr, die ihr weint und von denen, die keine begründete Hoffnung haben, angefeindet werdet. Denn ihr werdet frei sein. Wachet und betet, daß ihr im

Fleische nicht ähnlich den Tieren lebt, sondern die Fessel des ‚Tieres' sprengt. Wenn ihr betet, werdet ihr Ruhe haben. Dann laßt ihr die Mühe und den Druck des Herzens hinter euch. Wenn ihr der Mühe und dem Verlangen des Körpers entkommt, erreicht ihr die Ruhe durch den allein Guten. Und ihr werdet herrschen mit dem König, weil ihr eins seid und er mit euch eins ist, von jetzt bis in die Zeiten. Amen!

Das Buch des Thomas, des Kämpfers, welcher an die Endgültigen schreibt.

***

Nachschrift und Kopf dieses Buches widersprechen sich zwar, denn einmal habe ‚Thomas' selbst geschrieben, das andere Mal sei Matthäus, der Mithörer, der gewesen, der aufgeschrieben und hinterlassen habe. Aber die Situation ist hinreichend klar: Jesus gibt eine Sonder- und Geheimlehre vor seiner „Hinwegnahme" (Himmelfahrt) an seinen „Zwilling", Judas Thomas.

Die Überlieferung hat sehr früh einen der Brüder Jesu namens Judas mit dem Apostel Thomas gleichgesetzt und damit ein Doppeltes gewonnen: die Autorität des Apostels und die Verwandtschaft des Bruders in einem. Da das hebräische ‚Thomas' nun zusätzlich ‚Zwilling' heißt (griechisch Didymos!), war ein weiteres Autoritätssignal aufgezogen. Der Bruder Jesu also noch zusätzlich Zwilling Jesu: die Autorität schlechthin, und zwar besonders für den Gnostiker. Judas Thomas wird nämlich so eine Art syzigischer Paargenosse des Jesus Christus. Von diesem ‚idealen' Offenbarer hat die Gnosis denn auch reichlich Gebrauch gemacht: Thomasbuch, Thomasevangelium, Thomasakten und anderes.*

* Vgl. Markusevangelium 6,3.

Der Inhalt des Wandergespräches der ‚Zwillinge' ist nicht besonders aufregend. Zwar werden typische Gnosisfragen gestellt und auch beantwortet (Wer bin ich, wer war ich etc.), aber weder vertieft noch auch nur ausgeschöpft. Der Verfasser lehrt sogar, anstößigerweise gegen das Neue Testament, daß den Hylikern (den „blinden Menschen") erst gar keine Möglichkeit zur Gnosis angeboten werden darf. Die Folge ist entsprechend: Der ‚Zwilling' Jesus steigert diese Gnosisverweigerung in der großen Weherede bis zum apokalyptisch grauenvollen Höllensturz. Einen Weg zum Menschen als Bruder findet dieser ‚Bruder' Jesu nicht.

Das Wesen der Archonten

Text aus Nag Hammadi

Vom Wesen der Mächte.
Im Geiste des Vaters der Wahrheit!

Der große Apostel* hat uns über die Mächte der Finsternis gesagt: Unser Kampf geht nicht gegen Fleisch und Blut, sondern gegen die Mächte der Welt und die Geister der Bosheit!

... darüber ..., weil du wegen des Wesens der Mächte anfragst: Nun, ihr Großer ist blind. In seiner Kraft und doch Unwissenheit und Überheblichkeit sprach er: Ich bin Gott, es gibt keinen neben mir! Dies gesagt, hatte er sich gegen das Universum schuldig gemacht. Dieses Wort aber gelangte hinauf vor die Unvergänglichkeit. Und da, es kam eine Stimme aus der Unvergänglichkeit herab: Du irrst, Samael!, das heißt ‚blinder Gott'. Seine Absichten waren ja blind. Da warf er seine Kraft weg, das heißt das Lästerwort, das er ausgestoßen hatte, und er verfolgte sie bis hinab zum Chaos und der Unterwelt, seiner Mutter. Durch die Pistis**, die Sophia, (war sie es geworden).

Und sie setzte Ihre Söhne in Position, jeden seiner Kraft entsprechend, nach dem Bild der oberen Äonen. Denn aus dem Verborgenen fanden sie das Entborgene.

Die Unvergänglichkeit blickte hinab auf die Wassertiefe, und ihr Bild wurde im Wasser sichtbar. Und die Mächte der Finsternis verlangten in Liebe danach. Sie konnten aber jenes Bild, das im Wasser sichtbar geworden war, wegen ihrer Schwäche nicht ergreifen. Denn das Psychische wird

* Gemeint ist Paulus. Das folgende Zitat, Eph 6,12, ist verkürzt wiedergegeben. Dem Verfasser kommt es nur auf den Begriff ‚Mächte' an.

** Wörtlich: Glaube, hier aber Äonin.

das Pneumatische niemals begreifen können, weil es eben von unten stammt. Das ‚Bild' aber von oben.
Daher blickte also die Unvergänglichkeit auf die Teile herab, damit sie nach dem Willen des Vaters des Universums mit dem Lichte kommuniziere.
Da hielten die Archonten* eine Ratsversammlung ab. Sie kamen zu dem Beschluß: Herr, laßt uns einen Menschen machen aus dem Staub der Erde!** Und sie machten den Körper, so daß er ganz und gar ein aus der Erde Geborener war. Die Archonten selbst aber haben weibliche Körperformen und tierhafte Gesichter! Sie nahmen also Staub von der Erde, machten den Menschen nach ihrer Körperform, aber auch nach dem ‚Gesicht' Gottes, das sich im Wasser gezeigt hatte. Sie sprachen: Her, laßt ihn uns in unserem Gemächt fassen, damit er sein Bild sieht ... und wir es in unserem Gemächt ergreifen! Sie kennen nämlich in ihrer Machtlosigkeit die Kraft Gottes nicht. Doch er blies in sein Gesicht, und der Mensch auf der Erde wurde ein psychischer. Wegen ihrer Machtlosigkeit konnten ihn aber (die Archonten) viele Tage nicht aufrichten.
Und sie standen da wie die Wirbelstürme, um jenes Bild zu erhaschen, das sich ihnen im Wasser gezeigt hatte. Sie erfaßten aber nicht seine Kraft, wie sie war. Das alles aber geschah nach dem Willen des Vaters des Universums.
Danach erblickte der Geist den psychischen Menschen auf der Erde. Und der Geist kam aus der glänzenden Erde.*** Er stieg herab und wohnte in ihm. Jener Mensch wurde so eine lebende Seele. Und er nannte ihn ‚Adam', denn sie fänden ihn, wie er sich auf der Erde bewegte.****

* Für ‚Mächte' ab jetzt der gnostische Fachbegriff: Archonten.

** Ab jetzt benützt der Text in seinem Sinne die ersten sechs Kapitel der Bibel als Auslegungsfolie.

*** Der ‚oberen' Erde.

**** Adam bedeutet: der von der Erde Genommene.

Und eine Stimme kam aus der Unvergänglichkeit zur Hilfe für Adam. Und die Archonten trieben zusammen alle Tiere des Feldes und alle Vögel des Himmels. Sie brachten sie vor Adam, um zu sehen, wie Adam sie benamen würde. Er sollte ja jeden einzelnen von den Vögeln und alle Tiere benennen. Und sie nahmen Adam und setzten ihn in das Paradies, daß er es bearbeite und besorge.

Und die Archonten wiesen ihn an und sprachen: Von allen Bäumen im Paradies magst du essen. Vom Baum der Erkenntnis des Guten und des Bösen aber iß nicht, ja rühre ihn nicht einmal an, denn an dem Tag, an dem ihr von ihm essen werdet, werdet ihr den Tod sterben!

Sie sagen das zwar, verstehen aber nicht, was es bedeutet. Aber sie sagen das nach dem Willen des Vaters, damit Adam gerade esse und sehe, daß sie Hyliker* wären!

Die Archonten beratschlagten miteinander und sprachen: Auf, wir wollen ein Vergessen über Adam legen! Da schlief der ein. Das Vergessen aber ist die Unwissenheit, die sie über ihn gebracht hatten. Da schlief er also ein. Und sie öffneten seine Rippe nach Art einer lebenden Frau. Und sie formten eine Rippe aus Fleisch an deren Stelle. So wurde Adam gänzlich psychisch. Doch die pneumatische Frau trat auf ihn zu und sprach zu ihm: Steh auf, Adam! Und als er sie sah, da sprach er: Du bist es, die mir das Leben gegeben hat. Rufen wird man dich die Mutter der Lebenden. Denn diese ist meine Mutter, die Ärztin und die Frau, die (mich) geboren hat.

Die Mächte aber kamen zu ihrem Adam. Als sie jedoch sahen, wie sein ‚Bild' mit ihm sprach, fielen sie in große Bestürzung, verlangten in Liebe nach ihr und sprachen: Her, laßt uns unseren Samen auf sie werfen! Da stellten sie ihr nach. Sie aber verlachte sie wegen ihrer Dummheit und Blindheit. Doch sie verbrachte eine Nacht bei ihnen. Sie ließ aber nur den ihr gleichenden Schatten bei ihnen. Den

* Wesen aus purem irdischen ‚Stoff'.

besudelten sie und machten ihn unrein. Und sie verunreinigten das Siegel seiner Stimme und haben sich so selbst an ihrem Gemächt und an ihrem Bilde verurteilt.
Das Pneumatische kam aber zur Schlange, der Unterweiserin. Die lehrte und sprach: Was hat er euch gesagt: ‚Von jedem Baum im Paradies darfst du essen, aber vom Baume der Erkenntnis des Bösen und des Guten iß nicht?' Die fleischliche Frau sprach: Nicht nur ‚eßt nicht' hat er gesagt, sondern gar ‚berührt ihn nicht einmal, denn an dem Tage, an dem ihr von ihm essen werdet, werdet ihr den Tod sterben'. Und die Schlange, die Unterweiserin, sprach: Ihr werdet keineswegs den Tod sterben, denn er hat euch das nur gesagt, weil er voller Neid ist. Nein, euch werden die Augen aufgehen, und ihr werdet wie die Götter sein, das Böse und das Gute erkennend.
Danach wurde die Unterweiserin aus der Schlange fortgenommen. Sie ließ diese, die ganz von der Erde genommen war, allein zurück. Und die fleischlose Frau nahm von dem Baume, aß und gab auch ihrem Manne, der bei ihr war. Und so aßen die Psychiker, und offen wurde ihre Schlechtheit in Unkenntnis. Und sie erkannten, daß sie des Pneumatischen ledig waren. Sie nahmen Feigenblätter und verknüpften sie um ihre Hüften.
Danach kam der große Archon und sprach: Adam, wo bist du?, wußte er doch nicht, was sich zugetragen hatte. Und Adam sprach: Ich hörte deine Stimme, da fürchtete ich mich, weil ich nackt war, und deswegen habe ich mich versteckt. Der Archon sprach: Weshalb hast du dich versteckt, wenn nicht, da du von dem Baum gegessen hast, von dem zu essen ich verboten habe? Und du hast gegessen. Adam sprach: Die Frau, die du mir beigesellt hast, sie gab, und so aß ich.
Da verfluchte der Archon die Frau eigenmächtig. Die Frau aber sprach: Die Schlange war's, die mich betrog, und so aß ich. Man kam zur Schlange und verfluchte ihren Schatten, daß sie machtlos war. Sie wußten aber nicht, daß sie (ihr ei-

genes) Gemächt ist. Von diesem Tage an kam die Schlange unter den Fluch der Mächte, bis daß der endgültige ‚Mensch' kam. Jener Fluch kam also über die Schlange. Dann wandten sie sich zu ihrem Adam, nahmen ihn und warfen ihn aus dem Paradies, samt seiner Frau. Daher kommt es auch, daß bei ihnen kein Segen ist, denn auch sie stehen unter Fluch. Sie warfen aber den Menschen in große Arbeit und Mühe des Lebens, damit ihre Menschen zu Lebensbenutzern würden und so keine Zeit fänden, sich mit dem Heiligen Geiste zu beschäftigen.

Dann gebar die Frau ihren Sohn Kain. Kain beackerte die Erde. Wieder erkannte der (Mann) seine Frau, und wieder schwanger, gebar sie den Abel. Abel aber war ein Hirte, einer, der Schafe treibt. Kain gewährte von den Früchten seines Feldes. Abel aber brachte Gaben von seinen Schafen dar. Und Gott schaute auf die Gabe Abels. Die Gabe Kains aber nahm er nicht. Da verfolgte der fleischliche Kain seinen Bruder Abel. Und Gott sprach zu Kain: Wo ist dein Bruder Abel? Er antwortete und sprach: Bin ich denn der Hirt meines Bruders? Gott sprach zu Kain: Sieh, die Stimme des Blutes deines Bruders schreit zu mir. Du bist schuldig geworden. Dein Mund wird sich gegen dich wenden. Jeder, der Kain töten wird, wird umkommen durch siebenfache Vergeltung. Du aber wirst schreien und zittern auf Erden!

Adam aber erkannte wiederum seine Gefährtin. Und Eva wurde schwanger. Sie gebar dem Adam Seth und sprach: Ich habe einen anderen Menschen in Gott an Stelle Abels geboren.

Und wieder wurde Eva schwanger und gebar und sprach: Er zeugte mir eine Frau* als Hilfe für alle Menschengeschlechter. Dies ist die Jungfrau, die die Mächte nicht besudelt haben. So begannen die Menschen sich zu vermehren und zu großer Zahl zu werden.

Die Archonten beratschlagten (wieder) miteinander und

* Zu dieser (unbiblischen) Norea siehe gleich unten.

sprachen: Auf, wir wollen eine Sintflut mit den Händen machen und alles Fleisch vom Menschen bis zum Vieh verderben!
Als der Archon der Mächte aber von ihrem Beschluß erfuhr, da sprach er zu Noah: Baue dir eine Kiste aus frischem Holz, und verbirg dich in ihr samt deinen Kindern, samt dem Vieh, den Vögeln des Himmels, kleinen wie großen, und setze dich auf den Berg Sir.
Norea aber kam zu ihm, da auch sie sich in die Kiste einschiffen wollte. Er aber gewährte es nicht. Da blies sie in die Kiste und verbrannte sie so. Er aber baute eine zweite Kiste.
Es kamen aber die Archonten zu ihr, um sie zu begatten. Ihr Großer sprach zu ihr: Auch deine Mutter Eva kam zu uns! Norea wandte sich ihnen zu und sprach: Ihr seid die Archonten der Finsternis. Verflucht seid ihr. Ihr habt nicht meine Mutter erkannt, sondern (nur) ihr Bild. So stamme ich nicht von euch, sondern bin vom Himmel gekommen. Da wand sich der Archon, der selbstgefällige, in seiner Kraft.
Sein Gesicht wurde gleich schwarzem Feuer, und er ergriff sie und sprach: Es gehört sich für dich, uns zu dienen wie auch deine Mutter, Eva. ... Norea aber wandte sich ab in der Kraft Gottes. Sie schrie mit lauter Stimme ... zum Heiligen, dem Gott des Universums: Hilf mir gegen die Archonten der Ungerechtigkeit und rette mich aus deren Händen! Da stieg der Engel vom Himmel herab und sprach zu ihr: Warum rufst du Gott an? Weshalb stürmst du wider den Heiligen Geist? Norea sprach: Wer bist du? Und die Archonten der Ungerechtigkeit ließen von ihr. Er sprach: Ich bin Eleleth*, die Klugheit, der große Engel, der vor dem heiligen Geiste steht. Man hat mich gesandt, mit dir zu reden

* Mit dem Auftritt dieses gnostischen Offenbarungsengels wechselt der Text von erzählender Belehrung zur Offenbarung, Norea selbst spricht.

und dich aus der Hand der Gesetzlosen zu befreien. Und ich werde dich über deine ‚Wurzel' belehren.

*

Jenes Engels Kraft vermag ich nicht zu beschreiben. Aber sein Aussehen war wie entschlacktes Gold und sein Gewand wie Schnee. Mein Mund würde es nicht ertragen, seine Kraft und den Blick seines Gesichtes zu beschreiben. Es sprach der große Engel, Eleleth, zu mir: Ich bin die Klugheit, eines der vier Lichter, die vor dem großen, unsichtbaren Geiste stehen. Du meinst, diese Archonten hätten Macht gegen dich. Aber keiner von ihnen wird Macht haben vor der Wurzel der Wahrheit. Denn (gerade) ihretwegen hat er sich in den letzten Zeiten bekannt gemacht. Und sie (die Menschen) werden über diese Mächte Herr sein. Diese Mächte werden dich und jenes Geschlecht nicht beflecken können. Euer Wohnplatz ist nämlich die Unvergänglichkeit, der Ort, an dem der jungfräuliche Geist ist, er, der über den Mächten des Chaos und der Welt ist! Ich aber sprach: Herr belehre mich über die Kraft dieser Mächte. Woher stammt sie, aus welchem Wesen sind sie, aus welcher Materie, und wer hat sie und ihre Kraft geschaffen? Und der große Engel Eleleth, die Klugheit, sprach zu mir: In den grenzenlosen Äonen existiert die Unvergänglichkeit. Die Sophia, die man auch die Pistis nennt, wollte allein, ohne ihren Paargenossen, ein Werk vollbringen. Ihr Werk aber wurde zum Bild des Himmels. Es existierte aber eine ‚Scheidung' zwischen den oberen und den unteren Äonen. Und ein Schatten entstand unterhalb der Scheidung. Und jener Schatten wurde zur Materie. Und sie warfen jenen Schatten in den Teil eines Bereiches. Da wurde seine Gestalt zur Materie, wie eine Fehlgeburt. Und dieses Werk empfing Gott vom Schatten. Es wurde zu einem selbstgefälligen Tiere, löwenhaft: Und es ist mannweiblich. Ich sagte: Es ist aus der Materie hervorgegangen.

Es tat seine Augen auf und sah eine große, grenzenlose Materie. Da wurde es kühn und sprach: Ich bin Gott und außer mir gibt es keinen anderen! Als es das aber sagte, ward es schuldig vor dem Universum. Eine Stimme aber kam aus der Höhe des Unvergänglichen: Du irrst dich, Samael! Das ist der blinde Gott. Und er sprach: Existiert ein anderer vor mir, er tue sich kund! Da streckte die Sophia ihren Finger aus, brachte Licht in die Materie und folgte ihm bis hinab zum Bereich des Chaos. Dann wandte sie sich zu ihrem Lichte zurück. Die Finsternis (war) wieder mit der Materie. Der mannweibliche Archon aber schuf sich einen weiteren großen Archon, eine grenzenlose Größe. Er wollte sich Söhne beschaffen. Und er schuf sich sieben mannweibliche Söhne und ihren Vater. Und er sprach seine Söhne an: Ich bin der Gott des Universums!
Doch die ‚Leben', die Tochter der Pistis Sophia, rief ihn an und sprach: Du irrst dich Saklas – das heißt Jaldabaoth* –! Und sie blies ihm ins Gesicht, so daß ihr Hauch zu einem Feuerengel wurde. Und jener Engel schlug den Jaldabaoth in Fesseln und warf ihn hinab in den Tartaros, hinab noch unter die Unterwelt. Als aber (einer) seiner Söhne, der Sabaoth, die Kraft jenes Engels gewahrte, da kehrte er um. Er verdammte seinen Vater und seine Mutter, die Materie. Ihm graute vor ihr. Und er rühmte die Sophia und ihre Tochter, die ‚Leben'. Sophia und Leben aber brachten ihn nach oben und setzten ihn über den siebten Himmel, unterhalb der Scheidung zwischen oben und unten. Und sie riefen ihn: Gott über die Kräfte, Sabaoth, denn er ist oberhalb der Kräfte des Chaos, wo ihn die Sophia eingesetzt hat.
Da dies geschehen war, schuf er sich einen ‚Feuerwagen', viergesichtig; dazu eine große Zahl von Engeln, ihm zu Diensten, mit Harfen und Zimbeln. Und Sophia nahm ihre Tochter Leben und ließ sie rechts von ihm sitzen.

* Saklas = Samael = Jaldabaoth. Bedeutung in der Sache immer Demiurg.

Sie ward seine Lehrerin über das Wesen der Achtheit. Und die Engel ... stellte sie hin zu seiner Linken.

Seither nennt man rechts ‚Leben' und links das Wesen der Ungerechtigkeit der Selbstherrlichkeit der oberen Seite, die vor ihnen entstanden waren.

Als aber Jaldabaoth seinen Sohn in diesem großen Glanz und in der Höhe sah, da beneidete er ihn. Dieser Neid wurde ein mannweibliches Werk, der Ursprung des Neides. Und der Neid zeugte den Tod. Der Tod aber zeugte seine Söhne. Er setzte jeden von ihnen über je seinen Himmel. Alle Himmel des Chaos wurden so mit deren Zahl erfüllt. Das aber war nach dem Willen des Vaters des Universums geschehen, nach dem Bild alles Oberen, damit auch die Zahl des Chaos ihr Ziel erreiche. Siehe ich (Eleleth) lehre dich den Typus der Archonten und der Materie, aus der man ihn, ihren Vater, und ihre ganze Welt hervorgebracht hat. Ich aber sprach: Herr, gehöre ich etwa auch zu ihrer Materie? – Du mit deinen Kindern, du gehörst zum Vater, zu dem, der von Anfang an existiert. Deine Seelen sind von oben aus dem unvergänglichen Lichte gekommen. Daher werden die Mächte ihnen nicht schaden können, wegen des Geistes der Wahrheit, der in ihnen wohnt. Jeder aber, der diesen Weg erkannt hat, ist unsterblich mitten unter sterblichen Menschen! Diese Art aber wird sich nicht (schon) jetzt offenbaren, sondern erst nach drei Generationen. Von ihr warf er die Fessel des Irrtums der Mächte.

Ich aber sprach: Herr, bis zu welcher Zeit? Er: Wenn der wahre Mensch sich in einem Gemächt kundmacht. Der Geist der Wahrheit, den der Vater ihnen gesandt hat, der wird sie über alles belehren. Er wird sie mit dem Öl des ewigen Lebens salben, das ihm von dem Geschlecht gegeben wurde, das keine Herrschaft hat. Dann werden sie das blinde Denken von sich werfen und auf den Tod der Mächte treten. Und sie werden zum grenzenlosen Licht hinaufsteigen, wo diese Art ist. Dann werden die Mächte ihre Zeit verlassen. Die Engel werden über ihr Vergehen trauern, und ihre Dämonen werden ihren Tod beweinen. Dann werden alle Söhne des Lichts die Wahrheit und ihre Wurzel ganz erkennen, den Vater des Universums und den Heiligen Geist. Mit einer Stimme werden sie sprechen: Gerecht ist die Wahrheit des Vaters, und der Sohn ist über allem und durch alles bis in die Zeiten. Heilig. Heilig. Heilig. Amen.

Das Wesen der Archonten.

***

Mit „Vom Wesen der Mächte“ als Kopfleiste und mit „Das Wesen der Archonten“ als Endschwelle gibt sich dieser Text selbst einen Rahmen.

Der Inhalt ist der Form nach aufgeteilt in die Beantwortung brieflicher Anfragen (1) und in den Selbstbericht der Adamitin Norea über ihre Offenbarungen durch den Engel Eleleth (2). Es liegen ursprünglich also zwei verschiedene literarische Kleinwerke vor. Beide haben deutlich seelsorgerlichen Charakter, sollen offensichtlich eine der gnostischen Grundvorstellungen vorstellen und einer Klärung näherführen: Was sind und welche Funktion und Bedeutung haben die Archonten?

Die Exegese des ersten Teils lehnt sich eng an die ersten sechs Kapitel der Bibel an. Alles ist anders, als es dort steht, zu verstehen! Vor allem, die ‚Archonten‘ – nicht der Gott Jahwe – wissen nicht um ihr Tun. Alles ist anders, als von ihnen gedacht, von dem obersten Gott und seiner Weisheit (Sophia) gelenkt. Jedes Detail ordnet sich diesem Hauptgesichtspunkt unter. Das System der oberen Welt wird nicht eben deutlich vorgestellt und reflektiert geschieden. Wichtig ist nur das Falschhandeln der Archonten.

Mitten in diesem chaotischen Gesamtgeschick aller wahrnehmbaren Wirklichkeit gerät schließlich auch der

‚Adam' und die ‚Mutter der Lebendigen' (Eva) unter die zerstörerischen Kräfte der Archonten: Die Geburt eines dritten Geschlechts wird nötig. Nicht aber, wie erwartbar, ist ‚Seth', der dritte Adamssohn, der Ahnherr einer neuen Menschheit, sondern die erste Tochter des Urmenschen wird Stammutter: Norea.

Norea will in dem Gespräch mit dem Offenbarungsengel Aufklärung über Wesen und Kraft der Archonten, will wissen, ob sie selbst auch zu deren Wesen gehört, und möchte erfahren, wie lange es dauern wird, bis sich der ‚wahre Mensch', der gnostische Erlöser, offenbaren wird.

Die Antwort auf die erste Frage ist im wesentlichen bloße Wiederholung des ersten ‚Briefteiles'. Die zweite Frage wird mit einem befreienden Nein beantwortet: „Jeder aber, der diesen Weg kennt, ist unsterblich inmitten sterblicher Menschen."

Die dritte Frage nach dem Wann der Zeit führt in die gnostische Gegenwart nach und seit Christus. Denn ihr wird die Antwort: „Der Geist der Wahrheit, den der Vater ihnen gesandt hat, der wird sie über alles belehren", das heißt, der Paraklet (Helfer) des Johannesevangeliums ist die gnostische Gegenwart.*

* Siehe dort Kapitel 14,17.26.

Die Abhandlung über die Auferstehung

Text aus Nag Hammadi

Es gibt etliche, mein Sohn Reginus, die stehen in der Absicht, vieles zu lernen. Und dies haben sie sich vorgenommen, sobald sie an Probleme herangehen, die noch der Lösung harren. Haben sie Erfolg, so denken sie groß über sich. Ich meine aber, sie stünden nicht im Worte der Wahrheit, wenn sie mehr als ihre ‚Ruhe' suchen, die wir von unserem Retter, Jesus Christus, erlangt haben – erlangt, als wir die Wahrheit erkannten. In ihr ruhen wir.
Aber weil du anfragst, betreffend die Auferstehung, was dazu gehört und was dazu genehm ist, schreibe ich dir: Sie ist notwendig. Viele glauben sie nicht. Wenige finden sie. Laß uns also darüber ins Gespräch kommen!
Auf welche Weise gebrauchte der Herr die Wirklichkeit, als er im Fleische war und von sich bekanntmachte, daß er ‚Sohn Gottes' wäre? ER ging wie du umher, an dem Ort, an dem auch du wohnst. Und er sprach über das Gesetz der Natur. Ich bezeichne es aber als den Tod. Der Sohn des Gottes aber, Reginus, war der Sohn des Menschen. Er besaß beides: das menschliche und das göttliche Wesen, damit er einmal den Tod besiege, weil er Sohn Gottes war. Durch den ‚Sohn des Menschen' aber wird die Wiederherstellung zum Pleroma stattfinden. Denn er war zuerst Same der Wahrheit von oben, bevor das Fundament der Welt entstanden war, in dem viele ‚Herren' und ‚Götter' entstanden sind. Es ist mir klar, daß ich die Auflösung schwieriger Dinge ankündige. Aber im Worte der Wahrheit gibt es nichts Schwieriges. Die Lösung kommt in die Mitte.* Um nichts verborgen zu lassen, sondern um alles, was das Werden betrifft, zu zeigen – die Auflösung des Bösen, das Sichtbarwerden der Erwählten.

* Das heißt: wird deutlich.

Das ist der Hervorgang der Wahrheit und des Geistes und der Güte, die zur Wahrheit gehört. Der Retter verschlang den Tod.

Darüber darfst du nicht in Unwissenheit sein, denn er hat die Welt, die vorübergeht, (schon) abgelegt. Er hat sie in einen unvergänglichen Äon umschlagen lassen, und er hat sie aufgerichtet, als er das Sichtbare durch das Unsichtbare verschlungen hat. Und er hat uns den Weg unserer Unsterblichkeit gegeben.

Das heißt: Wir haben mit ihm gelitten, wie der Apostel* gesagt hat, und sind auferstanden mit ihm und stiegen mit ihm zum Himmel.

Wenn wir aber vor der Welt bekannt sind, daß wir uns mit ihm bekleidet haben, dann sind wir Leuchten von ihm und sind von ihm ergriffen bis zu unserem Weggang. Das ist unser Tod in diesem Leben. Wir werden von ihm zum Himmel empor gebracht wie die Strahlen der Sonne (die zurückgehen), von keinem festgehalten. Das ist die pneumatische Auferstehung. Sie verschlingt die psychische und auch die sarkische.**

Wenn einer aber selbst nicht glaubt, dann kann er auch nicht überzeugen; denn es ist (dies) Sache des Glaubens und nicht des (bloßen) Überzeugens, mein Sohn!

Wer tot ist, wird auferstehen. Und es gibt keinen der Philosophen, die an diesen Orten sind, der glauben würde. Aber er wird auferstehen. Und der Philosoph, der an diesen Orten ist, laß ihn ruhig nicht glauben. Er ist (auch nur) ein Mensch, der mit sich selbst zu tun hat. Wegen unseres Glaubens haben wir den Sohn des Menschen erkannt und sind zu dem Glauben gekommen, daß er von den Toten auferstanden ist. Dieser ist es, von dem wir behaupten, daß er zum Würger des Todes geworden ist. Er ist ein Großer, an den man glaubt, und groß sind die, die glauben. Das Den-

* Gemeint ist Paulus.

** Fleischliche, leibhaftige Auferstehung.

ken der Geretteten wird nicht vorübergehen. Der Sinn derer, die ihn erkannt haben, geht nicht zugrunde.
Daher sind wir vorgesehen für die Rettung und den Loskauf, da wir von Anfang an dazu bestimmt worden sind, nicht in deren Unvernunft zu kommen, die ohne Erkenntnis sind. Wir werden zur Weisheit derer, die die Wahrheit erkannt haben, hingelangen.
Wahrheit aber, die man hat, kann man nicht weggeben. Sie ist nicht entstanden. Stark ist das Ganze des Pleromas. Gering ist, was sich löste. Es wurde Kosmos. Das Universum aber ist das, was umfaßt wird. Unentstanden existierte es.
Daher zweifle nicht an der Auferstehung, mein Sohn Reginus! Denn da du nicht im Fleische warst, hast du Fleisch (erst) genommen, als du (in diese Welt) hereinkamst. Warum solltest du nicht ‚Fleisch' empfangen, wenn du hinaufgehst in den Äon? Ist nicht dies das Deinige, was mehr ist als das Fleisch, Ursache des Lebens und deinetwegen entstanden? Was dir gehört, ist es nicht bei dir?
Das ist es, was du lernen willst. Die Nachgeburt des Körpers, das Greisenalter und du, ihr seid vergänglich. Den Verlust hast du zu Nutzen. Denn du wirst nicht das Mehr abgeben, wenn du weggehst. Das Schlechte gehört zur Niedrigkeit. Aber es gibt Gnade dafür.
Niemand rettet uns aus diesen Orten, sondern das Universum, wir, wir sind gerettet. Wir haben das Heil empfangen von seinem Ende bis zu seinem Ende.*
So laß uns gesinnt sein, so empfangen! Aber etliche wollen beim Fragen nach ihrem Gegenstand erkennen, ob der Gerettete sofort gerettet ist, wenn er seinen Körper läßt. Niemand sei darüber im unklaren!
Wie? Werden die sichtbaren Glieder, wenn sie tot sind, nicht gerettet, weil die lebenden Glieder, die in ihnen sind, (eben) dabei waren, aufzuerstehen? Was ist also die Auferstehung?

* Das heißt: endgültig.

Sie ist das Sichtbarwerden für immer, derer, die auferstanden sind.
Erinnere dich, wenn du im Evangelium liest, daß sich mit ihm* Elias und Moses zeigten, so denke nicht von der Auferstehung, das sie ein Phantom sei. Sie ist kein Phantom, sondern wahr.
Es gehört sich, zu sagen, daß die Welt ein Phantom sei, mehr (jedenfalls) als die Auferstehung, die durch unseren Herrn, den Retter Jesus Christus, geschehen ist.
Worüber belehre ich dich jetzt? Die Lebenden werden sterben. Welch eine Illusion! Reiche wurden arm, Könige wurden vom Stuhle gestoßen. Alles ändert sich. Die Welt ist Illusion, um nicht zu sehr über alles zu lästern. Aber mit der Auferstehung verhält es sich nicht so, denn die Wahrheit steht und das Sichtbarwerden des Existenten und der Umschlag der Dinge in ein neues Sein. Denn die Unvergänglichkeit kommt herab auf das Vergängliche. Das Licht fällt auf die Finsternis und verschlingt sie. Das Pleroma füllt den Mangel.
Das ist das Zeichen, das ist die Wahrheit der Auferstehung: das, was das Gute bewirkt.
Begreife also nicht nur teilweise, Reginus, und führe dein Leben auch nicht nach diesem Fleisch – der Einheit wegen. Komme aus Teilen und Fesseln, und du hast Auferstehung. Wenn nämlich der, der stirbt, von sich selbst weiß, daß er stirbt – mag er auch noch so viele Jahre in diesem Leben zubringen, es kommt dahin –, warum siehst du dich dann nicht selbst, da du auferstanden bist und dazu gebracht bist?
Wenn du die Auferstehung hast und doch so tust, als würdest du sterben, obwohl jener weiß, daß er gestorben ist, warum lasse ich dann deine mangelnde Einsicht hingehen? Es gehört sich für jeden, daß er so oder so sich übt. Von

* Jesus.

dem Anfang wird er befreit, damit er nicht abirre, sondern sich selbst wiedererhalte, so wie er zuerst war.
Empfangen haben sie ihn (den Anfang) aber von der Neidlosigkeit meines Herrn, Jesus Christus. Und ich habe ihn dich und deine Brüder, meine Söhne, gelehrt. Von dem, was stark macht, habe ich nichts weggelassen.
Wenn aber etwas geschrieben ist, was in der Predigt des Wortes tief(sinnig) ist, werde ich es euch erklären, sobald ihr nur anfragt.
Jetzt nun, sei nicht neidisch auf irgendeinen, der zu dir gehört. Denn das kann von Nutzen sein.
Viele blicken auf das, was ich dir geschrieben habe. Ich lehre sie den Frieden untereinander und die Gnade.
Gruß dir und denen, die euch mit Bruderliebe liebhaben.

Die Abhandlung über die Auferstehung.

***

Dieser echte und wohl auch tatsächlich zugesandte Brief an einen Reginus – er hat seinen Wohnort in Palästina – ist in seinem Inhalt nicht ganz klar. ‚Auferstehung' wird zwar in dreifacher Weise gelehrt, und zwar pneumatisch, psychisch und sarkisch. Eine dieser Auferstehungen geschah bei der Befreiung von „Teil und Fessel", eine andere scheint im Gange zu sein, und doch gilt der wesentliche Grundsatz: Auferstehung ist das „dauernde Sichtbarwerden ..., derer, die schon auferstanden sind". Was also soll gelten? Es drängt sich auch hier der Eindruck auf, daß Gnosis zuletzt keinerlei Glaube an – so oder so gedeutete – Auferstehung benötigt, da die Gnosis ja von Natur aus das Leben setzt.*

* Geistig, seelisch und leiblich.

Das Evangelium nach Maria

Text aus Nag Hammadi

,... Wird auch die Materie gerettet oder nicht?'
Der Retter sagte: ,Alle Natur, jede Gestalt und jede Kreatur besteht in- und miteinander und wird wieder zu ihrer eigenen Wurzel hin aufgelöst. Denn die Natur der Materie kann sich nur zu ihren eigenen Wurzeln hin auflösen.
Wer Ohren hat, zu hören, der soll hören!'
Da sprach Petrus: ,Du hast uns alles erkennen lassen, sage uns nun auch noch dies: Worin besteht die Sünde der Welt?'
Der Retter sprach: ,In Wahrheit gibt es keine Sünde, sondern ihr macht Sünde durch euer Tun. Sie kommt (zum Beispiel) aus der Natur der zerbrochenen Ehe. Das nennt einer Sünde. Deswegen aber kam das Gute in die Mitte, hin zum Wesen jeder Natur, um sie so wieder in ihre Wurzel einzufügen.'
Und er sprach weiter: ,Deswegen entsteht auch ihr, und deswegen sterbt auch ihr ... Wer es fassen kann, der soll es fassen!
Es gibt ein Leid, das nicht verglichen werden kann. Es ist aus einem Gegenüber der Natur hervorgegangen. Daher entsteht eine Verwirrung überall am Leibe. Und deswegen habe ich euch gesagt: Habt Mut! Auch wo ihr Mut nicht habt, habt dennoch Mut! Denn ihr seht doch, die Gestalten der Natur, sie sind verschieden.
Wer Ohren hat, zu hören, der soll hören!'
Als der Selige dies gesagt hatte, gab er allen den Gruß(kuß) und sprach: ,Friede mit euch! Müht euch um meinen Frieden. Hütet euch, daß niemand euch abirren lasse mit den Worten: Seht hier! oder: Seht da!, denn der Sohn des Menschen ist inwendig in euch. Ihm sollt ihr nachgehen! Wer ihn sucht, wird ihn finden. Geht also und predigt das Evangelium der Herrschaft (Gottes)!

Ich habe euch kein anderes Gebot gegeben, nur das, worin ich euch unterwiesen habe. Und ich habe euch kein Gesetz gegeben, wie Gesetzesstifter tun. Ihr sollt nicht durch das Gesetz ergriffen werden.'
Als er so sprach, wurde er unsichtbar.
Sie aber waren traurig, weinten und sprachen: ‚Haben wir jetzt zu den Völkern hinauszugehen, um das Evangelium vom Menschensohn zu predigen?'
Da erhob sich Maria, gab allen den Gruß(kuß) und sprach zu den Brüdern: ‚Weint nicht, trauert nicht und zweifelt nicht, denn seine Huld wird mit euch sein und euch hüten. Laßt uns seine Größe rühmen, denn er hat uns hergerichtet und aus uns Menschen gemacht.'
Indem Maria dies sagte, wendete sie den Sinn derer, die ihr zuhörten, zum Guten, und sie begannen über die Worte des Retters miteinander zu reden.
Petrus sprach zu Maria: ‚Schwester, wir alle wissen, daß der Retter dich lieber hatte als die anderen Frauen. Sage du uns Worte des Retters, derer du dich erinnerst und die du kennst, wir aber nicht, weil wir sie auch nicht gehört haben.'
Da fing sie an, ihnen diese Worte zu sagen: ‚Ich', sprach sie, ‚ich sah den Herrn in einem Traum und sprach zu ihm: Herr, ich sah dich heute in einem Traum! Er gab Antwort und sprach zu mir: Segen über dich, da du nicht strauchelst bei meinem Anblick. Denn wie euer Herz ist, wird auch eure Kraft zu sehen sein.
Ich sprach zu ihm: Herr, sieht ein Mensch den Traum, den er sieht, durch die Seele oder durch den Geist?
Der Retter gab Antwort und sprach: Er sieht weder durch die Seele noch durch den Geist, sondern durch die Mitte von beidem sieht der Traum durch den Sinn.
(...)
Und das Verlangen sprach: Ich sah nicht, wie du herankamst. Jetzt aber sehe ich, wie du hinaufsteigst. Warum lügst du also?

Die Seele antwortete und sprach: Ich habe dich durchaus gesehen, aber du hast mich nicht gesehen. Du hast mich nicht erkannt. Obwohl du ein ‚Kleid' warst, hast du mich nicht erkannt.
Als sie dies gesagt hatte, jubelte sie in Freude und ging davon. Darauf kam sie zur dritten Gewalt. Man nennt sie Unwissenheit. Diese wollte die Seele ausprüfen: Wohin gehst du? Du bist in der Tat gefangen, in der Sünde ergriffen. Richte also nicht!
Aber die Seele sprach: Worum richtest du mich, wo ich dich nicht richten soll? Zwar bin ich ergriffen worden, aber ich selbst habe nicht zugegriffen. Ich bin nicht erkannt worden, aber ich habe erkannt, daß nämlich das ganze Universum frei wird, Himmlisches wie Irdisches.
Nachdem die Seele die dritte Gewalt hinter sich gelassen hatte, stieg sie hinauf und stand vor der vierten Gewalt. Die war siebengestaltig. Die erste Gestalt ist die Finsternis, die zweite das Verlangen, die dritte die Unwissenheit, die vierte die Bringerin des Todes, die fünfte der Bereich des Fleisches, die sechste das dumme Verlangen des Fleisches, die siebente das Wissen des ...
Das sind die sieben Genossen des Zornes. Diese fragen die Seele: Woher kommst du, du hast Menschen getötet? Und wohin gehst du, du überwindest Raum?
Die Seele antwortete und sprach: Getötet ist worden, was mich festhielt, was mich umwendete, ist umgewendet. Mein Verlangen ist zu Ende. Meine Unwissenheit ist gestorben. In der Welt wurde ich gerettet aus der Welt durch eine hohe Gestalt. Ich wurde gerettet aus der Fessel, nicht zu erkennen. Dies besteht nur auf Zeit. Von jetzt an werde ich Ruhe erlangen. Dies ist der richtige Zeitpunkt. Ich werde Ruhe erlangen im Schweigen.'
Als Maria das gesagt hatte, schwieg sie. Dies war es, was der Retter zu ihr geredet hatte.
Andreas aber sprach dawider und sagte zu den Brüdern: ‚Sagt doch, wie denkt ihr über das, was sie gesagt hat? Ich

glaube nicht, daß der Retter so geredet hat. Seine Lehren haben eine andere Bedeutung.'
Da redete Petrus dawider und fragte seine Brüder über den Retter: ,Sollte er tatsächlich mit einer Frau allein gesprochen und uns ausgeschlossen haben? Sollten wir ihr etwa zunicken und alle auf sie hören? Hat er sie uns vorgezogen?'
Da weinte Maria und sprach zu Petrus: ,Mein Bruder Petrus, was sagst du da! Meinst du, ich hätte dies alles selbst ersonnen in meinem Herzen und würde so über den Retter lügen?'
Da nahm Levi das Wort und sprach zu Petrus: ,Petrus, du bist von jeher aufbrausend. Und jetzt sehe ich, wie du dich gegen diese Frau groß machst, als wärest du ein Rechtsgegner. Wenn aber der Retter sie für wert genug hielt – wer bist dann du, daß du sie verwürfest? Sicherlich kennt der Retter sie ganz genau. Und deshalb hat er sie auch mehr als uns geliebt.
Wir sollen uns also schämen und den endgültigen Menschen anziehen. Wir sollen werden, wie er uns angewiesen hat und das Evangelium predigen, ohne daß wir eine Weisung oder ein Gesetz geben, es sei denn das, in dem uns der Retter unterwiesen hat.'
Als Levi das gesagt hatte, rüsteten sie sich, auszurufen und zu predigen.

***

Dieses gnostische ,Evangelium nach Maria (Magdalena)' setzt fragmentarisch mit der für die Gnosis typischen Abschiedssituation ein. Der ,Retter', Jesus, gibt letzte zusammenfassende Anweisungen und „wird unsichtbar".
Die Jünger sind dennoch ratlos (traurig), denn sie verstehen die Deutung der Weisungen Jesu nicht, „da erhob sich Maria".

Die allgemeine und prinzipielle Wertschätzung der Frau in der Gnosis wird auf die Jesuszeit prolongiert. Die kanonischen Evangelien bieten dafür Anlaß. Es gab einen Frauenkreis um Jesus. Bei den Grablegungs- und Ostergeschichten spielen einige dieser Frauen, besonders Maria Magdalena, eine entsprechende Rolle. Eine dieser ‚Marien' wird also nun zur Ausdeuterin des eigentlich (gnostisch) Gemeinten in der Botschaft Jesu. Daß dies für die Zeitgenossen nicht ohne Widerspruch abging, zeigt der Einwand des Petrus.
Das ‚Evangelium' dieser Maria ist identisch mit dem (ebenfalls nur fragmentarisch überlieferten) Mittelteil unseres Textes. Maria erzählt von einem „Traum", dessen Richtigkeit ihr Jesus bestätigt habe. Geschildert wird die durch die Planetenmächte hindurchwandernde Seele bei ihrem erfolgreichen Aufstieg zu dem einzig Guten. Dieser Durchbruch der Seele zu ihrer eigentlichen Herkunftsheimat, sachlich der Durchbruch zum gnostischen Selbst, sei die richtige Deutung des Evangeliums, sei die eigentliche Intention Jesu gewesen.
Levi (sonst auch Matthäus) verhilft dieser Deutung im Jüngerkreise zum Durchbruch, und so (gnostisch) fällt dann auch deren Predigt aus.

Das Evangelium nach Philippos

Text aus Nag Hammdi

1 Ein Hebräer macht einen Hebräer, und man nennt ihn Proselyt.* Ein Proselyt aber macht keinen Proselyten. Denn die einen sind, wie sie sind, und machen andere. Für andere ist es genug, daß sie entstehen.

2 Der Sklave will frei werden. Er will aber nicht das Geld seines Herrn. Der Sohn will aber nicht nur Sohn sein, sondern er rechnet sich auch das Erbe seines Vaters zu.

3 Wer Totes erbt, ist selber tot, und er erbt auch Totes. Wer das Lebendige erbt, wird leben. Er erbt das Lebendige und das Tote. Die Toten erben gar nichts. Wie sollen auch Tote erben? Wenn aber der Tote das Lebendige erbt, wie soll er sterben? Der Tote wird erst recht leben.

4 Ein Mensch aus den Völkern stirbt nicht, denn er hat gar nicht erst gelebt, so daß er sterben könnte. Wer zum Glauben an die Wahrheit gekommen ist, hat das Leben gefunden. Der kann allerdings sterben. Er lebt ja erst seit dem Tage, da Christus gekommen ist.

5 Man macht die Welt, man schmückt die Stadt, man trägt die Toten weg.

6 Da wir noch Hebräer waren, waren wir Waisen. Wir hatten nur eine Mutter. Da wir aber Christen wurden, erhielten wir Vater und Mutter.

7 Wer im Winter sät, wird im Sommer ernten. Der Winter ist die Welt. Der Sommer ist der andere Äon. Wir wollen

* Der Hinzugewonnene.

also in der Welt säen, damit wir im Sommer ernten. Darum sollen wir auch nicht im Winter beten.

8 Aus dem Winter kommt der Sommer. Wenn aber einer im Winter ernten will, wird er nichts ernten, sondern ausreuten wie die vielen. So wird er keine Frucht haben. Sie sprießt nicht nur nicht auf, sondern auch am Sabbat ist ... ohne Frucht.

9 Christus ist gekommen, damit er die einen loskaufe, andere rette, noch andere aber freilöse. Die Fremden kauft er los, macht sie zu den Seinen und sondert die Seinen ab. Er hat sie nach seinem Willen als Pfand hinterlegt. Nicht erst als er sich bekannt machte, hinterlegte er die Seele, wie er wollte, sondern seit dem Tage, da die Welt existiert, hinterlegte er die Seele. Als er wollte, kam er dann zum ersten Male, um die Seele wegzunehmen. Denn nachdem er sie als Pfand hinterlegt hatte, ist sie unter die Räuber gefallen und als Gefangene weggeführt worden. Er rettete sie aber. Er löste die Guten und die Bösen in der Welt aus.

10 Das Licht und die Finsternis, Leben und Tod, rechts und links, das sind untereinander Brüder. Sie können sich nicht voneinander trennen. Es sind also weder die Guten gut noch die Bösen böse, noch ist das Leben ein Leben noch der Tod ein Tod. Jeder einzelne wird sich deshalb zu seinem ersten Anfang auflösen. Die aber über die Welt groß sind, sind unauflöslich, sind ewig.

11 Die Namen, die man den Dingen gibt, verursachen großen Irrtum. Sie wenden ihr Herz von den Feststehenden zu den Nichtfeststehenden ab. Wer (das Wort) Gott hört, erkennt nicht das Feststehende, sondern er hat das Nichtfeststehende erkannt. So verhält es sich auch mit Vater, Sohn, Heiliger Geist, Leben, Licht, Auferstehung, Gemeinde und allen anderen Namen. Sie umgreifen nicht das Feststehende

hende, sondern sie begreifen das Nichtfeststehende, es sei denn, einer kennte das Feststehende. Die Namen, die gehört werden, sind in der Welt, um zu täuschen. Wären sie im Äon, würde man sie in der Welt keinen Tag aussprechen. Und man hat sie auch nicht unter den Dingen gelassen. Ihr Ende ist im Äon.

12 Nur einen Namen spricht man in der Welt nicht aus. Es ist der Name, den der Vater dem Sohne gegeben hat. Er ist über jedem Namen – und es ist der Name des Vaters. Der Sohn würde nicht Vater werden, wenn er nicht den Namen des Vaters hätte. Wer diesen Namen hat, der kennt ihn, spricht aber nicht darüber. Wer ihn nicht hat, kennt ihn nicht und spricht auch nicht darüber. Aber die Wahrheit hat unseretwegen einige Namen in der Welt hervorgebracht. Es ist unmöglich, sie namenlos kennenzulernen. Die Wahrheit ist nur eine. Unseretwegen ist sie zahlreich, um diesen (Namen) allein zu lehren – in Liebe durch viele.

13 Die Archonten wollten den Menschen täuschen, weil sie sahen, er sei verwandt mit dem wahrhaft Guten. Sie nahmen den Namen des Guten und gaben ihn den Nichtguten, um so durch den Namen zu täuschen und sich an die Nichtguten zu binden. Wenn sie ihnen deswegen gut sind, so machen sie nur, daß sie sich von den Nichtguten entfernen, um sich bei den Guten, die sie kannten, niederzusetzen. Denn sie wollen den Freien für sich haben und ihn sich zum Sklaven machen.

14 Es gibt Kräfte, die dem Menschen etwas geben, da sie nicht wollen, daß er gerettet wird. So sollen sie selbst dauernd bestehen. Wenn nämlich der Mensch gerettet wird, wird es keine Opfer mehr geben für die Kräfte. Und sie brachten Tiere den Kräften dar. Diese haben sie ihnen dargebracht. Zwar brachten sie sie lebendig dar, aber während des Opfers starben sie. Denn Menschen brachten sie Gott tot dar, doch er lebte.

15 Ehe Christus kam, gab es kein Brot in der Welt. Wie das Paradies, der Ort Adams, hatte die Welt viele Bäume als Nahrung für die Tiere. Doch sie hatte keinen Weizen als Nahrung für den Menschen. Der Mensch nährte sich wie die Tiere. Als aber Christus kam, der endgültige Mensch, brachte er Brot vom Himmel, damit sich der Mensch von der Nahrung des ‚Menschen' ernähre.

16 Die Archonten meinen, sie täten mit ihrer Kraft und ihrem Willen, was sie tun. Aber der Heilige Geist wirkt geheim alles durch sie, wie er wollte.
Die Wahrheit, die von Anfang an existiert, wird an allen Orten gesät, und viele sehen, wie sie ausgesät wird. Wenige aber, die sehen, ernten.

17 Einige sagen: Maria ist vom Heiligen Geiste geschwängert worden. Sie irren. Sie wissen nicht, was sie sagen. Wann wäre jemals eine Frau von einer Frau* geschwängert worden. Maria ist die Jungfrau, die die Mächte nicht beschmutzt haben. Sie ist für die Hebräer ein großer Fluch – das sind die Apostel und ihre Schüler. Diese Jungfrau, die die Mächte nicht beschmutzt haben, ist kinderlos. Die Mächte haben sich selbst beschmutzt. Der Herr hätte nicht gesagt: Mein Vater, der im Himmel ist, wenn er nicht noch einen anderen Vater gehabt hätte. Sondern er hätte wohl nur: Mein Vater, gesagt.

18 Der Herr sprach zu den Schülern: ... es kommen in das Haus des Vaters. Nehmt nicht weg, noch nähert euch dem Hause des Vaters!

19 Jesus ist der verborgene Name. Christus ist der offene Name. Deshalb gibt es ‚Jesus' in keiner Sprache, sondern sein Name ist Jesus, wie man ihn eben nennt. ‚Christus' aber ist sein Name – im Syrischen heißt das Messias, im

* Der Geist ist im Biblischen weiblich.

Griechischen aber Christus. Alle haben ihn entsprechend ihrer Sprache. Der ‚Nazarener' ist das Öffentliche des Verborgenen.

20 Christus ist alles, sei es Mensch, sei es Engel, sei es Mysterium, sei es Vater.

21 Die sagen: Zuerst ist der Herr gestorben und dann auferstanden, sie irren. Er ist zuerst auferstanden und starb dann. Wer die Auferstehung nicht zuerst hat, wird sterben. Wo Gott lebte, war jener Staub.

22 Niemand wird eine große Sache in einem großen Topf verbergen. Aber oft hat einer 10000 mal 10000 in einem Topfe für einen Pfennig weggeworfen. So ist es mit der Seele. Sie ist eine Sache von Wert, geriet aber in einen Leib ohne Wert.

23 Einige haben Furcht, ‚nackt' aufzuerstehen. Sie wollen im Fleische auferstehen. Sie wissen nicht, daß, wer das Fleisch trägt, nackt ist. Wer sich entkleidet, ist nicht nackt. Fleisch und Blut werden die Herrschaft Gottes nicht erben können. Was also wird nicht erben? Das, was auf uns ist. Was aber wird erben? Das Fleisch Jesu und sein Blut. Deshalb sprach er: Wer mein Fleisch nicht essen und mein Blut nicht trinken wird, hat kein Leben in sich. Was ist es? Sein Fleisch ist das Wort, und das Blut ist der Heilige Geist. Wer diese hat, hat Nahrung, hat Trank, hat Kleidung. Ich tadle, die sagen: Er wird nicht auferstehen! Beide sind im Unrecht. Du sagst: Das Fleisch wird nicht auferstehen! Aber sage, damit man dir recht lasse: Was wird auferstehen? Du sagst: Der Geist im Fleisch und auch dieses Licht im Fleisch! Auch diese Sache ist fleischlich, denn was immer du sagen magst, es ist nichts außerhalb des Fleisches. Man muß in diesem Fleische auferstehen, da alles in ihm ist.

24 Wer auf dieser Welt Kleider anzieht, ist mehr wert als die Kleider. In der Herrschaft der Himmel aber ist das ‚Kleid' wertvoller, das einer angezogen hat.

25 Mit Wasser und Feuer reinigt man den ganzen Ort, das Bekannte durch das Bekannte, das Unbekannte durch das Unbekannte. Es gibt einige, die unbekannt sind durch die Bekannten. Es gibt Wasser in Wasser, es gibt Feuer in Öl.

26 Jesus trug sie alle insgeheim. Er machte sich nicht so bekannt, wie er war, sondern so, wie man ihn je würde sehen können. Allen machte er sich bekannt. Den Großen machte er sich als Großer bekannt. Den Kleinen machte er sich als Kleiner bekannt. Den Engeln machte er sich als Engel bekannt und den Menschen als Mensch. Daher verbarg sich sein Wort vor allen. Einige sahen ihn und meinten sich selbst zu sehen. Aber als er sich auf dem Berge seinen Schülern im Glanze bekannt machte, war er nicht klein. Er war groß geworden. Und er hatte die Schüler groß gemacht, damit sie sehen konnten, wie groß er ist. Er sagte an jenem Tage im Dank: Der du vereinigt hast den Endgültigen, das Licht, mit dem Heiligen Geist, vereinige die Engel auch mit uns, den Bildern.

27 Verachtet nicht das Lamm, denn ohne es sieht niemand den König! Keiner wird seinen Weg zum König nackt gehen können.

28 Die Kinder des Menschen des Himmels sind zahlreicher als die des Menschen der Erde. Wenn aber die Kinder Adams zahlreich sind, obwohl sie doch sterben, um wieviel mehr die Kinder des endgültigen Menschen, die nicht sterben, sondern für immer gezeugt werden.

29 Der Vater macht ein Kind, doch das Kind kann keine Kinder machen. Denn wer ‚gezeugt' wurde, kann nicht zeugen, sondern das Kind macht sich Brüder, nicht Kinder.

30 Alle, die in der Welt gezeugt werden, werden von Natur gezeugt. Es empfangen andere durch diese. Die von ihm gezeugt werden, werden dort auch am Leben erhalten. Der Mensch aber nährt sich von der Rede ... der oberen Seite.

31 Am Leben bleibt einer durch den Mund. Wäre aber das ‚Wort' von dort herausgekommen, würde es sich auch durch den Mund nähren und endgültig machen. Die Endgültigen werden durch einen Kuß schwanger und gebären. Daher küssen wir uns auch und werden schwanger durch die Gnade, die unter uns ist.

32 Drei gingen jederzeit mit dem Herrn: seine Mutter Maria und ihre Schwester und Magdalena, die man seine ‚Gefährtin' nennt. Maria ist nämlich seine Schwester und seine Mutter und seine Gefährtin.

33 Vater und Sohn sind einfache Namen. Heiliger Geist ist ein doppelter Name. Sie sind an allen Orten: sind oben, sind unten, sind im Verborgenen, sind im Offenbaren. Der Heilige Geist aber ist in der Offenbarung, er ist unten, er ist geheim, er ist oben.

34 Heiligen wird von den bösen Mächten gedient. Sie sind nämlich durch Heiligen Geist blind gemacht, zu glauben, daß sie einem Menschen dienen, wenn sie den Heiligen dienen.
Daher bat eines Tages ein Schüler den Herrn um eine Sache der Welt. Er sprach zu ihm: Bitte doch deine Mutter, und sie wird dir vom Fremden geben!

35 Die Apostel sprachen zu den (übrigen) Schülern: Möge unser Opfer genug Salz haben! Sie nannten nämlich die Sophia* Salz. Ohne sie ist kein Opfer genehm.

* Weisheit.

36 Die Sophia aber ist unfruchtbar, kinderlos. Daher nennt man sie Salz. Denn das Salz ist der Ort, an dem sie nicht ... genauso ist der Heilige Geist. Sie ist unfruchtbar, und doch sind ihre Kinder zahlreich.

37 Was der Vater hat, hat der Sohn. Solange aber der Sohn noch unmündig ist, vertraut man ihm nicht an, was ihm gehört. Ist er ein Mann geworden, gibt ihm der Vater alles, was er besitzt.

38 Die der Geist verirrt zeugt, gehen durch ihn auch in die Irre. Daher glimmt auf und verlöscht auch das Feuer durch den selben Hauch.

39 Eine ist die Echamoth, eine ist die Echmoth. Echamoth ist die Sophia schlechthin. Echmoth aber ist die Sophia zum Tode. Das ist die Sophia des Todes. Sie kennt den Tod, sie, die man auch die kleine Sophia nennt.

40 Es gibt Tiere, die sich dem Menschen begeben wie das Kalb und der Esel und andere dieser Art. Und es gibt Tiere, die sich nicht begeben. Sie hausen in den Wüsten. Ein Mensch pflügt das Feld mit Tieren, die sich begeben. So ernährt er sich und die Tiere, die sich begeben und die sich nicht begeben. Ebenso ist es auch mit dem endgültigen Menschen. Durch Kräfte, die sich begeben, pflügt er und sorgt dafür, daß alle entstehen. Deshalb nämlich steht der ganze ‚Ort', die Guten wie auch die Bösen, die Rechten wie auch die Linken. Der Heilige Geist aber weidet alle, ist Herr über alle Kräfte, die sich begeben und die sich nicht begeben ...

41 ... du mögest finden, daß seine Kinder gute Geschöpfe sind. Hätten sie ihn aber nicht gemacht, sondern gezeugt, würdest du finden, daß seine Söhne gut sind. Nun aber haben sie gemacht, und er hat gezeugt. Von welch guter Abkunft ist dieser!

42 Zuerst kam der Ehebruch, dann der Mord. Man zeugte ihn aus dem Ehebruch; denn er war das Kind der Schlange. Daher wurde er zum Menschtöter wie sein Vater. Und er erschlug seinen Bruder. Jeder Geschlechtsverkehr also zwischen denen, die sich nicht gleich sind, und der doch getan ist, ist Ehebruch.

43 Gott ist ein Färber. Wie die guten Farben, genannt die wahren, mit denen zusammen sterben, die in ihnen gefärbt worden sind, so ist es auch mit denen, die Gott gefärbt hat. Da seine Farben unsterblich sind, sind sie durch seine Farben auch unsterblich. Gott aber taucht die, die er eintaucht, in Wasser ein.

44 Niemand kann etwas von dem Feststehenden sehen, es sei denn, daß er von der Art jener wird. Nicht so wie der Mensch die Sonne sieht, ohne Sonne zu sein, und den Himmel und die Erde und alles andere, ohne es je zu sein, verhält es sich mit der Wahrheit. Denn wenn du von jenem Ort etwas gesehen hast, dann bist du es geworden. Du hast den Geist gesehen, du wurdest Geist. Du hast Christus gesehen, du wurdest Christus. Du hast den Vater gesehen, du wirst Vater werden. Du siehst zwar an diesem Ort alle Dinge, aber du siehst nicht dich selbst. Du siehst dich aber an jenem Ort. Denn was du siehst, wirst du werden.

45 Der Glaube erhält, die Liebe gibt. Niemand erhält ohne Glauben. Und niemand wird ohne Liebe geben können. Daher, damit wir erhalten, glauben wir; damit wir lieben, geben wir. Denn wer ohne Liebe gibt, hat keinen Nutzen von dem, was er gegeben hat.

46 Wer den Herrn nicht erhalten hat, ist noch Hebräer.

47 Die Apostel vor uns nannten ihn so: ‚Jesus, der Nazoräer, Messias. Das heißt: Jesus, der Nazoräer, Christus.

Der letzte Name ist Christus, der erste ist Jesus und der in der Mitte ist der Nazarener. Messias aber hat zwei Bedeutungen: sowohl Christus als auch der ‚Gemessene'. Jesus heißt auf hebräisch die Erlösung, ‚Nazara': die Wahrheit. Der Nazarener ist daher die Wahrheit. Christus hat man gemessen. Den Nazarener und Jesus hat man gemessen.

48 Wird die Perle in den Dreck geworfen, verliert sie weder an Wert noch gewinnt sie; auch nicht wenn einer sie mit Öl salbt, sondern sie hat immer den gleichen Wert bei ihrem Besitzer. So ist es auch mit den Kindern Gottes. Wo sie auch sind, sie haben den gleichen Wert bei ihrem Vater.

49 Wenn du sprichst: Ich bin Jude!, so wird sich nichts bewegen. Wenn du sprichst: Ich bin Römer!, wird niemand Lärm machen. Wenn du sprichst: Ich bin Grieche, bin Barbar, bin Knecht, bin Freier!, wird niemand verwirrt werden. Wenn du aber sprichst: Ich bin Christ!, wird selbst der Himmel beben. Wäre es doch, daß ich so spräche! Wer es hört, wird es nicht ertragen können, da sein Name groß ist.

50 ‚Gott' ist Menschenfresser. Man schlachtet ihm den Menschen. Bevor der Mensch geschlachtet wurde, schlachtete man Tiere. Denn keine Götter waren die, für die man schlachtete.

51 Die Krüge aus Glas und Ton entstehen durch das Feuer. Aber die Krüge aus Glas richtet man wieder her, wenn sie zerbrochen sind. Sie sind ja aus dem Hauchen entstanden. Die Krüge aus Ton aber läßt man liegen, wenn sie zerbrochen sind. Sie sind ja auch ohne Hauchen entstanden.

52 Ein Esel, der unter einem Mühlstein im Kreise ging, legte 100 Meilen im Schritt zurück. Und als man ihn losband, stand er wieder an derselben Stelle. Es gibt Men-

schen, die viel herumreisen und doch zu keinem Orte vordringen. Als es für sie Abend wurde, da hatten sie kein Dorf, keine Stadt, keine Schöpfung, keine Natur, keine Macht und keinen Engel gesehen. Umsonst haben sich die Elenden gemüht.

53 Die Eucharistie* ist Jesus. Man nennt ihn nämlich im Syrischen Phari sa tha, das heißt: der Ausgebreitete. Denn Jesus kam und war in der Welt ein Gekreuzigter.

54 Der Herr ging in die Färberei des Levi. Er nahm 72 Farben, warf sie in den Färbekessel und zog sie doch alle weiß geworden heraus. Und er sprach: Also ist auch der Sohn des Menschen als Färber gekommen.

55 Die Sophia, die man die Unfruchtbare nennt, ist die Mutter der Engel und die Gefährtin des Retters. Der Retter aber liebte Maria Magdalena mehr als alle Schüler. Und er küßte sie oft auf ihren Mund. Da waren die übrigen Schüler auf sie eifersüchtig. Sie fragten ihn deshalb: Warum liebst du sie mehr als uns alle? Der Retter antwortete und sprach zu ihnen: Warum ich euch nicht so liebe wie sie? Ein Blinder und ein Sehender unterscheiden sich dann nicht voneinander, wenn beide im Finstern sind. Wenn aber das Licht kommt, wird der Sehende das Licht sehen, doch der Blinde wird im Finstern bleiben.

57 Der Herr sprach: Selig, wer existierte, bevor er entstanden ist. Denn wer existiert, entstand und wird bestehen.

58 Die Größe des Menschen ist nicht offen am Tage, sondern verborgen. Daher ist er auch Herr über Tiere, die stär-

* Wörtlich: Danksagung. Man nimmt sie mit ausgebreiteten Händen vor, wie auch die Arme des Gekreuzigten ‚ausgebreitet' sind.

ker sind als er. Sie sind groß im Offenen und im Verborgenen. Und dieser läßt sie bestehen. Trennt sich aber der Mensch von ihnen, beißen sie einander und töten sie einander. Und sie fressen einander, weil sie sonst kein Futter finden. Jetzt aber fanden sie Futter, weil der Mensch den Boden besorgte.

59 Wenn einer zum Wasser hinabsteigt und wieder heraufkommt, ohne etwas erhalten zu haben, und doch spricht: Ich bin Christ geworden!, dann hat er den Namen auf Borg erhalten. Wenn er aber Heiligen Geist erhalten hat, dann hat er den Namen als Geschenk. Wer aber ein Geschenk erhalten hat, dem nimmt man es nicht wieder weg. Wer aber seinen Kopf auf Zinsen empfangen hat, von dem verlangt man ihm zurück. So verhält es sich auch dann, wenn einer in einem Mysterium ist.

60 Das Mysterium der Hochzeit* ist groß. Dadurch wurde nämlich die Welt reich. Der Bestand der Welt beruht auf dem Menschen. Der Bestand des Menschen aber beruht auf der Ehe. Erkennt die unbefleckte Gemeinschaft, denn sie ist eine große Macht! Ihr Bild besteht in einer befleckten Gestalt.

61 Unter den Geistern, die unrein sind, gibt es männliche und weibliche. Die männlichen sind diejenigen, die mit jenen Seelen Umgang haben, die in einer weiblichen Gestalt wohnen. Die weiblichen aber sind diejenigen, die mit jenen in einer männlichen Gestalt Umgang haben, und zwar durch einen, der ungehorsam ist. Keiner wird diesen entgehen können, wenn sie ihn anfallen, es sei denn, er erhielte eine männliche Kraft und eine weibliche dazu: Das ist der Bräutigam und die Braut. Man empfängt aber aus dem Brautgemach im Bilde.
Wenn närrische Frauen einen Mann sehen, der noch allein

* Zu diesem gnostischen Sakrament siehe die Erklärung.

lebt, stürzen sie sich auf ihn, scherzen mit ihm und beschmutzen ihn. Ebenso ist es mit den närrischen Männern. Wenn sie eine Frau sehen, die noch allein lebt und noch dazu schön ist, dann beschwatzen sie diese und tun ihr schließlich Gewalt an, weil sie sie beschmutzen wollen. Wenn sie aber sehen, daß ein Mann mit einer Frau zusammenlebt, können die Frauen nicht einfach zum Manne hingehen und auch die Männer nicht zur Frau. Genauso ist es, wenn das Bild und der Engel sich miteinander vereinigen. Keiner kann dann mehr wagen, zu dem Mann oder der Frau hineinzugehen. Wer aus der Welt kommt und wen man noch nicht ergreifen konnte, obwohl er doch in der Welt ist, an dem wird sichtbar, daß er in der Welt war, an dem wird auch sichtbar, daß er über das Verlangen der ... und größer ist als die Furcht. Er ist Herr über die Natur, besser als der Eifer. Wenn der Böse kommt, ergreift man ihn und erwürgt ihn. Wie aber wird der den großen Kräften der Furcht entkommen? Wie wird er sich vor ihnen verbergen? Oft sagen einige: Wir sind gläubig!, nur um dem Ungeist und dem Abergeist zu entgehen. Hätten sie aber den Heiligen Geist, würde kein Ungeist sich mit ihnen verbinden.

62 Fürchte das Fleisch nicht und liebe es nicht. Wenn du es fürchtest, wird es dich beherrschen, wenn du es liebst, wird es dich verschlingen und dich erwürgen.

63 Einer ist entweder in dieser Welt oder in der Auferstehung oder an den Orten, die in der Mitte sind. Möge man mich nicht darunter finden! In dieser Welt ist Gutes und Böses. Das Gute ist nicht gut, und das Böse ist nicht bös. Es gibt aber Böses nach dieser Welt. Es ist wirklich böse, und man nennt es die Mitte. Das ist der Tod. Solange wir in dieser Welt sind, sollen wir uns die Auferstehung erwerben, damit, wenn wir das Fleisch abtun, wir in der Ruhe gefunden werden und nicht in die ‚Mitte' gehen müssen. Denn viele irren ab unterwegs. Es ist gut, aus dieser Welt herauszukommen, bevor einer schuldig geworden ist.

64 Es gibt einige, die weder wollen noch können. Andere aber haben nichts voraus, wenn sie wollen, wenn sie doch nicht gehandelt haben. Macht denn ein Wollen sie schon zu Sündern? Nein, ein Nichtwollen! Die Gerechtigkeit wird sich vor beiden verbergen. Das Wollen ist gut, das Tun nicht.

65 Ein Schüler der Apostel sah im Traume einige, die in ein Feuerhaus eingesperrt waren, und sie waren dort im Feuerhause angebunden. Und obwohl ins Feuerhaus geworfen, hatten sie Wasser in den Händen! Und man sagte zu ihnen: Diese hätten ihre Seelen retten können, sie haben es aber nicht gewollt. So haben sie das Feuer als Strafe. Man nennt es die äußerste Finsternis, denn sie ist schwarz.

66 Aus Wasser und Feuer sind Seele und Geist entstanden. Aus Wasser und Feuer und Licht aber ist der Sohn des Brautgemachs. Das Feuer ist das Öl, das Licht ist das Feuer. Ich rede aber nicht von diesem Feuer, das keine Gestalt hat, sondern von jenem, das weiß ist von Gestalt, das schönes Licht ist und das die Schönheit gibt.

67 Die Wahrheit kam nicht nackt in die Welt. Sie kam in Bildern und Abbildern. Man wird sie auf keine andere Weise erfassen. Es gibt eine Wiedergeburt und eine Bild-Wiedergeburt.* Und es gehört sich wirklich, daß einer durch das ‚Abbild' wiedergeboren wird. Was ist die Auferstehung und das Abbild? Man muß durch das Abbild auferstehen! Das Brautgemach und das Bild durch das Abbild, sie müssen in die Wahrheit eingehen: Das ist die Wiederherstellung! Es gehört sich dies für jene, die nicht nur den Namen des Vaters und des Sohnes und des Heiligen Geistes, sondern diese selbst sich erworben haben! Wer sich diese nicht erwirbt, dem wird auch der Name weggenommen werden. Man erhält sie aber in der Salbung des Bru-

ders* und der Kraft des Kreuzes, die die Apostel nicht die ‚Rechte' und die ‚Linke' nennen sollten. Denn ein solcher ist nicht mehr ein Christ, sondern ein Christus.

68 Der Herr hat alles in einem Mysterium gemacht: eine Taufe und eine Salbung und eine Eucharistie und eine Erlösung und ein Brautgemach.

69 Und der Herr sprach: Ich bin gekommen, um das Untere wie das Obere und um das Innere wie das Äußere zu machen. Ich bin gekommen, sie an jenem Orte zu vereinigen ... an diesem Orte, durch Bilder und Abbilder ... Wer aber offenbar ist, ist der, den man das Untere nennt. Doch der, dem das Verborgene gehört, ist jener, der über ihm ist. Mit Recht sagt man: das Innere und das Äußere und das Äußere des Äußeren. Darum nannte der Herr das Verderben die äußerste Finsternis. Außerhalb von ihr gibt es nichts. Er sprach: Mein Vater, der im Verborgenen ist! Er sprach: Geh in deine Kammer, schließe die Tür hinter dir ab und bete zu deinem Vater, der im Verborgenen ist! Das heißt: Der in ihnen allen ist. Was aber in ihnen allen ist, ist das Pleroma. Danach gibt es nichts anderes im Inneren. Das ist der, von dem gilt: der über ihnen ist.

70 Vor Christus kamen einige heraus von dort, wo sie nicht mehr hineinkommen können. Und da, wo sie hingingen, konnten sie nicht mehr herauskommen. Christus aber kam! Die hineingegangen waren, brachte er heraus, und die herausgegangen waren, brachte er hinein.

71 Als Eva noch in Adam war, da gab es keinen Tod. Da sie sich von ihm trennte, kam der Tod. Wenn er sich mit ihr wieder vereinigt und ihn (den Tod) zu sich nimmt, wird kein Tod mehr sein.

* Der Text redet immer noch vom Sakrament des ‚Brautgemachs'!

72 Mein Gott, mein Gott! Warum, Herr, hast du mich verlassen? Er sprach dies am Kreuze. Er trennte nämlich jenen Ort. Er nahm die, die ihn gezeugt hatten, von jenem ... Durch Gott ist der Herr von den Toten auferstanden ... in dem er endgültig ist ... Fleisch, aber diese ... ist wahres Fleisch ... ist nicht wahres Fleisch, sondern ein Bild des wahren Fleisches.*

73 Es gibt gewöhnlicherweise kein Brautgemach für Tiere noch für Sklaven noch für schon entjungferte Frauen, es wird nur freien Menschen und Frauen zuteil.

74 Durch den Heiligen Geist werden wir wiedergeboren. Geboren aber werden wir durch Christus. In beidem werden wir vom Geiste gesalbt. Und als wir geboren wurden, wurden wir vereinigt.

75 Niemand wird sich ohne Beleuchtung sehen, weder im Wasser noch im Spiegel. Wiederum wirst du dich auch nicht im Licht ohne Wasser und Spiegel sehen können. Darum muß mit beidem getauft werden, mit dem Lichte und mit dem Wasser. Das Licht aber ist die Salbung.

76 Es gab drei Häuser als Opferplätze in Jerusalem. Das eine, das sich nach Westen öffnete, nannte man das heilige. Das andere, das Richtung Süden geöffnet war, nannte man das heilige des heiligen. Das dritte, es war gen Osten hin offen, nannte man das heilige der (beiden) heiligen. Dorthin durfte allein der Hohepriester hineingehen.
Die Taufe nun ist das heilige Haus, die Erlösung ist das heilige des heiligen, das heilige der (beiden) heiligen aber ist das Brautgemach. Die Salbung hat die Auferstehung und die Erlösung. Die ‚Erlösung' ist zwar im Brautgemach, das Brautgemach aber ist in dem, was größer ist als die Erlösung ... (Rest verderbt).

* Diese gnostische Exegese von Mk 15 ist leider völlig zerstört.

77 Wer sich mit dem endgültigen Licht bekleidet hat, den sehen die Kräfte nicht, und sie können ihn nicht ergreifen. Es wird aber einer das Licht im Mysterium anziehen, in der Vereinigung.

78 Wenn sich die Frau nicht vom Manne getrennt hätte, so würde sie nicht wie der Mann sterben. Die Trennung wurde der Anfang des Todes. Deshalb kam Christus, um die Trennung von Anfang an wieder zu nehmen und sie beide zu vereinigen, und damit er auch denen, die in der Trennung gestorben sind, Leben gebe und sie wieder vereinige.

79 Es vereinigt sich aber die Frau mit ihrem Manne im Brautgemach. Und die sich im Brautgemach vereinigt haben, trennen sich nicht mehr. Eva aber trennte sich deswegen von Adam, weil sie sich nicht im Brautgemach vereinigt hatte.

80 Aus einem Hauch ist die Seele Adams entstanden. Ihre (Wieder-)Vereinigung ist der Geist ..., der ihm gegeben wurde, seine Mutter. Sie nahmen seine Seele und gaben ihn ein ... an ihrer Stelle. Denn als er sich vereinigte, sprach er einige Worte, die den Kräften über waren. Da beneideten sie ihn und zertrennten die pneumatische Vereinigung ... (Rest verderbt).

81 Jesus offenbarte ... Jordan das Pleroma der Herrschaft der Himmel. Der vor dem Universum ... wurde wieder geboren. Der schon Gesalbte, wurde wieder gesalbt. Der Gerettete rettete wieder.

82 Wenn man ein Geheimnis schon aussprechen soll: Der Vater des Universums vereinigte sich mit der Jungfrau, die herabgestiegen war, und es leuchtete ihm ein Gebilde! An jenem Tage offenbarte er das große Brautgemach. Und

deswegen kam auch sein ‚Körper', der an diesem Tage entstanden war, aus dem Brautgemach. Genauso wie jener, der aus Bräutigam und Braut entstanden ist, errichtete Jesus alles in ihm durch diese beiden. Und es muß jeder einzelne Schüler in seine Ruhe eingehen.

83 Adam entstand aus zwei Jungfrauen: aus dem Geist und aus der unberührten Erde. Daher wurde Christus aus einer Jungfrau geboren, damit er den Fehltritt begradige, der am Anfang entstanden war.

84 Zwei Bäume standen in der Mitte des Paradieses. Der eine bringt Tiere hervor, der andere Menschen. Adam aß von dem Baume, der Tiere hervorbrachte, er wurde wie ein Tier und brachte Tiere hervor ...
Gott schuf den Menschen, und die Menschen schufen Gott.

85 So ist es auch in der Welt. Die Menschen schaffen Götter und verehren ihre Schöpfungen. Es würde sich durchaus gehören, daß die Götter die Menschen verehren. Denn das entspräche der Wahrheit.

86 Die Taten des Menschen entstehen aus seiner Kraft. Man nennt sie daher auch ‚die Kräfte'. Seine Taten sind seine Kinder, aus der Ruhe entstanden. Seine Kraft wohnt in seinen Taten. Die Ruhe aber ist in den Kindern offenbar. Und du wirst finden, dies reicht hinauf (und gilt) bis zum ‚Bilde'. Das ist der Mensch des Bildes, wo er seine Taten aus seiner Kraft vollbringt, aus der Ruhe aber seine Kinder erzeugt.

87 In dieser Welt dienen die Knechte den Freien. In der Herrschaft der Himmel werden die Freien den Knechten dienen. Die Söhne des Brautgemachs aber werden den Söhnen der Hochzeit dienen. Die Söhne des Brautgemachs

haben ein und denselben Namen. Die Ruhe ... zueinander. Sie müssen nicht so dienen.

88 und 89 sind verderbt.

90 Wer sagt, zuerst ist der Tod, dann die Auferstehung, der irrt. Denn wenn einer nicht zuerst, solange er lebt, die Auferstehung erhält, dann wird er gar nichts erhalten, wenn er endlich stirbt. So reden sie auch von der Taufe, wo sie sagen: Groß ist die Taufe! Wer sie empfängt, wird leben.

91 Der Apostel Philippos sprach: Josef, der Zimmerer, legte einen Garten an, da er Holz für sein Handwerk benötigte. Er ist es auch, der das Kreuz (Jesu) aus jenen Bäumen, die er gepflanzt hatte, zimmerte. Sein eigener Same hing an dem, was er gepflanzt hatte. Sein Name war Jesus, die Pflanze aber das Kreuz.

92 Aber der Baum des Lebens und der Ölbaum, von dem die Salbung kommt, die sind in der Mitte des Paradieses. Durch sie (beide) kommt die Auferstehung.

93 Diese Welt frißt Leichen. Denn alles, was man in ihr ißt, stirbt auch wieder. Die Wahrheit ‚frißt' Leben. Daher wird keiner von denen, die sich von der Wahrheit ernähren, sterben. Jesus kam von jenem Ort und brachte Nahrung von dort. Und wer will, dem gibt er Leben, damit er nicht sterbe.

94 Gott schuf ein Paradies. Der Mensch lebte im Paradies ... Das Paradies ist der Ort, wo man mir sagen wird: Mensch, iß das oder iß das nicht, wie du willst! Der Ort also, wo ich alles essen werde, weil dort der Baum der Erkenntnis steht. Er tötete Adam. Dieser Ort aber, der Baum der Erkenntnis, gab dem Menschen Leben. Der Baum war das Gesetz. Er kann die Erkenntnis des Guten und des

Bösen geben. Er entfernte ihn nicht vom Bösen, noch beließ er ihn im Guten, sondern er brachte den Tod für die, die gegessen haben. Denn als er sprach: Iß dieses und iß jenes nicht!, da wurde er der Anfang des Todes.

95 Die Salbung ist größer als die Taufe. Denn durch die Salbung heißen wir Christen, nicht durch die Taufe. Und man nannte auch Christus wegen der Salbung Christus, denn der Vater salbte den Sohn. Der Sohn aber salbte die Apostel. Die Apostel aber salbten uns. Wer gesalbt ist, hat das Universum. Er hat die Auferstehung, das Licht, das Kreuz, den Heiligen Geist. Der Vater aber gab ihm dies (alles) im Brautgemach. Dort erhielt er es. Der Vater war im Sohn, und der Sohn war im Vater. Das ist die Herrschaft der Himmel.

97 Treffend hat der Herr gesagt: Einige gingen lachend in die Herrschaft der Himmel und sie kamen ... aus ihm ..., und sofort stieg er hinab ins Wasser. Er kam herauf als Herr über das Universum. Nicht weil er dachte, es sei wie ein Scherz, sondern weil er diesen verachtete ... die Herrschaft des Himmels. Wenn er die Welt verachtet und sie wie einen Scherz mißachtet, dann wird er lachend herauskommen. So ist es auch mit dem Brot und dem Becher und dem Öl. Und doch gibt es etwas, das größer ist als diese (nämlich das ‚Brautgemach'!).

99 Die Welt entstand durch einen falschen Schritt, denn der sie geschaffen hatte, wollte sie unvergänglich und unsterblich schaffen. Er kam zu Fall und erreichte seine Hoffnung nicht. Es kam also zu keiner Unvergänglichkeit der Welt, denn es gab keine Unvergänglichkeit dessen, der die Welt schuf. Es gab nämlich nicht die Unvergänglichkeit der Sachen, sondern (nur) die der Söhne. Und kein Werk kann Unvergänglichkeit erlangen, wenn es nicht (zuerst) Sohn wird. Wer aber nicht einmal empfangen kann, der wird erst recht nicht geben können.

100 Der Becher des Segens enthält Wein und enthält Wasser, das als Bild des Blutes dient, über dem der Dank gesprochen wird. Er ist aber gefüllt mit Heiligem Geiste und er gehört zu dem ganz endgültigen Menschen. Wenn wir diesen trinken, werden wir für uns den endgültigen Menschen empfangen.

101 Das lebendige Wasser ist ein Leib. Und wir sollen den lebendigen Menschen anziehen. Daher legt einer die Kleider ab, wenn er kommt und zum Wasser hinabsteigt, damit er diesen anzieht.

102 Ein Pferd zeugt ein Pferd. Ein Mensch zeugt einen Menschen. Ein Gott zeugt einen Gott. So ist es auch mit dem ‚Bräutigam und der Braut'. Ihre Söhne kommen aus dem Brautgemach. Es gab auch noch keinen Juden, der aus den Griechen hervorgegangen wäre, jedenfalls solange das Gesetz besteht. Und auch wir waren Juden, bevor wir Christen wurden ..., und man nannte diese Orte das ‚erlesene Geschlecht' und den ‚Sohn des Menschen' und den ‚Samen des Sohnes des Menschen'. Das wahre Geschlecht nennt man es. In der Welt gibt es den Ort, an dem die Söhne des Brautgemachs wohnen.

103 Die Vereinigung in dieser Welt ist Mann und Frau, das heißt der Ort der Kraft und der Schwäche. Im Äon ist die Weise der Vereinigung eine ganz andere.

104 Mit diesen Namen bezeichnen wir sie. Es gibt aber welche, die höher sind als alle Namen, die genannt werden können. Sie sind dem Starken überlegen. Denn wo Gewalt ist, gibt es die, die mehr wert sind als Kraft. Für alle, die das Universum haben, gehört es sich, daß sie sich alle erkennen. Einige aber, die sich nicht erkennen, werden auch das, was sie haben, nicht gebrauchen können. Die sich aber erkannt haben, die werden es gebrauchen können.

105 Der eine ist nicht das Ganze und der andere nicht. Aber sie beide sind der Einzige. Dieser ist es, der über den bloß fleischlichen Sinn nicht hinauskommen wird.

106 Den endgültigen Menschen kann einer weder ergreifen noch sehen. Denn wenn er gesehen würde, würde er auch ergriffen werden. Auf andere Weise wird sich keiner diese Gnade erwerben können, außer er bekleidet sich mit dem endgültigen Licht und wird selbst endgültig. Jeder, der sich mit ihm bekleiden wird, wird gehen ..., das ist der endgültige ...

107 Es muß sein, daß wir ... bevor wir kommen ... Wer das Universum erlangt ... diese Orte, er wird jenen Ort nicht ..., sondern er wird als Nichtendgültiger in die Mitte gehen. Sein Ende kennt nur Jesus.

108 Der heilige Mensch ist gänzlich heilig, bis zu seinem Leibe. Denn wenn er das Brot genommen hat, wird er es heilig machen. Oder den Becher oder alles sonst, was er nimmt, er wird es reinigen. Wie sollte er da nicht auch den Körper reinigen?

109 Wie Jesus das Wasser der Taufe endgültig gemacht hat, genauso schüttete er den Tod aus. Daher steigen wir zwar zum Wasser hinab, wir steigen aber nicht in den Tod hinab. Wir werden nicht ‚ausgeschüttet'! Wenn der Wind der Welt weht, dann bringt er den Winter herbei. Wenn der Heilige Geist weht, dann kommt der Sommer.

110 Wer die Erkenntnis der Wahrheit hat, ist frei. Wer aber frei ist, kann nicht sündigen. Denn wer die Sünde tut, ist der Knecht der Sünde. Die Mutter ist die Wahrheit, die Erkenntnis aber ist der Vater. Die Welt aber nennt jene ‚frei', denen es nicht verstattet ist, zu sündigen. Diesen, denen es nicht verstattet ist, zu sündigen, macht die Erkenntnis der

Wahrheit das Herz weit. Das heißt, sie macht sie frei. Und sie bewirkt, daß sie sich über den ganzen Ort ‚weit' machen. Die Liebe nämlich baut auf! Wer aber durch die Erkenntnis frei geworden ist, ist der Liebe wegen Knecht an denen, die die Freiheit der Erkenntnis noch nicht aufnehmen konnten. Die Erkenntnis aber macht sie tüchtig. Sie bewirkt, daß sie frei werden. Die Liebe nimmt nichts, denn was braucht sie nehmen, wo ihr doch alles gehört? Sie sagt nicht: Das ist mein! oder: Das gehört mir!, sondern sie sagt: Es gehört dir!

111 Die pneumatische Liebe ist Wein und Duft. Alle freuen sich ihrer, die sich mit ihr salben werden. Es freuen sich ihrer auch die, welche neben ihnen stehen, solange nur die Gesalbten mit dabei stehen. Wenn aber die mit Salbe Gesalbten nicht mehr bei ihnen stehen, sondern weggehen, dann bleiben jene, die nicht gesalbt sind und nur neben ihnen stehen, wieder in ihrem Gestank. Der Samarier reichte dem Geschlagenen nichts als Wein und Öl, das heißt nichts anderes als: die Salbe. Und so heilte er die Wunden. Denn die Liebe deckt eine Menge Sünden zu.

112 Genau dem, den eine Frau liebt, gleichen jene, die sie gebären wird. Ist es ihr Mann, gleichen sie ihrem Mann; ist es ein Ehebrecher, gleichen sie dem Ehebrecher. Oftmals, wenn eine Frau mit ihrem Mann gezwungenermaßen schläft, ihr Herz aber bei dem Ehebrecher ist, mit dem sie sonst Verkehr hat, gebiert sie den, den sie gebären wird, als einen, der dem Ehebrecher gleicht.
Ihr aber, die ihr mit dem Sohne Gottes seid, liebt nicht die Welt, sondern den Herrn. Dann werden jene, die ihr zeugt, nicht der Welt gleichen, sondern sie werden dem Herrn gleich werden.

113 Der Mensch verbindet sich mit dem Menschen. Das Pferd verbindet sich mit dem Pferd. Der Esel verbindet sich

mit dem Esel. Jede Art verbindet sich mit ihrer Art. Genauso verbindet sich der Geist mit dem Geist. Der Logos geht mit dem Logos um. Das Licht geht mit dem Licht um. Wenn du Mensch wirst, wird der Mensch dich lieben. Wenn du Geist wirst, wird sich der Geist mit dir vereinigen. Wenn du Logos wirst, wird sich der Logos mit dir verbinden. Wenn du Licht wirst, wird das Licht mit dir Umgang haben. Wenn du zu denen von oben wirst, werden die von oben auf dir ruhen. Bist du aber Pferd oder Esel oder Kalb oder Hund oder Schaf oder sonst eines von den Tieren, die außen und unten sind, werden dich weder der Mensch noch der Geist lieben können noch der Logos noch das Licht noch die von oben noch die von innen. Keiner wird in dir ruhen können, und du kannst keinen Teil an ihnen haben.

114 Wer, ohne es zu wollen, Sklave ist, wird frei werden können. Wer durch die Gnade seines Herrn freikommt, sich aber selbst in die Sklaverei weiterverkauft, der wird nicht mehr frei werden können.

115 In der Landwirtschaft der Welt gibt es vier Gesichtspunkte: Alles ernten sie in die Scheunen durch die Mithilfe von Wasser, Erde, Wind und Licht. Ebenso gibt es vier Gesichtspunkte in der ‚Landwirtschaft' Gottes: Glaube, Hoffnung, Liebe und Erkenntnis. Unsere ‚Erde' ist der Glaube, in dem wir Wurzel fassen. Das ‚Wasser' ist die Hoffnung, durch die wir uns ernähren. Der ‚Wind' ist die Liebe, durch die wir heranwachsen. Das ‚Licht' aber ist die Erkenntnis, durch sie erst werden wir reif.

116 Die Gnade ist ... irdisch, sie ist der Herr über ... den höchsten Himmel ... Selig, wer keine Seele traurig gemacht hat! Dieser ist Jesus Christus. Ein solcher ist selig, weil er ein endgültiger Mensch ist; denn das ist der Logos.

117 Man soll uns über diesen ausfragen, denn es ist schwierig, daß ihn einer aufrichte! Wie können wir diese große Arbeit bloß tun? Wie wird er jedem Ruhe geben?

118 Vor allem gehört es sich nicht, wen immer traurig zu machen, sei es ein Großer, sei es ein Kleiner, ein Ungläubiger oder ein Gläubiger. Nein, denen soll man Ruhe verschaffen, die in den Guten ruhen. Für einige ist es gut, dem Ruhe zu geben, der gut ist. Es ist aber für den, der das Gute tut, nicht möglich, jenen Ruhe zu geben; denn er kann ja nicht einfach tun, wie er will. Es ist ihm aber nicht möglich, traurig zu machen, es sei denn, er würde daran schuld sein, daß sie sich selbst bedrängen. Aber auch wer gut ist, macht sie gelegentlich traurig. Zwar ist er nicht so, aber ihr Böses ist es, das sie traurig macht. Wer die entsprechende Natur hat, gibt dem Guten Freude. Einige aber machen traurig auf böse Weise.

119 Irgendein Hausherr besorgte sich alles, seien es Kinder oder Knechte oder Vieh oder Hunde oder Schweine oder Weizen oder Gerste oder Stroh oder Gras oder Öl oder Fleisch oder Eicheln. Da er aber klug war, kannte er die Nahrung eines jeden einzelnen. Den Kindern legte er Brot, Öl und Fleisch vor, den Knechten aber Öl und Korn. Und den Tieren legte er Gerste vor und Stroh und Gras. Den Hunden warf er Knochen hin, den Schweinen aber Eicheln und Brotrinden. So ist es auch mit dem Schüler Gottes. Wenn er klug ist, versteht er sich auf sein Schülertum. Die körperlichen Gestalten täuschen ihn nicht. Er wird auf die Art der Seele eines jeden einzelnen blicken und so mit ihm reden. Es gibt viele Tiere von menschlicher Gestalt in der Welt. Wenn er diese erkennt, wird er den Schweinen wohl Eicheln hinwerfen, dem Vieh aber Gerste, Stroh und Gras. Den Hunden wird er Knochen hinwerfen. Die Knechte wird er die Anfänge lehren, den Kindern aber wird er die endgültigen Lehren geben.

120 Es gibt den Sohn des Menschen und es gibt den Sohn des Sohnes des Menschen. Der Herr ist der ‚Sohn des Menschen‘, und der ‚Sohn‘ des ‚Sohnes des Menschen‘ ist jener, der durch den Sohn des Menschen geschaffen wird. Der Sohn des Menschen aber empfing die Fähigkeit zu schaffen von Gott. Er hat auch die Fähigkeit zu zeugen.

121 Wer selber zu schaffen fähig ist, ist aber ein Geschöpf. Wer aber die Fähigkeit zu zeugen erhalten hat, der ist ein Gezeugter. Ein Schöpfer kann nicht zeugen. Ein Zeuger kann nicht schaffen. Man sagt aber: Wer schafft, zeugt auch! Aber sein Gezeugtes ist doch ein Geschöpf, weil die Gezeugten nun einmal nicht seine Kinder, sondern seine Werke sind. Wer schafft, wirkt sichtbar, wiewohl selber unsichtbar. Wer zeugt, wirkt im Verborgenen, und er ist ja auch verborgen ... Wer schafft, schafft sichtbar. Wer aber zeugt, zeugt die Kinder im Verborgenen.

122 Niemand weiß, an welchem Tage Mann und Frau sich miteinander vereinigen werden, außer diese allein. Denn ein Geheimnis ist die Hochzeit der Welt für jeden, der sich eine Frau genommen hat. Wenn aber schon die Hochzeit der Befleckung verborgen ist, um wieviel mehr ist dann die unbefleckte Hochzeit ein wirkliches Geheimnis? Sie ist nicht fleischlich, sondern rein. Sie gehört nicht zum Verlangen, sondern zum Willen. Sie gehört nicht zu Finsternis und Nacht, sondern zum Tag und zum Licht. Wenn eine Hochzeit sich entblößt, ist sie zur Unzucht geworden. Und eine Braut hat nicht nur dann Unzucht geübt, wenn sie den Samen eines anderen Mannes empfangen hat, sondern auch schon, wenn sie bloß ihr Schlafzimmer verläßt und so gesehen wird. Nur ihrem Vater, ihrer Mutter und dem Freund des Bräutigams und den Söhnen des Bräutigams darf sie sich zeigen. Nur diesen ist es erlaubt, täglich das Brautgemach zu betreten. Die andern aber mögen verlangen, auch nur ihre Stimme zu hören und sich ihrer

Salbe zu erfreuen, und sie mögen sich wie Hunde von den Abfällen nähren, die vom Tische herabfallen!
Nur Bräutigam und Braut gehören zum Brautgemach. Keiner wird den Bräutigam und die Braut sehen können, es sei denn, er würde selbst der Bräutigam.

123 Als Abraham das schauen ..., das er schauen sollte, verstümmelte er das Fleisch der Vorhaut. So deutet er uns an, daß es nötig ist, das Fleisch ‚zu vernichten'... Solange ihre ... verborgen sind, bestehen sie und leben sie. Als sie aber sichtbar wurden, starben sie nach dem Bild des sichtbaren Menschen, denn solange die Eingeweide des Menschen noch in ihm sind, lebt der Mensch. Wenn seine Eingeweide aber sichtbar werden und aus ihm herauskommen, wird der Mensch sterben. So ist es auch mit einem Baum. Solange seine Wurzel verborgen ist, treibt er und lebt. Wenn seine Wurzeln aber sichtbar werden, verdorrt er. So ist es auch mit jedem in der Welt Gezeugten, nicht nur mit den Sichtbaren, auch mit den Verborgenen. Solange nämlich die Wurzel des Bösen verborgen ist, ist sie stark. Wenn sie aber sichtbar wird, ist sie schon überwunden. Daher sagt der Logos: Schon ist die Axt an die Wurzel der Bäume gelegt! Doch sie wird nicht einfach abgehauen, denn was man bloß abhaut, treibt nach. Die Axt schürft bis auf den Grund hinab, bis sie die Wurzel heraufzerrt. Jesus aber riß die Wurzel des ganzen Ortes aus, andere aber nur stückweise. Von uns aber möge jeder nach der Wurzel des Bösen graben, die in ihm ist, um sie samt Wurzel aus seinem Herzen auszureißen! Ausgerissen aber wird sie, wenn wir sie erkennen. Wenn wir sie aber nicht erkennen, stößt sie in uns Wurzeln hinab und bringt ihre Frucht in unserem Herzen hervor. Dann ist sie der Herr über uns, und wir sind der Knecht. Sie nimmt uns gefangen, daß wir tun, was wir nicht wollen, und was wir wollen, tun wir nicht. Sie ist nur dann mächtig, wenn wir sie nicht erkannt haben. Solange sie da ist, wirkt sie auch. Die ... ist Mutter der ... die Unwis-

senheit ... Die aus der Unwissenheit stammen, existieren weder ... und werden auch nicht sein ..., sie werden endgültig werden, wenn die ganze Wahrheit offenbar ist. Die Wahrheit ist nämlich wie die Unwissenheit: Ist sie verborgen, ruht sie in sich; ist sie offenbar und erkennt man sie, wird sie gerühmt. Weil sie stärker ist als die Unwissenheit und es den Irrtum gibt, bringt sie die Freiheit. Der Logos sprach: Wenn ihr die Wahrheit erkennt, wird die Wahrheit euch frei machen! Die Unwissenheit ist Knecht. Die Erkenntnis ist Freiheit. Wenn wir die Wahrheit erkennen, werden wir die Frucht der Wahrheit in uns finden. Und wenn wir uns mit ihr verbinden, wird sie unsere Endgültigkeit annehmen.

124 Jetzt haben wir die offenbaren Dinge der Schöpfung (vor uns). Wir sagen: Das sind die von Wert und die von Stärke. Die verborgenen Dinge aber sind die wertlosen und schwachen! So ist es mit den offenbaren Dingen der Wahrheit. Sie gelten als schwach und sind verachtet. Die verborgenen Dinge aber sind stark und wertvoll. Die Mysterien der Wahrheit sind aber offenbar, freilich durch Bilder und Abbilder. Das Schlafgemach aber ist verborgen. Es ist das Heilige im Heiligen.

125 Die Scheidung verdeckte zwar zuerst, wie Gott die Schöpfung eingerichtet hat. Wenn dieser Scheidevorgang aber abreißt und das Innere sichtbar wird, dann wird man dieses Haus verlassen. Es ist leer. Man zerstört es. Und alles Göttliche wird aus diesen Orten fliehen, nicht ins ‚Heilige des Heiligen'. Denn mit dem unvermischten Licht und dem reinen Pleroma wird es sich nicht verbinden können, sondern es wird unter den Flügeln des Kreuzes, unter seinen Armen sein. Diese ‚Arche' wird seine Rettung sein, wenn die Flut über es Macht gewinnt.
Wenn einige zum Stamme der Priester zählen, die in das Innere des Vorhangs mit dem Hohenpriester hineingehen

können. Darum zerriß der Vorhang nicht nur von oben, da er sich denen von oben von allein gezeigt hätte. Er zerriß auch nicht nur von unten, da er sich denen von unten auch von allein gezeigt hätte; sondern er zerriß von oben bis unten.
Uns, die wir von unten sind, öffneten die von oben, damit wir in die Verborgenheit der Wahrheit hineingehen können. Das ist in Wahrheit das Wertvolle und Starke. Wir werden aber dort hineingehen durch wertlose Bilder und Schwächen. Sie sind wertlos vor dem endgültigen Glanze.
Es gibt Glanz, der Glanz übertrifft. Es gibt Kraft, die Kraft übertrifft. Deshalb hat das Endgültige und das Verborgene der Wahrheit sich uns geöffnet. Und das Heilige des Heiligen hat sich aufgetan. Und das Schlafgemach hat uns geladen. Solange es verborgen ist, ist das Böse unwirksam. Es wurde aber nicht aus der Mitte des Samens des Heiligen Geistes weggenommen. Sie sind die Knechte des Bösen. Wenn es sich aber offenbart, dann wird sich das endgültige Licht über jeden einzelnen ausschütten. Und alle, die in ihm sind, werden die Salbung empfangen. Dann werden die Knechte frei, die Gefangenen erlöst.

126 Jedes Gewächs, das mein Vater, der in den Himmeln ist, nicht gepflanzt hat, wird ausgereutet. Die Getrennten werden vereinigt, und sie werden sich füllen. Alle, die in das Schlafgemach hineingehen, werden das Licht leuchten lassen. Und nicht wie bei den Hochzeiten zünden sie an, wo wir nicht sehen, weil alles in der Nacht geschieht. Nur nachts scheint das Feuer, dann verdämmert es. Die Mysterien der Hochzeit aber geschehen am Tage und bei vollem Licht. Jener Tag und sein Licht gehen nicht unter.

127 Wer Sohn des Brautgemachs wird, der empfängt das Licht. Wenn einer es nicht empfängt, solange er an diesem Ort ist, wird er es auch an dem anderen Ort nicht empfangen können. Wer aber jenes Licht empfängt, den wird man

nicht sehen und man wird ihn auch nicht festhalten können. Keiner wird einen beargen können, wenn er auch noch in der Welt ist. Und auch wenn er aus der Welt herauskommt, hat er doch schon die Wahrheit in ‚Bildern' empfangen.
Die Welt wurde zum Äon. Der Äon ist für ihn das Pleroma. In ihm allein ist dieser offenbar. Er ist nicht verborgen in der Finsternis und in der Nacht, sondern er ist verborgen in einem endgültigen Tag und in einem heiligen Licht.

* * *

Epiphanius kannte ein ‚Evangelium nach Philippos', das unsere mag dies sein. Zwei Gesichtspunkte aber müssen besonders hervorgehoben werden.
1. Die Evangeliumsform dieser Schrift: Die literarische Gattung dieser Schrift ist nur für das ungeübte Auge allzu auffällig abweichend von der oder den aus dem Neuen Testament bekannten. In Wirklichkeit sind die Vorformen der vier kanonischen Evangelien ähnlich zu denken. Sammlungen von Sprüchen, kurzen Novellen und gelegentlichen Situationsangaben. Hinzu kommt, ‚Philippos' will in jenem eigentlichen Sinne Evangelist sein, der das Evangelium aus einer bloßen Erinnerung an eine Vergangenheit als unmittelbar auf den Leser abzielenden Anspruch vorlegt. Das Evangelium ist von bleibender Wirkung und also auch jetzt wirksam. Der Kontakt zwischen Schreiber und Hörer oder Leser geht niemals verloren.
2. Zum Inhalt: Freilich, gnostischer kann ein Evangelium nicht mehr sein als dieses. Die Anklänge an aus der Synopse Bekanntes halten sich in einem äußerst schmalen Rahmen. Sie verbleiben unter einem Dutzend, und dies bei 127 Sprucheinheiten. Und es ist auch von Anfang an

klar, in welchen gnostischen Kreisen dieser ‚Philippos' geschrieben hat und wo er in Gebrauch war: in der Schule der Valentinianer. Die Hintergründe des Systems dieser Schule sind überall vorausgesetzt und wie selbstverständlich zum Anspruch erhoben.
Ab Spruch 60 – das ist mehr als die Hälfte des gesamten Lesestoffes – beschäftigt sich dieser Philippos sogar ausschließlich mit einem einzigen valentinianischen Thema: mit dem Sakrament des ‚Brautgemachs'. Zwar werden auch noch andere Sakramente gestreift und genügend sichtbar, wie Wassertaufe, Eucharistie, Salbung, Erlösung – was immer dies im einzelnen sei –, zuerst und zuletzt kreist der Verfasser um dieses eine „große Mysterium".
Die Vorstellung ist die schon aus der ‚Auslegung der Seele' bekannte: Der männliche Bruder oder Engel dieser hiesigen weiblichen Seele wird in einem rituellen Hochzeitsfest in einem dafür eigens hergerichteten ‚Hochzeitszimmer' erwartet. Und dies ist die ‚Auferstehung', dies ist die ‚Wiederherstellung'!
Dieses sonst völlig unbekannte Sakrament ist dem Verfasser nicht nur eine Art Übersakrament, sondern gleichzeitig heilsnotwendig. An den Verwerfungen des Irenäus mag also so viel Wahres sein, daß dies nun in der Tat ein Anlaß sein konnte, den Valentinianern im allgemeinen und dem Valentinosschüler Markos vor Ort Arroganz zu unterstellen.
Die Ausführungen über gnostische Sakramente sind indes von bleibendem Wert.

Das Evangelium nach Thomas

Text aus Nag Hammadi

Dies sind die verborgenen Worte, die der Jesus, der lebt, sagte und die der Zwilling Judas Thomas schrieb.

1 Und er sagte so: Wer die Bedeutung dieser Worte findet, wird den Tod nicht kosten.

2 Jesus sprach: Wer sucht, soll nicht aufhören zu suchen, bis daß er findet. Und wenn er gefunden hat, wird er verwirrt sein. Und wenn er verwirrt ist, wird er verwundert sein und über das Universum herrschen.

3 Jesus sprach so: Wenn eure Führer zu euch sagen, seht, die Herrschaft ist im Himmel, so werden euch die Vögel des Himmels zuvorkommen. Und wenn sie zu euch sagen: Sie ist im Meer!, so werden euch die Fische zuvorkommen. Nein, die Herrschaft ist in euch und außer euch. Wenn ihr euch (selbst) erkennt, dann werdet ihr erkannt werden. Und zwar werdet ihr erkennen, daß ihr die Söhne des lebendigen Vaters seid. Wenn ihr euch aber nicht erkennt, so seid ihr in Armut, und ihr selbst seid die Armut.

4 Jesus sprach: Der Greis wird in seinen (alten) Tagen nicht zögern, ein Kleinkind von sieben Tagen nach dem Ort des Lebens zu fragen, und er wird leben. Denn viele Erste werden Letzte, doch sie werden ein Einziger sein.

5 Jesus sprach: Erkenne, was vor deinem Gesichte ist, und was dir verborgen ist, wird sich dir entbergen; denn nichts Verborgenes, das nicht manifest gemacht würde.

6 Es fragten ihn seine Schüler und sagten zu ihm so: Willst du, daß wir fasten? Und: Wie sollen wir beten und

Almosen geben, und welche Speise(regel) sollen wir einhalten? Jesus sprach so: Lügt nicht. Und das, was ihr haßt, tut nicht; denn offen liegt alles da vor dem Himmel. Denn es gibt nichts Verborgenes, das nicht entborgen wird, und nichts Verdecktes, das nicht aufgedeckt werden wird.

7 Jesus sprach: Selig der Löwe, den ein Mensch ißt, und der Löwe wird Mensch. Und gräßlich der Mensch, den ein Löwe frißt, und der Mensch wird Löwe.

8 Der Mensch gleicht einem klugen Fischer, der sein Netz ins Meer warf. Und er zog es aus dem Meere, voll mit kleinen Fischen. Mitten unter ihnen fand er einen großen, guten Fisch, der kluge Fischer. Da warf er alle kleinen Fische zurück ins Meer, und wählte den großen Fisch, ohne zu zögern.
Wer Ohren hat, um zu hören, der soll hören!

9 Es sprach Jesus so: Seht, einer, der sät, ging hinaus, füllte seine Hand und warf. Einiges fiel auf den Weg, und Vögel kamen und pickten es auf. Anderes fiel auf den Fels und trieb keine Wurzeln in die Erde hinab und trieb auch keine Ähren in die Höhe. Anderes fiel auf Dornen. Die erstickten den Samen, und der Wurm fraß es. Und anderes fiel auf guten Boden und brachte gute Frucht hervor: Es brachte sechzigfach und hundertzwanzigfach!

10 Es sprach Jesus so: Ich habe Feuer auf die Welt geworfen, und seht, ich hüte es, bis es (auf)brennt.

11 Es sprach Jesus so: Dieser Himmel wird vorübergehen, und (auch) der über ihm wird vorübergehen. Und die Toten leben nicht, und die Lebenden werden nicht sterben. In den Tagen, da ihr das Tote gegessen habt, habt ihr es lebendig gemacht. Wenn ihr im Lichte seid, was werdet ihr dann tun? An dem Tage, da ihr einer wart, wurdet ihr zwei. Wenn ihr aber zwei geworden seid, was werdet ihr tun?

12 Es sprachen die Schüler zu Jesus so: Wir wissen, daß du uns verlassen wirst. Wer wird über uns (dann) groß sein? Es sprach zu ihnen Jesus so: Wohin ihr (auch) gekommen sein werdet, geht zu Jakobus, dem Gerechten*, seinetwegen sind Himmel und Erde geworden.

13 Es sprach Jesus zu seinen Schülern so: Vergleicht mich und sagt mir, wem ich gleiche. Es sprach zu ihm Simon Petrus so: Du gleichst einem gerechten Engel. Es sprach zu ihm Matthäus so: Du gleichst einem Philosophen, einem intelligenten Menschen. Es sprach zu ihm Thomas so: Rabbi, mein Mund wird es nicht tragen, zu sagen, wem du gleichst. Es sprach Jesus so: Ich bin nicht dein Rabbi. Nein, du hast getrunken und dich an der sprudelnden Quelle berauscht, die ich vermessen (?) habe. Und er nahm ihn, zog sich (mit ihm) zurück und sagte ihm drei Worte. Als Thomas aber zu seinen Freunden zurückkam, fragten sie ihn so: Was hat dir Jesus gesagt? Es sprach zu ihnen Thomas so: Wenn ich euch auch nur eins der Worte sagen würde, die er zu mir gesagt hat, würdet ihr Steine nehmen und auf mich werfen, und aus den Steinen würde Feuer kommen und euch verbrennen.

14 Es sprach zu ihnen Jesus: Wenn ihr fastet, werdet ihr euch Sünde schaffen, und wenn ihr betet, wird man euch verdammen, und wenn ihr Almosen gebt, werdet ihr eurem Pneuma** schaden. Und wenn ihr ein Land betretet und in den Gegenden herumwandert, dann eßt, was man euch anbieten wird. Die Kranken unter ihnen, heilt. Denn was in euren Mund kommt, wird euch nicht verunreinigen; aber was aus eurem Munde herauskommt, das wird euch verunreinigen.

* Gemeint ist der Bruder Jesu. Er trug den Ehrentitel ‚der Gerechte'.

** Wörtlich: Geist. Gemeint ist das gnostische Selbst.

15 Es sprach Jesus so: Wenn ihr den seht, den keine Frau geboren hat, dann werft euch hin auf euer Gesicht und betet ihn an. Jener ist euer Vater.

16 Es sprach Jesus so: Mag sein, daß die Menschen denken, ich wäre gekommen, Frieden auf die Welt zu bringen, und dabei wissen sie nicht, daß ich gekommen bin, Scheidung auf die Erde zu bringen, Feuer, Schwert und Krieg. Denn fünf werden sein in einem Haus, und drei werden sein gegen zwei, und zwei gegen drei; der Vater gegen den Sohn und der Sohn gegen den Vater. Und sie werden dastehen als einzelne.

17 Es sprach Jesus so: Ich werde euch geben, was kein Auge gesehen und was kein Ohr gehört und was keine Hand berührt hat und was auf keines Menschen Herz hinaufgestiegen ist.

18 Es sprachen die Schüler zu Jesus so: Sage uns, wie wird unser Ende sein? Es sprach Jesus: Habt ihr denn den Anfang erfüllt, daß ihr das Ende sucht? Denn an dem Ort, an dem der Anfang ist, dort wird auch das Ende sein. Selig, wer im Anfang steht, er wird das Ende erkennen und den Tod nicht schmecken.

19 Es sprach Jesus so: Selig, wer war, bevor er wurde. Wenn ihr zu Schülern werdet und meine Worte hört, dann werden euch diese Steine dienen. Denn ihr habt fünf Bäume im Paradies, die sich nicht bewegen sommers und winters. Und ihre Blätter fallen nicht ab. Jeder, der sie erkennen wird, wird den Tod nicht kosten.

20 Es sprachen die Schüler zu Jesus so: Sage uns, wem die Herrschaft der Himmel gleicht? Er sprach zu ihnen so: Sie gleicht einem Senfsamen, der kleiner ist als alle Samen. Wenn er aber fällt auf das Land, das einer bebaut, treibt er

einen großen Schößling hoch und wird zum Zelt für die Vögel des Himmels.

21 Es sprach Maria* zu Jesus so: Wem gleichen deine Schüler? Er sprach so: Sie gleichen Knaben, die sich auf ein Feld hinsetzten, das ihnen nicht gehört. Wenn aber die Herren des Feldes kommen, werden sie sagen: Laßt (gefälligst) unser Feld uns! Jene ziehen sich dann nackt aus vor denen, um es ihnen zu lassen und ihnen ihr Feld zu geben. Darum sage ich so: Wenn der Hausherr wüßte, daß ein Dieb kommt, würde er wachen, bis daß er kommt, und ihn nicht einbrechen lassen in das Haus seiner Herrschaft, um etwa seine Sachen wegzuschleppen. Ihr aber, seid wachsam vor der Welt! Gürtet eure Hüften mit großer Kraft, damit die Räuber keinen Weg finden, zu euch zu kommen. Denn den Besitz, nach dem ihr Ausschau haltet, werden sie (wohl) finden. Ach sei doch in eurer Mitte ein verständiger Mensch! Wenn aber die Frucht reif ist, kommt er schnell mit der Sichel in seiner Hand und mäht sie ab!
Wer Ohren hat, um zu hören, der soll hören!

22 Jesus sah kleine Kinder, wie sie Milch saugten. Er sprach zu seinen Schülern so: Diese kleinen Kinder, die saugen, gleichen denen, die hineinkommen in die Herrschaft. Sie sprachen zu ihm so: Werden wir, wenn wir kleine Kinder sind, hineinkommen in die Herrschaft? Es sprach Jesus zu ihnen so: Wenn ihr zwei zu eins macht und wenn ihr den inneren Teil wie den äußeren Teil und den äußeren Teil wie den inneren Teil und den oberen Teil wie den unteren Teil (macht) und wo ihr das Männliche und das Weibliche zu einem Einzigen macht, damit nicht das Männliche männlich und das Weibliche weiblich bleibe; wenn ihr macht Augen** statt eines Auges und Hände

* Gemeint ist Maria von Magdala.

** Im Original setzt ein Abschreiber fälschlich den Singular.

statt einer Hand und Füße statt eines Fußes und Bilder statt eines Bildes, dann werdet ihr hineinkommen (in die Herrschaft).

23 Es sprach Jesus so: Ich werde euch aussuchen, einen aus 1000 und zwei aus 10000, und man wird ein einziger sein.

24 Es sprachen seine Schüler zu ihm so: Lehre uns den ‚Ort' (kennen), an dem du bist, denn es ist notwendig, daß wir ihn suchen. Er sprach zu ihnen so: Wer Ohren hat, soll hören! Licht ist innerhalb eines Menschen des Lichts, und er erleuchtet die ganze Welt. Wenn er nicht leuchtet, ist Finsternis.

25 Es sprach Jesus so: Liebe deinen Bruder wie deine Seele; hüte ihn wie die Pupille deines Auges!

26 Es sprach Jesus so: Den Spreitzen im Auge deines Bruders siehst du wohl. Den Ast aber in deinem Auge siehst du nicht. Wenn du den Ast aus deinem Auge herausdröselst, dann wirst du scharf (genug) sehen, um herauszudröseln den Spreitzen aus dem Auge deines Bruders.

27 Wenn ihr nicht vor der Welt fastet, werdet ihr die Herrschaft nicht finden; wenn ihr nicht den Sabbat zum Sabbat macht, werdet ihr den Vater nicht sehen.

28 Es sprach Jesus so: Ich stand in der Mitte der Welt und machte mich ihnen bekannt im Fleische. Ich fand sie alle betrunken. Keinen Durstigen fand ich unter ihnen, und meine Seele wurde gequält wegen der Söhne der Menschen. Denn sie sind blind in ihrem Herzen und sehen nicht deutlich, daß sie leer in die Welt gekommen sind, vielmehr suchen sie, wieder leer aus der Welt hinauszugehen. Ja, jetzt sind sie betrunken, wenn sie aber ihren Wein ausschütteln, dann werden sie umkehren.

29 Es sprach Jesus: Wenn das Fleisch geworden sein sollte wegen des Geistes, ist es wunderlich. Wenn der Geist aber wegen des Leibes (geworden sein sollte), ist es noch wunderlicher. Aber ich wundere mich, wie sich ein solcher Reichtum in dieser Armut Wohnung gesucht hat.

30 Es sprach Jesus so: Wo drei Götter sind, sind (bloß) Götter, wo zwei oder einer, bin ich mit ihnen.

31 Es sprach Jesus: Ein Prophet ist nicht akzeptiert in seinem Dorf. Ein Arzt heilt nicht solche, die ihn kennen.

32 Es sprach Jesus so: Eine Stadt, die man auf einem hohen Berge erbaut und die bewehrt ist, kann nicht fallen, sich aber auch nicht verbergen.

33 Es sprach Jesus: Was du hören wirst in deinem Ohr, schrei in das andere Ohr, über eure Dächer hin. Denn niemand entzündet eine Lampe und stellt sie unter einen Bottich oder stellt sie an einen abgelegenen Platz, sondern er stellt sie auf den Kandelaber, damit alle, die eintreten, und alle, die hinausgehen, sein Licht sehen.

34 Es sprach Jesus so: Wenn ein Blinder einen Blinden führt, fallen sie zu zweit hinunter in die Grube.

35 Es sprach Jesus: Unmöglich ist es, daß einer in das Haus eines Starken eintritt und ihm Gewalt antut, es sei denn, er bände dessen Hände. Dann mag er dessen Haus umstülpen.

36 Es sprach Jesus: Sorget euch nicht von der Frühe bis zum Abend und vom Abend bis zur Frühe, was ihr anziehen werdet.

37 Es sprachen seine Schüler so: Wann wirst du dich uns bekannt machen, und wann werden wir dich sehen? Es

sprach Jesus so: Wenn ihr eure Scham ablegt und eure Kleider nehmt und sie unter eure Füße legt wie die kleinen Knaben und darauf trampelt, dann werdet ihr den Sohn dessen sehen, der lebendig ist, und euch nicht fürchten.

38 Es sprach Jesus so: Oftmals habt ihr gewünscht, zu hören diese Worte, die ich euch sage, und ihr habt keinen anderen, sie von ihm zu hören. Tage werden kommen, da ihr mich suchen und nicht finden werdet.

39 Es sprach Jesus so: Die Pharisäer und Schriftlehrer haben die Schlüssel der Erkenntnis an sich genommen und haben sie versteckt. Sie selber sind nicht eingetreten, und die eintreten wollten, haben sie nicht gelassen. Ihr aber! seid schlau wie Schlangen und arglos wie Tauben.

40 Es sprach Jesus: Ein Weinstock wurde außerhalb des Vaters gepflanzt, und da er ungeschützt ist, wird er ausgerissen mit der Wurzel, und er geht ein.

41 Es sprach Jesus so: Dem, der in seiner Hand hält, wird man geben, und von dem, der nicht(s) hält, wird man auch das bißchen, das er hat, wegtragen.

42 Es sprach Jesus so: Werdet Vorübergehende!

43 Es sprachen zu ihm seine Schüler so: Du, wer bist du, daß du so zu uns sprichst? Erkennt ihr nicht in dem, was ich euch sage, wer ich bin? Nein, ihr seid geworden wie die Juden. Denn sie lieben den Baum und hassen seine Frucht und lieben die Frucht und hassen den Baum.

44 Es sprach Jesus so: Wer dem Vater flucht, dem wird man vergeben, und wer dem Sohn flucht, dem wird man vergeben. Wer aber dem Heiligen Geist flucht, dem wird man nicht vergeben, auf Erden nicht und im Himmel nicht.

45 Es sprach Jesus: Man liest keine Trauben von den Dornen, noch zupft man Feigen von Disteln, denn sie geben keine Frucht. Ein guter Mensch holt Gutes aus seiner Truhe hervor. Ein schlechter Mensch holt Schlechtes aus seiner Truhe hervor, die in seinem Herzen ist, und er sagt (auch) Schlechtes, denn aus dem Überfluß des Herzens bringt er Schlechtes hervor.

46 Es sprach Jesus so: Von Adam bis auf Johannes, den Täufer, hin gibt es unter den von Frauen Geborenen keinen, der größer wäre als Johannes, der Täufer, so daß seine Augen nicht übergehen (?). Aber ich habe so gesagt: Jeder, der unter euch klein werden wird, wird die Herrschaft erkennen und wird größer sein als Johannes.

47 Es sprach Jesus so: Es ist unmöglich, daß ein Mensch auf zwei Pferden reitet und zwei Bogen spannt, und es ist unmöglich, daß ein Knecht zwei Herren dient. Er wird den einen ehren und sich über den anderen lustig machen. Niemand trinkt alten Wein und verlangt sofort neuen Wein zu trinken. Und keiner gießt neuen Wein in einen alten Schlauch, damit er ihn nicht sprengt, und man gießt nicht alten Wein in einen neuen Schlauch, damit er ihn nicht verdirbt. Man flickt nicht einen alten Lappen auf ein neues Kleid, weil dies einen Riß geben wird.

48 Es sprach Jesus so: Wenn zwei Frieden haben, einer mit dem anderen, in einem Haus, werden sie zum Berge so sagen: Stell dich auf den Kopf! Und er wird sich auf den Kopf stellen.

49 Es sprach Jesus so: Selig, die einsam sind und erwählt! Denn ihr werdet die Herrschaft finden; weil ihr aus ihr seid, werdet ihr wieder dorthin gehen.

50 Es sprach Jesus so: Wenn sie zu euch so sagen: Woher seid ihr geworden?, sagt zu ihnen: Wir sind aus dem Licht

gekommen, dem Ort, wo das Licht geworden ist aus sich selbst. Es stand und wurde kund in unserem Bilde. Wenn sie zu euch so sagen: Wer seid ihr?, sagt so: Wir sind seine Söhne, und wir sind erwählt von dem lebendigen Vater. Wenn sie euch fragen: Welches ist das Siegel eures Vaters an euch?, sagt ihnen so: Es ist Bewegung und Ruhe.

51 Es sprachen zu ihm seine Schüler so: An welchem Tage wird die Ruhe derer, die gestorben sind, sein? Und an welchem Tage wird die neue Welt kommen? Er sprach zu ihnen so: Jene, die ihr erwartet, ist gekommen, aber ihr erkennt sie nicht.

52 Es sprachen zu ihm seine Schüler so: 24 Propheten haben in Israel gesprochen, und alle haben sie gesprochen in dir. Er sprach zu ihnen so: Ihr werdet den haben, der lebendig ist vor euch, und ihr habt gesprochen über die, die tot sind!

53 Es sprachen zu ihm seine Schüler so: Die Beschneidung, nützt sie oder nützt sie nicht(s)? Er sprach zu ihnen so: Wenn sie nützte, dann würde deren Vater sie von ihren Müttern (bereits) beschnitten zeugen: Aber die wahre Beschneidung im Geiste hat gefunden jeden Nutzen.

54 Es sprach Jesus so: Selig (ihr) die Armen, denn euch gehört die Herrschaft der Himmel.

55 Es sprach Jesus so: Jeder, der nicht haßt seinen Vater und seine Mutter, wird mir nicht Schüler sein können. Und wer nicht haßt seine Brüder und seine Schwestern und nicht sein Kreuz trägt wie ich, wird meiner nicht wert sein.

56 Es sprach Jesus so: Jeder, der die Welt erkannt hat, hat eine Leiche gefunden. Und wer eine Leiche fand, dessen ist die Welt nicht wert.

57 Es sprach Jesus so: Die Herrschaft des Vaters gleicht einem Menschen, der guten Samen hatte. Sein Feind kam nachts und säte Lolch unter den guten Samen. Der Mann ließ sie den Lolch nicht ausreuten. Er sprach zu ihnen: Daß ihr ja nicht hingeht, um den Lolch auszureuten, und mit ihm zusammen den Weizen ausreutet! Denn am Tage der Ernte wird der Lolch bekannt werden. Man wird ihn ausreuten und verbrennen.

58 Es sprach Jesus so: Selig der Mensch, der gelitten hat. Er hat das Leben gefunden.

59 Es sprach Jesus so: Schaut euch um nach dem, der lebendig ist, solange ihr lebt, damit ihr nicht sterbt und ihn zu sehen sucht und ihn nicht sehen könnt.

60 (Sie sahen) einen Samarier, der ein Lamm trug und nach Judäa hineinging. Er sprach zu seinen Schülern so: Was will der mit dem Lamm? Sie sagen zu ihm: Damit er es schlachtet und verspeist. Er sprach zu ihnen: Solange es lebt, wird er es nicht verspeisen, sondern wenn er es geschlachtet hat und es eine Leiche geworden ist. Sie sprachen so: Anders wird er das nicht machen können. Er sprach zu ihnen so: Suchet auch ihr euch einen Ort zur Ruhe, damit ihr nicht zur Leiche werdet und man euch verspeist.

61 Es sprach Jesus: Zwei werden ruhen auf einem Bett. Einer wird sterben, einer wird leben. Es sagte Salome*: Wer bist du, Mensch, wie aus einem? Du hast mein Bett bestiegen und du aßest von meinem Tisch! Es sprach Jesus zu ihr so: Ich bin der, der von dem ist, der gleich ist. Mir ist gegeben aus dem meines Vaters. – Ich bin deine Schülerin! – Deswegen sage ich: Wenn er gleich ist, wird er sich füllen

* Aus dem Lukasevangelium bekannte Begleiterin Jesu.

mit Licht. Wenn er aber geteilt ist, wird er sich mit Finsternis füllen.

62 Es sprach Jesus so: Ich sage meine Geheimnisse ...* Das, was deine Rechte tut, soll deine Linke nicht wissen – was sie tut.

63 Es sprach Jesus so: Es war ein reicher Mensch, der hatte viele Güter. Er sprach so: Ich werde meine Güter nützen, um zu säen und zu ernten, zu pflanzen und meine Scheunen zu füllen mit Früchten, damit mir gar nichts mehr fehlt. Das ist es, was er erwog in seinem Herzen. Doch in jener Nacht starb er.
Wer Ohren hat, soll hören!

64 Es sprach Jesus so: Ein Mensch hatte Gäste. Und als er das Mahl bereitet hatte, schickte er seinen Knecht, damit er die Gäste lade. Er ging zu einem ersten und sagte zu ihm so: Mein Herr lädt dich ein! Er sagte so: Es schulden mir Geld (welche) von den Händlern. Sie kommen zu mir am Abend. Ich werde hingehen und ihnen Weisung geben. Ich entschuldige mich für das Mahl. Er ging zu einem anderen. Er sagte zu ihm so: Mein Herr hat dich eingeladen. Er sagte zu ihm so: Ich habe ein Haus gekauft, und man bittet mich für einen Tag. Es wird mir keine Zeit bleiben. Er kam zu einem anderen. Er sagte zu ihm so: Mein Herr lädt dich ein. Mein Freund wird Hochzeit machen. Und ich werde es sein, der ein Mahl geben wird. Ich werde nicht kommen können. Ich entschuldige mich für das Mahl. Er kam zu einem anderen. Er sagte zu ihm so: Mein Herr lädt dich ein. Er sagte zu ihm so: Ich habe ein Gut gekauft. Ich gehe, den Pachtzins zu holen. Ich werde nicht kommen können. Der Knecht ging. Er sagte zu seinem Herrn so: Die, welche du zum Mahle geladen hast, lassen sich entschuldigen. Der Herr sagte zu seinem Knecht so: Gehe hinaus an die Wege!

* Text verderbt.

Welche du auch finden wirst, bringe sie, damit sie das Mahl einnehmen. Die Käufer und die Händler werden nicht eintreten in den ‚Ort' meines Vaters.

65 Er sprach so: Ein guter Mensch hatte einen Weinberg. Er gab ihn Bauern, damit sie ihn bearbeiteten und er seine Frucht bekomme von ihnen. Er schickte seinen Knecht, damit die Bauern ihm die Frucht des Weinberges gäben. Sie ergriffen seinen Knecht und schlugen ihn nieder. Nur wenig hatte gefehlt, und sie hätten ihn getötet. Der Knecht ging weg und sagte es seinem Herrn. Sein Herr sagte so: Vielleicht haben sie ihn (nur) nicht erkannt? Er schickte einen anderen Knecht. Die Bauern schlugen auch den anderen nieder. Da schickte der Herr seinen Sohn und sagte so: Vielleicht werden sie sich scheuen vor ihm, meinem Sohn! Jene Bauern, da sie wußten, daß er der Erbe des Weinbergs sei, packten ihn und schlugen ihn tot. Wer Ohren hat, soll hören!

66 Es sprach Jesus so: Belehrt mich über den Stein, den die Bauleute verworfen haben! Jener ist der Angelstein.

67 Es sprach Jesus so: Wer das Ganze erkennt, seiner selbst aber bedarf, bedarf des ganzen Ortes.

68 Es sprach Jesus so: Ihr seid selig, wenn sie euch hassen und euch verfolgen, und sie werden keinen ‚Ort' finden, an dem Ort, an dem sie euch verfolgen.

69 Es sprach Jesus: Selig, die verfolgt werden in ihrem Herzen! Jene sind es, die den Vater in Wahrheit erkannt haben.
Selig diejenigen, die hungern! Denn man wird den Leib dessen satt machen, der (es) will.

70 Es sprach Jesus: Wenn ihr jenes in euch erzeugt, so wird euch das, was ihr habt, retten. Wenn ihr jenes nicht in euch habt, so wird das, was ihr nicht habt, euch töten.

71 Es sprach Jesus so: Ich werde dieses Haus umstürzen, und niemand wird es wieder bauen können.

72 Einer sagte zu ihm: Sage meinen Brüdern, daß sie die Sachen meines Vaters mit mir teilen sollen! Er sagte zu ihm so: O Mann!, wer wäre es, der mich zum (Erb-)Teiler gemacht hätte. Er wandte sich an seine Schüler und er sagte zu ihnen so: Bin ich etwa ein (Erb-)Teiler?

73 Es sprach Jesus so: Die Ernte ist zwar groß, die Arbeiter aber sind wenig. Bittet aber den Herrn, daß er Arbeiter schicke zur Ernte.

74 Er sprach so: Herr, es sind viele um den Brunnen, aber keiner ist im Brunnen!

75 Es sprach Jesus: Viele stehen an der Türe, aber die Einsamen sind es, die eintreten werden ins Brautgemach.

76 Es sprach Jesus so: Die Herrschaft des Vaters gleicht einem Kaufmann, der eine Warenladung hatte und (darunter) eine Perle fand. Jener Kaufmann ist klug. Er verkaufte die Wagenladung und erstand sich einzig die Perle. Sucht auch ihr den Schatz dessen, der nicht abnimmt, der bleibt, wo in ihn keine Motte eindringt, um zu nagen, und wo kein Wurm verdirbt!

77 Es sprach Jesus so: Ich bin das Licht, das über allem ist. Ich bin das Universum. Das Universum ist aus mir hervorgegangen und das Universum ist zu mir gelangt. Spaltet ein Holzscheit: Ich bin dort! Hebt einen Stein hoch, und ihr werdet mich dort finden!

78 Es sprach Jesus so: Warum seid ihr hinausgegangen aufs Feld? Zu sehen ein Schilfrohr, vom Winde bewegt? Und um zu sehen einen Menschen, der weiche Kleider trägt? (Seht) eure Könige und eure Magnaten: Diese haben weiche Kleider an, und sie werden die Wahrheit nicht erkennen können.

79 Es sprach eine Frau zu ihm in der Menge so: Selig der Bauch, der dich getragen hat, und die Brüste, die dich gestillt haben! Er sprach zu ihr so: Selig, die gehört haben das Wort des Vaters und es in Wahrheit behalten haben! Tage werden nämlich kommen, da ihr sagen werdet: Selig der Bauch, der nicht schwanger geworden ist, und die Brüste, die keine Milch gegeben haben!

80 Es sprach Jesus so: Jeder, der die Welt erkannt hat, hat den Leib gefunden. Wer aber den Leib gefunden hat – die Welt ist seiner nicht wert.

81 Es sprach Jesus so: Jeder, der reich geworden ist, möge König werden. Und jeder, der Macht hat, möge darauf verzichten.

82 Es sprach Jesus so: Wer mir nahe ist, ist dem Feuer nahe, und wer mir fern ist, ist der Herrschaft fern.

83 Es sprach Jesus so: Bilder sind dem Menschen manifest, doch das Licht in ihnen ist verborgen im Bilde des Lichtes des Vaters. Es wird aber auch sichtbar dessen Bild, (das) verborgen ist durch dessen Licht.

84 Es sprach Jesus: An dem Tag, an dem ihr euer Gleichbild seht, werdet ihr euch freuen. Wenn ihr aber eure Bilder seht, die vor euch entstanden sind – sie sterben nicht, sie erscheinen nicht –, was alles werdet ihr ertragen?

85 Es sprach Jesus so: Adam ist aus einer großen Kraft entstanden und aus einem großen Reichtum, und (doch) ist er eurer nicht wert. Denn wäre er wert geworden, hätte er den Tod nicht gekostet.

86 Es sprach Jesus so: Die Füchse haben ihre Löcher, und die Vögel haben ihr Nest. Der Sohn des Menschen aber hat keine Stelle, um seinen Kopf zu betten und zu ruhen.

87 Es sprach Jesus so: Elend ist der Leib, der an einem Leibe hängt, und elend ist die Seele, die an diesen beiden hängt.

88 Es sprach Jesus so: Engel werden zu euch kommen samt den Propheten, und sie werden euch geben, was euer ist. Und auch ihr gebt ihnen, was in euren Händen ist. Und sagt euch so: Wann werden sie kommen, und das Ihrige nehmen?

89 Es sprach Jesus so: Warum wascht ihr die Außenseite eines Bechers? Versteht ihr nicht, daß, wer die Innenseite geformt hat, auch der ist, der die Außenseite geformt hat?

90 Es sprach Jesus so: Kommt zu mir, denn leicht ist mein Joch und meine Herrschaft ist mild, und ihr werdet Ruhe finden für euch.

91 Sie sprachen zu ihm so: Sage uns, wer du bist, damit wir dir vertrauen! Er sprach zu ihnen so: Ihr prüft das Gesicht des Himmels und der Erde, und den, der vor euch ist, habt ihr nicht erkannt! In diesem Augenblick versteht ihr es nicht zu prüfen.

92 Es sprach Jesus so: Suchet und ihr werdet finden. Aber das, wonach ihr mich in diesen Tagen fragtet, habe ich euch an jenem Tage nicht gesagt. Jetzt will ich es sagen, und ihr sucht es nicht.

93 Gebt nicht das, was heilig ist, den Hunden, damit sie es nicht auf den Mist zerren. Werft nicht die Perlen den Säuen hin, damit sie es nicht machen ...

94 Jesus: Wer sucht, wird finden. Wer klopft, dem wird geöffnet.

95 Wenn ihr Geld habt, leiht nicht auf Zins, sondern gebt ... dem, von dem ihr sie (?) nicht erstattet bekommt.

96 Jesus so: Die Herrschaft des Vaters gleicht einer Frau. Sie nahm ein wenig Sauerteig und mengte ihn in Mehl. Sie machte ihn zu großen Broten. Wer Ohren hat, soll hören!

97 Es sprach Jesus so: Die Herrschaft des Vaters gleicht einer Frau, die einen Krug trägt, der voll Mehl war, und die [einen weiten Weg ging. Der Henkel des Kruges zerbrach; das Mehl rieselte herab hinter ihr auf den Weg. Sie merkte nichts, wußte nichts vom Mißgeschick. Als sie in ihr Haus gelangt war, stellte sie den Krug zu Boden und sie fand ihn leer.

98 Es sprach Jesus so: Die Herrschaft des Vaters gleicht einem Mann, der einen mächtigen Herrn ermorden wollte. Er zückte das Schwert zu Hause und durchstach die Wand, um zu sehen, ob seine Hand stark (genug) sein werde. Dann mordete er den Mächtigen.

99 Es sprachen die Schüler zu ihm so: Deine Brüder und deine Mutter stehen draußen. Er sprach zu ihnen so: Diejenigen, die an diesen Plätzen sind, die den Willen meines Vaters tun, diese sind meine Brüder und meine Mutter. Sie sind es, die eintreten werden in die Herrschaft meines Vaters.

100 Sie zeigten Jesus einen Aureus* und sprachen zu ihm so: Diejenigen, die sich zum Kaiser halten, fordern von uns Tribut. Er sprach zu ihnen so: Gebt jenes dem Kaiser, was des Kaisers, gebt jenes Gott, was Gottes, und das, was mein ist, gebt mir!

101 Wer nicht haßt seinen Vater und seine Mutter wie ich, wird mir nicht Schüler werden können. Und wer nicht liebt seinen Vater und seine Mutter wie ich, wird mir nicht Schüler werden können ...

102 Es sprach Jesus: Wehe ihnen, den Pharisäern, denn sie gleichen einem Hund, der auf dem Freßtrog der Rinder liegt, denn weder frißt er (selbst), noch läßt er die Rinder fressen.

103 Es sprach Jesus so: Selig der Mensch, der weiß, wo die Räuber eindringen, damit er aufsteht und seine (Kraft) sammelt und sich um die Hüfte gürtet, bevor sie eindringen können.

104 Sie sprachen zu ihm so: Komm, laß uns heute beten und fasten! Es sprach Jesus so: Was ist denn die Sünde, die ich tat, oder worin besiegt man mich? Nein, wenn der Bräutigam kommt, kommt auch das Brautgemach, dann mögen sie fasten und beten.

105 Es sprach Jesus so: Wer Vater und Mutter kennt, wird (der) Hurensohn gerufen?

106 Es sprach Jesus so: Wenn ihr die zwei zu einem macht, werdet ihr Söhne des Menschen, und wenn ihr sagt: Berg, stell dich auf den Kopf, so wird er sich auf den Kopf stellen.

* Eine Goldmünze.

107 Es sprach Jesus so: Die Herrschaft gleicht einem Hirten, der 100 Schafe hat. Eins von ihnen irrte ab, das größte. Er ließ die 99 und suchte nach jenem einen, bis er es fand. Nachdem er sich abgemüht hatte, sagte er zu dem Schaf so: Ich mag dich mehr als die 99.

108 Es sprach Jesus so: Wer aus meinem Munde trinkt, wird werden wie ich. Ich aber werde er werden, und das, was verborgen ist, wird ihm bekannt sein.

109 Es sprach Jesus so: Die Herrschaft gleicht einem Menschen, der auf seinem Acker einen vergrabenen Schatz hat, von dem er nichts weiß. Und nachdem er gestorben war, hinterließ er den Schatz seinem Sohn. (Auch) der Sohn wußte nichts. Er erhielt jenen Acker und verkaufte ihn. Und der, der ihn gekauft hatte, kam, zu pflügen, und fand den Schatz. Und er begann Geld zu geben auf Zinsen, wem er wollte.

110 Es sprach Jesus so: Wer die Welt gefunden hat und reich geworden ist, soll auf die Welt verzichten.

111 Es sprach Jesus so: Die Himmel werden sich aufrollen und die Erde vor euch. Und jeder, der lebendig ist aus dem, der lebendig ist, wird den Tod nicht sehen. ‚Nicht', weil Jesus so sagt: Wer sich selbst findet – die Welt ist seiner nicht wert.

112 Es sprach Jesus so: Wehe dem Fleisch, das an der Seele hängt! Wehe der Seele, die am Fleische hängt!

113 Es sprachen zu ihm seine Schüler so: Die Herrschaft, an welchem Tage wird sie kommen? Sie wird nicht kommen erspähbar. Man wird nicht sagen: Seht hier! oder: Seht dort! Sondern die Herrschaft des Vaters ist ausgebreitet über die Erde, und die Menschen sehen sie nicht.

114 Es sprach zu ihnen Simon Petrus so: Maria soll von uns weggehen! Denn Frauen sind des Lebens nicht wert. Es sprach Jesus so: Seht, ich werde sie ziehen, um sie männlich zu machen, damit auch sie ein lebendes Pneuma wird, ähnlich euch Männlichen. Denn jede Frau, die sich männlich macht, wird eintreten in die Herrschaft der Himmel.

***

Für die wissenschaftliche Erforschung des Neuen Testamentes ist von allen Funden in Nag Hammadi dieses ‚Evangelium nach Thomas' bei weitem der wichtigste geblieben.
Zunächst gibt das Evangelium selbst zwei Hinweise, wie es verstanden werden will. Am Eingang: „Dies sind die verborgenen Worte, die der Jesus, der lebt, sagte, und die der Zwilling Judas Thomas schrieb. Wer die Bedeutung dieser Worte findet, wird den Tod nicht kosten", und dann in der Nachschrift: „Das Evangelium nach Thomas".
Thomas charakterisiert seine Schrift also selbst als Spruchsammlung und will sie doch als ‚Evangelium' verstanden wissen.
Man beachte das stereotype „Jesus sagte", „Jesus sprach so" usw. und umgekehrt die Häufigkeit der Weckformel: „Wer Ohren hat, zu hören, der soll hören!"
Es gibt dazu ein wichtiges Seitenstück in der Traditionsgeschichte des Neuen Testamentes, die sogenannte Spruch- oder Logienquelle (Q). Auch das Evangelium nach Thomas will ein solches Spruchevangelium sein.
Die Vergleichbarkeiten sind frappierend. Gewiß, die Schrift will in ihrem jetzigen Zustand gnostisch sein und für gnostische Bedürfnisse gültig sein. Aber von 114 kleinen Sprucheinheiten sind lediglich 30 eindeutig auch gno-

stischen Inhaltes. Es sind dies die Sprüche: 1, 2, 7, 11, 12, 15, 18, 23, 24, 27, 28, 29, 49, 50, 51, 60, 67, 70, 75, 77, 80, 83, 84, 87, 88, 92, 108, 111, 112, 114. Dagegen erinnern 47 dieser kleinen Logien den Kundigen sofort an die Spruchsammlungen der ersten drei kanonischen Evangelien. Und meist wirken diese noch ursprünglicher und frischer als die ‚allzu bekannten'. Die sich mit der Synopse überschneidenden Sprüche sind: 6, 9, 10, 16, 20, 21, 26, 31, 32, 33, 34, 35, 36, 38, 39, 41, 44, 46, 47, 54, 55, 57, 63, 64, 65, 66, 71, 72, 73, 76, 78, 79, 86, 89, 90, 91, 93, 94, 96, 99, 100, 101, 107, 109, 113. Gnostisch/synoptisch gemischt ist nur ein schmaler Bestand von 14 Logien (3, 4, 5, 13, 14, 19, 22, 30, 37, 52, 61, 62, 68, 106). Und schließlich folgt die ganz große Überraschung: Die restlichen 24 Spruchüberlieferungen (8, 17, 21, 25, 40, 42, 43, 47, 48, 53, 56, 58, 59, 60, 69, 74, 81, 82, 97, 98, 102, 104, 105, 110) sind neue, bisher unbekannte Jesusworte. Sie sind es jedenfalls mit demselben historischen Grad an Wahrscheinlichkeit, wie dies so und nicht anders für die in der Synopse überlieferten Jesusworte gilt. Nach begründbarer Auffassung gehen diese beiden ‚Spruchevangelien', nämlich die sog. Logienquelle und dieses Thomasevangelium, in die vierziger, ja vielleicht sogar dreißiger Jahre des ersten Jahrhunderts zurück! Wir haben nichts anderes vor uns als die wichtigsten Urkunden über Jesus selbst.*

* Gemeint ist jener Evangelienstoff, den Matthäus und Lukas über Markus hinaus gemeinsam haben.

Erhebe dich, du Schläfer
Und steh' auf von den Toten
Und es erscheint dir Christus!

Epheserbrief 6,14

Anhang

Die Gnostiker und ihre Zeitgeschichte

26–36	Pontius Pilatus, Präfekt von Judäa
Um 28	Auftreten des Johannes, genannt der Täufer
Um 30	Auftreten des Jesus von Nazareth
Um 32	Paulus wird Christ
Um 40	Auftreten des Simon von Gittai und seiner Schüler
Um 48	Apostelkonvent in Jerusalem
Um 52	Paulus in Korinth
Um 62	Jakobus, der Bruder des Jesus, wird gesteinigt
Um 64	Petrus und Paulus werden in Rom hingerichtet
Um 110	Auftreten des Kerinthos in der Provinz Asia (Ephesos)
Um 110	Auftreten des Saturneilos in der Provinz Syrien (Antiochia)
Um 120	Auftreten des Basilides in Alexandria
Nach 120	Valentinos in Alexandria
Ca. 120–38	Valentinos Wanderlehrer in Ägypten
Um 130	Karpokrates und sein Schüler Epiphanes in Ägypten
132–135	Der Jude Simon, genannt Bar Kochba, rebelliert gegen Rom
Ca. 138–40	Hyginos, Bischof in Rom
Nach 138	Kerdon kommt von Antiochia nach Rom
Nach 138	Valentinos kommt von Alexandria nach Rom
Ca. 140–55	Pius, Bischof in Rom; sein Bruder Hermas schreibt den ‚Hirten'
Um 140	Markion tritt als Christ der römischen Gemeinde bei
Um 140	Valentinos wird nicht zum Bischof gewählt
Herbst 144	Prozeß gegen Markion und seine Anhänger
147	Justinos schreibt Apologie an den Kaiser Antoninus Pius

155	Polykarp, Bischof in Smyrna, kommt nach Rom
Ca. 155–66	Aniketos, Bischof in Rom
Nach 155	Valentinos und Markion verlassen Rom
Um 160	Tod des Valentinos und des Markion
178	Kelsos schreibt sein ‚Wahres Wort' gegen alle Christen
217	Geburt des Religionsstifters Mani (Manichäismus!)

Römische Kaiserliste zum zeitgeschichtlichen Vergleich

14–37	....	Tiberius
37–41	....	Caligula
41–54	....	Claudius
54–68	....	Nero
69	....	Dreikaiserjahr
69–79	....	Vespasian
79–81	....	Titus
81–96	....	Domitian
96–98	....	Nerva
98–117	....	Trajan
117–138	....	Hadrian
138–161	....	Antoninus Pius
161–180	....	Mark Aurel
180–192	....	Commodus
192–211	....	Septimius Severus
211–217	....	Caracalla

*

„... und erst später in den Zeiten des Kaisers Hadrian sind die Stifter der Häresien aufgetreten. Und sie blieben bis zur Zeit des älteren Antoninus ...“

(Klemens, Stromata VII, 17,106).

Die Verbreitung der Gnosis um 200

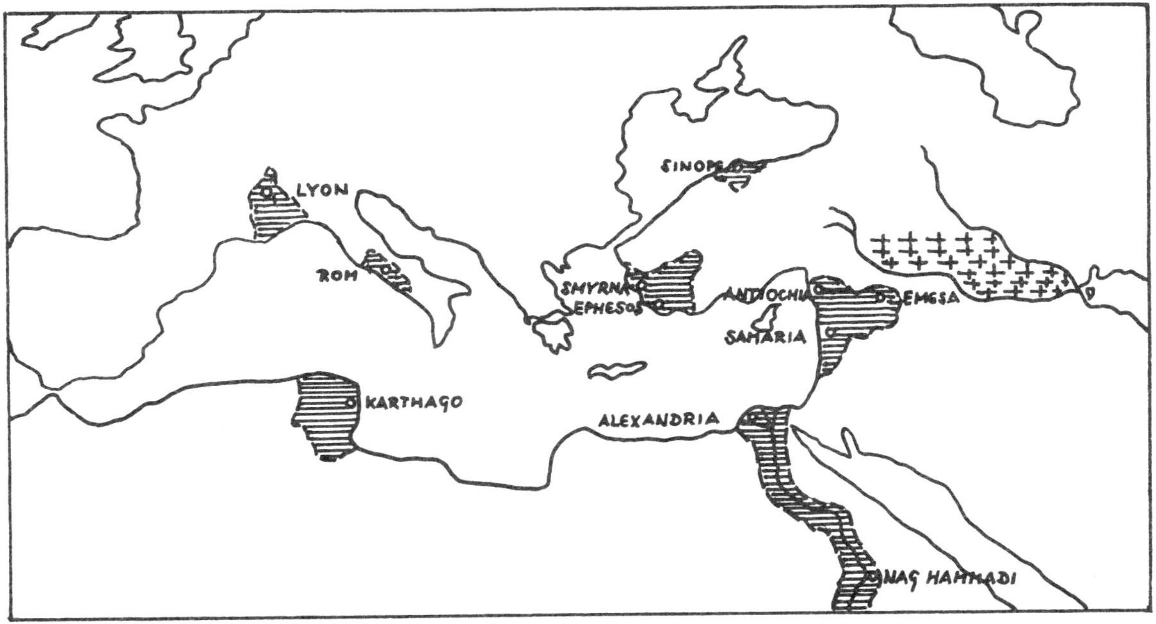

+ = Vermutete Herkunft der Gnosis (Mandäer!).

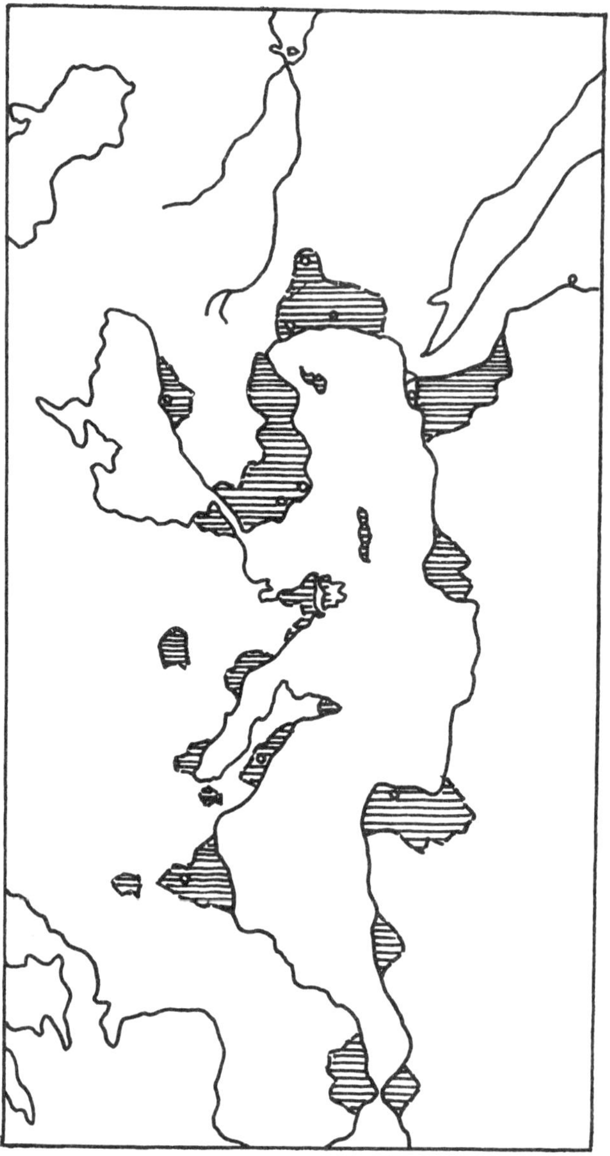

Zum Vergleich das Christentum Allgemein um 200

Das System der Valentinianer

(Irenäus I 1,1–8,6)

Vor dem Anfang

in unsichtbaren und unnennbaren Höhen

präexistenter
vollkommener
Äon

Voranfang
Vorvater,
Urgrund
(Bythos)

in großer Ruhe und Stille in unendlichen Äonen

[1]

Ennoia,
Charis
(Sige)

[1] Paargenossenschaft (Syzigie)

Der Anfang des Alls; Die erste uranfängliche Vierheit

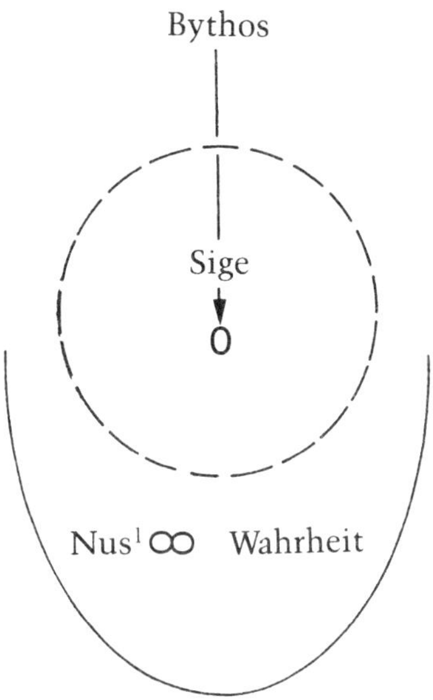

[1] Eingeborener, Vater u. Anfang des Alls; da er seinem Erzeuger gleich ist, faßt er allein die Größe seines Vaters

Die Uranfängliche Achtheit

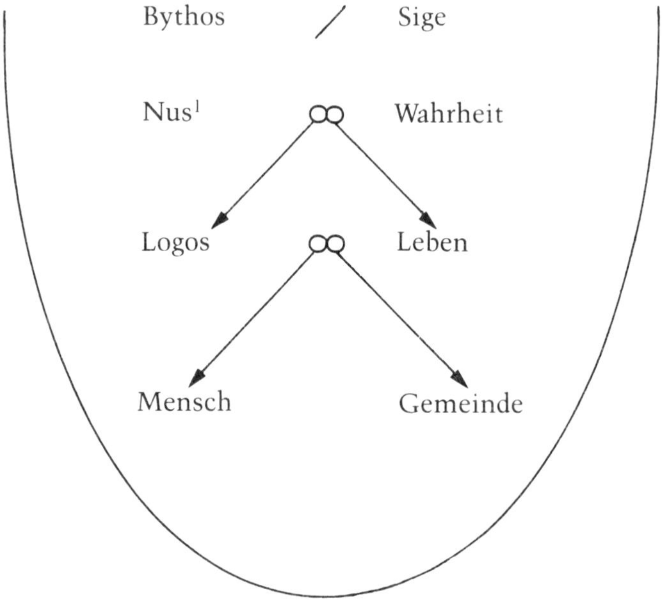

[1] Als aber der Eingeborene merkte, wozu er hervorgebracht war, ...

Die Zehnheit

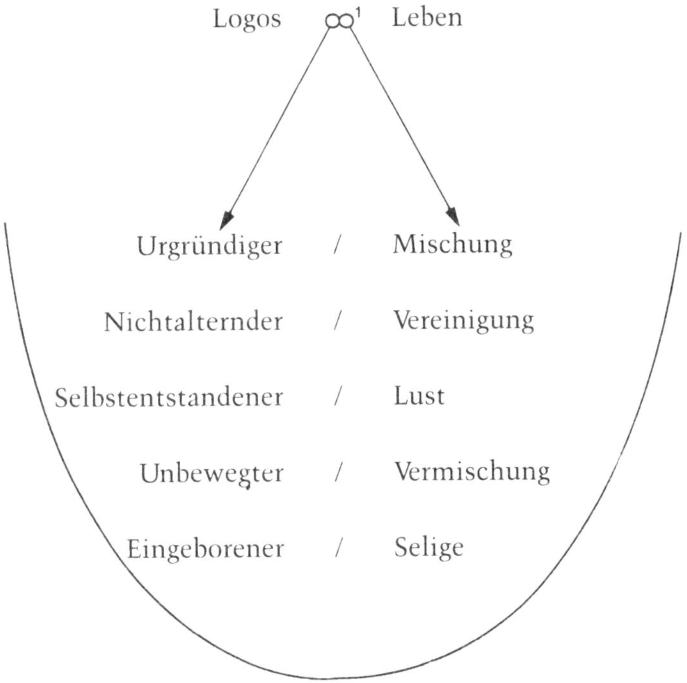

[1] Nachdem sie den Anthropos und die Ekklesia hervorgebracht hatten ...

Die Zwölfheit

Mensch ∞ Gemeinde

Beistand / Glaubenskraft

Väterlicher / Hoffnung

Mütterlicher / Liebe

Immerwährender Nus / Einsicht

Gemeindlicher / Seligkeit

Erwünschter / Sophia

„Dies ist das unsichtbare, pneumatische Pleroma, das dreifach geteilt wird:

In eine Achtheit, eine Zehnheit u. eine Zwölfheit.“

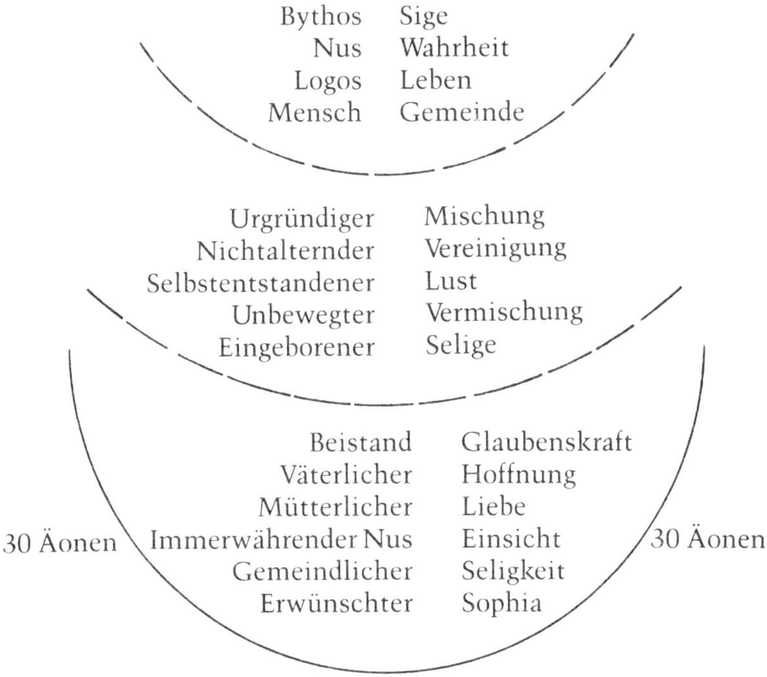

Der Gehorsam des Nus

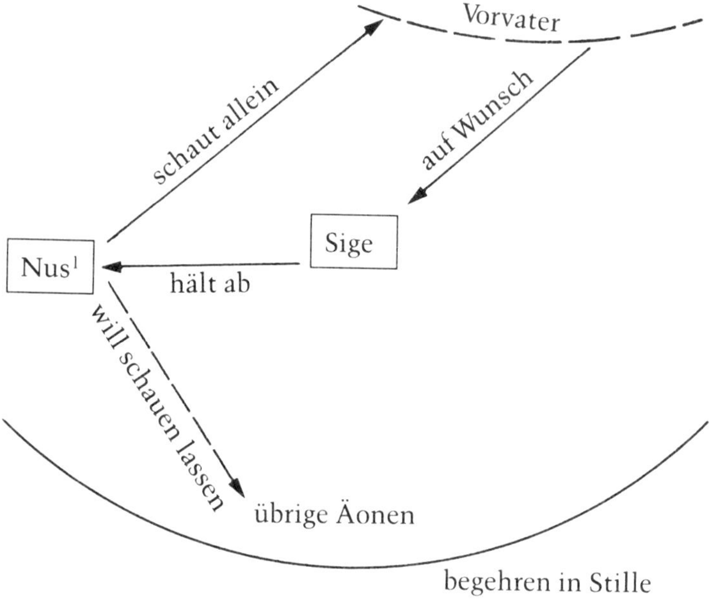

[1] Nus schweigt.

Der ‚Hervor-Sprung' und das ‚Sich-vorwärts-strecken' der Sophia

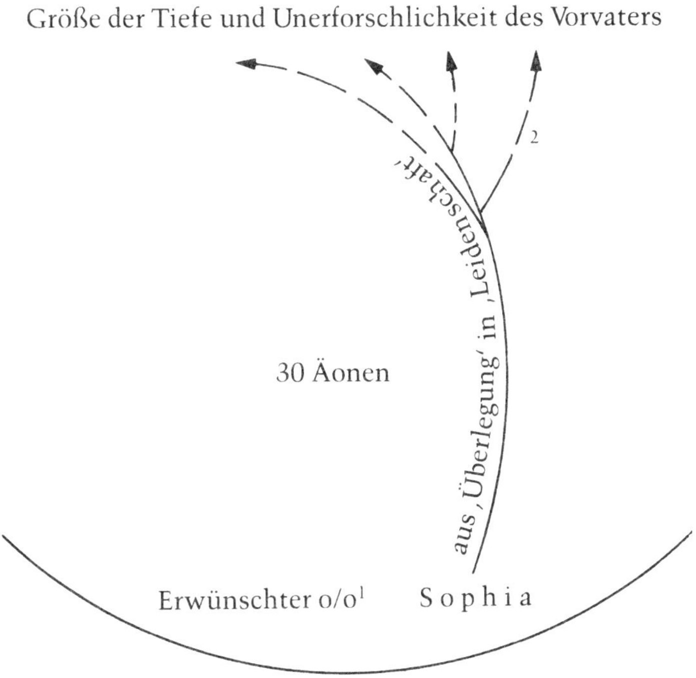

[1] ohne die ‚Umarmung' ihres Paargenossen

[2] „Sie streckte sich immer weiter nach vorwärts u. wäre von seiner Süße schließlich verschlungen u. in die gesamte Wesenheit aufgelöst worden, ..."

Die Rück-Befestigung durch Horos

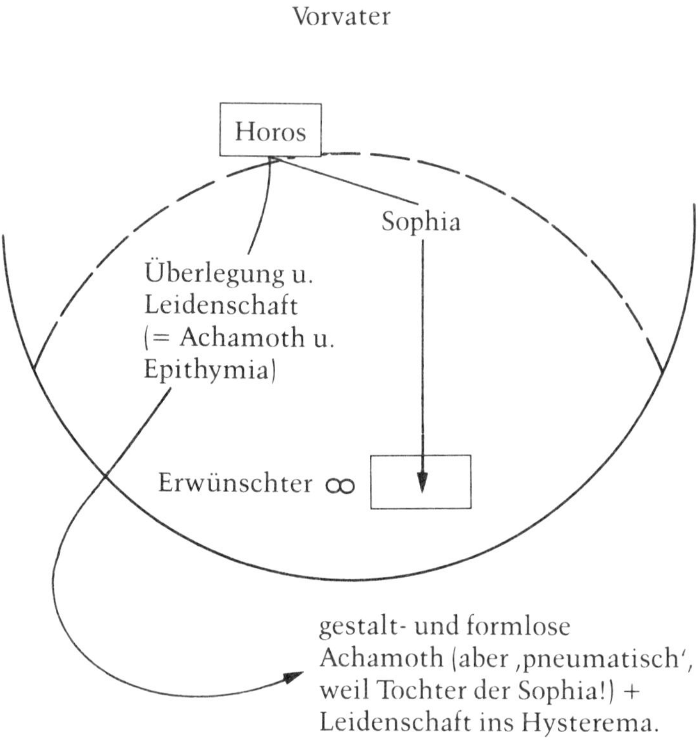

Hervorbringung und Werk des Christus (I) und des Heiligen Geistes (weiblich!)

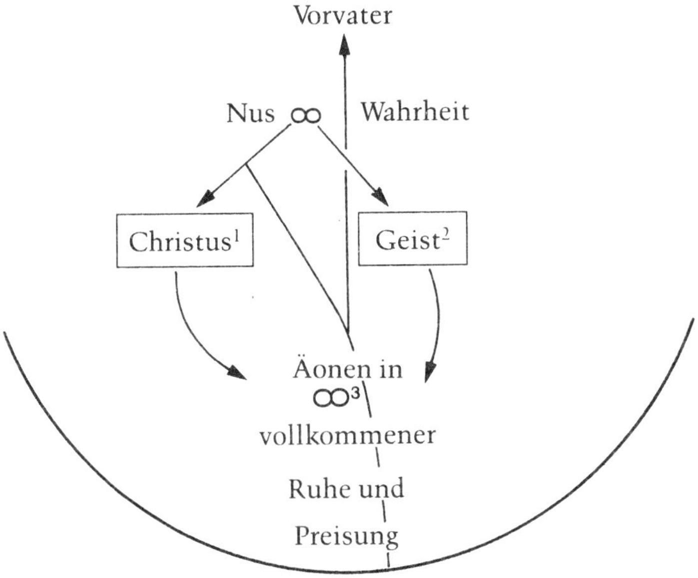

[1] Verkündet die Erkenntnis des Vorvaters (daß er nämlich unerkennbar sei)
[2] Macht alle Äonen gleich, lehrt danken u. führt die wahre Ruhe ein.
[3] Belehrt über ihr „syzigisches Wesen".

Der ‚Stern' und die ‚vollkommene Frucht' des Pleromas = Jesus

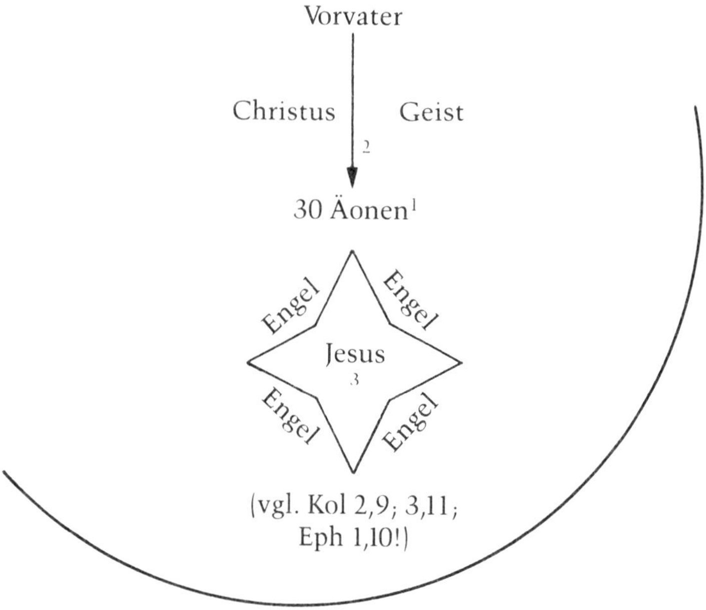

[1/2/3] „Und für diese Wohltat hätte mit einem Willen und in einer Meinung das ganze Pleroma der Äonen, unter Zustimmung von Christus (I) und dem Heiligen Geist, und in dem ihr (Vor-)Vater sein Ja sagte, jeder der Äonen das, was er als Schönstes und Lieblichstes in sich hatte, zusammengebracht und gesammelt, wohlgeordnet, geflochten und sorgfältig vereinigt hätten sie hervorgebracht zu Ehre und Preis des Urgrundes, als vollkommenste Schönheit und Stern des Pleromas, als vollkommene Frucht Jesus, den sie auch Heiland (Soter) nennen und Christus (II) und Logos nach dem (Vor-)Vater, und das All, weil er von Allem ist. Als seine Leibwache zu seiner Ehre wurden Engel gleicher Art mit ihm hervorgebracht." (2,16).

Die Sendung des oberen Christus zur A c h a m o t h ins Hysterema

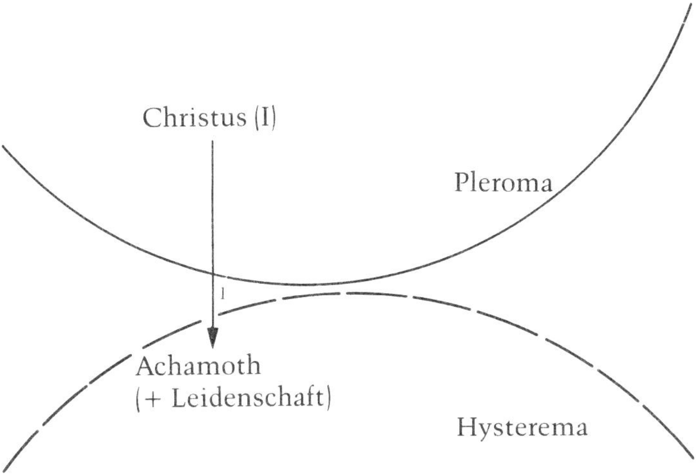

[1] Gibt ‚Gestaltung dem Wesen nach' (nicht der ‚Erkenntnis nach') und kehrt zurück

Licht-Suche und Leiden der Achamoth: Entstehung der Materie

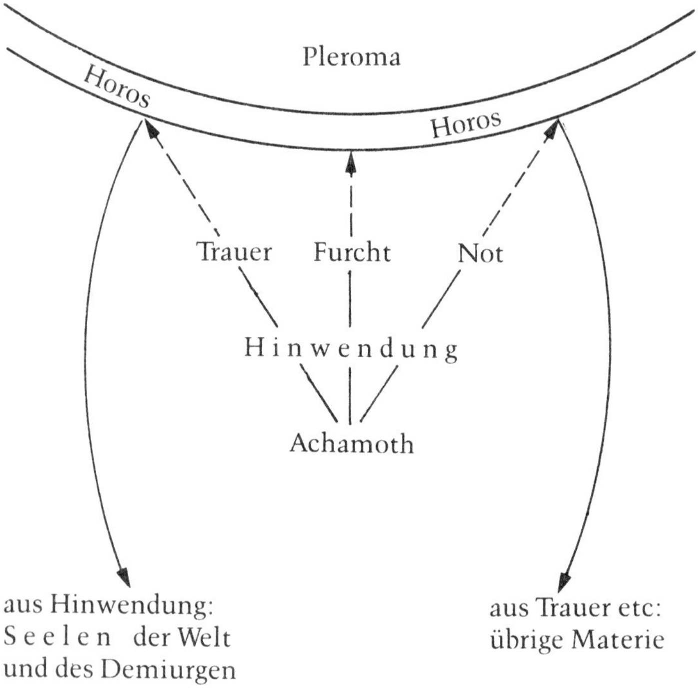

Die erste Sendung u. das Schöpferwerk Jesu (vgl. Kol 1,16)

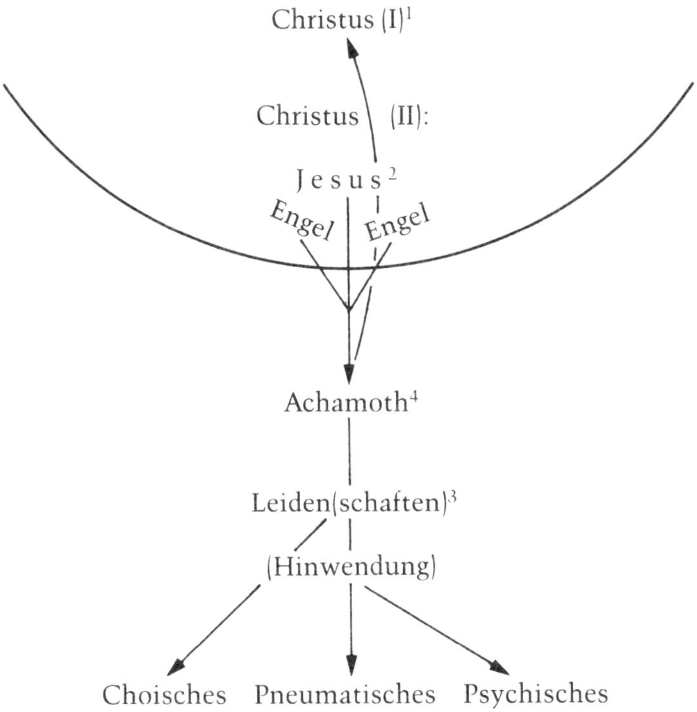

[1] Sendet auf das Gebet der Achamoth Jesus.

[2] Gibt ‚Gestaltung der Erkenntnis nach' u. heilt von den Leiden(schaften).

[3] werden von Jesus in zwei unkörperliche Wesenheiten getrennt: Choisches u. Psychisches.

[4] Achamoth über dem Anblick der ‚Engel' schwanger, gebiert Früchte nach deren Bild: Pneumatisches.

Achamoth ‚gestaltet' die (Jesus-)-Schöpfung

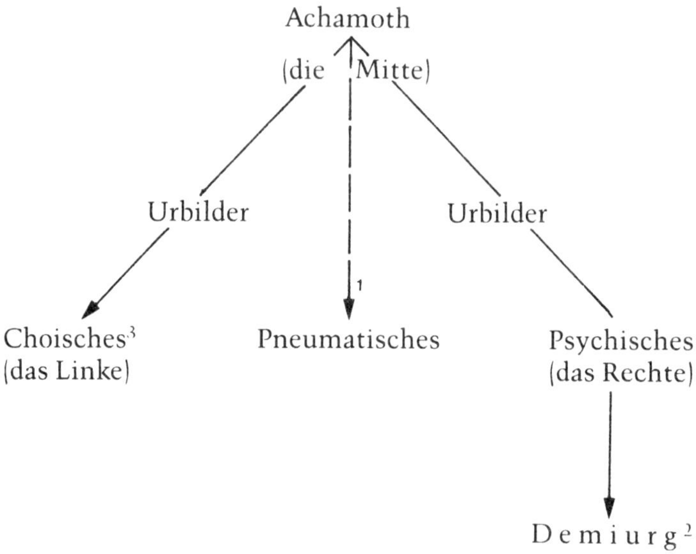

[1] Gestaltung unmöglich, da mit Achamoth gleichen Wesens.
[2] Vater und König aller Dinge, die nach ihn kommen.
[3] Gestaltung dem Demiurgen überlassen.

Das Werk des Demiurgen

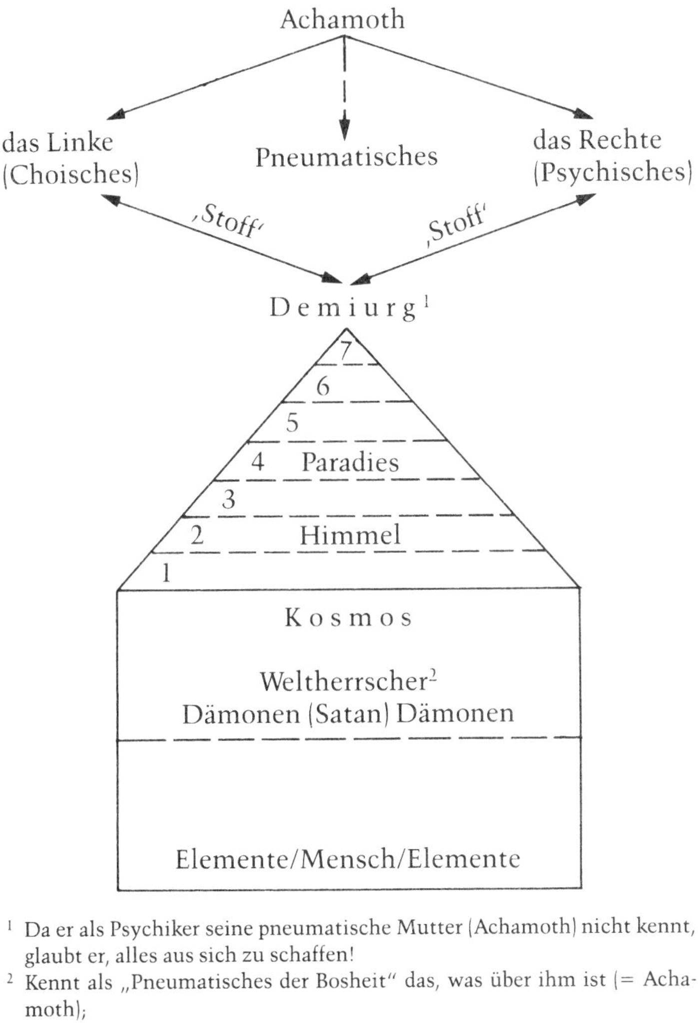

[1] Da er als Psychiker seine pneumatische Mutter (Achamoth) nicht kennt, glaubt er, alles aus sich zu schaffen!

[2] Kennt als „Pneumatisches der Bosheit" das, was über ihm ist (= Achamoth);

Das geheime Mitwerk der Achamoth

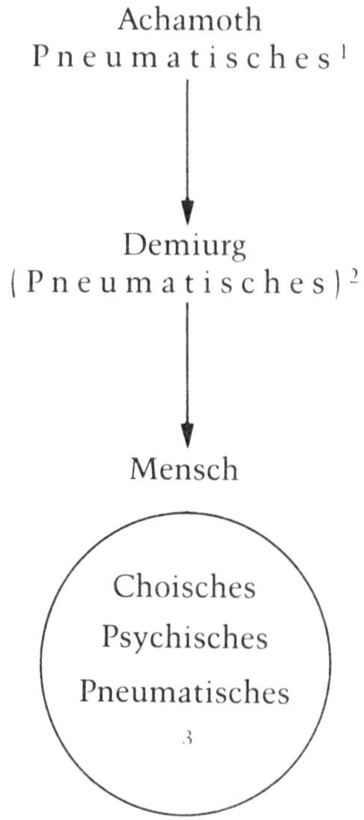

[1] Aus dem Anblick der (Jesus-)Engel geboren

[2] Geheim, ohne dessen Bemerken in den Demiurgen gelegt

[3] ‚... damit es (das Pneumatische) durch ihn (den Demiurgen) in die von ihm stammende Seele und in diesen materiellen Körper gesät würde und, in diesem geboren und gewachsen, bereit wäre, den vollkommenen Logos aufzunehmen!

Die zweite Sendung und das zweite Werk Jesu („im 15. Jh. des Tiberius“)

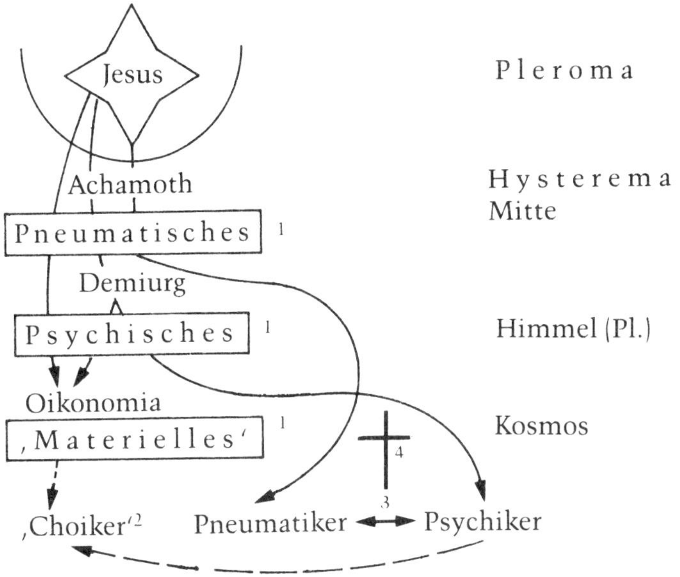

[1] „Denn von dem, was er retten wollte, habe er, sagen sie, die Erstlinge angenommen, von der Achamoth habe er das Pneumatische, von dem Demiurgen den psychischen Christus angezogen, von der Oikonomia sei ihm ein Leib angelegt worden, der psychisches Wesen hatte, aber mit unsäglicher Kunst so zubereitet sei, daß er sichtbar, betastbar und leidensfähig sei.“

[2] Kann (‚können‘) nicht gerettet werden.

[3] „Das Psychische, ..., geht, da es zwischen dem Pneumatischen und dem Materiellen in der Mitte steht, dorthin, wohin es sich neigen wird; das Pneumatische sei ausgesandt, daß es hier, mit dem psychischen zusammengespannt, gestaltet werde, im Wandel mit ihm zusammenerzogen, und das sei das Salz und das Licht der Welt. Es bedurfte der psychischen, fühlbaren Erziehungsmittel: um des Willen, sei die Welt nach ihnen geschaffen. Der Heiland sei (auch) zu dem Psychischen gekommen, daß er es, da es auch die freie Wahl habe, rette.“ (6, 1)

[4] Abbild der Leiden der Sophia-Achamoth

Wenn aber der Ganze (pneumatische) Same vollendet ist …

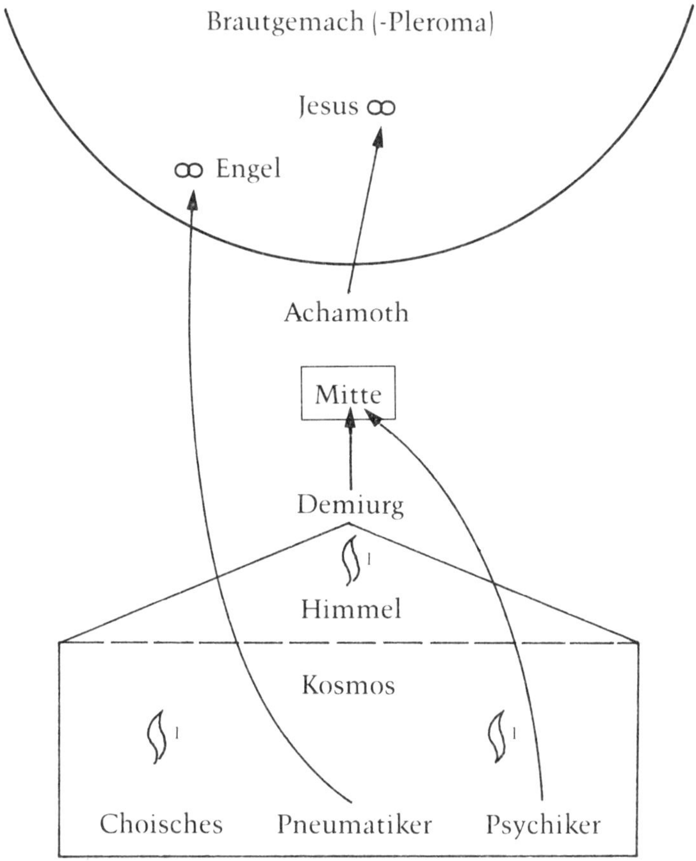

[1] Himmel und übriger Kosmos durch ‚Feuer' ins Nicht-Sein.

Das Ziel – Ende

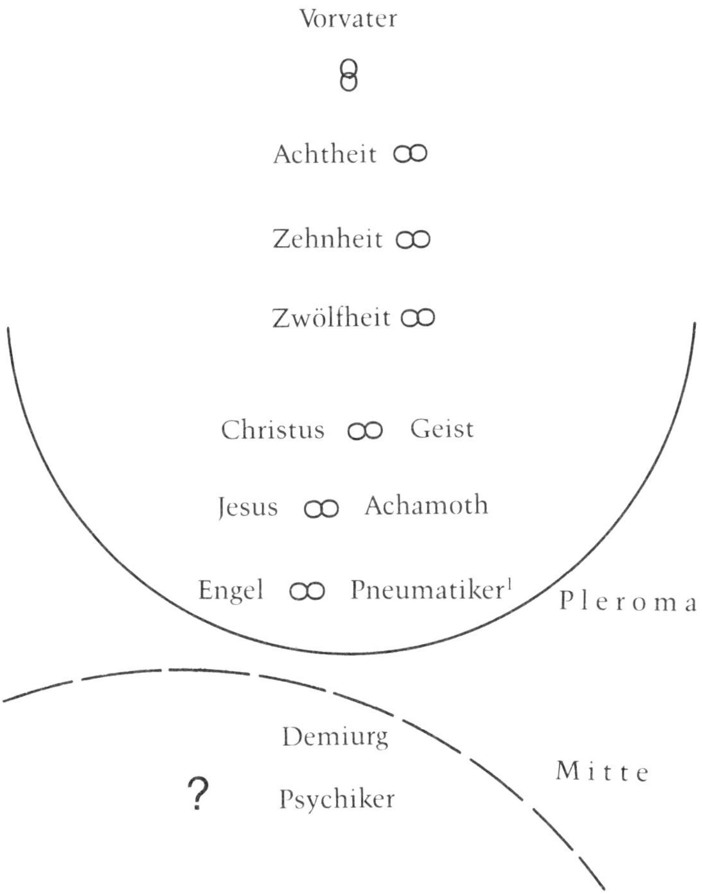

[1] Als intelligible Pneumata

Das System der Basilidianer

(Hippolyt, Refutatio VII 20 ff.)

Das Nichtseiende

Die nichtexistierende Existenz Gottes

„Ein größerer Name kann nicht genannt werden“

nicht sagbar
nicht unsagbar
nicht einmal sagbar
oder unsagbar
sagbar

Die Gottlosigkeit Gottes als Grund Gottes

Das nichtexistente Werden

„... einmal, ohne Wollen, ohne Gedanken ohne Plan,
eine Welt zu schaffen ...“

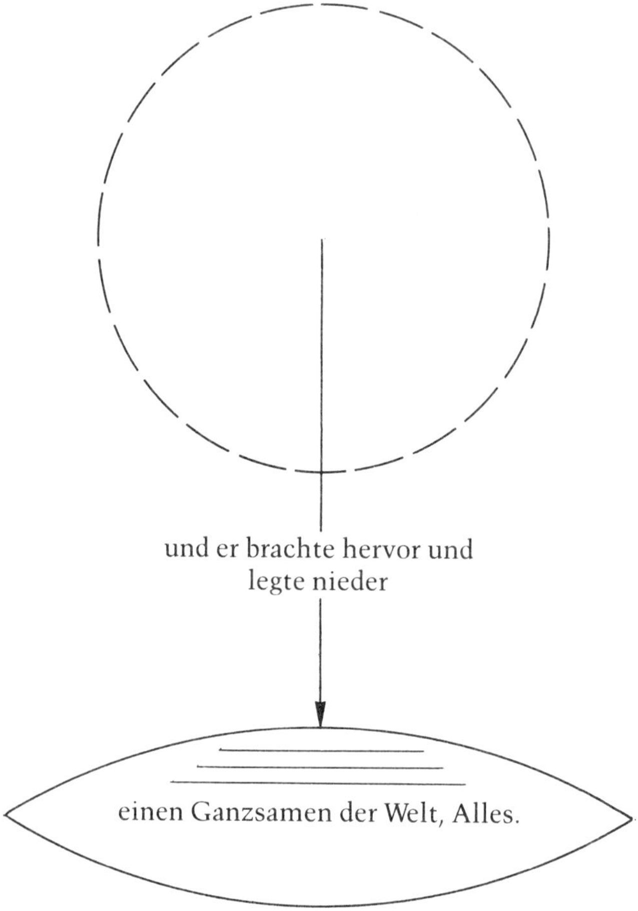

Die erste Sohnschaft

„und gleich beim ersten Niederlegen
stieg die leichte Sohnschaft zu ihm empor:
‚wie ein Flügel ohne Gedanke'"

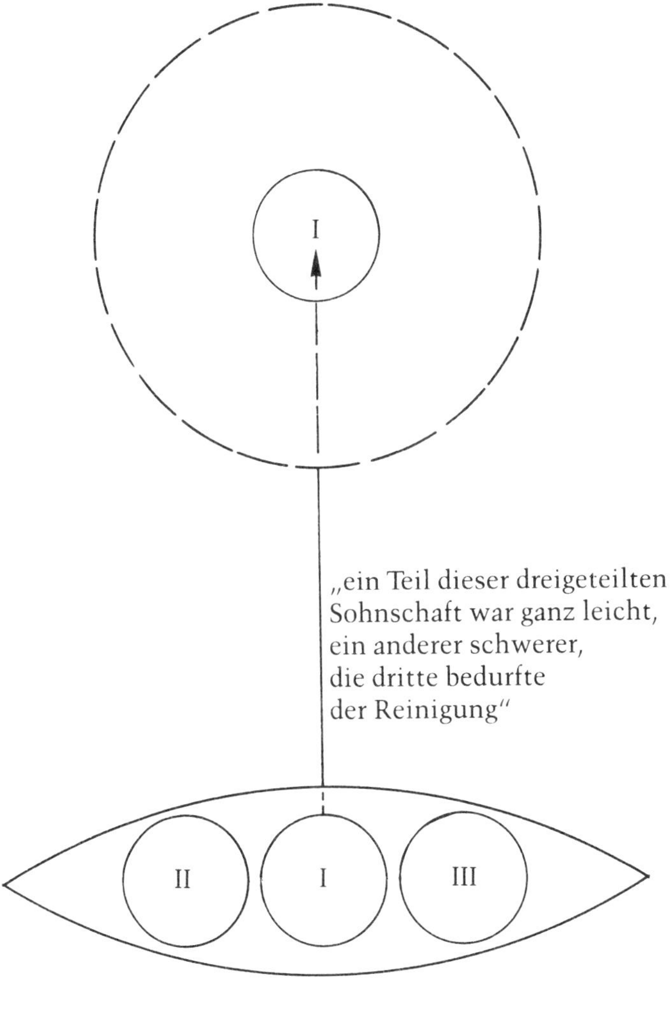

Die zweite Sohnschaft

„Die zweite Sohnschaft aber konnte nicht aufsteigen, da sie zu schwer war"

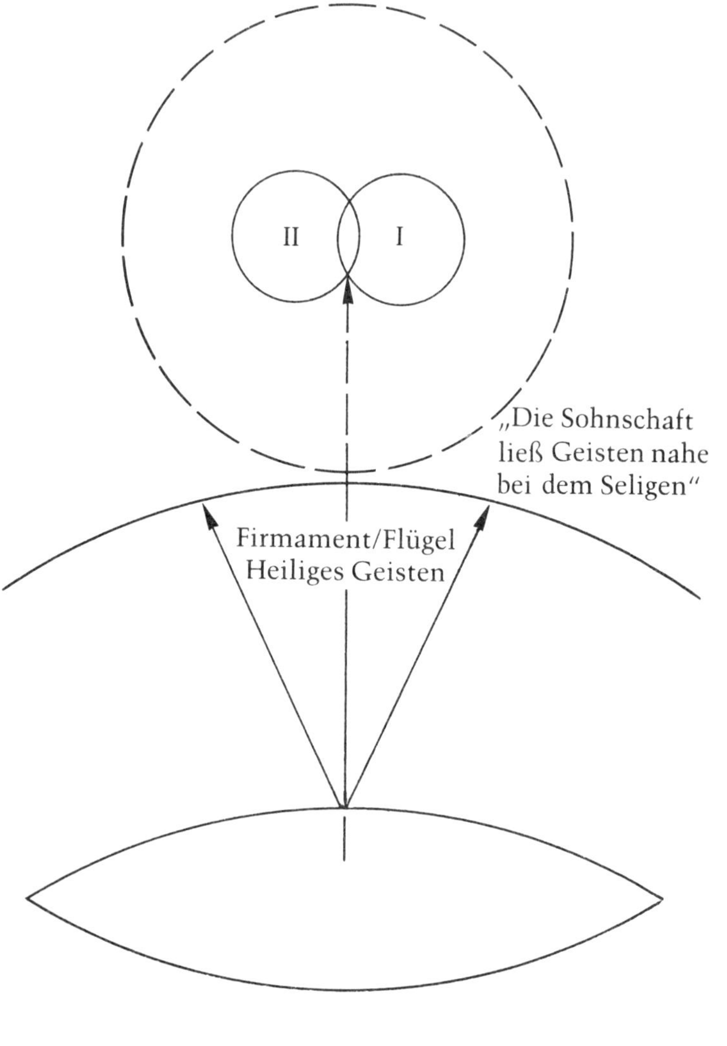

Die Achtheit der Sternenwelten

„da nun das Firmament existiert
ward aus dem Haufen des Ganzsamens
der Große Archon erzeugt"

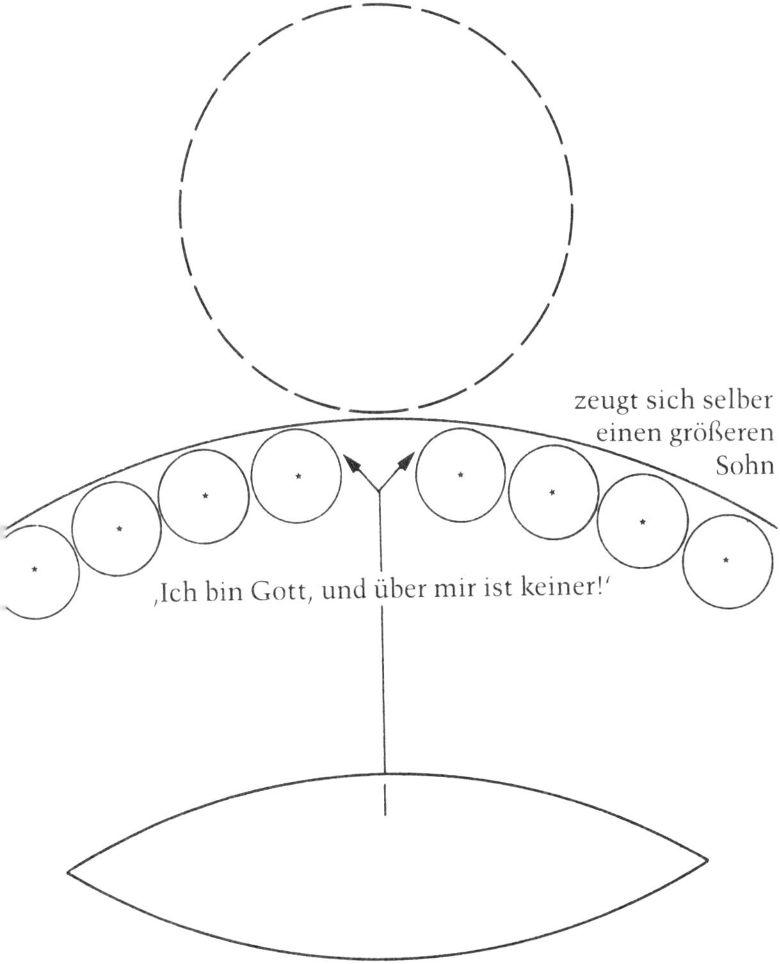

Die Siebenheit der Planetenwelt

„Nachdem aller Glanzhimmel geordnet war
stieg ein weiterer Archon aus dem Ganzsamen"

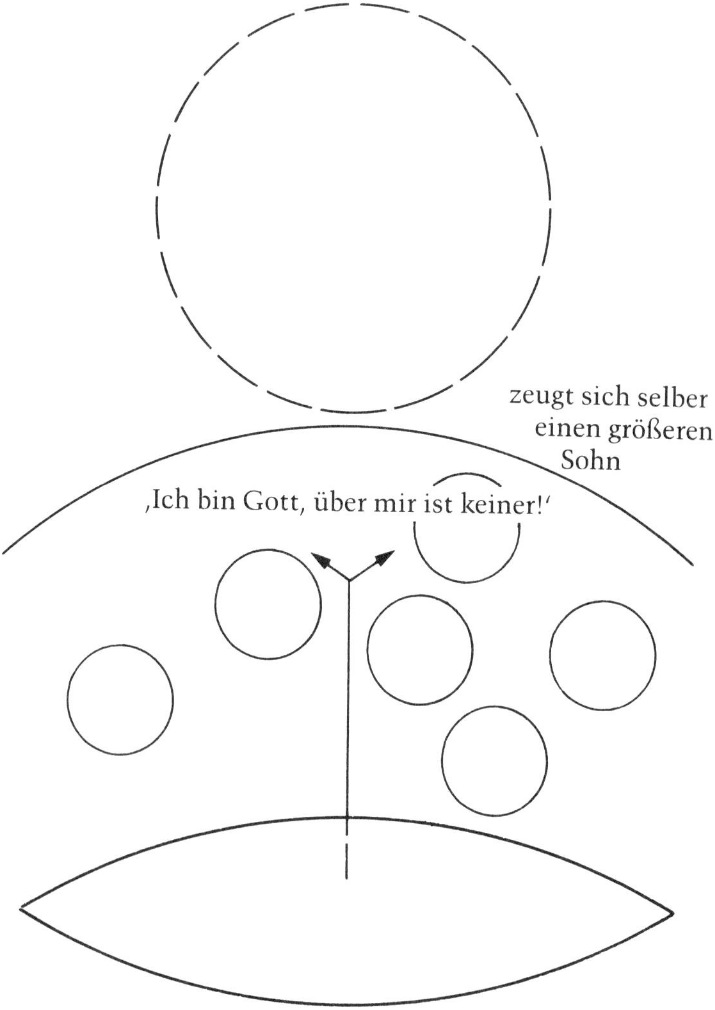

Die dritte Sohnschaft

„Die dritte Sohnschaft aber war zurückgelassen,
Gutes zu gewähren und Gutes zu empfangen“

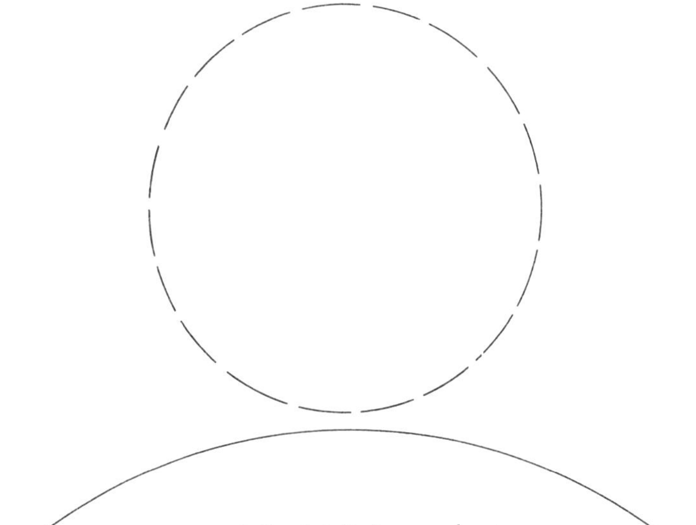

„Und die Schöpfung schreit
und kreißt in der Erwartung
der Offenbarung der Söhne Gottes“
(vgl. Röm 8,19.22)

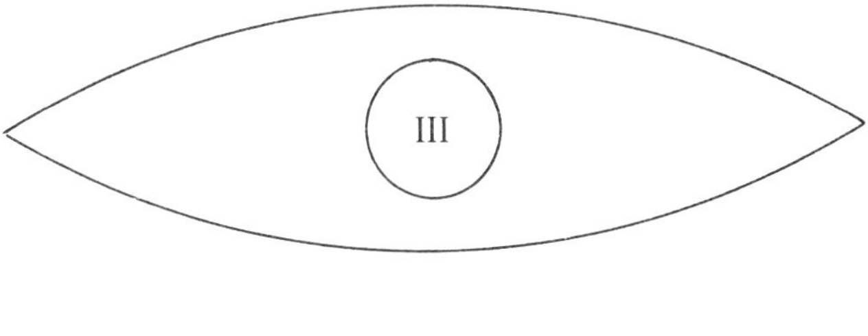

Der Herabstieg des Evangeliums

„Das Evangelium ging von der Sohnschaft über den Sohn des Archon zum Großen Archon ...“

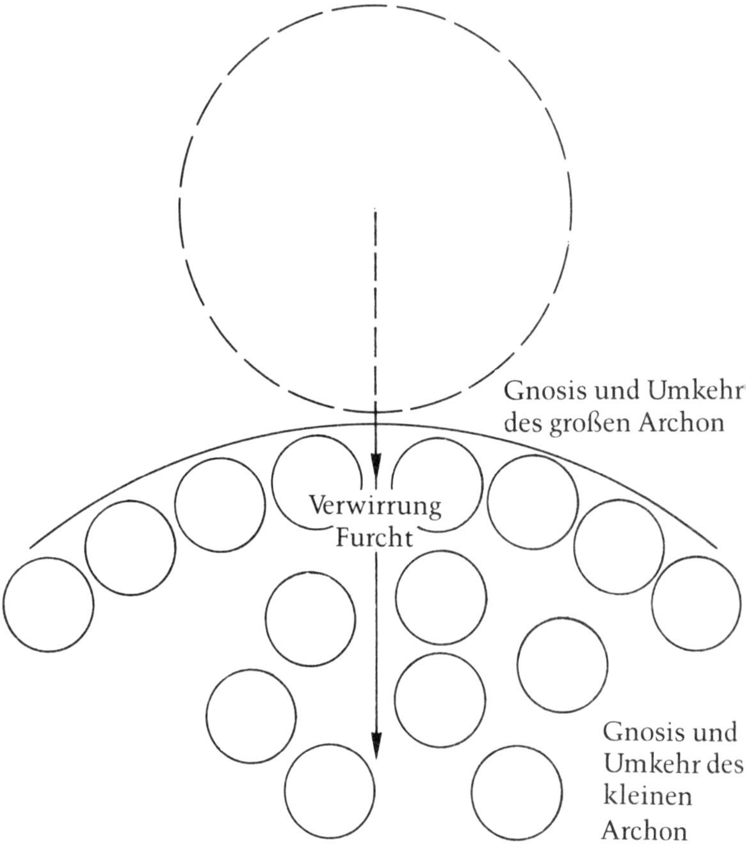

Der endgültige Herabstieg des Evangeliums

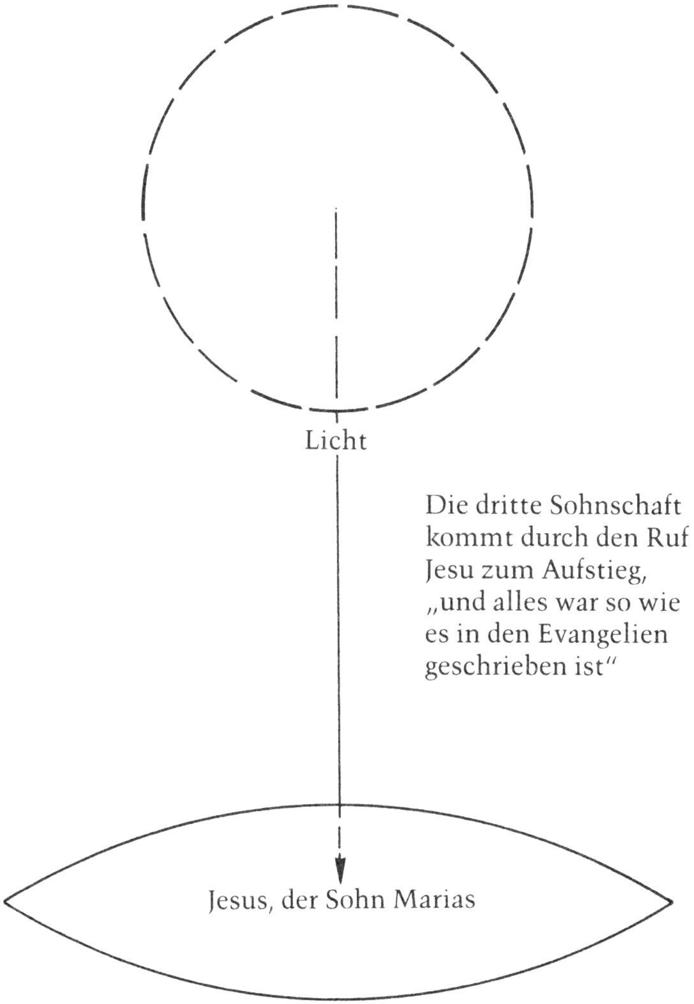

Die Artenscheidung durch den Scheider Jesus

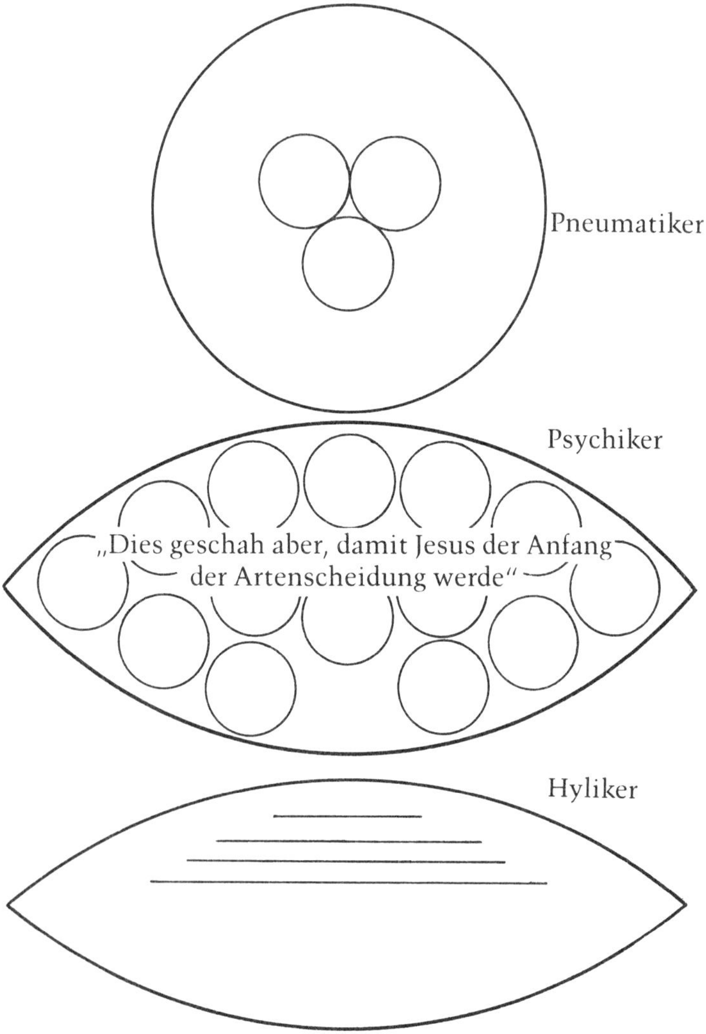

Die große Unwissenheit

Das Diagramm der Ophianer

weiß

schwarz

π = Tore der Archonten: Zaun der Bosheit. ☥ = Sohn/Knab

Literaturverzeichnis

Quellen:

Adam, A. – Texte zum Manichäismus (Kleine Texte für Vorlesungen und Übungen, 175), Berlin ²1969
Alfaric, P. – Les écritures manichéennes, Teil 1: Paris, 1918, Teil 2: Paris 1919
Asmussen, J. P. – Manichaean Literature, Representative Texts chiefly from Middle Persian and Parthian Writings (Persian Heritage Series, XXII), New York 1975
Bibliothek der Kirchenväter, alte Folge Kempten 1830–1853, neuere Folge München 1903–1931, neue Folge München 1931 ff.
Boyce, M. – A Catalogue of the Iranian Manuscripts in Manichaean Script in the German Turfan Collection, Berlin 1960
Boyce, M. – The Manichaean Hymn-Cycles in Parthian, London 1954
Bullard, Roger A. – The Hypostasis of the Archons. The Coptic Text with Translation and Commentary, 1970
Cherix, Pierre (Hrsg.) – Le Concept de Notre Grande Puissance (CG VI, 4). Texte, remarques philologiques, traduction et notes, 1982
Foerster, Werner/Haenchen, Ernst/Krause, Martin (Hrsg.) – Die Gnosis, 3 Bde, Bd. 1: Zeugnisse der Kirchenväter, Bd. 2: Koptische und mandäische Quellen, Bd. 3: Der Manichäismus, 1969–1979
Gnosticism: A Source Book of Heretical Writings from the Early Christian Period, Nachdr. d. Ausg. New York 1961, 1978
Grant, R. M. – Gnosticism, a Sourcebook of Heretical Writings from the Early Christian Period, New York 1961
Hennecke, E./Schneemelcher, W. – Neutestamentliche Apokryphen, 2 Bde., Tübingen ⁵1989
Köhler, W. – Die Gnosis, 1911
Koepgen, Georg – Die Gnosis des Christentums, ³1978
Lattke, Michael – Die Oden Salomos in ihrer Bedeutung für Neues Testament und Gnosis, Teil 1: Ausführliche Handschriftenbeschreibung, Teil 2: Vollständige Wortkonkordanz zur handschriftl., griech., kopt., lat. u. syr. Überlieferung der Oden Salomos, 1979
Leisegang, Hans – Die Gnosis, ⁵1985
Lidzbarski, Mark (Hrsg.) – Mandäische Liturgien, Nachdr. d. Ausg. Berlin 1920, 1971
Lidzbarski, Mark – Das Johannesbuch der Mandäer, Teil 1: Text, Teil 2: Einl., Übers., Kommentar, Nachdr. d. Ausg. 1905–1915, 1966
Lidzbarski, Mark – Ginza. Der Schatz oder Das große Buch der Mandäer, Repr. d. Aufl. ¹1925, 1979

Lidzbarski, Mark – Mandäische Liturgien, Nachdr. d. Ausg. 1921, 1970
Macuch, Rudolf – Handbook of Classical and Modern Mandaic, Berlin 1965
Manichäische Handschriften der Sammlung A. Chester Beatty, Bd.1: Manichäische Homilien, Stuttgart 1934, Bd.2: A Manichaean Psalm-Book, Stuttgart 1938
Manichäische Handschriften der Staatlichen Museen Berlin, Bd.1: Kephalaia 1. Hälfte, Stuttgart 1934–1940, 2. Hälfte (Lfg. 11/12), Stuttgart 1966
Mead, G. R. S. – Fragments of a Faith Forgotten, New York 1960
Migne, J. P. – Patrologia Latina, Paris 1846 ff.
Migne, J. P. – Patrologia Graeca, Paris 1856 ff.
Pallis, S. A. – Essay on Mandaean Bibliography 1560–1930, London – Copenhagen 1933
Rijckenborgh, Jan van – Die ägyptische Ur-Gnosis und ihr Ruf im Ewigen Jetzt. Aufs neue verkündet und erklärt an Hand der Tabula Smaragdina und des Corpus Hermeticum von Hermes Trismegistos, 4 Bde, 1982–1985
Rijckenborgh, Jan van – Die universelle Gnosis, ^{2}1981
Scholer, D. M. – Bibliographia Gnostica Supplementum III, NT and Gnosticism, 1971–1981
Scholer, D. M. – Nag Hammadi Bibliography, 1948–1969, 1971
Schultz, Wolfgang – Dokumente der Gnosis, 1986
Sundermann, W. – Mittelpersische und parthische kosmogonische und Parabeltexte der Manichäer, Berlin 1973
Tertullian – Über die Seele/De anima. Das Zeugnis der Seele/De testimonio animae. Vom Ursprung der Seele/De censu animae, 1980
Zieme, P. – Manichäisch-türkische Texte (Schriften zur Geschichte und Kultur des Alten Orients, Berliner Turfantexte V), Berlin 1975

Sekundärliteratur:

Adam, A. – Die Psalmen des Thomas und das Perlenlied als Zeugnisse vorchristlicher Gnosis, 1959
Aland, B. – Gnosis, Festschr. Jonas, 1978
Aland, B. – Gnosis und Philosophie, in: Widengren, G. (Hrsg.) – Proceedings of the International Colloquium on Gnosticism, 1977
Altes Testament, Frühjudentum, Gnosis: Neue Studien zu „Gnosis und Bibel", 1980
Baur, F. C. – Das manichäische Religionssystem nach den Quellen neu untersucht und entwickelt, Nachdr. d. Ausg. Tübingen 1831, Hildesheim 1973

Baur, Ferdinand C. – Die christliche Gnosis: Oder die christliche Religionsphilosophie in ihrer geschichtlichen Entwicklung, 1967
Becker, H. – Die Reden des Johannesevangeliums und der Stil der gnostischen Offenbarungsrede, 1956
Bergmeier, Roland – Glaube als Gabe nach Johannes. Religions- und theologiegeschichtl. Studien zum prädestinatianischen Dualismus im vierten Evangelium, 1979
Beyschlag, Karlmann – Simon Magus und die christliche Gnosis, 1974
Bianchi, Ugo (Hrsg.) – Le origini dello gnosticismo, ^{2}1970
Bianchi, Ugo – Selected Essays on Gnosticism, Dualism and Mysteriosophy, 1978
Bogat, J. – Orthodox and Heretical Perfectionism in the Johannine Community in the First Epistle of John, 1977
Bonwetsch, Nathanael/Seeberg, Reinhold (Hrsg.) – Neue Studien zur Geschichte der Theologie und Kirche, 8 Bde. (Stück 1–25 u. 27), Neudr. d. Ausg. 1907–1914, 1973
Bornkamm, G. – Das Ende des Gesetzes, ^{2}1958
Bornkamm, G. – Studien zu Antike und Christentum, 1959
Bousset, Wilhelm – Hauptprobleme der Gnosis, Repr. d. Aufl. Göttingen 1907, 1973
Böhlig, Alexander – Mysterion und Wahrheit (Arbeiten zur Geschichte des späteren Judentums und des Urchristentums, VI), Leiden 1968
Böhlig, Alexander/Wisse, Frederik – Zum Hellenismus in den Schriften von Nag Hammadi, 1975
Broek, R. van den/Vermaseren, M. J. (Hrsg.) – Studies in Gnosticism and Hellenistic Religions, Festschr. Quispel, 1981
Brox, Norbert – Erleuchtung und Wiedergeburt: Aktualität der Gnosis, 1989
Bultmann, Rudolf – Das Urchristentum im Rahmen der antiken Religionen, 1949
Bultmann, Rudolf – Exegetica, 1967
Burkitt, Francis C. – Church and Gnosis: A Study of Christian Thought and Speculation in the Second Century, Neudr. New York 1978 (1932)
Colpe, C. – Die religionsgeschichtliche Schule. Darstellung und Kritik ihres Bildes vom gnostischen Erlösermythos, Göttingen 1961
Dietrich, A. (Hrsg.) – Synkretismus im syrisch-persischen Kulturgebiet, Göttingen 1975
Diettrich, Gustav – Neue Studien zur Geschichte der Theologie und Kirche, Stück 9: Die Oden Salomos unter Berücksichtigung der überlieferten Stichengliederung, Neudr. d. Ausg. 1911, 1973
Doresse, Jean – The Secret Books of the Egyptian Gnostics: An Introduction to the Gnostic Coptic Manuscript Discovered at Chenoboskion, Repr. 1970

Drower, E. S./Macuch, R. – A Mandaic Dictionary, Oxford 1963
Eckle, Wolfgang – Geist und Logos bei Cicero und im Johannesevangelium, Hildesheim 1979
Ellis, E. – Prophecy and Hermeneutics in Early Christianity, 1978
Elsas, Christoph – Neuplatonische und gnostische Weltablehnung in der Schule Plotins, 1975
Eltester, Walther (Hrsg.) – Christentum und Gnosis. Aufsätze, 1969
Faye, Eugène de – Gnostiques et gnosticisme: Etude critique des documents du gnosticisme chrétien aux 2e et 3e siècles, Repr. New York 1978 (1913)
Firolamo, Giovanni – Luce e gnosi: saggio sull' illuminazione nello gnosticismo, 1980
Fossum, Jore E. – The Name of God and the Angel of the Lord: The Origins of the Idea of Intermediation in Gnosticism, 1982
Frick, Karl R. – Licht und Finsternis. Gnostisch-theosophische und freimaurerisch-okkulte Geheimgesellschaften bis an die Wende zum 20. Jahrhundert, Teil 1 (1975), Teil 2 (1978)
Friedländer, M. – Der vorchristliche jüdische Gnosticismus, 1898
Gilhus, Ingvild S. – The Nature of the Archons. A Study in the Soteriology of a Gnostic Treatise from Nag Hammadi, 1985
Gnosis and Gnosticism: Papers read at the 7th Internat. Conference on Patristic Studies, Oxford Sept. 8th–13th 1975, 1977
Gnosis and Gnosticism: Papers read at the 8th Internat. Conference on Patristic Studies, Oxford Sept. 3rd–8th 1979, 1981
Gnosis und Neues Testament: Studien aus Religionswissenschaft und Theologie, 1973
Gnosis: Festschrift für Hans Jonas. In Verbindung mit Ugo Bianchi u. a., Göttingen 1978
Goppelt, L. – Christentum und Judentum im ersten und zweiten Jahrhundert, 1954
Grant, R. M. – Gnosticism and Early Christianity, New York ^{2}1966
Green, Henry A. – The Economic and Social Origins of Gnosticism, 1985
Groningen, G. van – First Century Gnosticism: Its Origin and Motifs, 1967
Gruenwald, Ithamar – From Apocalypticism to Gnosticism. Studies in Apocalypticism, Merkavah Mysticism and Gnosticism, 1988
Haardt, Robert – Die Gnosis. Wesen und Zeugnisse, Salzburg 1967
Haenchen, Ernst – Gab es eine vorchristliche Gnosis?, in: ders., Gott und Mensch. Gesammelte Aufsätze, Tübingen 1965
Halm, Heinz – Kosmologie und Heilslehre der frühen Isma'iliya, 1978
Hartmann, Karl – Die Rechnung mit Gott: Gnostische Strömungen in Kirchengeschichte und Gegenwart, 1982
Hegermann, H. – Die Vorstellung vom Schöpfungsmittler im hellenistischen Judentum und Urchristentum, 1961

Hoffmann, Rainer – Geschichte und Praxis. Ihre prinzipielle Begründung durch Klemens von Alexandrien. Ein Beitrag zum spätantiken Platonismus, 1979

Hofius, Otfried – Der Vorhang vor dem Thron Gottes. Eine exegetisch-religionsgeschichtl. Unters. zu Hebräer 5,19 f. und 10,19, 1972

Jonas, Hans – Gnosis und spätantiker Geist, 2 Bde., Teil I: Göttingen [3]1964, Teil II: Göttingen 1954

Jonas, Hans – The Gnostic Religion, Boston [2]1963

Kerényi, Karl – Mythologie und Gnosis (Albae Vigiliae XIV), o. O. 1942

Kingsland, William – The Gnosis and Christianity, [2]1975

Koschorke, Klaus – Die Polemik der Gnostiker gegen das kirchliche Christentum, 1968

Koschorke, Klaus – Hippolyts Ketzerbekämpfung und Polemik gegen die Gnostiker. Eine tendenzkritische Untersuchung seiner „Refutatio omnium haeresium", 1975

Koslowski, Peter (Hrsg.) – Gnosis und Mystik in der Geschichte der Philosophie, 1988

Kraft, H. – Zur Entstehung der Gnosis, in: Hein, L. (Hrsg.) – Die Einheit der Kirche, Festschr. Meinhold, 1977

Krause, M. (Hrsg.) – Essays on the Nag Hammadi Texts, Festschr. Böhlig, 1972

Langerbeck, H. – Aufsätze zur Gnosis, 1967

Layton, B. (Hrsg.) – The Rediscovery of Gnosticism, I (1980), II (1981)

Le origine dello gnosticismo: Colloquio di Messina 13–18 aprile 1966. Testi e discussioni, Repr. 1970

Lüdemann, G. – Untersuchungen zur simonianischen Gnosis, 1975

MacRae, George W. – Studies in the New Testament and Gnosticism, 1987

Matern, G. – Die erste große Herausforderung. Dualismus und Soteriologie der Gnosis bedrohen die junge Kirche in ihrer Substanz, in: Kirche und Bibel, Festschr. Schick, 1979

May, Gerhard – Schöpfung aus dem Nichts. Die Entstehung der Lehre von der creatio ex nihilo, 1978

Mourav'ev, Boris – Gnôsis: Etude et commentaires. 1–3, 1965–1972

Möller, E. Wilhelm – Geschichte der Kosmologie in der griechischen Kirche bis auf Origenes. Mit Spezialuntersuchungen über die gnostischen Systeme, Nachdr. d. Ausg. Halle 1860, 1967

Nethöfel, Wolfgang – Strukturen existentialer Interpretation. Bultmanns Johanneskommentar im Wechsel theologischer Paradigmen, 1982

Neusner, J. – Religions in Antiquity (in memoriam E. Goodenough), 1968

Nock, A. D. – Gnosticism, in: ders., Essays on Religion and the Ancient World, 2 Bde, 1972

Nöldeke, Th. – Mandäische Grammatik, Neudr. d. Ausg. 1875, Darmstadt 1964
Pagels, Elaine H. – The Gnostic Gospels, 1980
Pagels, Elaine H. – Versuchung durch Erkenntnis: Die gnostischen Evangelien, 1987
Peel, Malcolm L. – Gnosis und Auferstehung. Der Brief an Rheginus von Nag Hammadi, 1974
Percy, Ernst – Untersuchungen über den Ursprung der Johanneischen Theologie: zugl. ein Beitr. z. Frage nach der Entst. Gnostizismus, 1939
Peterson, Erik – Frühkirche, Judentum und Gnosis. Studien und Untersuchungen. Nachdr. d. Ausg. Freiburg 1959, Darmstadt 1982
Pétrement, Simone – Le Dieu séparé: Les origines du gnosticisme, 1984
Pistis sophia: a Gnostic Miscellany, 21963
Pokorny, P. – Der Epheserbrief und die Gnosis. Die Bedeutung des Haupt-Glieder-Gedankens in der entstehenden Kirche, 1965
Proceedings of the International Colloquium on Gnosticism, Stockholm Aug. 22–25. 1973, 1977
Prümm, Karl – Gnosis an der Wurzel des Christentums? Grundlagenkritik an der Entmythologisierung, Salzburg 1972
Puech, Henri-Charles – Le Manichéisme. Son fondateur, sa doctrine, Paris 1949
Puech, Henri-Charles – En quête de la gnose. 1–2, 1978
Quispel, Gilles – Gnosis als Weltreligion. Die Bedeutung der Gnosis in der Antike, Zürich 1951
Quispel, Gilles – Gnosis, in: Vermaseren, M. J. (Hrsg.) – Die orientalischen Religionen im Römerreich, 1981
Quispel, Gilles – Gnostic Studies, I (1974)
Raveaux, Thomas – Augustinus, Contra adversarium legis et prophetarum. Analyse des Inhalts und Unters. d. geistesgeschichtl. Hintergrunds. (Hrsg.: Augustinus-Inst. d. Augustiner, Würzburg), 1987
Rijckenborgh, Jan van – Die Gnosis in aktueller Offenbarung, 21982
Rose, E. – Die manichäische Christologie (Studies in Oriental Religions, 5), Wiesbaden 1979
Ruckstuhl, E. – Das Johannesevangelium und die Gnosis, in: Baltensweiler, H. u. a. (Hrsg.) – Neues Testament und Geschichte, Festschr. Cullmann, 1972
Rudolph, Kurt (Hrsg.) – Gnosis und Gnostizismus, Darmstadt 1975
Rudolph, Kurt – Die Gnosis. Wesen und Geschichte einer spätantiken Religion, 21980
Rudolph, Kurt – Die Mandäer I: Prolegomena: Das Mandäerproblem, Göttingen 1960, Die Mandäer II: Der Kult, Göttingen 1961
Rudolph, Kurt – Die Religion der Mandäer, in: Gese, H./Höfner, M./Rudolph, K. – Die Religionen Altsyriens, Altarabiens und der Mandäer, Stuttgart 1970

Rudolph, Kurt – Theogonie, Kosmogonie und Anthropogonie in den mandäischen Schriften, Göttingen 1965
Sagnard, F.-M.-M. – La Gnose Valentinienne et le Témoignage de Saint Irénée, Paris 1947
Säve-Söderbergh, T. – Studies in the Coptic Manichaean Psalmbook, Uppsala 1949
Schenke, H.-M. – Der Gott „Mensch" in der Gnosis, Göttingen 1962
Schlier, H. – Das Denken der frühchristlichen Gnosis. Neutestamentliche Studien für Rudolf Bultmann, Berlin 1954
Schlier, H. – Der Mensch im Gnostizismus, Anthropologie Religieuse, Studies in the History of Religions (Supplements to Numen) II, Leiden 1955
Schmithals, Paulus und die Gnostiker, 1965
Schmithals, Walter – Die Gnosis in Korinth. Eine Untersuchung zu den Korintherbriefen, [3]1969
Schmithals, Walter – Neues Testament und Gnosis, Darmstadt 1984
Schmitt, Eugen H. – Die Gnosis. Grundlagen der Weltanschauung einer edleren Kultur, 2 Bde., Neudr. d. Ausg. 1903–1907, 1968
Schoeps, H. J. – Urgemeinde, Judenchristentum, Gnosis, 1956
Scholem, G. – Jewish Gnosticism, Merkabah Mysticism and Talmudic Tradition, 1960
Scholten, Clemens – Martyrium und Sophiamythos im Gnostizismus nach den Texten von Nag Hammadi, 1987
Schrage, Wolfgang – Das Verhältnis des Thomas-Evangeliums zur synoptischen Tradition und zu den koptischen Evangelienübersetzungen, zugleich ein Beitrag zur gnostischen Synoptikerdeutung, 1964
Segal, Robert – The Poimandres as Myth. Scholarly Theory and Gnostic Meaning, 1986
Segelberg, E. – Masbùtà. Studies in the Ritual of Mandaean Baptism, Uppsala 1958
Sfameni Gasparro, Giulia – Gnostica et hermetica: saggi sullo gnosticismo e sull' ermetismo, 1982
Siegert, Folker – Nag-Hammadi-Register. Wörterbuch zur Erfassung der Begriffe in den koptisch-gnostischen Schriften von Nag Hammadi m. einem dt. Index, 1982
Steffen, J. P. – Das Wesen des Gnostizismus, 1922
Stichel, Rainer – Die Namen Noes, seines Bruders und seiner Frau. Ein Beitr. z. Nachleben jüd. Überlieferungen in der außerkanonischen und gnostischen Literatur und in Denkmälern der Kunst, 1979
Stietencron, H. von (Hrsg.) – Der Name Gottes in Gnostizismus und Manichäismus. Der Name Gottes, Düsseldorf 1975
Stroumsa, Gedaliahu A. – Another Seed. Studies in Gnostic Mythology, 1984
Studien zum Menschenbild in Gnosis und Manichäismus, 1979

Talbert, C. H. – Luke and the Gnostics, 1966
Taubes, Jacob (Hrsg.) – Religionstheorie und Politische Theologie, 2 Bde, Bd. 2: Gnosis und Politik, Paderborn/München 1984
The New Testament and Gnosis: Essays in Honour of Robert McL. Wilson, 1983
Tröger, Karl-Wolfgang (Hrsg.) – Altes Testament – Frühjudentum – Gnosis, 1980
Tröger, Karl-Wolfgang (Hrsg.) – Gnosis und Neues Testament, Berlin 1973
Tröger, Karl-Wolfgang – Mysterienglaube und Gnosis im Corpus Hermeticum XIII, 1971
Vallée, Gérard – A Study in Antignostic Polemics: Irenaeus, Hippolytus and Epiphanius, [1]1981
Wagner, Reinhard – Die Gnosis von Alexandria. Eine Frage des frühen Christentums an die Gegenwart, 1968
Walker, Benjamin – Gnosticism: Its History and Influence, 1983
Wehr, Gerhard – Auf den Spuren urchristlicher Ketzer. Christliche Gnosis und heutiges Bewußtsein, 1983
Wehr, Gerhard – Esoterisches Christentum. Aspekte – Impulse – Konsequenzen, Stuttgart 1975
Wehr, Gerhard – Gnosis und Gnostizismus. Wege geistig-religiöser Erkenntnis einst und heute, Freiburg 1977
Weiss, Victor – Die Gnosis Jakob Böhmes, 1955
Widengren, G. (Hrsg.) – Der Manichäismus, Darmstadt 1977
Widengren, G. – Die Religionen Irans, Stuttgart 1965
Widengren, G. – Mani und der Manichäismus, Stuttgart 1961
Wille, Otto – Die verfolgten Nachfolger Christi. Die mystisch-gnostischen Bewegungen in der Christenheit vom 2. bis zum 20. Jhd., 1987
Wilson, R. McL. – Gnosis und Neues Testament, 1971
Wilson, R. McL. – Simon and Gnostic Origins, in: Kremer, J. (Hrsg.) – Les Actes des Apôtres, 1979
Wilson, R. McL. – The Gnostic Problem, London 1958
Winter, Martin – Pneumatiker und Psychiker in Korinth. Zum religionsgeschichtl. Hintergrund von 1. Kor. 2,6–3,4, 1975
Wirz, Johann J. – Lehren der himmlischen Weisheit, 1987
Wlosok, Antonie – Laktanz und die philosophische Gnosis. Untersuchungen zu Geschichte und Terminologie der gnostischen Erlösungsvorstellung, 1960/62
Wyrwa, Dieter – Die christliche Platonaneignung in den Stromateis des Clemens von Alexandrien, 1983
Yamauchi, Edwin M. – Mandaic Incantation Texts, New Haven/Conn., 1967
Yamauchi, Edwin M. – Pre-christian Gnosticism: a Survey of the Proposed Evidences, 1973